GW00724453

DICCIONARIO BURSÁTIL

ANA LÓPEZ DE PUGA
MARIANA INÉS ORIOLO

DICCIONARIO BURSÁTIL

Inglés - Castellano

**TÉRMINOS Y EXPRESIONES
DE BOLSA, ECONOMÍA Y FINANZAS**

**EDITORIAL
UNIVERSIDAD**

BUENOS AIRES
1997

ISBN 950-679-192-9

EDITORIAL UNIVERSIDAD
Avenida Rivadavia 1225
1033 Buenos Aires
Tels. (54-11) 4382-9022/6850 - Fax: (54-11) 4381-2005
E-Mail: univers@nat.com.ar

A Indiana.
ANA LÓPEZ DE PUGA

A mi familia.
MARIANA INÉS ORIOLO

PRÓLOGO

El **Diccionario del mercado bursátil Inglés-Castellano** es un instrumento indispensable para todo economista, para toda persona relacionada en su profesión con la economía o interesada en ella, y en general para todos los lectores hispanohablantes de literatura económica en inglés.

La originalidad de la obra radica en que no existen precedentes de un diccionario inglés-castellano especializado en términos de Bolsa, que también incluya expresiones de finanzas, inversiones, bancos, contabilidad, impuestos, seguros, comercio exterior, derecho comercial, y otras áreas relacionadas.

Asimismo, se trata de un excelente material de referencia para inversores y para quienes deseen adentrarse en temas de operatoria bursátil, entre otros, ya que no sólo define sino que ofrece explicaciones de los términos y expresiones.

Los conocimientos ofrecidos en esta obra cuentan con el tácito aporte del staff de economía del diario "El Cronista", a quienes consultamos en distintas oportunidades y a quienes agradecemos.

Este diccionario se basa en la terminología más vigente del mercado, y abarca desde el lenguaje tradicional de las ciencias económicas hasta la jerga bursátil internacional. Incluye gráficos de análisis técnico y una lista de siglas. Es el resultado de varios años de investigación y recopilación, y pretende cubrir los requerimientos cada vez más exigentes que impone el ritmo de la economía actual. Como ya se dijo, está dirigido a una gran cantidad de personas, a quienes esperamos sea de mucha utilidad. Lo dedicamos en particular a nuestros esposos e hijos, sin cuyo apoyo e inspiración esta obra no hubiera sido posible.

ANA LÓPEZ DE PUGA
MARIANA INÉS ORIOLO

INDICACIONES PARA EL CORRECTO
USO DEL DICCIONARIO

Referencias cruzadas.

A fin de lograr una comprensión más completa de los significados, en muchos casos se remite también a otros términos aparte del estudiado. Cuando es así, al final de la definición dice "*Ver...*" y el término o la expresión referidos. A veces las referencias cruzadas aluden a conceptos relacionados u opuestos, en lugar de ofrecer más información sobre el concepto estudiado.

Cuando un término se explica totalmente en otro término, en vez de reiterar una definición, se dice "*Ver...*" y a continuación el término o la expresión referidos. Por ejemplo, **accounting period:** *Ver* FISCAL PERIOD.

En los casos en que una palabra o expresión tiene más de un significado, se colocan en primer lugar las definiciones relacionadas con el contexto bursátil y financiero; las demás acepciones se ordenan por frecuencia de uso o en función de la claridad del concepto.

Cuando un término se emplea en inglés a pesar de existir una forma castellana, esta versión se coloca al final entre comillas. Por ejemplo, **underwriter:** 1. Colocador de una emisión de títulos valores, "underwriter".

Siglas.

A continuación del diccionario se incluye una lista de siglas relacionada con términos definidos en la obra, en cuyo caso se hace referencia con el encabezamiento "*Ver...*" y el término o la expresión referidos. Por ejemplo, **P/E ratio:** *Ver* PRICE-EARNINGS RATIO. También se insertan siglas de términos no definidos en el diccionario, en cuyo caso no se hace ninguna remisión.

Gráficos.

Por último, se incluyen gráficos de análisis técnico. Cuando un término o una expresión cuenta con un gráfico explicativo, esto se indica después de la definición con una aclaración entre paréntesis que dice: (*Ver gráfico en p. ...*).

A

a: 1. En los diarios estadounidenses, letra que se emplea en la columna de dividendos de los cuadros de operaciones bursátiles para indicar que una compañía pagará un dividendo adicional además de todos los dividendos que abonará durante el año. 2. En los diarios estadounidenses, letra que se emplea en los cuadros de operaciones de los fondos comunes de inversión que negocian en el mercado de dinero para indicar que el rendimiento puede incluir ganancias de capital y pérdidas así como también intereses actuales. 3. En los diarios británicos, letra que se emplea en los cuadros de operaciones bursátiles para indicar que el cálculo del rendimiento se basó en el dividendo anualizado.

A: 1. En los diarios estadounidenses, letra que se emplea en los informes de ganancias para indicar que la American Stock Exchange es mercado primario de las acciones ordinarias de una determinada firma. 2. Grado superior al medio que una agencia calificadora de riesgo le asigna a un título de deuda. Esta calificación indica una sólida capacidad de pago de intereses y pago del capital inicial. No obstante, esta capacidad puede verse debilitada en el caso de originarse situaciones adversas.

AA/Aa: Grado elevado que una agencia calificadora de riesgo le asigna a un título de deuda. Esta calificación indica que posee una capacidad muy sólida para el pago de los intereses y repago del capital inicial. Una calificación AA indica que posee sólo una calidad algo inferior a la calificación máxima AAA. *Ver* INVESTMENT GRADE.

AAA: Triple A. Grado más elevado que una agencia calificadora de riesgo puede asignar a un título de deuda. *Ver* INVESTMENT GRADE. *También llamado TRIPLE A.*

ABA transit number: Código numérico que se utiliza en la compensación bancaria de cheques entre los distintos bancos. Cada banco tiene un número ABA único asignado por la Asociación de Bancos Estadounidenses. El número consta de dos partes: la primera identifica la ciudad, el estado y el territorio donde se encuentra ubicada la entidad bancaria; la segunda hace referencia al banco mismo.

abandonment: *Ver* EXPIRATION.

ABC Agreement: Acuerdo entre una sociedad de bolsa que financia un asiento en la NYSE y el empleado que lo compra. El acuerdo, aprobado por la NYSE, permite que la sociedad de bolsa: 1) transfiera el asiento a otro de sus empleados, 2) mantenga su asiento y adquiera un segundo asiento para otra persona asignada por la casa de bolsa, o 3) venda su asiento, siempre que entregue lo percibido por la venta a la sociedad bursátil.

ability to pay: Capacidad de pago. 1. En materia de finanzas, capacidad del prestatario de cumplir con los pagos del capital inicial e intereses correspondientes a obligaciones a largo plazo. *También llamado ABILITY TO SERVICE.*

ability to service: *Ver* ABILITY TO PAY.

able buyer: Comprador con capacidad financiera para cumplir con las condiciones de la operación.

above par: Sobre la par. Frase que se emplea para indicar que la cotización de un título valor es superior a su valor nominal. *Ver también* BELLOW PAR; PREMIUM 2; PREMIUM BOND.

abridged: Abreviado. *ABRIDGED BALANCE SHEET*: Balance abreviado. *ABRIDGED PROFIT AND LOSS ACCOUNT*: Cuenta de resultados abreviada. *ABRIDGED PROSPECTUS*: Prospecto abreviado.

absorbed: Absorbida. 1. En materia de colocación de emisiones, emisión que fue totalmente vendida. 2. *Ver* ABSORBED COSTS.

absorbed costs: Costos absorbidos. En materia de contabilidad de costos, costos indirectos de fabricación que son considerados un gasto en vez de ser trasladados al cliente.

abusive tax shelter: Interpretación inadecuada de la legislación con el fin de obtener beneficios impositivos desproporcionados.

Accelerated Cost Recovery System (ACRS): Sistema de Recuperación Acelerada de Costos. Técnica contable para calcular la amortización de los bienes tangibles sobre la base de una clasificación que se le asigna a los bienes según su vida útil estimada. La clasificación asignada a cada bien determina el porcentaje

del costo potencialmente recuperable en cada año. *Ver también*
ACCELERATED DEPRECIATION; STRAIGHT-LINE DEPRECIATION.

accelerated depreciation: Amortización acelerada. Método para
recuperar en menos tiempo el costo de un bien de capital que
consiste en efectuar mayores deducciones durante los primeros
años de la vida del bien. Este método se emplea para postergar
el pago de los impuestos a una fecha futura y poder así reinvertir ese dinero. *Ver también* ACCELERATED COST RECOVERY SYSTEM;
STRAIGHT-LINE DEPRECIATION.

acceleration clause: Cláusula de caducidad de los plazos. En virtud de esta cláusula contractual (incluida en escrituras, hipotecas y otros contratos) una obligación sujeta a plazo se convierte
en vencida y pagadera por razón de un incumplimiento por parte del deudor de alguna condición del contrato (ejemplo, insolvencia, falta de pagos de los impuestos correspondientes a la propiedad hipotecada, etc.).

acceleration note: Pagaré con opción a pago adelantado. Promesa de pago que otorga al deudor la posibilidad de efectuar el pago
antes de la fecha de vencimiento estipulada en el instrumento.

acceptance: *Ver* BANKER'S ACCEPTANCE; TRADE ACCEPTANCE.

acceptance credit: Crédito que se instrumenta a través de aceptaciones bancarias.

accepting house: Banco industrial que presta garantías sobre efectos comerciales.

acceptor: Aceptante, girado-aceptante (de una letra de cambio).
Persona, normalmente el girado, que acepta una letra de cambio
adquiriendo el carácter de obligado principal al pago de la suma
indicada en el documento.

access: Acceso. Derecho a hacer uso de los servicios bancarios, en
especial, retirar dinero, efectuar depósitos, solicitar resúmenes
de cuenta, utilizar la caja de seguridad y realizar transferencias
electrónicas por medio de una tarjeta emitida por un banco. *Ver
también* ACCESS DEVICE.

access code: *Ver* PERSONAL IDENTIFICATION NUMBER (PIN).

access device: Tarjeta bancaria o código personal que permite al
cliente de un banco efectuar depósitos, retirar dinero, transferir
fondos y pagar cuentas electrónicamente.

accommodative monetary policy: Política monetaria que aplica el banco central y que consiste en incrementar la oferta de dinero para facilitar el crédito. Este tipo de medida tiende a bajar las tasas de interés, en especial las de corto plazo. No obstante, con esta política se corre el riesgo de elevar la inflación y las tasas de interés. *Ver también* MONETARY POLICY.

accomodation: Acto carente de contraprestación.

accomodation indorser/endorser: Endosante de favor. Persona que endosa un pagaré al prestatario sin recibir compensanción o beneficio alguno. La firma de un endosante otorga al prestatario la posibilidad de recibir un crédito o conseguir mejores condiciones de pago.

accomodation maker: Librador de una letra de cambio a título gratuito.

accomodation paper: Documento de favor. Pagaré o título de crédito firmado por una tercera parte que firmó sin recibir beneficio alguno. Los bancos, antes de adelantar fondos a compañías con solidez financiera incierta, por lo general solicitan a los ejecutivos de la firma que garanticen personalmente la devolución del préstamo a través de un endoso.

accompanying notes: Notas adjuntas.

account (acct): 1. Cuenta. En materia de contabilidad, instrumento del cual las sociedades se valen para representar y expresar contablemente la repercusión patrimonial de los actos administrativos y hechos ciertos y eventuales cualitativa y cuantitativamente considerados. *Ver* CURRENT ACCOUNT. 2. Cuenta. En materia de operaciones bursátiles, cliente —ya sea una firma o inversor individual o institucional— de un agente de bolsa o sociedad bursátil. 3. Cuenta. Registro de las operaciones del cliente y de su posición con respecto a las inversiones. *Ver* ACTIVE ACCOUNT. *ANNUAL ACCOUNTS*: Estados financieros anuales; cuentas anuales. *APPROPIATION ACCOUNT*: Cuenta de distribución de beneficios. *ASSET ACCOUNT*: Cuenta del activo. *AUDITED ACCOUNT*: Cuenta auditada. *BALANCE OF AN ACCOUNT*: Saldo de una cuenta. *BANK ACCOUNT*: Cuenta bancaria. *CAPITAL ACCOUNT*: Cuenta de capital. *CHECKING ACCOUNT*: Cuenta corriente bancaria. *CONTRA ACCOUNT*: Cuenta de contrapartida. *CONTROL ACCOUNT*: Cuenta de control. *CREDITOR'S ACCOUNTS*: Cuentas a pagar. *CURRENT ACCOUNT*: Cuenta corriente. *CURRENT COST ACCOUNTS*: Estados financieros a costos actuales. *DIFERRED TAX ACCOUNT*: Cuenta de impuestos diferidos. *DORMANT ACCOUNT*: Cuenta inactiva.

FINANCIAL ACCOUNTS: Cuentas financieras. *FROZEN ACCOUNT*: Cuenta bloqueada. *HISTORICAL COSTS ACCOUNTS*: Estados financieros a costos históricos. *INTER-COMPANY ACCOUNTS*: Cuentas entre compañías del grupo. *JOINT ACCOUNT*: Cuenta conjunta. *MANAGEMENT ACCOUNT*: Cuenta de gestión. *MERCHANDISE ACCOUNT*: Cuenta de mercaderías. *OPERATING ACCOUNT*: Cuenta de resultado. *PAYMENT ON ACCOUNT*: Pago a cuenta. *PROFIT AND LOSS ACCOUNT*: Cuenta de pérdidas y ganancias, cuenta de resultado. *REALIZATION ACCOUNT*: Cuenta de liquidación. *RECONCILIATION ACCOUNT*: Conciliación de cuentas. *REVENUE ACCOUNT*: Cuenta de ingresos. *SALES ACCOUNT*: Cuenta de ventas. *SAVINGS ACCOUNT*: Cuenta de ahorro. *STATEMENT OF ACCOUNTS*: Estado de cuenta, resumen de cuenta. *SUBSIDIARY ACCOUNT*: Subcuenta, cuenta auxiliar. *SUNDRY ACCOUNTS*: Cuentas varias.

account activity: Movimiento de cuenta. Depósitos, retiro de fondos, intereses devengados y recargos por servicios que afectan una cuenta bancaria durante un determinado período de tiempo. El banco mensualmente entrega a los titulares de las cuentas un resumen en el que se detalla dicho movimiento. *Ver* STATEMENT OF ACCOUNT; ACCOUNT STATEMENT.

account balance: Saldo de la cuenta. Diferencia entre el débito y el crédito de una cuenta. *Ver* BALANCE.

account books: *Ver* ACCOUNTING BOOKS.

account classification: Clasificación de cuentas; catálogo de cuentas.

account day: Fecha de liquidación. Fecha en que se cumple la operación bursátil concertada con la entrega o transferencia y pago de los títulos.

account debtor: Deudor de una cuenta corriente. *Ver* CURRENT ACCOUNT.

account executive: *Ver* REGISTERED REPRESENTATIVE.

account history: Resumen de cuenta. Resumen que prepara el banco sobre el movimiento de la cuenta de depósitos —incluso los intereses devengados— durante un período determinado.

account hold: Lapso de acreditación. Cantidad de días que la ley autoriza al banco a retener el saldo de la cuenta antes de que el cliente pueda hacer uso de los fondos.

account holder: Titular de la cuenta. Persona a cuyo nombre se abrió una cuenta bancaria.

account inquiry: Pedido de una copia del resumen de cuenta. Por lo general, los bancos solicitan una copia del extracto de cuenta para tomar una determinación con respecto a la aprobación o renovación de una línea de crédito.

account in trust: Cuenta en fideicomiso, cuenta fideicomisaria. Cuenta administrada por una persona en beneficio de otra, llamada beneficiaria.

account number: Número de cuenta. Identificación numérica asignada a una cuenta dentro de una entidad bancaria, sociedad de bolsa, etc.

account number field: Campo del número de cuenta. Parte inferior del cheque en la que aparecen caracteres impresos con tinta magnética que identifican el número de cuenta corriente.

account reconcilement: Conciliación bancaria. Servicio que prestan algunos bancos y que consiste en llevar el registro del movimiento de sus cuentas corrientes. Otras entidades bancarias realizan conciliaciones electrónicas de cuentas que automáticamente indican el saldo de la cuenta corriente, enumeran los cheques pagados y depósitos efectuados, y presentan un resumen del movimiento de la cuenta durante el ejercicio contable.

account render: Rendición de cuentas.

account settled: Cuenta cerrada, cuenta liquidada (por el pago de lo adeudado).

account statement: 1. Resumen de cuenta, extracto de cuenta, estado de cuenta. Resumen que prepara el banco para el cliente y que contiene los depósitos, extracciones, cheques pagados, intereses devengados y los gastos administrativos de su cuenta. *También llamado STATEMENT OF ACCOUNT.* 2. Estado de cuenta. En materia de transacciones bursátiles, resumen periódico que la sociedad de bolsa envía al inversor con el detalle de las operaciones efectuadas en su cuenta, el valor neto de sus títulos valores, sus posiciones en valores, etc. Este extracto se prepara mensual o trimestralmente según el movimiento de la cuenta.

accountabilities: Depósitos, certificados de acciones y otros instrumentos que una persona posee en fideicomiso a favor de otra.

accountant: Contador. *CERTIFIED PUBLIC ACCOUNTANT*: Contador público matriculado. *EXPERT ACCOUNTANT*: Perito contador.

INDEPENDENT ACCOUNTANTS: Contadores independientes. *REPORTING ACCOUNTANTS*: Contadores que presentan informes.

accountant's opinion: *Ver* OPINION.

accounting: Contabilidad, rendición de cuentas. Parte del sistema de informaciones de la compañía que debe proporcionar datos sobre la composición y evolución de su patrimonio para facilitar las decisiones de administradores y terceros interesados. *COST ACCOUNTING*: Contabilidad de costos, contabilidad analítica, contabilidad industrial. *CURRENT COST ACCOUNTING*: Contabilidad de costos actuales. *FINANCIAL ACCOUNTING*: Contabilidad general, contabilidad financiera. *GENERAL PRICE LEVEL ACCOUNTING*: Contabilidad del nivel general de precios. *HISTORICAL COST ACCOUNTING*: Contabilidad a costos históricos. *INFLATION ACCOUNTING*: Contabilidad de la inflación. *MANAGEMENT ACCOUNTING*: Contabilidad de gestión. *PUBLIC ACCOUNTING*: Contaduría pública. *REPLACEMENT COST ACCOUNTING*: Contabilidad a costo de reposición.

accounting adjustment: Ajuste contable. *Ver* ADJUSTMENT ENTRY.

accounting books: Registros contables, libros contables. Registros utilizados para la clasificación, cálculo y almacenamiento de los hechos económicos que afectan la vida económica de la empresa. Entre ellos se encuentran el libro diario, el libro mayor, el libro de inventario y balances, etc.

accounting concepts: Principios contables.

accounting convention: Práctica contable.

accounting entry: Asiento contable. Anotaciones en registros cronológicos en las que se exponen las cuentas utilizadas, los montos debitados y acreditados y algún tipo de descripción de la operación (fecha, referencia a los documentos que la respaldan, etc.).

accounting period: *Ver* FISCAL PERIOD.

accounting profit: Beneficio contable, beneficio según libros.

accounting records: Registros contables, libros contables.

accounting reference date: Fecha de referencia contable.

accounting revaluation: Revalúo contable.

accounting standards: Normas contables. Criterios contables generalmente aceptados.

accounting year: Año contable, ejercicio contable. Plazo de doce meses con fines contables. No siempre coincide con el año calendario.

accounts payable: Cuentas a pagar. Deudas comerciales a corto plazo, aún no pagadas. Constituyen obligaciones contraídas durante el giro normal de los negocios como la compra de útiles a pagar en una fecha futura.

accounts receivable: Cuentas a cobrar, deudores comunes, créditos. Dinero que los clientes deben a la firma por la compra a crédito de mercaderías o servicios. *También* llamado *RECEIVABLES*.

accounts receivable turnover: Movimiento de cobros. Cantidad de veces que, en cada período, la firma transforma ventas a crédito en efectivo. Se calcula dividiendo la cantidad promedio de las obligaciones a cobrar por las ventas anuales a crédito. *También llamado RECEIVABLES TURNOVER. Ver ACTIVITY RATIO;* COLLECTION PERIOD; AGING.

accounts uncollectible: Cuentas incobrables, deudores incobrables. Préstamos no cobrados que fueron debitados o que probablemente sean debitados como pérdidas.

accretion: Acrecentamiento. Acumulación de ganancias de capital sobre bonos con descuento con la expectativa de que los títulos valores sean amortizados al vencimiento. *Ver IMPUTED INTEREST.*

accretion of discount: Procedimiento contable mediante el cual se ajusta la diferencia entre el precio de un bono comprado bajo la par y el valor nominal del bono. En realidad, es un pago de intereses que no se realiza en efectivo pero que refleja el interés obtenido mientras se tiene posesión del bono.

accrual accounting: *Ver ACCRUAL BASIS; CASH BASIS ACCOUNTING.*

accrual basis: Método contable basado en el criterio de lo devengado. Sistema contable que reconoce los ingresos y egresos cuando se originan y no cuando se efectúa el cobro o pago de los mismos respectivamente. Este método es la base de la contabilidad según los principios contables generalmente aceptados. *Ver* CASH BASIS ACCOUNTING.

accrue: 1. Devengar. 2. En materia de créditos, resultar exigible o vencido. 3. Acumular.

accrued charges: Gastos acumulados. *Ver ACCRUED EXPENSES.*

accrued expenses: Gastos acumulados, pagos diferidos. Erogación incurrida pero aún no pagada. Las compañías incurren en gastos —sueldos, impuestos, etc.— que se pagan periódicamente. Desde el momento en que se incurren hasta la fecha en que se abonan, esos gastos aparecen en el balance como gastos a pagar.

accrued commissions: Comisiones acumuladas.

accrued dividends: Dividendos acumulados. Dividendos distribuidos, hayan sido o no pagados.

accrued interest: Intereses acumulados, intereses devengados. 1. Intereses debidos pero no pagados. En el balance de una firma, los intereses acumulados son considerados parte del pasivo. 2. En materia de transacciones bursátiles, interés devengado entre la última fecha de pago y la venta de un bono u otro título de renta fija. Al momento de la venta, el comprador abona al vendedor el precio del bono más los intereses devengados, que se calcula multiplicando la tasa del cupón por la cantidad de días que transcurrieron desde el último pago.

accrued interest receivable: Intereses acumulados a cobrar. Intereses devengados pero aún no cobrados.

accrued interest payable: Intereses acumulados a pagar. Intereses devengados pero aún no pagados.

accrued market discount: Bono adquirido bajo la par cuyo valor de mercado se vio incrementado debido a la proximidad de su fecha de vencimiento y no a una baja de las tasas de interés.

accumulate: Acumular. Comprar una cantidad relativamente elevada de acciones de una sociedad durante un determinado período. *Ver* DISTRIBUTE.

accumulated depreciation: Amortización acumulada, fondo de amortización. Amortización total que sufrió un activo desde su adquisición. *También llamado DEPRECIATION RESERVE.*

accumulated dividend: *Ver* DIVIDENDS IN ARREARS.

accumulated earnings tax: Impuesto sobre los resultados no asignados, impuesto sobre las utilidades acumuladas. Impuesto federal que debe abonar la sociedad cuando retuvo una cantidad de utilidades superior a lo considerado razonable. Este impuesto tiene por objetivo impedir que los accionistas prefieran no cobrar los dividendos que le corresponden para evitar así el pago de un mayor impuesto a los ingresos personales. Si los dividendos quedan en poder de la compañía y el monto de los mismos es excesivo, la firma deberá pagar este impuesto federal a las ganancias acumuladas. *También llamado ACCUMULATED PROFITS TAX.*

accumulated profits: Resultados no asignados, utilidades acumuladas. *Ver* RETAINED EARNINGS.

accumulated profits tax: *Ver* ACCUMULATED EARNINGS TAX.

accumulation: Acumulación. 1. Utilidades no pagadas en concepto de dividendos pero que fueron incorporadas al capital de la compañía. *Ver* ACCUMULATED EARNINGS TAX. 2. Compra de una gran cantidad de acciones en forma controlada para no ocasionar un alza de precios. A una institución puede llevarle, por ejemplo, semanas y hasta meses completar un programa de acumulación de acciones.

accumulation area: Banda de precios en la que los inversores adquieren títulos valores. Existe una zona de acumulación cuando el precio de los papeles oscila muy levemente y el volumen negociado es alto. Cuando se detecta una zona de acumulación, se recomienda la compra de títulos valores. *También llamado CONGESTION AREA. Ver* DISTRIBUTION AREA; RECTANGLE; REVERSAL PATTERN.
(Ver gráfico en p. 457).

acid-test ratio: *Ver* QUICK RATIO.

acknowledgment: 1. Certificación. Reconocimiento de la veracidad o validez de un documento. Verificación que efectúa el banco o sociedad bursátil para determinar si la firma que aparece en un determinado documento es genuina.

acknowledgment of instrument: Reconocimiento de la firma o veracidad de un documento.

acquired surplus: Ganancias derivadas de la adquisición de otras compañías, en cuyo balance ya figuraban.

acquisition: Adquisición, compra. Compra o adquisición de una planta, división o patrimonio total de una sociedad por parte de otra. *Ver* MERGER; POOLING OF INTERESTS; TAKEOVER.

acquisitions and disposals: Adquisiciones y enajenaciones.

acquisition cost: Costo de adquisición. Valor por el que se compró determinado activo.

acquisition date: Fecha de adquisición, fecha de compra.

acquisition price: Precio de adquisición, precio de compra.

acquittance: Carta de pago. Documento que evidencia el pago total de una obligación, liberando al deudor de toda responsabilidad.

across the board: Movimiento en la bolsa que afecta de la misma manera a casi todas las acciones que cotizan en ella.

across-the-board pay increase: Aumento de salario general. Incremento salarial de un porcentaje fijo o suma establecida que reciben todos los empleados de una determinada empresa.

across-the-board reduction: Reducción general.

acting in concert: Actuar en grupo. Dos o más inversores que realizan operaciones en forma conjunta para lograr un objetivo común, por ejemplo, obtener una mayor cantidad de acciones para influir en las decisiones de la firma.

act of bankruptcy: Hecho revelador del estado de cesación de pagos. Acto de la empresa o individuo que da lugar a la declaración de la quiebra.

act of God: Caso fortuito, fuerza mayor. Aquel acontecimiento imprevisible, inevitable y ajeno al deudor que impide en forma absoluta el cumplimiento de una obligación. Cuando se produce un caso fortuito, el obligado queda librado de responsabilidad con respecto al incumplimiento. *También llamado ACT OF PROVIDENCE*.

act of insolvency: Cualquier acto que demuestre que un banco está en estado de insolvencia, es decir que no puede cumplir con sus obligaciones a su vencimiento.

act of providence: *Ver* ACT OF GOD.

active: Activo. Relativo a un título valor con un elevado volumen de negociación. Muchos inversores se ven atraídos por los títulos valores activos dado que son más fáciles de comprar y vender sin que el precio se vea afectado.

active account: Cuenta activa. Cuenta sobre la que se le realizan frecuentes depósitos y retiros durante un período contable.

active bond: Bonos activos. Bonos que experimentan un elevado volumen de negociación.

active bond crowd: Sociedades de bolsa que operan en la NYSE y que negocian bonos activos. *Ver* ACTIVE BOND; CABINET CROWD.

active box: *Ver* OPEN BOX.

active market: Mercado activo. 1. Gran volumen de negociación de una acción, bono o mercadería en particular. En un mercado activo, la diferencia entre los precios de compra y venta es menor que en un mercado en el que se efectúan pocas operaciones. 2. Gran volumen de negociación de todos los valores que operan en bolsa. Un mercado activo no sólo es conveniente para los agentes de bolsa (genera más utilidades) sino también para los inversores institucionales que desean vender o comprar gran cantidad de valores sin afectar su precio.

activity: Movimiento, actividad. Monto del volumen negociado de un título valor. *ACCOUNT ACTIVITY*: Movimiento de cuenta. *CASH ACTIVITY*: Movimiento de caja. *CHECKING ACTIVITY*: Movimiento de cheques. *SECURITIES ACTIVITY*: Movimiento de títulos valores.

activity ratio: Rapidez con la que una sociedad puede convertir varias cuentas en efectivo o ventas. En general, cuanto más rápido pueda convertir activos en ventas o efectivo, más eficiente es la compañía. *Ver* ACCOUNTS RECEIVABLE TURNOVER; COLLECTION PERIOD; FIXED ASSET TURNOVER; INVENTORY TURNOVER; TOTAL ASSET TURNOVER.

actual amount of interest paid: Suma real de intereses pagados.

actual cost: Costo real, costo efectivo. *Ver* COST.

actual liabilities: Pasivo real. Pasivo constituido por obligaciones ciertas, es decir que la empresa tiene certeza total de que deberá cancelarse un pasivo. *Ver* CONTINGENT LIABILITIES; LIABILITIES.

actual weight (A/W): Peso real. En materia de comercio exterior, peso real de una mercadería.

actuals: Activo físico. "Commodity" o instrumento financiero subyacente de un contrato de futuros en contraposición al contrato mismo. En el mercado de futuros, rara vez se materializa la entrega del activo físico ya que, por lo general, los operadores liquidan las operaciones antes de la fecha de vencimiento.

actuarial cost method: Método actuarial de costo. Método que emplea el actuario para la determinación de costos. *Ver* ACTUARY.

actuarial table: Tabla actuarial. Tabla de datos que emplean los actuarios para realizar el cálculo de la prima que luego cobrará una compañía de seguros. El contenido de la tabla se basa en los antecedentes de su cliente, como anteriores siniestros declarados o indemnizaciones cobradas.

actuarial valuation: Valuación actuarial. Valuación efectuada por un actuario. *Ver* ACTUARY.

actuarial value: Valor actuarial. Valor asignado por un actuario. *Ver* ACTUARY.

actuary: Actuario. Persona especializada en cálculos matemáticos y con conocimiento de seguros que trabaja para una compañía de seguros y cuya tarea consiste en calcular primas, reservas, dividendos y seguros basándose en los factores de riesgo contenidos en la tabla actuarial. *Ver* ACTUARIAL TABLE.

additional paid-in capital: Aportes de los accionistas por encima del valor nominal de la acción. Si una firma emite acciones a un valor nominal de $ 1 cada una y las vende a $ 5, el estado contable señalará que por cada acción vendida hay $ 1 en acciones ordinarias y $ 4 en aportes adicionales. *También llamado CAPITAL SURPLUS; PAID-IN SURPLUS*.

additional premium (A/P): En materia de comercio exterior, prima adicional.

add-on: Fondos que se agregan a un certificado de depósito después de la fecha de compra a la misma tasa de interés del certificado original.

adjudge: Juzgar. *TO BE ADJUDGED BANKRUPT*: Ser declarado en quiebra.

adjudication order: Sentencia declarativa de la quiebra.

adjudication of bankruptcy: Apertura del procedimiento de quiebra.

adjunct account: Cuenta auxiliar.

adjustable-rate preferred stock: *Ver* FLOATING-RATE PREFERRED STOCK.

adjustable rate mortgage (ARM): Hipoteca de tasa flotante. Contrato de hipoteca entre una institución financiera y el comprador de un inmueble, cuya tasa de interés se ajusta cada determinada cantidad de años. El ajuste de la tasa depende de los movimientos que se produzcan en algún índice independiente de la institución prestamista. A cambio del riesgo que corre el prestatario de tener que pagar una mayor tasa de interés, éste obtiene tasas más bajas que las hipotecas de tasa fija en los primeros años del contrato.

adjusted basis: Valor ajustado. Precio base que se tiene en cuenta para determinar si hubo ganancias o pérdidas después de efectuada la venta de acciones o bonos.

adjusted debit balance (ADB): Saldo deudor ajustado. Cantidad —ya sea de dinero o de títulos valores— que el cliente puede retirar de su cuenta de margen.

adjusted gross income: Ingreso bruto ajustado. Ingreso sobre el que se calcula el impuesto a las ganancias. El ingreso bruto ajustado se determina restándole al ingreso bruto algunos gastos y deducciones como los aportes a cuentas de retiro.

adjusting entry: *Ver* ADJUSTMENT ENTRY.

adjustment: 1. *Ver* DIVIDEND ADJUSTMENT. 2. *Ver* INTEREST ADJUSTMENT. *ACCOUNTING ADJUSTMENT*: Ajustes contables. *PRIOR-PERIOD ADJUSTMENTS*: Ajustes a los resultados del ejercicio anterior.

adjustment bond: *Ver* INCOME BOND.

adjustment entry: Asiento de ajuste. Asiento destinado a corregir errores u omisiones incurridos en la contabilidad. *También llamado ADJUSTING ENTRY.*

adjustment for items not involving the movement of funds: Ajustes por partidas que no suponen movimientos de fondos.

adjustment in conversion terms: Modificación de las condiciones que rigen el intercambio de un título valor convertible.

administrative costs: Gastos de administración, gastos de gestión.

administrative expenses: *Ver* ADMINISTRATIVE COSTS.

administrator: 1. Administrador judicial. En el derecho sucesorio, persona que el juez designa, de oficio o a pedido de parte, para que administre los bienes hereditarios durante el estado de indivisión de bienes y hasta que se cumpla con la partición. En el derecho comercial, también es frecuente la designación de administradores. 2. Administrador. En sentido general, cualquier persona que se encarga de implementar las políticas de una organización. En femenino se suele usar Administratrix.

administratrix: Administradora. *Ver* ADMINISTRATOR.

ad valorem: Ad valorem. Expresión latina que significa "de acuerdo a su valor" y que hace referencia al método empleado para fijar los derechos de aduana sobre las mercaderías que se importan. El valor de los aranceles se calcula teniendo en cuenta el precio de la mercadería y no el peso o la cantidad de bienes.

ad valorem tax: Impuesto "ad valorem". Impuesto que se computa fijando un porcentaje del valor de los activos gravados. *También llamado PROPERTY TAX.*

advance: 1. (sust.) Anticipo, adelanto. Pago adelantado de una parte del crédito. *También llamado ADVANCE PAYMENT. IN ADVANCE*: Por anticipado. 2. (v.) Pagar por adelantado, pagar por anticipado.

advance commitment: Compromiso de anticipo. Promesa de realizar algún acto futuro. Uno de los ejemplos más comunes es el compromiso contractual que asume una institución financiera de otorgar un préstamo en una fecha futura y en las condiciones establecidas con anterioridad.

advance corporation tax (ACT): Impuesto a cuenta del impuesto sobre la renta de sociedades (en el sistema impositivo británico).

advance payment: *Ver* ADVANCE 1.

advance payments by customers: Anticipos de clientes. En contabilidad, cuenta que representa los anticipos que efectúan los clientes a la empresa a cuenta del pago de compras futuras de determinadas mercaderías o servicios que hacen al giro habitual de la misma.

advance payments to suppliers: Anticipos a proveedores. En contabilidad, cuenta que representa los anticipos efectuados a los proveedores con motivo de la compra futura de mercaderías, materias primas o servicios determinados.

advances paid: Anticipos pagados.

advance-decline index: Índice de alzas y bajas. Cálculo de la cantidad de acciones que subieron y de la cantidad que bajaron en un determinado período. El resultado demuestra la dirección del mercado. Será alcista si la cantidad de alzas es superior a la de bajas.

advance-decline line (A/D): Línea de un gráfico que representa el índice de bajas y alzas durante un determinado período. *Ver* ADVANCE-DECLINE INDEX.
(Ver gráfico en p. 455).

advance refunding: *Ver* PREREFUNDING.

adverse action: Respuesta desfavorable. En materia de créditos al consumidor, rechazo de una solicitud de préstamo.

adverse stock market conditions: Coyuntura bursátil desfavorable.

adverse opinion: Opinión desfavorable. Informe presentado por los auditores de una firma que indica que los estados contables de la misma no reflejan en forma exacta sus resultados operativos o su posición financiera. Con esta opinión se recomienda a los inversores ser cautelosos. *Ver* CLEAN OPINION; DISCLAIMER OF OPINION; OPINION; QUALIFIED OPINION; SUBJECT TO OPINION.

advisor's sentiment: Opinión del asesor. Punto de vista de los asesores con respecto a los futuros precios de los títulos valores. Cuando la opinión es muy favorable se espera una baja y, cuando es muy desfavorable se espera un alza. Ésta es una teoría que se basa en la idea de que, cuando la mayoría de los asesores esperan un determinado movimiento del mercado, es probable que ocurra exactamente lo contrario. *Ver* SENTIMENT INDEX.

advisory account: Cuenta de corretaje manejada por un agente de bolsa que, para efectuar inversiones, puede tomar determinadas decisiones sin consultar a su cliente. *Ver* DISCRETIONARY ACCOUNT.

advisory council: Consejo asesor, consejo consultor.

affidavit: 1. Declaración escrita, jurada o no, concerniente por ejemplo a la titularidad y/u origen de un título. 2. Declaración jurada. Afirmación de un hecho que se efectúa ante escribano público o funcionario competente por el cual el interesado firma bajo juramento decir la verdad.

affiliate: 1. Compañía subsidiaria, compañía controlada. Organización cuyo control se encuentra en manos de otra compañía —firma controlante—. 2. En general, término que se utiliza para hacer referencia a una organización relacionada con otra a través de algún tipo de control, sin hacer mención de cuál es la controlante y cuál la controlada.

affiliated and inter-company accounts: Cuentas intrasistema.

affiliated person: Persona que se encuentra en posición de influir en las decisiones de la empresa. En general, son directores, ejecutivos, propietarios de más del 10% de las acciones de la sociedad y familiares de estos grupos. *También llamado* CONTROL PERSON.

afghani: Afghani. Moneda nacional de Afganistán.

after-acquired clause: Cláusula del contrato de hipoteca mediante la cual se establece que cualquier inmueble que el deudor adquiera con posterioridad al contrato, quedará afectado como garantía de la obligación.

after date bill: Letra de cambio a cierto plazo de la fecha.

after-hour trading: Operaciones poscierre. Operaciones con títulos valores que se efectúan con posterioridad al cierre de la bolsa.

after sales service: Servicio posventa.

aftermarket: *Ver* SECONDARY MARKET.

aftertax earnings: *Ver* NET INCOME.

aftertax profit: *Ver* NET INCOME.

aftertax yield: Rendimiento posterior al pago de impuestos. Tasa de rendimiento de una inversión que se calcula después del pago de los impuestos.

against the box: *Ver* SHORT AGAINST THE BOX.

aged fail: Contrato entre agentes bursátiles que, a pesar de haber transcurrido 30 días de la fecha de liquidación, continúa sin liquidarse.

agency: 1. Representación. Relación entre dos personas en la cual una (el representante) actúa en representación de la otra (el representado) frente a un tercero. 2. Mandato. Contrato mediante el cual una parte (mandante) otorga a otra (madatario) el poder, que ésta acepta, para representarla, al efecto de efectuar en su nombre y por su cuenta un acto jurídico. *Ver* AGENT; PRINCIPAL.

También llamado AGENCY AGREEMENT. 3. Título valor emitido por una repartición federal o una compañía respaldada por el gobierno. Estos valores están exentos de cumplir con los requisitos de oferta pública impuestos por la autoridad nacional del mercado de valores. *Ver* FEDERAL AGENCY SECURITY; FEDERALLY SPONSORED CORPORATE SECURITY.

agent: 1. Representante. Persona o entidad que actúa en representación de otra frente a un tercero. *Ver* AGENCY 1. 2. Mandatario, apoderado. Persona que en virtud de un contrato de mandato representa a otra, o bien actúa en su nombre, dentro de los límites señalados y facultades otorgadas en dicho contrato. *Ver* AGENCY 2. 3. Agente, intermediario. *Ver* BROKER. 4. Factor. Empleado de un comercio que con carácter de apoderado general, otorgado por el empresario, posee facultades para administrar, dirigir y contratar todo lo que forme parte del giro habitual de la empresa.

aggregate demand: Demanda global. Suma total de mercaderías y servicios que consume la economía de un país durante un determinado período. *También llamado TOTAL SPENDING*.

aggregate exercise price: Precio total de ejercicio. En materia de operaciones con bonos, precio de ejercicio del contrato de opción multiplicado por la cantidad de valores especificados en el contrato. Por ejemplo, una opción de compra sobre 200 acciones ordinarias de una compañía a un precio de ejercicio de $ 50 tiene un precio total de ejercicio de 200 X $ 50, o $ 10.000.

aggregate supply: Oferta global. En macroeconomía, la suma total de las mercaderías y servicios que ingresan al mercado de un país en determinado período. *También llamado TOTAL OUTPUT*.

aging schedule: Ordenamiento cronológico de las cuentas a cobrar. Clasificación de las cuentas a cobrar según la fecha en que fueron originadas. Por lo general, este ordenamiento es tarea del auditor.

agreement: Acuerdo, convenio, contrato, pacto. *COLLECTIVE AGREEMENT*: Convenio colectivo. *SYNDICATE AGREEMENT*: *Ver* AGREEMENT AMONG UNDERWRITERS.

agreement among underwriters: Contrato entre los miembros de un consorcio de colocadores de emisiones mediante el cual se establecen los derechos y obligaciones de cada uno de ellos. *También llamado SYNDICATE AGREEMENT*. *Ver* SYNDICATE.

agreement for insurance: Contrato de seguro provisorio. Contrato de seguro efectuado con anterioridad al definitivo con el fin de mantener una cobertura hasta la suscripción de éste.

agreement for lease: Contrato de locación futura. Contrato mediante el cual se acuerda otorgar en el futuro una locación sobre un determinado bien.

agreement of sale: Contrato de compraventa. Contrato mediante el cual una de las partes se compromete a transferir a la otra la propiedad de una cosa, y ésta se compromete a recibirla y a pagar por ella un precio cierto en dinero.

agricultural credit: Crédito agrícola. Letras de cambio, aceptaciones bancarias y prórrogas de créditos que otorgan los bancos para financiar operaciones agrícolas.

airport revenue bond: Título de deuda exento de impuestos que emite alguna autoridad de una ciudad, país, estado o aeropuerto y cuyo pago se encuentra garantizado por los ingresos generados por el aeropuerto o por los alquileres de instalaciones que utilizan las distintas líneas aéreas.

alienation clause: Cláusula similar a la de caducidad de plazos que permite que el prestamista exija el pago total de la deuda cuando el inmueble hipotecado cambia de propietario. *Ver* ACCELERATION CLAUSE.

alien corporation: Compañía constituida en otro país. *Ver* FOREIGN CORPORATION.

all-holders rule: Norma de la Securities and Exchange Commision (SEC) de Estados Unidos que prohíbe que los interesados en adquirir una compañía y esta última impidan que un accionista o grupo de accionistas presenten ofertas. *Ver* EXCLUSIONARY TENDER OFFER.

allied member: Miembro asociado. Empleado, socio o accionista de una sociedad de bolsa integrante de la NYSE que no posee individualmente un asiento en dicha bolsa y que, por lo tanto, no puede operar dentro del recinto bursátil.

allien corporation: *Ver* FOREIGN CORPORATION.

alligator: Término que se utiliza cuando un agente realiza una combinación de opciones de compra y venta que genera una comisión tan elevada que el cliente probablemente deba destinar todas las ganancias al pago de la misma. *También llamado ALLIGATOR SPREAD.*

allocation of funds: Asignación de fondos.

all or none (AON): Todo o nada. 1. En materia de transacciones bursátiles, orden de compra o venta que no permite la ejecución parcial de la misma. *También llamado ALL OR NONE ORDER.* 2. En materia de colocación de emisiones, oferta en la cual, si la emisión no se suscribe totalmente, el emisor tiene el derecho de cancelar toda la emisión. *También llamado ALL OR NONE OFFERING.*

all-or-none offering: *Ver* ALL OR NONE 2.

all-or-none order: *Ver* ALL OR NONE 1.

allotment: Asignación. En materia de colocación de emisiones, cantidad de títulos valores que se le asigna a cada uno de los miembros del consorcio de colocadores para que los revendan a los inversores. *Ver* SYNDICATE.

allowance: 1. Contribución, cuota. 2. Pago periódico, generalmente a título gratuito. 3. En una operación comercial, descuento o bonificación otorgado a la contraparte. *TAX ALLOWANCE*: Desgravación fiscal. *CAPITAL ALLOWANCES*: Amortizaciones fiscales.

allowance for doubtful accounts: Previsión para deudores incobrables. Cuenta del balance general de una compañía que compensa las posibles deudas incobrables. *También llamado ALLOWANCE FOR BAD DEBTS; RESERVE FOR BAD DEBTS.*

alpha: Alfa. 1. Cálculo matemático del rendimiento de un título valor considerando que el rendimiento del mercado es cero. Alfa deriva de "a" en la fórmula Ri = a + bRm, la cual mide el rendimiento de un título (Ri) para un determinado rendimiento del mercado (Rm) en donde b es beta. *Ver* BETA; CAPITAL ASSET PRICING MODEL; CHARACTERISTIC LINE. 2. En la Bolsa de Londres, los capitales alfa son aquellos correspondientes a las compañías cuyas acciones tienen un alto volumen de operaciones. El término equivale al de "blue chip" en EE.UU. *Ver* BLUE CHIP.

alteration: Modificación, alteración, cambio, variación. Cualquier modificación en la fecha, cantidad o el tenedor de un cheque, pagaré u otro título negociable.

alternative investment plan: Fórmulas alternativas de inversión.

alternative minimun tax (AMT): Impuesto mínimo alternativo. Impuesto federal destinado a asegurar que las personas y compañías con altos ingresos paguen al menos algún impuesto sobre las ganancias cuando por alguna razón están eximidos del pago del impuesto. *También llamado MINIMUN TAX. Ver* PRIVATE ACTIVITY BOND.

alternative order: Orden alternativa. Orden por la cual el cliente le indica al agente de bolsa que al momento de operar, deberá elegir entre una de las dos operaciones posibles —compra o venta—, pero nunca ambas. *También llamado ONE-CANCELS-THE OTHER ORDER.*

amalgamation: Fusión. Término británico que denota la fusión de dos o más compañías en una sola.

amendment: Modificación, corrección. Agregado o modificación de datos a un documento legal. Cuando las correcciones fueron efectuadas con el consentimiento de todas las partes del acuerdo —que se materializa a través de sus firmas—, pasan a formar parte integral del documento original.

American currency quotation: Cotización en dólares estadounidenses. En las operaciones con divisas, valor de la moneda extranjera en dólares estadounidenses. *También llamado MULTIPLIER. Ver* EUROPEAN CURRENCY QUOTATION.

American depositary receipt (ADR): Certificado norteamericano de depósitos en custodia. Recibo negociable emitido en forma de certificado representativo de títulos de una compañía extranjera. Los títulos se encuentran bajo la custodia del banco emisor o agente. Los ADR se encuentran registrados en la Securities and Exchange Commission (SEC) y otorgan al tenedor el derecho de cobrar dividendos. Existen dos tipos de ADR: Los patrocinados (sponsored ADR), que son aprobados y promocionados por la empresa emisora; y los no patrocinados (unsponsored ADR), que no son respaldados por la misma. Los ADR operan en las bolsas y en forma extrabursátil al igual que cualquier título valor estadounidense.

American Stock Exchange (AMEX, ASE): Segunda bolsa estadounidense más grande en términos del volumen operado. Dado que los requisitos para cotizar en la misma son menos estrictos que los impuestos por la NYSE, en AMEX por lo general se comercializan valores emitidos por sociedades pequeñas o recién iniciadas. *Ver* CURB EXCHANGE.

amortization: 1. Amortización. En los registros contables, reducción gradual en el valor libro de la llave de negocios u otro bien intangible. *Ver* DEPRECIATION 1. 2. Amortización. Importe que el emisor de un título valor abona según las condiciones establecidas en el mismo, destinadas a cancelar parcial o totalmente el valor nominal o el valor actualizado según corresponda. 3. Procedimiento contable por el cual se ajusta al valor nominal, el valor libro de los bonos comprados a un precio superior al nominal. 4. Pago de un préstamo a través de cuotas periódicas —que cancelan gradualmente el capital inicial y los intereses— y que provocan la disminución del monto adeudado llegando, a veces, a la cancelación total de la deuda. *Ver* AMORTIZATION SCHEDULE.

amortization rate: Tasa de amortización, índice de amortización, porcentaje de amortización. *Ver* AMORTIZATION.

amortization schedule: Plan de pagos. Plan que indica la cantidad de cuotas debidas, el monto de cada cuota, el saldo y el número de años que lleva la cancelación total de una deuda.

amount brought foward: Transporte. En los registros contables, frase que se emplea para indicar que la cifra proviene de la hoja anterior.

amount financed: Monto financiado, suma financiada. Crédito o adelanto que fue otorgado al prestatario y que será devuelto según las condiciones del préstamo. Es equivalente al crédito inicial menos los gastos financieros ya abonados.

amount oustanding: Saldo. Suma que en una cuenta resulta a favor o en contra de su titular.

analysis of turnover: Análisis del movimiento comercial. *Ver* TURNOVER.

analyst: *Ver* FINANCIAL ANALYST.

ancillary balance sheet: Balance complementario. *Ver* BALANCE SHEET.

and interest: Más intereses. Frase que se emplea en la cotización de los bonos, para informar que el comprador, además del precio indicado, recibirá los intereses devengados.

animals: Recibos de cupones cero —que no generan intereses— sobre títulos del Tesoro de EE.UU., que fueron vendidos a inversores bajo denominaciones como *CATS, TIGR, LIONS*. *También llamados FELINES. Ver* COUPON STRIPPING.

annual clean up: *Ver* CLEAN UP.

annual depreciation: Amortización anual. *Ver* DEPRECIATION.

annual dividend: Dividendo anual. *Ver* DIVIDEND.

annual financial statements: Estados contables anuales. *Ver* FINANCIAL STATEMENTS.

annual general meeting (AGM): Asamblea ordinaria de accionistas. Reunión anual de accionistas y directores de una sociedad que tiene por objeto considerar y resolver cuestiones atinentes a su balance general, estado de resultados, distribución de ganancias, memoria e informe del síndico, designación y remoción de directores y síndicos, miembros del consejo de vigilancia, etc. *También llamado ANNUAL MEETING.*

annual meeting: *Ver* ANNUAL GENERAL MEETING.

annual payment: Anualidad, pago anual.

annual porcentage yield (APY): Tasa de interés anual, rendimiento anual. Intereses que devengan los fondos de una cuenta de depósito durante un año a una tasa de interés determinada. Este rendimiento se aplica a los depósitos por 365 días que no registran extracciones ni depósitos adicionales.

annual report: Memoria. Informe anual que elaboran los administradores de las sociedades por acciones, junto con los estados contables anuales, que contiene una descripción de las distintas actividades en las que operó la compañía, una proyección de las futuras operaciones, las modificaciones de la situación financiera, el informe del auditor, etc. Los inversores por lo general analizan la memoria de la sociedad antes de invertir en ella.

annualized: Anualizado. Perteneciente a una variable que fue matemáticamente convertida a una tasa anual.

annuity: Anualidad, renta vitalicia. En general, toda suma pagadera en forma periódica a favor de una persona, por un número determinado de años o hasta el cumplimiento de un plazo o condición (por ejemplo, el fallecimiento del beneficiario). 2. Anualidad. Importe que se aplica para amortizar un capital y sus intereses, cuando el pago anual se ha pactado previamente por una cantidad de años. *Ver* ANNUITY CERTAIN; CONTIGENT ANNUITY; DEFERRED ANNUITY; HYBRID ANNUITY; IMMEDIATE ANNUITY; JOINT AND SURVIVOR ANNUITY; PERPETUITY ANNUITY; REFUND ANNUITY;

STRAIGHT LIFE ANNUITY; TAX SHELTERED ANNUITY; VARIABLE ANNUITY.

annuity bond: *Ver* CONSOL.

annuity certain: Renta pagadera por un cantidad predetermina-da de años. Si el beneficiario de la renta fallece antes de la ter-minación del contrato, los pagos se realizan a favor de una terce-ra persona designada por él.

annuity contract: Contrato de renta vitalicia o mediante el cual se estipulan pagos periódicos a favor de una persona durante una cantidad determinada de años o hasta el cumplimiento de una condición o plazo.

annuity due: Renta vitalicia en la que los pagos se realizan al comienzo de cada período. *Ver también* ORDINARY ANNUITY.

anticipated growth: Crecimiento previsto.

anticipated losses: Pérdidas previstas.

anticipation: Anticipo. Pago de una obligación antes de la fecha de vencimiento.

anticipation note: Nota de crédito por pago adelantado.

antigreenmail provision: Cláusula del acta constitutiva de una sociedad que prohíbe que los directivos de la misma compren gran parte del capital de los accionistas a un precio inferior al del mercado sin extender la oferta a los otros accionistas. *Ver también* GREENMAIL.

antitakeover measure: Medida destinada a evitar que una socie-dad tome el control de otra mediante la adquisición de una can-tidad suficiente de acciones. Estas medidas pueden implicar una modificación en el cambio del precio razonable, la extensión del período de mandato de los directores, el incremento de la canti-dad de votos afirmativos necesarios para aprobar determinados temas, etc. *Ver también* SHARK REPELLENT; SHOW STOPPER.

antitakeover statute: Ley estadual que facilita a las compañías con sede en un determinado estado la detención de maniobras hostiles por parte de terceros para adquirir el control de dichas compañías.

antitrust laws: Legislación antimonopólica. Leyes federales y estaduales destinadas a promover la competencia y a sancionar y evitar la creación de monopolios. *Ver* CELLER-KEFAUVER ANTIMERGER ACT; CLAYTON ACT.

apparent maturity: Fecha de vencimiento de un título de crédito según surge de sus términos explícitos.

application for incorporation: Solicitud de autorización para actuar como persona jurídica. *Ver* INCORPORATE; INCORPORATION.

application for funds statement: *Ver* STATEMENT OF CHANGE IN FINANCIAL POSITION.

appointee: Persona designada para ocupar un determinado cargo dentro de una sociedad u otro tipo de organización.

appointing power: Poder de designar a las personas para que ocupen determinados cargos dentro de una sociedad u otro tipo de organización.

appraisal: Tasación. Valuación, revalúo. Cálculo del valor de mercado de un activo que efectúa un tasador sobre la base del costo de reposición de ese activo, las ventas de activos similares o los ingresos que podría generar dicho activo.

appraisal value: Valor de tasación. *Ver* APPRAISAL.

appreciation: 1. Incremento en el valor de un activo. Aumento del valor de una acción, bono, "commodity" o inmueble que se debe al alza de los precios en el mercado o a los ingresos generados por el mismo. 2. Incremento del valor de una moneda con respecto a otra. Este aumento se debe al crecimiento de la demanda de cualquiera de las monedas, y no a la intervención del banco central. *Ver* DEPRECIATION 2.

appropriation: Distribución de fondos, asignación de utilidades. Reparto de fondos entre varias personas o sociedades.

approved list: *Ver* LEGAL LIST.

approximate-limit order: Término que se utiliza para limitar una orden de compra o venta a una determinada banda de precio y permite al operador un cierto margen para ejecutarla. *También llamado NEAR ORDER.*

Arb: *Ver* ARBITRAGEUR.

arbitrage: Arbitraje. Beneficio que resulta de las diferencias de precio cuando el mismo título valor, moneda o "commodity" se comercializa en dos o más mercados. En el mercado de futuros, el arbitraje se puede efectuar, por ejemplo, comprando contratos con fecha de entrega a tres meses y vendiendo contratos a seis meses en una misma moneda. *Ver* FORWARD FORWARD.

arbitrage bond: Bono municipal emitido con el propósito de invertir las utilidades en valores con un rendimiento mayor que el que paga el bono municipal.

arbitrager: *Ver* ARBITRAGEUR.

arbitrageur (ARB): Arbitrajista. Persona que participa de un arbitraje. *Ver* ARBITRAGE.

arbitrament: Sentencia arbitral. *Ver* ARBITRATION.

arbitrate: Arbitrar, someter a arbitraje. *Ver* ARBITRATION.

arbitration: 1. Arbitraje. Procedimiento obligatorio mediante el cual una tercera parte (árbitro) dirime las diferencias que existen entre los empleados de la bolsa y las sociedades de bolsa. *Ver* BOARD OF ARBITRATION. 2. Arbitraje. Facultad discrecional confiada a un sujeto u organismo extrajudicial, al que las partes han presentado un juicio para que decida según su leal saber y entender.

arbitration board: Junta arbitral. *Ver* BOARD OF ARBITRATION.

arbitration clause: Cláusula compromisoria. Cláusula insertada en un contrato que establece que, en caso de que se originen controversias con respecto a derechos u obligaciones bajo dicho contrato, éstas serán resueltas por medio de un arbitraje.

arbitration of exchange: Arbitraje de cambio. Arbitraje que se realiza con la compra y venta de divisas en distintos mercados. *Ver* ARBITRAGE.

arbitrator: Árbitro. *Ver* ARBITRATION.

arm's length transaction: Operación a precios de mercado. Transacción que se lleva a cabo como si las partes no estuvieran relacionadas entre sí; por ejemplo, sin tener en cuenta que las personas involucradas en la operación son familiares.

arm's length valuation: Valuación a valor del mercado. Determinación del precio de un activo que se efectúa analizando los precios del mercado.

arrearage: Pago vencido. *Ver* DIVIDENDS IN ARREARS.

arrears: Atrasos, importes vencidos, obligaciones en mora. *Ver* DIVIDENDS IN ARREARS.

arrears of interest: Intereses atrasados o impagos.

articles of consolidation: Acta de fusión. Documento presentado ante un determinado ente estatal que contiene las condiciones de la fusión entre dos o varias compañías.

articles of disolution: Acta de liquidación. Documento que se presenta ante un determinado ente estatal después de que la sociedad haya cumplido con todas sus deudas y distribuido la totalidad de su activo neto, para poder así extinguir la compañía.

articles of incorporation: Acta constitutiva de una sociedad. Documento que se presenta ante un órgano estadual cuando se forma una sociedad. Este documento contiene la razón social, el domicilio de la firma, tipo y cantidad de acciones que emitirá, designación de su objeto, etc.

artificial person: Persona jurídica o de existencia ideal. Ente ideal —como las sociedades— compuesto por personas individuales pero que, como tal, se distingue de ellas. La persona jurídica tiene sus propias obligaciones, derechos y responsabilidades.

artificial currency: Moneda artificial. Un ejemplo es el ECU.

Ascending tops: En un cuadro que ilustra la variación de precios de un título valor durante un período de tiempo, movimiento en el que cada pico es superior al anterior. Esto indica que el título tiene una tendencia alcista.

ascending tops: Picos ascendentes. Cuadro que traza el precio de un título a lo largo de un período de tiempo en el cual cada pico es superior al anterior. El movimiento hacia arriba se considera un indicador alcista y significa que es probable que continúe la tendencia ascendente. *Ver* DESCENDING TOPS.
(Ver gráfico en p. 455).

ascending triangle: Triángulo ascendente. En el análisis técnico, cuadro de precios de forma triangular en el que el lado izquierdo es casi vertical, el superior es casi horizontal y el tercero asciende hacia la derecha conectado a los otros dos lados. Un triángulo ascendente se considera un indicador alcista. *Ver* ASCENDING TOPS; DESCENDING TRIANGLE; TRIANGLE.
(Ver gráfico en p. 455).

Asian Development Bank: Institución financiera creada en 1966 para otorgar asistencia económica y apoyo técnico a los países asiáticos en vías de desarrollo.

ask: Precio de compra. Precio más bajo al que un título valor o "commodity" se ofrece para la venta dentro de un mercado bursátil o extrabursátil. *También llamado ASK PRICE, ASKED PRICE, ASKING PRICE, OFFER, OFFERING PRICE. Ver* BID 1.

asked price: *Ver* ASK.

asking price: *Ver* ASK.

ask price: *Ver* ASK.

assay: Ensayo. Examen que determina la pureza del oro, plata u otros metales preciosos. Los metales utilizados para entregas de contratos de futuros deben ser analizados para verificar que posean la calidad exigida por la Bolsa donde operan dichos contratos.

assented bonds: Bonos cuyos titulares acordaron reducir los pagos de los intereses o el repago del capital inicial, de acuerdo con un plan de reorganización o reestructuración.

assessable stock: Acciones que pueden exigir al accionista incrementar su inversión original si la sociedad así lo solicita.

assessed valuation: Tasación fiscal. Valor que un órgano estatal asigna a un bien mueble o inmueble para luego calcular los impuestos que deberán pagarse sobre el mismo.

assessment: Valuación, tasación, cálculo. *BASIS OF TAX ASSESSMENT*: Base de cálculo de la tributación. *NOTICE OF ASSESSMENT*: Acta de liquidación. *TAX ASSESSMENT*: Liquidación de impuestos.

asset: Activo, bien. Patrimonio con valor comercial que posee una sociedad, institución o persona. *Ver* ASSETS.

asset allocation: Distribución de los fondos invertidos en distintas categorías de activos como equivalentes de efectivo, valores de renta fija, acciones y activos tangibles. Esta práctica afecta el riesgo y rendimiento de las inversiones y constituye el concepto central que se aplica en la planificación de inversiones.

asset-backed securities (ABS): Títulos valores con respaldo en activos crediticios, "asset-backed securities". Títulos valores resultantes de un proceso mediante el cual determinados activos crediticios (como hipotecas) son homogeneizados (es decir, clasificados según sus plazos, vencimientos, tasas de interés y riesgo) y reunidos en un paquete para ser afectados al pago de capital y de intereses de los mismos. De esta manera, el titutar de los activos crediticios obtiene fondos a través de valores cuyo pago (de capital e intereses) está garantizado por dichos activos.

asset coverage: Cálculo de la solvencia de una sociedad o de su capacidad de pagar, con sus utilidades, las deudas bancarias o créditos recibidos. Por lo general, se expresa en un porcentaje que representa la relación entre el activo registrado en el balance general y las deudas a largo plazo.

asset ledger: Sublibro para operaciones con activos. Libro mayor subsidiario en el que los asientos correspondientes a las operaciones que afectan el activo se resumen y se clasifican en débitos y créditos. Según el tamaño de la compañía y la complejidad de su sistema contable, se puede utilizar un sublibro para todos los activos o distintos sublibros para los diferentes tipos de activos, por ejemplo, uno únicamente para las operaciones que afectan los bienes de uso.

asset play: Expresión que se emplea para hacer referencia a una acción cuyo precio en el mercado es bastante inferior al valor del activo de la sociedad.

asset redeployment: Reasignación de activos. Cambio del destino de los activos de poca utilización con el propósito de incrementar la rentabilidad de la compañía.

asset stripping: Desprendimiento de activos, vaciamiento. Venta de determinados activos de una compañía adquirida, normalmente con el fin de reunir fondos para cancelar las deudas incurridas en la financiación de la compra.

asset turnover: *Ver* TOTAL ASSET TURNOVER.

asset value: Valor libro. Monto que el accionista recibirá por cada acción en caso de liquidación de la empresa.

assets: Activo. En contabilidad, concepto que comprende todos los bienes y derechos de los que es titular un individuo o una sociedad, así como también aquellas erogaciones que son aprovechadas en ejercicios futuros. *Ver* LIABILITIES. *CORPORATE ASSETS*: Activo social, activo de la sociedad. *CURRENT ASSETS*: Activo corriente. *DEPRECIABLE ASSETS*: Activo amortizable.

FICTITIOUS ASSETS: Activo ficticio. *FIXED ASSETS*: Bienes de uso, activo fijo. *FOREIGN ASSETS*: Activos en el extranjero. *FOREIGN CURRENCY ASSETS*: Activo en moneda extranjera. *FUNGIBLE ASSETS*: Bienes fungibles. *IDENTIFIABLE ASSETS*: Activos identificables. *INTANGIBLE ASSETS*: Bienes intangibles, activo intangible. *LIQUID ASSETS*: Activo disponible. *MONETARY ASSETS*: Activos monetario. *NET ASSETS*: Activo neto. *NON PRODUCTIVE ASSETS*: Activos no productivos. *TANGIBLE ASSETS*: Bienes tangibles. *QUICK ASSETS*: Activo disponible.

assets accounts: Cuentas del activo. Cuentas que representan los distintos componentes del activo de una sociedad. *Ver* ASSETS.

asset swap: Pase de activos, intercambio de activos, "swap" de activos. Intercambio de un activo por otro, por lo general con el propósito de mejorar la calidad de la cartera de préstamos de un banco. Un ejemplo es cambiar un título a tasa fija por otro a tasa flotante. *Ver* SWAP.

assign: Asignar. En materia de futuros y opciones, decidir qué lanzador de un contrato de opción o de futuros será llamado a cumplir con los términos del contrato. Por lo general, las sociedades de bolsa lo hacen al azar cuando los tenedores de los contratos solicitan la entrega del activo especificado en los mismos. *Ver* UNWELCOME ASSIGMENT.

assignee: Cesionario. Persona a cuyo nombre se transfiere la titularidad de un derecho o bien. *Ver* ASSIGNMENT.

assignment: Cesión, transferencia. 1. Transferencia de la propiedad de un bien o titularidad de un derecho a favor de otra persona. 2. Cesión. En materia de cartas de crédito, transferencia del crédito, ya sea en forma total o parcial, por parte del beneficiario a favor de otra persona. 3. Cesión. En materia de títulos valores, transferencia de acciones o bonos nominativos a favor de otra persona. Para ceder títulos nominativos, su titular debe completar y firmar el formulario impreso en el reverso del certificado del título. 4. Cesión de bienes a favor de los acreedores. Transferencia de los bienes del deudor a un representante de sus acreedores con el propósito de proceder a su realización y, con lo producido de dichas ventas, al pago de las deudas. *También llamado ASSIGNMENT FOR THE BENEFIT OF CREDITORS.* 5. Cesión de derechos. Contrato en virtud del cual una de las partes transmite a otra, a título oneroso o gratuito, la titularidad de un derecho de manera tal que en lo sucesivo pueda ejercerlo en nombre propio. 6. *Ver* ASSIGN.

assignment for the benefit of creditors: *Ver* ASSIGNMENT 4.

assignor: Cedente. Persona que transfiere un derecho o bien a favor de otra. *Ver* ASSIGNMENT.

associate member: Sociedad de bolsa asociada. Sociedad bursátil que, a pesar de no poseer asiento en una determinada bolsa, puede colocar órdenes por medio de otras casas de bolsa que sí tienen un asiento en la misma. Las sociedades de bolsa asociadas no están autorizadas a operar para su propia cuenta dentro del recinto de la bolsa. *Ver* REGULAR MEMBER.

assimilation: Asimilación, absorción. Compra de una emisión nueva de acciones por parte de la comunidad inversora después de que todos los títulos fueron vendidos por los colocadores de la emisión.

assumable mortgage: Crédito hipotecario cuyo prestatario tiene el derecho de transferir a otra persona el saldo impago de la obligación en caso de vender el inmueble afectado. El comprador asume el pago de las cuotas restantes bajo las mismas condiciones, y el vendedor se mantiene como segundo obligado.

assumption: Cláusula del contrato de hipoteca que fija las condiciones bajo las cuales el prestatario puede transferir el crédito hipotecario a otra persona. *Ver* ASSUMABLE MORTGAGE.

at best-at market: Expresión que significa "al menor precio posible" en caso de una orden de compra, o "al mayor precio posible" en caso de una orden de venta. Dicha frase se utiliza cuando el cliente entrega al agente de bolsa una orden que no especifica precio máximo o mínimo.

at par: A la par. Título valor que se emite o vende a un precio igual al valor nominal. Este término por lo general se aplica a bonos, acciones preferidas o títulos de deuda recientemente emitidos.

at sight: A la vista. Expresión empleada en el cuerpo de los instrumentos negociables que indica que el pago vence contra su presentación o demanda.

attachment: 1. Secuestro. Orden judicial que autoriza el secuestro de uno o varios activos para que el acreedor se asegure el cumplimiento de una obligación. Los activos secuestrados quedan depositados en manos de un tercero, cuya designación queda librada al juez. 2. Embargo. Orden judicial que individualiza un activo determinado del deudor, afectándolo al pago del crédito en razón del cual se ha trabado el embargo.

at-the-close order: Orden a precio de cierre. Orden de compra o venta de títulos valores cuya ejecución se realiza a precio de cierre.

at the market: A precio de mercado. Orden de compra o venta de títulos valores cuya ejecución se efectúa al mejor precio de mercado.

at the money: Expresión que hace referencia a un contrato de opciones cuyo precio de ejercicio es igual al precio actual del activo subyacente. *Ver* IN THE MONEY; OUT OF THE MONEY.

at-the-opening order: Orden de compra o venta cuya ejecución se realiza al precio de apertura de la rueda.

auction: Subasta, remate. Adjudicación de bienes ajenos, en público y al mejor postor, por personas que hacen de ello su profesión y que se denominan rematadores o martilleros.

auctioneer: Martillero, rematador. Intermediario en el tráfico de bienes. Es el agente en el remate o subasta. *Ver* AUCTION.

auction market: Mercado de operaciones al mejor postor. Método empleado por los corredores para efectuar las operaciones encomendadas por sus clientes dentro del recinto de la bolsa. A diferencia de la subasta o el remate convencional —con un solo martillero y muchos compradores—, en las bolsas de valores intervienen muchos compradores y muchos vendedores. Y, al igual que en las subastas, el precio se establece a través de las ofertas que realizan los agentes en representación de sus comitentes. *Ver* DEALER MARKET.

auction-rate preferred stock: Tipo especial de acción preferida a tasa flotante cuyos dividendos se pagan según el resultado de las subastas periódicas que efectúa el emisor. Esta clase de acciones difieren de las acciones preferidas a tasa flotante convencionales porque el valor de los dividendos que pagan estas últimas fluctúa en forma paralela a una tasa de interés a corto plazo.

audit (aud): Auditoría, revisión de cuentas. Comprobación científica y sistemática de los libros de cuentas, comprobantes y otros registros financieros y legales de una firma, con el propósito de determinar la exactitud e integridad de la contabilidad, mostrar la verdadera situación financiera y las operaciones, y certificar los estados e informes que se rindan. En general, dicha tarea es efectuada por un contador público. *ACCOUNTS AUDIT*: Auditoría contable. *ANNUAL AUDIT*: Auditoría anual. *EXTERNAL AUDIT*: Auditoría externa. *INTERIM AUDIT*: Auditoría interina. *INTERNAL AUDIT*: Auditoría interna. *STATUTORY AUDIT*: Auditoría obligatoria de cuentas.

audit committee: Comité de auditoría. Subgrupo dentro de la junta de directores de una sociedad que designa los auditores externos que se desempeñarán en la misma. El comité de auditoría es responsable de la contratación de los auditores, de la evaluación de los informes que éstos presenten y de la resolución de las controversias que se originen.

audit fees: Honorarios por auditoría. Remuneración que abona una sociedad por los servicios de auditoría prestados por el profesional a cargo. *Ver* AUDIT.

audit report: Informe de auditoría. Informe que presenta el auditor después de haber efectuado la verificación de las operaciones y libros contables de una sociedad. *Ver* AUDIT.

audited statement: Estados financieros preparados según las normas de auditoría generalmente aceptadas. *Ver* UNAUDITED STATEMENT.

auditing firm: Firma de auditoría. Sociedad cuya actividad principal consiste en prestar servicios de auditoría a otras compañías. *Ver* AUDIT.

auditing standards: Normas de auditoría. Normas que deben cumplir los auditores durante el desempeño de su profesión.

auditor (aud): Auditor, revisor de cuentas. Persona que cumple la función contable de verificación de las operaciones de la empresa que se vinculan con el patrimonio de la misma y son objeto de registro. Si el auditor es empleado de la firma, éste será interno, si no lo es, será externo. *Ver* AUDIT.

auditor opinion: *Ver* OPINION.

audit trail: Registro de operaciones comerciales que contiene información contable que puede ser verificada con los documentos originales.

Autex: Autex. Red electrónica estadounidense que informa a las sociedades bursátiles con respecto a las intenciones de otros colegas de comprar o vender grandes bloques de títulos. Por ejemplo, si un agente opera para un cliente que está interesado en comprar 100.000 acciones de una determinada sociedad, consulta a esta red electrónica para saber si hay algún otro agente que quiere vender tal cantidad de acciones.

authority bond: Bono emitido por alguna repartición gubernamental cuyos capital inicial e intereses se pagan sólo con dinero proveniente de los ingresos generados por ese ente. *Ver* REVENUE BOND.

authorization to transfer: Autorización de transferencia. Formulario firmado por un cliente que autoriza a un agente a transferir fondos de una cuenta a otra, ambas pertenecientes a ese cliente. Por lo general, estas transferencias se efectúan para cubrir la falta de fondos en una cuenta de margen con fondos que el cliente posee en una cuenta distinta.

authorized capital stock: Capital social autorizado. Cantidad de acciones que puede emitir una sociedad. El acta constitutiva de la compañía establece su capital social y cualquier modificación al mismo deberá ser aprobada por los accionistas. En general, la cantidad de acciones autorizadas excede en gran medida el número que en realidad se emite. De esta manera, la dirección de la compañía tiene la posibilidad de emitir más acciones para recaudar fondos adicionales o utilizar las acciones para realizar una adquisición. *También llamado SHARES AUTHORIZED. Ver* ISSUED CAPITAL STOCK; OUTSTANDING CAPITAL STOCK.

automated stock trading: Operación automática. Compra y venta de títulos valores sin la participación de un corredor o agente de bolsa. En general, estas operaciones incluyen a un inversor que opera vía computadora. Los precios de oferta y demanda están a la vista y son continuamente actualizados. Una vez introducida la orden, la ejecución de la misma es automática. *También llamado COMPUTARIZED INVESTING. Ver* INSTINET; NATIONAL SECURITIES TRADING SYSTEM; SOES.

automatic clearing house (ACH): Cámara compensadora automática. Sistema de liquidación de operaciones que utilizan los bancos de la Reserva Federal de Estados Unidos para el intercambio de transacciones electrónicas entre instituciones depositarias.

automatic dividend reinvestment: *Ver* DIVIDEND REINVESTMENT PLAN.

automatic reinvestment: Reinversión automática. Nueva compra de cuotapartes que efectúa automáticamente el cuotapartista de un fondo de inversión abierto con lo recibido por la distribución de dividendos y ganancias de capital que realizó el fondo. *Ver* DIVIDEND REINVESTMENT PLAN.

automatic withdrawal: Extracción automática, retiro automático. Característica de algunos fondos comunes de inversión que permiten al cuotapartista solicitar al fondo que efectúe a su favor pagos de sumas fijas y en intervalos periódicos. Los pagos incluyen los dividendos, intereses y las ganancias de capital obtenidas por el fondo y si éstos fueran insuficientes, la liquidación de algunas de las posiciones del cuotapartista.

available asset: Activo o bien disponible. Activo de una firma o individuo que no fue dado en garantía del pago de un préstamo y que, por lo tanto, se puede disponer libremente de él.

available balance: Saldo disponible. Saldo de una cuenta corriente del que puede hacer uso su titular.

available credit: Crédito disponible. Préstamo listo para ser utilizado.

available funds: Fondos disponibles. 1. Fondos que el banco puede incorporar a su cartera de inversiones o destinar a satisfacer la demanda de créditos. 2. *Ver* AVAILABLE BALANCE.

average: *Ver* AVERAGES.

average annual yield: Rendimiento anual promedio. Rentabilidad media anual de un certificado de depósito si el interés compuesto que el mismo genera continúa depositado.

average balance: *Ver* AVERAGE DAILY BALANCE.

average collection period: *Ver* COLLECTION PERIOD.

average cost: Costo promedio. Costo total dividido por las unidades de producción. De esta manera, si una compañía fabrica 10.000 unidades con un costo total de $ 40.000, el costo promedio de cada producto es $ 4. *Ver* FIXED COST; MARGINAL COST; VARIABLE COST.

average-cost method: Método de costo promedio. Método de valuación de inventario donde el costo unitario se calcula dividiendo el costo total de las mercaderías listas para la venta por la cantidad de unidades a la venta. *Ver* FIRST-IN FIRST-OUT; INVENTORY VALUATION; LAST-IN FIRST-OUT; LOWER OF COST OR MARKET.

average daily balance: Saldo diario promedio. Monto promedio depositado en una cuenta bancaria durante un determinado período. El saldo diario promedio se calcula sumando los saldos diarios de la cuenta durante un período contable y dividiendo esa cifra por la cantidad de días que tiene dicho período.

average down: En un mercado en baja, adquirir más acciones de la misma sociedad para reducir el precio promedio al que se compró el capital. Si un inversor compra 200 acciones de una determinada compañía a $ 50 cada una y luego el valor de las mismas cae a $ 40, el inversor puede adquirir otras 200 acciones para reducir el costo promedio de cada una de esas acciones a $ 45. *Ver* AVERAGE UP.

average life: *Ver* HALF LIFE.

average premium: Prima promedio. *Ver* PREMIUM.

average rate: Tasa promedio, porcentaje promedio. *Ver* RATE.

average rate of exchange: Tipo de cambio promedio. *Ver* RATE OF EXCHANGE.

average term: Vencimiento promedio. En el caso de la emisión de bonos, vencimiento basado en la fecha más próxima fijada para el pago.

averages: Índices. Índices bursátiles calculados por una cantidad de organizaciones, entre ellas Dow Jones, Standard & Poor's, y algunas bolsas organizadas. *También llamado AVERAGE; MARKET AVERAGES, MARKET INDEX; STOCK AVERAGE. Ver* INDEX.

average up: En un mercado en alza, adquirir más acciones de la misma sociedad con el fin de reducir el costo promedio total. Si se compra la misma cantidad de valores a $ 20, $ 22, $ 24 y $ 28, por ejemplo, el costo promedio será de $ 23,5. *Ver* AVERAGE DOWN.

averaging: 1. *Ver* AVERAGE DOWN. 2. *Ver* DOLLAR-COST AVERAGING.

B

b: 1. En los diarios estadounidenses, letra que se emplea en la columna de dividendos de las tablas de operaciones bursátiles para indicar que además del dividendo en efectivo, se realizó un pago de dividendos en acciones. 2. En los diarios británicos, letra que se emplea en las tablas de operaciones bursátiles para indicar que las cifras se basan en los prospectos u otros cálculos oficiales.

B: 1. En los diarios estadounidenses, letra que se emplea en los informes de ganancias para identificar a la Bolsa de Valores de Boston como el mercado primario de las acciones ordinarias de una determinada sociedad. 2. Calificación baja y especulativa que una agencia calificadora de riesgo asigna a un título de deuda. Las agencias calificadoras asignan una B a aquellos valores emitidos por una compañía cuya capacidad de pago de intereses y de repago del capital inicial es incierta.

Ba: *Ver* BB.

Baa: *Ver* BBB.

baby bond: Bono bebé. Bono, convertible o no, cuyo valor nominal es inferior a $ 1.000. A veces, las compañías emiten estos bonos para atraer a los inversores que no cuentan con fondos para adquirir títulos de mayor monto.

backdating: 1. Antedatar un instrumento (por lo general, un título de crédito). Escribir en un cheque o letra de cambio una fecha anterior a la del día en que se emite el documento. 2. Autorización que otorga un fondo común de inversión al titular de cuotas partes para que se contabilicen las adquisiciones anteriores con el fin de obtener un descuento en las comisiones correspondientes a futuras compras.

back-end load: *Ver* DEFERRED SALES CHARGE.

backing away: Situación en la que un agente bursátil, quien ofrece en firme precios de compra y venta para un determinado título valor, no los mantiene para las operaciones mínimas. Dicho comportamiento es considerado no ético.

back office: Espacio físico dentro de las instalaciones de una empresa donde se realizan y guardan los registros. En el caso de una sociedad de bolsa, este lugar incluye el sector donde se almacena información sobre las distintas cuentas, se extienden cheques y se envían los certificados de títulos. *También llamado OPERATIONS DEPARTMENT*.

back taxes: Deuda tributaria correspondiente a ejercicios anteriores.

back up: 1. Canjear un título de deuda por otro con un vencimiento más cercano. 2. Cambio brusco de la tendencia del mercado. *(Ver gráfico en p. 456)*.

backup line: Línea de crédito bancaria que, para un emisor de un título de crédito a corto plazo, sirve como fuente alternativa de liquidez y que, para el comprador, sirve como fuente de crédito, en el caso de que el emisor no pueda renovar el título en la fecha de vencimiento.

backwardation: 1. En la Bolsa de Valores de Londres, término que se emplea para hacer referencia a las comisiones e intereses pendientes de pago sobre ventas cortas de acciones con entrega demorada. 2. *Ver INVERTED MARKET*.

bad check: Cheque incobrable. Dícese de todo cheque que no fue pagado, cualquiera sea el motivo (algún error en el endoso, falta de fondos, etc). *También llamado RETURN ITEM*.

bad debts: Deudas incobrables. Deudas que, por diversos factores, la empresa estima que no serán cobradas.

bad debts provision: Previsión para deudas incobrables. Cuenta que representa la estimación por parte de la empresa de los deudores que no abonarán definitivamente su deuda, originando la consiguiente pérdida.

bad debts recovery: Cobro a clientes fallidos o de deudas consideradas incobrables.

bad delivery: Entrega de un título valor que no cumple con los requisitos estipulados. *Ver GOOD DELIVERY; RECLAMATION*.

bad title: Título de propiedad defectuoso, viciado o inválido.

baht: Baht. Moneda nacional de Tailandia.

bail: Fianza. Contrato o acto unilateral por el cual un tercero (fiador) se constituye en garante de una obligación contraída por otra persona. De esta manera, si ésta no cumple, el garante pasa a ser responsable.

bailee: Depositario. Persona que recibe una cosa bajo un contrato de depósito, y asume como principal obligación la guarda y conservación de la cosa depositada. *Ver* BAILMENT.

bailment: Depósito. Contrato mediante el cual una de las partes (depositante) entrega a la otra (depositario) una cosa mueble con el solo propósito de custodiarla hasta que aquélla la reclame.

bailor: Depositante. Persona que entrega a otra (depositario) una cosa en depósito. *Ver* BAILMENT.

bail out: Venta de un título valor, que por lo general implica una pérdida, anticipándose a otras caídas de precio.

bailout: Rescate financiero. Ayuda económica que recibe un banco o institución de ahorro y préstamo cuando, como consecuencia del deterioro de las condiciones del mercado, registra una caída en sus utilidades.

balance: 1. Saldo. Cantidad disponible en una cuenta bancaria después del pago de los gastos administrativos, menos las extracciones, los débitos y depósitos no acreditados. 2. *Ver* BALANCE DUE. 3. (v.) Saldar. *AVERAGE BALANCE*: Saldo promedio. *BANK BALANCE*: Saldo bancario. *CLOSING BALANCE*: Saldo final. *CREDIT BALANCE*: Saldo acreedor. *DAILY BALANCE*: Saldo diario. *DEBIT BALANCE*: Saldo deudor. *DOUBTFUL BALANCE*: Saldo dudoso. *NEGATIVE BALANCE*: Saldo negativo. *OPENING BALANCE*: Saldo inicial. *OUSTANDING BALANCE*: Saldo pendiente. *POSITIVE BALANCE*: Saldo positivo.

balanced budget: Presupuesto en el que los ingresos compensan los egresos. *Ver* BUDGET.

balance due: Saldo pendiente de pago, saldo adeudado.

balanced fund: Fondo común de inversión que invierte en acciones ordinarias y preferidas como así también en bonos, con la intención de obtener un rendimiento moderado y a su vez asumir bajos riesgos. *También llamado BALANCED MUTUAL FUND*.

balanced mutual fund: *Ver* BALANCED FUND.

balance of payments (BOP): Balanza de pagos. Flujo de las operaciones comerciales entre un país y otro durante un período determinado, por lo general un año. La balanza de pagos de cualquier país se divide en dos grandes categorías: la cuenta corriente, que representa las importaciones y exportaciones, más los ingresos por turismo, las ganancias originadas en el exterior y los pagos de intereses; y la cuenta de capital, que representa la suma de los depósitos bancarios, las inversiones de inversores privados, y los títulos de deuda emitidos por el banco central. La balanza de pagos de un país afecta en gran medida el valor de su moneda en relación con las demás.

balance of trade (BOT): Balanza comercial. Diferencia neta entre el valor de las importaciones y exportaciones de mercaderías que realizó un país en un determinado período. La balanza comercial puede arrojar un saldo negativo o positivo, dependiendo de que las importaciones sean mayores o no a las exportaciones. *Ver* TRADE DEFICIT; TRADE SURPLUS.

balance sheet (B/S): Balance general, balance. Documento contable destinado a presentar la estructura patrimonial de la empresa con una descripción de los bienes que posee (clasificados según su naturaleza y posibilidades de conversión en efectivo), los derechos de los acreedores y el patrimonio neto. Además, expresa en forma sintética el estado económico-financiero de la empresa. *También llamado STATEMENT OF FINANCIAL CONDITION; STATEMENT OF FINANCIAL POSITION. Ver* CONSOLIDATED BALANCE SHEET. ANNUAL BALANCE SHEET: Balance anual. *CLOSING BALANCE SHEET*: Balance de cierre. *CONSOLIDATED BALANCE SHEET*: Balance consolidado. *POST-BALANCE SHEET EVENTS*: Acontecimientos posteriores a la fecha de balance. *SIMPLIFIED BALANCE SHEET*: Balance simplificado, balance abreviado.

balance sheet date: Fecha de cierre del balance. *Ver* BALANCE SHEET.

balance sheet lay-out: Estructura del balance. *Ver* BALANCE SHEET.

balboa: Balboa. Moneda nacional de Panamá.

balloon: *Ver* BALLOON PAYMENT.

balloon maturity: 1. Préstamo bancario, en general un crédito hipotecario, que requiere un solo pago total al vencimiento del mismo. 2. Emisión de bonos que requiere pagos mayores en los últimos vencimientos.

balloon payment: Última cuota del pago de un préstamo que es significativamente superior a las anteriores. *También llamado BALLOON.*

band: Banda. Oscilación máxima del valor de una divisa con respecto a otra.

bank: Banco. Organización, por lo general una sociedad anónima, que acepta depósitos, otorga créditos, paga cheques, y presta otros servicios relacionados con su actividad. *CLEARING BANK:* Banco de compensación. *COMMERCIAL BANK:* Banco comercial. *CUSTODIAN BANK:* Banco custodio, banco custodia, banco fiduciario. *FOREIGN BANK NOTES:* Billetes en moneda extranjera.

bank account: Cuenta bancaria. *Ver* ACCOUNT.

bank and cash balances: Saldos de caja y bancos. *Ver* BALANCE.

bank branch: Sucursal de un banco.

bank charges: Gastos bancarios, comisiones bancarias.

bank clearing: "Clearing" bancario, compensación bancaria. Pagos y transferencias entre entidades bancarias. Las cámaras compensadoras fueron creadas para realizar pagos a clientes, pagos bancarios y otro tipo de liquidaciones, incluso operaciones con acciones.

bank credit: 1. Crédito bancario. Préstamo otorgado por un banco comercial o institución de ahorro.

bank debits: Débitos bancarios. Cheques o letras de cambio pagados y otros instrumentos emitidos contra fondos depositados en cuentas bancarias durante un período determinado.

bank discount basis: Rendimiento de un título valor vendido a un precio inferior a su valor nominal. *También llamado DISCOUNT BASIS; DISCOUNT YIELD.*

bank draft: Giro bancario. Cheque emitido por un banco contra sus propios fondos depositados en otro banco.

bank endorsement: Endoso bancario. Endoso que realiza el banco de aquellos cheques pagados y presentados al banco del emisor del cheque para su cobro.

banker's acceptance: 1. Aceptación bancaria, letra aceptada por un banco. Letra de cambio que fue girada contra un banco y que fue aceptada por ese mismo banco. Al aceptar la letra, el banco se compromete a pagar el valor nominal de la obligación en el caso de que su emisor no lo haga 2. Instrumento de crédito a corto plazo creado por una compañía no financiera y cuyo pago es garantizado por un banco. Las aceptaciones son comercializadas en mercados secundarios sobre la base de la calidad de crédito que posee la entidad bancaria garante. *También llamado ACCEPTANCE*.

Bank for International Settlements (BIS): Banco de Liquidaciones Internacionales. Organización internacional, con sede en Basilea, Suiza, que actúa como banco para los bancos centrales de los principales países industrializados.

bank grade: *Ver* INVESTMENT GRADE.

bank guarantee: Aval bancario. Garantía en la que un banco se hace responsable en caso de incumplimiento de pago por parte del obligado directo o del avalado.

bank holding company: "Holding" bancario. Sociedad que es propietaria del capital de uno o más bancos y por lo tanto, ejerce el control sobre ellos. *Ver* HOLDING COMPANY.

bank holiday: Feriado bancario.

Banking Act of 1933: *Ver* GLASS-STEAGALL ACT.

banking corporation: Entidad bancaria. Persona jurídica que tiene por objeto realizar actividades bancarias.

banking day: Día hábil bancario.

banking hours: Horario bancario (puede incluir horas posteriores al cierre de la atención al público).

bank line: *Ver* LINE OF CREDIT.

bankmail: Acuerdo entre un banco y una sociedad que participa en la toma de control de otra compañía, mediante el cual la entidad bancaria se compromete a no financiar la oferta de otra firma que esté interesada en controlar dicho paquete accionario.

bank money order: Orden de pago bancaria, giro bancario.

banknote: Billete. Moneda emitida y garantizada por un banco. El único emisor de moneda es el banco central.

bank overdraft: Sobregiro, giro en descubierto. *Ver* OVERDRAFT.

bank rate: Tasa bancaria.

bank release: Resumen o extracto que mensual o semanalmente publica un banco central describiendo su estado financiero.

bank run: Retiro masivo de los fondos depositados en un banco como resultado de una repentina desconfianza por parte de sus clientes.

bank statement: Extracto de cuenta bancaria. Resumen o extracto de cuenta emitido por el banco.

bankrupt: 1. En situación de quiebra, quebrado, fallido, concursado. 2. Insolvente. *Ver* BANKRUPTCY.

bankruptcy: 1. Quiebra. En materia jurídica, situación que atraviesa una firma cuando sus deudas superan su activo, o un individuo cuando sus recursos no son suficientes para pagar sus obligaciones. Frente a una quiebra, el activo de la sociedad o los bienes de la persona son liquidados y lo producido se distribuye entre los acreedores de acuerdo con un plan específico. No obstante, existe la posibilidad de que la firma sea reestructurada y continúe con sus operaciones. Las tablas de operaciones bursátiles indican que una compañía está en proceso concursal o de quiebra agregando "vi" o "q" antes del nombre de la compañía. *Ver* CHAPTER 7; CHAPTER 11; REORGANIZATION. 2. Concurso. Juicio promovido por un deudor, comerciante o empresario como consecuencia de su estado de insolvencia o cesación de pagos, en el que, por lo general, propone alguna forma de acuerdo o concordato a sus acreedores. Tiene por objeto evitar la quiebra.

Bankruptcy Act: Ley de concursos y quiebras.

bankruptcy assets: Activo del concurso o de la quiebra. Conjunto de bienes de la sociedad o individuo en quiebra. *Ver* BANKRUPTCY.

Bankruptcy Court: Tribunal que entiende en materia de quiebras.

bankruptcy discharge: Rehabilitación del fallido. Liberación del fallido respecto de las deudas incluidas en un procedimiento concursal. A partir de la rehabilitación, el fallido puede dedicarse a ejercer el comercio por su propia cuenta, sin que los bienes que adquiera en el futuro deban responder por las deudas de su quiebra.

bankruptcy distribution: Distribución de lo producido en un procedimiento concursal. *Ver* BANKRUPTCY.

bankruptcy proceedings: Juicio concursal o de quiebra. *Ver* BANKRUPTCY.

bankruptcy trustee: Síndico del concurso o de la quiebra. Persona que administra el patrimonio falencial. Su tarea de administrar también implica, entre otras cosas, obtener los bienes que por derecho pertenecen al patrimonio (cobro de créditos, recuperación de cosas en posesión de terceros, ejercicio de acciones de rescisión de contrato, etc.).

bar: Término que se emplea para hacer referencia a un millón de libras esterlinas en el mercado intercambiario.

bar chart: Gráfico que muestra una variable económica (en general, el precio de una acción). El tiempo se refleja sobre un eje horizontal y el valor de la variable sobre un eje vertical. *También llamado VERTICAL LINE CHART. Ver CHARTING; LINE CHART; POINT-AND-FIGURE CHART.*
(Ver gráfico en p. 456).

bargain and sale: Compraventa. Contrato mediante el cual una de las partes se obliga a transferir a la otra la propiedad de una cosa y ésta se obliga a recibirla y a pagar por ella un precio cierto en dinero.

barometer: Barómetro. Compilación de determinados datos económicos y bursátiles que se emplea para establecer tendencias a largo plazo.

barometer stock: Sociedad barómetro. Acciones de una sociedad que cotiza en bolsa cuyo movimiento de precios refleja la dirección del mercado en general.

barren money: Dinero ocioso. Dinero que no genera intereses, como aquel depositado en una caja de seguridad.

barter: Permuta, trueque. Intercambio de una cosa por otra. Desde el punto de vista jurídico, contrato mediante el cual las partes se comprometen a transferirse recíprocamente la propiedad de dos cosas.

base market value: Valor base del mercado. Precio promedio que tiene un grupo de títulos valores en un momento determinado.

base period: Período base. Período de tiempo —en general, un año— que se emplea como patrón para analizar datos económicos.

base rate: Tasa (de interés) base. Tasa de interés que se emplea como índice para determinar el precio de un préstamo bancario o línea de crédito. Ejemplos de tasas base son la tasa Libor y la tasa preferencial. *Ver* LONDON INTERNATIONAL OFFER RATE; PRIME RATE.

base year: Año base. Año en el que se basa un índice. *Ver* INDEX.

basis: 1. Base. En el mercado de futuros, diferencia entre la cotización contado de un producto y su cotización a plazo. 2. Base. En materia de tributación, costo de adquisición de un activo, ajustado según la distribución de dividendos. La base de un título valor se utiliza para calcular las ganancias y pérdidas para fines impositivos. *También llamado TAX BASIS. Ver* ADJUSTED BASIS. 3. Base. Cantidad de días que se emplea para el cálculo de los intereses que generó una inversión o que cobra el banco por otorgar un crédito. CONSTANT DOLLAR BASIS: Base dólar constante. DECLINING BALANCE BASIS: Método decreciente. FULLY DILUTED BASIS: Base de dilución total. HISTORICAL COST BASIS: Base de costos históricos. NET BASIS: Base neta. NIL DISTRIBUTION BASIS: Criterio de distribución base cero. REDUCING BALANCE BASIS: Método decreciente. STRAIGTH-LINE BASIS: Método lineal, método constante.

basis book: Libro que contiene tablas para efectuar la conversión de los rendimientos de los bonos en su equivalente en dólares u otra moneda. *También llamado BOND BASIS BOOK.*

basis grade: Grado base. Característica específica que debe tener un activo para poder ser entregado en un contrato de futuros.

basis point: Punto básico. Centésima parte de un punto porcentual. Los puntos básicos se emplean para calcular la diferencia de rendimiento entre distintos bonos. Por ejemplo, hay 40 puntos básicos de diferencia entre un bono que rinde un 12,3% y otro que rinde un 12,7%. *Ver* SPREAD 4.

basis price: Precio base. 1. Precio de un título valor cotizado en términos de su rendimiento y no de su precio en dólares. Para los inversores, es importante conocer en el precio base ya que el mismo será el factor determinante al momento de decidir la compra o venta de títulos. 2. Precio que elige el agente de bolsa para ejecutar una orden de lote impar sobre una acción inactiva.

basis risk: Riesgo base. Riesgo que corre el inversor, con respecto a los precios, al operar simultáneamente con contratos de contado y a plazo sobre el mismo producto básico. *Ver* BASIS 1.

basis trading: Operación de arbitraje mediante la cual un inversor toma una posición larga en un título y una corta en otro título distinto pero similar, a fin de obtener una ganancia a partir de una diferencia de precio entre los dos títulos. *También llamado RELATIONSHIP TRADING. Ver* PROGRAM TRADING.

batch trading: Sistema de compra y venta de títulos valores en el que las órdenes se acumulan durante un período de tiempo y luego, en determinado momento, se ejecutan en forma conjunta. *Ver* CONTINUOUS TRADING.

BB/Ba: Calificación BB. Grado que una agencia calificadora de riesgo otorga a un título de deuda. La calificación "BB" implica que existen importantes elementos dudosos y que es moderada la capacidad de pago —de los intereses y del capital inicial— de la sociedad emisora de los títulos. *Ver* BOND RATING.

BBB/Baa: Calificación BBB, calificación Triple B. Calificación media que una agencia calificadora de riesgo otorga a un título de deuda. La calificación "Triple B" implica que la capacidad de pago —de los intereses y del capital inicial— de la sociedad emisora de los títulos es adecuada pero inferior a los bonos calificados con una A o grado superior. *Ver* BOND RATING.

BD form: Formulario BD. Documento que las sociedades de bolsa deben presentar ante la Securities and Exchange Commission de EE.UU. y que contiene información sobre la dirección y el capital de una determinada sociedad.

bear: Inversor que considera que un título valor u otro activo, o el mercado en general, seguirán una tendencia de precios descendente. *Ver* BULL.

bearer bond: Bono al portador. Título de deuda pagadero a favor del portador del mismo. El tenedor de un bono al portador no se encuentra registrado en los libros de la entidad emisora; tampoco su nombre está escrito sobre el certificado. Los bonos al portador se transfieren con su simple entrega y su actual tenedor puede ejercer los derechos que le corresponden como si el documento estuviera redactado a su nombre. *También llamado COUPON BOND. Ver* COUPON CLIPPING.

bearer: Portador. Persona que tiene la posesión de títulos de crédito u otros documentos.

bearer certificate: Certificado o título al portador. *Ver* BEARER FORM.

bearer check: Cheque al portador. *Ver* BEARER FORM.

bearer debenture: Debenture al portador. *Ver* BEARER FORM.

bearer form: Al portador. Expresión que se emplea para hacer referencia a cualquier documento, título de crédito, bono o título valor cuyo titular no se encuentra registrado en los libros de la entidad emisora; tampoco su nombre está escrito sobre el certificado del instrumento. Los títulos y documentos al portador se transfieren con su simple entrega y su actual tenedor puede ejercer los derechos que le corresponden como si estuvieran redactados a su nombre. *Ver* REGISTERED SECURITY.

bearer note: Pagaré al portador. *Ver* BEARER FORM.

bearer stock: Acciones al portador. Certificado de la acción que no especifica el nombre del titular de la misma. Las acciones al portador son negociables y pueden ser transferidas a otras personas sin necesidad de endoso. Es común encontrar acciones al portador en Europa, no así en EE.UU.

bear hug: Oferta favorable. Oferta para la adquisición de una sociedad que es tan atractiva en términos de precio y condiciones que los directores de la sociedad —que podrían oponerse a la venta por diversas razones— se ven obligados a aprobarla; de lo contrario, deberían enfrentarse con las protestas de los accionistas que consideran que la oferta es favorable. *Ver* TAKEOVER.

bearish: Bajista. Sensación de que un título valor en particular o el mercado en general se encuentra frente a un período de precios en baja. *Ver* BULLISH.

bear market: Mercado bajista, mercado en baja. Prolongado período de bajas en la cotización de un título valor en particular, de otro tipo de activos —como dinero o bienes inmuebles—, de un grupo de títulos o del mercado de valores en general. *Ver* BULL MARKET.

bear raid: Intento por parte de los inversores de bajar el precio de las acciones de una determinada sociedad por medio de la venta corta de gran cantidad de acciones. En general, a esto se le agregan rumores desfavorables en contra de la compañía. El objetivo es provocar que los otros inversores vendan sus propias acciones y así disminuir el precio de las mismas.

bear run: Tendencia bajista en la bolsa de valores causada por la divulgación de noticias desfavorables.

bear spread: En materia de opciones y futuros, estrategia diseñada para aprovechar la caída del precio de un título valor o "commodity". El operador que aplica esta estrategia compra una combinación de opciones de compra y venta sobre el mismo título valor pero con distintos precios de ejercicio para beneficiarse en el caso de que se produzca una caída en el precio de dicho título. También es posible adquirir dos opciones de venta, una con vencimiento más cercano que el otro, con el propósito de beneficiarse de la diferencia entre los dos contratos en el caso de que bajen los precios. *Ver* BULL SPREAD.

bear squeeze: Intervención del banco central en el mercado de divisas que obliga a los especuladores a realizar ventas cortas de una moneda para cubrir sus posiciones, evitando así que generen ganancias a muy corto plazo. Esta maniobra por parte del banco central, por lo general, consiste en ofrecer a la venta una mayor cantidad de moneda local que la que ofrece el mercado cambiario, lo cual suele provocar grandes pérdidas a los especuladores.

bear trap: Acumulación de acciones por parte de inversores que esperan una baja, quienes realizan ventas cortas para intentar reducir el precio de dichas acciones. *Ver* SHORT SALE.

beat the averages: Obtener un rendimiento superior a los índices. *Ver* AVERAGES.

become effective: Entrar en vigor, entrar en vigencia.

before tax: Antes del pago de impuestos, antes de deducir impuestos, preimpositivo.

before tax profits: Ganancias antes del pago de impuestos, utilidades preimpositivas.

beginning inventory: Inventario inicial. Mercaderías listas para la venta al inicio del período contable. *Ver* ENDING INVENTORY.

bell: Campana. Señal que marca el inicio y cierre de la rueda en una bolsa de valores organizada.

bells and whistles: Características especiales que se agregan a un inversión ordinaria para atraer el interés de los inversores. Un ejemplo es incluir dividendos flotantes para las acciones preferidas. *También llamado KICKERS; WRINKLES.*

bellwether stock: Acción líder. Acción que tiende a liderar el mercado y señala la dirección general de los precios de los valores.

belly up: Expresión que se utiliza para hacer referencia a una firma que se encuentra en quiebra o concurso preventivo.

below cost price: Por debajo del precio de costo.

below market rate: Por debajo de la tasa de mercado. Tasa de interés que es inferior a la vigente en el mercado, por lo general destinada a ayudar a los clientes de bajos recursos.

below the line: No incluido en la determinación del resultado del ejercicio.

below par: Bajo la par. Expresión que se utiliza para hacer referencia a un título valor que está cotizando en el mercado por debajo de su valor nominal. *Ver* ABOVE PAR; DISCOUNT; DISCOUNT BOND.

benchmark: Punto de referencia. Medida sobre la cual se analiza información económica durante un período de tiempo determinado.

beneficial owner: Propietario de un título valor registrado a nombre de otra persona. Es el caso de las sociedades de bolsa que tienen títulos valores de los inversores en fideicomiso.

beneficiary: Beneficiario. Aquella persona que goza de un derecho instituido a su favor por voluntad de la ley o de persona capaz de disponer. *Ver* TRUST.

benefit: Beneficio, ganancia, contraprestación. *ACCUMULATED BENEFITS*: Contraprestaciones por servicios prestados anteriormente. *EMPLOYEE BENEFITS*: Prestaciones a empleados. *FRINGE BENEFITS*: Beneficios sociales. *PENSION BENEFITS*: Prestaciones jubilatorias. *RETIREMENT BENEFITS*: Prestaciones jubilatorias. *SOCIAL BENEFITS*: Prestaciones sociales. *TAX BENEFITS*: Beneficios fiscales, desgravaciones fiscales. *UNEMPLOYMENT BENEFIT*: Subsidio de desempleo. *VESTED BENEFITS*: Derechos adquiridos.

benefit certificate: Certificado que comprueba que una persona es beneficiaria de una póliza de seguro.

benefit of order: Beneficio de orden, beneficio de excusión. Beneficio que se otorga al fiador, en virtud del cual no puede ser compelido al pago de la obligación contraída por el deudor principal, sin que el acreedor haya seguido un procedimiento contra los bienes propios del deudor principal.

best-efforts basis: 1. Compromiso que asume un banco de inversión de hacer todo lo que esté en sus manos para supervisar, pero no garantizar, la venta de una emisión de títulos valores en el mercado primario. *Ver* UNDERWRITER. 2. Orden de compra o venta de un título valor en la que la sociedad de bolsa se compromete a obtener el mejor precio posible.

Beta: Beta. Término analítico que describe las diferencias de precios entre instrumentos financieros. Este cálculo matemático se efectúa comparando la volatilidad del precio de una determinada emisión con el movimiento del mercado en general. Si la diferencia es grande, se dice que el título valor tiene una beta elevada; si la diferencia es pequeña, se dice que tiene una beta baja. *Ver* ALPHA; CAPITAL ASSET PRICING MODEL; CHARACTERISTIC LINE; PORTFOLIO BETA.

bid: (sust.) Oferta. 1. En un mercado institucionalizado, precio que un comprador potencial está dispuesto a pagar por un título valor. *Ver* ASK. 2. Oferta para comprar cualquier tipo de activo. 3. En las licitaciones públicas, precio o propuesta ofrecidos. *PUBLIC BID*: Oferta pública, licitación pública.

bid: (v.) Licitar, ofertar.

bid and asked: Precio de compra y venta, cotización. Precio más elevado que está dispuesto a pagar el comprador y precio más bajo que está dispuesto a recibir el vendedor por un determinado título valor. Estos dos precios combinados constituyen la cotización del título valor. *Ver* BID; ASK.

bidder: Ofertante, oferente, licitante, postor. *Ver* BID.

bid wanted (BW): Aviso emitido por un poseedor de títulos valores en el que se da a conocer que se encuentra a la venta una posición de títulos y que se reciben ofertas de compra. Este anuncio constituye la primera etapa de la búsqueda de un comprador interesado con el que luego se negociará el precio definitivo.

Big Bang: 27 de octubre de 1986. Fecha en la que los mercados de valores de Londres fueron desregulados. La desregulación eliminó las comisiones fijas sobre la compraventa de títulos valores.

Big Blue: Expresión que se emplea para hacer referencia a la compañía IBM (International Business Machines Corporation). El término deriva del logo azul de la firma.

Big Board: Expresión que se utiliza para hacer referencia a la NYSE, la bolsa organizada más grande de Estados Unidos.

Big Eight: Expresión que se emplea para hacer referencia a los ocho estudios contables más grandes de Estados Unidos: Arthur Anderson; Arthur Young; Coopers & Lybrand; Deloitte; Haskins & Sells; Ernst & Whinney; Peat, Marwick, Mitchell; Price Waterhouse y Touche Ross.

Big Four: Expresión que se emplea para hacer referencia a las cuatro principales sociedades de bolsa que dominan las operaciones de acciones y bonos de Japón: Daiwa Securities Ltd.; Nikko Securities Ltd.; Nomura Securities Ltd. y Yamaichi Securities Ltd.

BIGS: *Ver* MUNICIPAL CONVERTIBLE.

Big Three: Tres Grandes. Las tres principales fábricas de automóviles de Estados Unidos: Chrysler, Ford y General Motors.

bill: 1. Factura, cuenta. 2. Documento que prueba la existencia de una obligación. 3. Letra de cambio. *Ver* BILL OF EXCHANGE. 4. *Ver* TREASURY BILL. 5. *Ver* DUE BILL. *ACCOMMODATION BILL*: Letra de favor. *BLACK BILL*: Letra en cambio. *DISHONOURED BILL*: Letra de cambio no aceptada o no pagada. *NEGOTIABLE BILL*: Letra de cambio negociable. *PROTESTED BILL*: Documento protestado.

bill-book: Libro de registro de efectos a pagar o cobrar. Libro en el que se registran los pagarés, letras de cambio a pagar o a cobrar.

bill broker: Corredor de títulos de crédito. Intermediario que negocia la compra y venta de títulos de crédito.

bill discounted: Documento descontado. Pagaré o letra de cambio sobre el cual el banco deduce como anticipo sus intereses por el préstamo de dinero.

bills in course of collection: Documentos en gestión de cobro.

billings: Facturación. Ingreso total proveniente de la venta de mercaderías o prestación de servicios sin deducir los costos de dichas mercaderías o servicios.

bill of exchange (BE): Letra de Cambio. Título de crédito transferible por medio de endoso por el cual una persona, llamada librador, da orden a otra, llamada girado, de pagar incondicionalmente a una tercera, llamada tomador o beneficiario, una suma determinada de dinero, en el lugar y en el tiempo que el documento indique. Esta promesa de pago vincula solidariamente a todos los firmantes del mismo y con eficacia ejecutiva. *También llamado DRAFT*.

bill of landing (B/L): Conocimiento de embarque. Documento principal respecto del contrato de transporte marítimo. Comienza siendo el recibo que emite una compañía de transportes de mercaderías cuando recibe los bienes y luego, adquiere el carácter representativo de la propiedad y disponibilidad de esos bienes. Hoy en día, la tenencia del conocimiento de embarque otorga el derecho de disponibilidad sobre los bienes en él detallados y representados. Además, mediante su transferencia se pueden realizar operaciones de compraventa y crédito. *NEGOTIABLE BILL OF LANDING*: Conocimiento de embarque al portador o a la orden. *NON-NEGOTIABLE BILL OF LANDING*: Conocimiento de embarque nominativo o no negociable. *ORDER BILL OF LANDING*: Conocimiento de embarque a la orden o al portador. *STRAIGHT BILL OF LANDING*: Conocimiento de embarque nominativo o no negociable.

bill of sale: Contrato de compraventa. Acuerdo por el cual una de las partes se obliga a transferir a la otra la propiedad de una cosa y ésta a recibirla y a pagar por ella un precio cierto en dinero.

birr: Birr. Moneda nacional de Etiopía.

black: Negro. Término que se utiliza para hacer referencia a una compañía o a las operaciones de una compañía rentable. La palabra "negro" proviene de la tinta negra que se emplea para señalar una ganancia en los estados financieros. *Ver* RED.

Black and Scholes Model: Fórmula matemática relativamente complicada que se emplea para establecer el valor de los contratos de opciones. Esta fórmula se utiliza para determinar si una opción en particular debería venderse a un precio distinto del que en ese momento se está negociando. *Ver* OPTION PRICING MODEL.

Black Friday: Viernes negro. 24 de septiembre de 1869, fecha en que el operador de bolsa Jay Gould casi monopoliza el mercado estadounidense del oro. A pesar de que finalmente no lo logró —el gobierno de EE.UU. intervino vendiendo metales—, el acaparamiento produjo grandes pérdidas durante la confusión en Wall Street. Gould obtuvo importantes ganancias pero sus agentes de bolsa se declararon en quiebra.

black market: Mercado negro. Compra y venta ilegal de bienes cuyo mercado no está sujeto al control del Estado. En el mercado negro, la demanda proviene de quienes desean efectuar operaciones prohibidas total o parcialmente.

Black Monday: Lunes negro. 9 de octubre de 1987, fecha en que el Índice Industrial Dow Jones cayó 508 puntos después de una semana de abruptas caídas. Esta fuerte declinación en la bolsa reflejó la ansiedad de los inversores por los elevados precios de las acciones, el presupuesto federal, los déficits comerciales y la actividad en el mercado externo.

Black Thursday: Jueves negro. 24 de octubre de 1929, fecha en la que los precios de los títulos valores cayeron como nunca antes en la historia de la NYSE.

Black Tuesday: Martes negro. 29 de octubre de 1929, fecha de la mayor corrida en la NYSE durante el Gran Crack. Los precios cayeron y el volumen negociado llegó a más de 16 millones de acciones. *Ver* GREAT CRASH.

blank: Espacio en blanco, especialmente en un documento o formulario.

blank acceptance: Aceptación cambiaria en blanco. *Ver* ACCEPTANCE.

blank bill: Letra en blanco. *Ver* BILL.

blank check: Cheque en blanco. *Ver* CHECK.

blank endorsement: Endoso en blanco. Endoso que se efectúa en un pagaré, letra de cambio o cheque sin indicar el beneficiario del instrumento. El endosante simplemente firma el documento transformándolo en un instrumento "al portador". *También llamado ENDORSEMENT IN BLANK; GENERAL ENDORSEMENT.*

blank indorsement: *Ver* BLANK ENDORSEMENT.

blank stock: Acción en blanco. Acción cuyo derecho a voto, preferencias y otros derechos fueron determinados por la junta de directores de la sociedad emisora con posterioridad a las adquisición de la mismas por parte de los suscriptores.

blanket acceptance: Aceptación general o global de una propuesta.

blanket bond: *Ver* BLANKET FIDELITY BOND.

blanket fidelity bond: Seguro contra pérdidas originadas por conductas deshonestas de los empleados. La autoridad nacional del mercado de valores por lo general exige a las sociedades de bolsa contar con dicha protección y la suma asegurada se fija en proporción a su capital neto. Este seguro cubre pérdida, falsificación de títulos y operaciones fraudulentas. *También llamado BLANKET BOND, FIDELITY BOND.*

blanket mortgage: Hipoteca que recae sobre varios bienes como garantía de una sola deuda. *También llamado BLANKET TRUST DEED*.

blanket policy: Póliza general. Póliza de seguros que cubre a toda la categoría de bienes, sin individualizarlos.

blanket recommendation: Recomendación de comprar o vender un título valor que envía una sociedad de bolsa a todos sus clientes.

blanket trust deed: *Ver* BLANKET MORTGAGE.

blind brokering: Operaciones anónimas. Forma de operar con títulos valores mediante la cual el agente de bolsa se compromete a mantener el anonimato de ambas puntas de la transacción. Es común en el mercado primario de títulos emitidos por el gobierno de EE.UU.

block: Bloque. Gran cantidad de unidades de un mismo título valor. En general, un bloque está constituido por al menos 10.000 acciones.

blocked account: *Ver* RESTRICTED ACCOUNT.

blocked units: Unidades bloqueadas. Bonos o acciones que se encuentran bloqueados por un determinado período; es decir, no pueden venderse hasta tanto no finalice dicho lapso.

block house: Sociedad de bolsa que se especializa en asesorar sobre la compra y venta de grandes bloques de títulos valores. En general, este tipo de agentes bursátiles trabajan con clientes institucionales como fondos comunes de inversión y fondos de pensión.

block positioner: Agente de bolsa que tiene intenciones de tomar una posición en bloque —larga o corta— de bonos o acciones. *Ver* LONG POSITION; SHORT SALE. De esta manera, espera beneficiarse vendiendo a un precio mayor al que compró el bloque, pero en general se cubre con opciones o arbitrajes.

block trade: Operación en bloque. Compra o venta de 10.000 acciones o más. Dado que involucra grandes cantidades de dinero, la operación en bloque casi siempre se efectúa entre dos inversores institucionales.

blotter: Registro. Libro contable donde las sociedades de bolsa registran todas las operaciones realizadas.

blowout: Venta casi inmediata de una emisión nueva de títulos valores debido a la gran demanda. *Ver* HOT ISSUE.

blue chips: Valores de primera categoría, acciones de primera línea, "blue chips". Inversiones de muy alta calidad y muy bajo riesgo de pérdida del capital. Se denomina de esta manera a las acciones que emiten aquellas empresas con una larga trayectoria de ganancias sostenidas y pago de dividendos.

Blue List: Nombre del boletín que diariamente publica la compañía estadounidense Standard & Poor's y que contiene información sobre los bonos municipales que más de 700 agentes de bolsa y bancos ofrecen a la venta. Su nombre completo es Blue List of Current Municipal Offerings.

Blue Room: Pequeña sala de la NYSE ubicada al lado del recinto principal.

blue skying: Proceso por el cual se determina si una emisión de títulos valores reúne los requisitos de distribución impuestos por los distintos estados de los EE.UU. donde luego será vendida.

blue sky laws: Normas estaduales que regulan la oferta y venta de títulos valores dentro de los límites del estado. A pesar de que las leyes difieren según el estado, todas tienen por objetivo proteger a los inversores de las actividades fraudulentas de los agentes de bolsa. Estas leyes exigen a los vendedores de emisiones nuevas o fondos comunes de inversión registrar sus ofertas y proporcionar datos financieros sobre las emisiones, para que los inversores puedan tomar sus decisiones sobre la base de información concreta.

board of arbitration: Junta arbitral. Grupo de tres a cinco personas designadas para arbitrar disputas entre sociedades de bolsa. La decisión de la junta es definitiva para aquellas firmas que acordaron someter sus controversias al arbitraje. *Ver* ARBITRATION.

board of directors: Directorio, junta de directores. En las sociedades por acciones, órgano de administración encargado, en principio, de ejecutar la voluntad social formada en la asamblea general, de la gestión de la empresa y de la representación de la sociedad frente a terceros. Además, es un órgano de control de gestión de los gerentes de la compañía. *Ver* CHAIRMAN; INSIDE DIRECTOR; INTERLOCKING DIRECTORATES; OUTSIDE DIRECTOR.

board of governors: 1. Cuerpo de sociedades de bolsa que controlan y supervisan las operaciones de la misma. 2. Grupo de personas designadas por el presidente de la nación para que, desde el banco central, supervisen el sistema monetario del país. Las decisiones que toma este cuerpo afectan a los mercados de valores. *Ver* FEDERAL OPEN MARKET COMMITTEE.

board room: 1. Sala o parte de una sala de una sociedad de bolsa donde se exhiben los precios de los títulos valores. 2. Sala de reuniones. Lugar donde se reúne el directorio de una compañía.

bolivar: Bolívar. Moneda nacional de Bolivia.

bond: 1. Pagaré a largo plazo. 2. Bono. Título de deuda emitido por un gobierno o compañía que paga al titular una tasa de interés fija durante el período de vigencia de la obligación. Los bonos son obligaciones a largo plazo, lo que significa que sus vencimientos son de cinco años, y, a veces, de 10 años o más. 3. Garantía, caución. Obligación escrita que asume una persona o institución responsable por los actos de otra. 4. Obligación garantizada por una hipoteca. *ADJUSTMENT BOND*: Bono de ajuste. *BANK BOND*: Bono bancario. *BEARER BOND*: Bono al portador. *COLLATERAL TRUST BOND*: Bono garantizado por valores mobiliarios. *CONVERTIBLE BOND*: Bono convertible. *FIRST MORTGAGE BOND*: Bono de primera hipoteca. *FOREIGN BOND*: Bono extranjero. *INCOME BOND*: Bono de ajuste. *MUNICIPAL BOND (MUNI BOND)*: Bono municipal. *PERFORMANCE BOND*: Garantía de cumplimiento contractual. *REGISTERED BOND*: Bono nominativo. *SERIAL BOND*: Bono pagadero en serie. *TREASURY BOND*: Bono del Tesoro, bono de Tesorería. *UNSECURED BOND*: Bono no garantizado.

bond basis book: *Ver* BASIS BOOK.

bond broker: Agente de bonos. Agente de bolsa que efectúa operaciones con bonos en una bolsa organizada o mercado extrabursátil.

bond calendar: *Ver* CALENDAR.

bond conversion: Conversión de bonos. Cambio de bonos convertibles por otros valores que emite la compañía, en general por acciones.

bond coupon: Cupón o talón para el cobro de intereses u otros derechos inherentes al bono.

bond creditor: Acreedor garantizado por una caución. *Ver* BOND 3.

bond crowd: Sociedades de bolsa que realizan operaciones con bonos.

bonded debt: Deuda representada en bonos. Deuda garantizada con bonos.

bond discount: Descuento en la cotización de un bono respecto de su valor nominal. *Ver* UNAMORTIZED BOND DISCOUNT.

bond dividend: Dividendo en bonos. Dividendo abonado con la entrega de bonos. *Ver* LIABILITY DIVIDEND.

bondholder: Tenedor de bonos, sea éste persona física o institución.

bond indenture: Documento legal que contiene los deberes y obligaciones del emisor de los bonos y los derechos del poseedor de los mismos.

bond investment trust: Fondo común de inversión que invierte en bonos de renta fija y bonos convertibles.

bond pool: Venta de bonos municipales a través de un solo agente colocador. Lo producido de la venta se reparte entre varias ciudades u otras organizaciones exentas del pago de impuestos. Esto permite que las ciudades con pocos recursos puedan reducir los gastos de colocación e intereses que implica una emisión pequeña. *También llamado POOL FINANCING.*

bond power: Formulario, independiente del certificado de titularidad del bono, que permite que el propietario del mismo transfiera su titularidad a otro inversor sin necesidad de endosar el certificado. *Ver* STOCK POWER.

bond premium risk: *Ver* RISK PREMIUM.

bond rating: Calificación de bonos. Calificación de un bono con respecto a la capacidad que tiene el emisor de cumplir con el pago de los intereses y del capital inicial en la fecha de vencimiento. Las agencias calificadoras de riesgo analizan la solidez financiera de los emisores de bonos, sean éstos entidades privadas o gubernamentales. Las calificaciones asignadas van desde AAA (que significa que es altamente probable que el emisor cumpla con los pagos) hasta D (que implica que el emisor no cumple con los pagos). Los bonos de mayor calificación otorgan menores rentas debido a que el inversor paga más a cambio de un menor riesgo. *Ver* INTEREST COVERAGE; STOCK RATING.
    (Ver gráfico en p. 456).

bond ratio: Proporción de la financiación a largo plazo de una sociedad que se encuentra representada por bonos. *Ver* COMMON STOCK RATIO.

bond redemption: Rescate de bonos. *Ver* REDEMPTION.

bond room: Sala ubicada debajo del recinto principal de la NYSE donde se negocian bonos registrados en la bolsa.

bond sinking fund: *Ver* SINKING FUND PROVISION.

bond swap: "Swap" de bonos, canje de bonos. Efectuar la venta de una emisión de bonos y simultáneamente la compra de otra emisión con el fin de aprovechar las diferencias que entre ellas exista en cuanto a tasa de interés, vencimiento, riesgo, comerciabilidad, y otras características. *Ver* INTERMARKET SPREAD SWAP; RATE ANTICIPATION SWAP; REVERSE A SWAP; SUBSTITUTION BOND SWAP; TAX SWAP.

bonus: Premio, bonificación; en general, todo pago que se efectúa por encima de la cifra establecida.

book: 1. En materia de operaciones bursátiles, registro del especialista. Registro donde se asientan todas las órdenes limitadas de compra o venta que los otros corredores entregan al especialista para que las ejecute. *También llamado SPECIALIST'S BOOK.* 2. *Ver* BOOK VALUE PER SHARE. 3. *Ver* ACCOUNTING BOOKS. *CASH BOOK*: Libro de caja. *CHECK BOOK*: Chequera, talonario de cheques. *MINUTE BOOK*: Libro de actas. *NET BOOK VALUE*: Valor neto contable, valor neto según libros. *ORDER BOOK*: Cartera de pedidos.

book amount: Cifra según libros, cifra contable.

book-building: Recepción de ofertas, "book-building". Período durante el cual los inversores ofrecen el precio máximo y mínimo al que comprarán una determinada acción. *Ver* BOOK-RUNNER.

book-runner: "Book-runner". Persona que prepara el "book-building", es decir, reúne las ofertas de compra de acciones con los respectivos precios ofrecidos. *Ver* BOOK-BUILDING.

book debt: Deuda asentada contablemente. Deuda registrada en los libros contables de la entidad.

book entry: Asiento contable. Anotación de un hecho económico relacionado con la empresa en los libros contables de la misma.

book-entry security: Título valor escritural. Título valor por el cual el comprador no recibe un certificado impreso sino un recibo. Las compras y ventas de títulos se registran en las cuentas de los clientes, pero no hay transferencia de certificados. Este método es el más popular porque agiliza las operaciones de los agentes bursátiles, y los inversores no deben preocuparse por la tenencia de sus certificados. *Ver* CERTIFICATED SHARE; DEPOSITORY TRUST COMPANY.

book of original entries: Libro diario. Libro contable, obligatorio y cronológico, donde deben estar sucesivamente registradas todas las operaciones que interesan a la empresa: compras, ventas, pagos, cobros, etc.

book value: 1. Valor contable, valor según libros. Valor neto al que está registrado un activo en el balance de la compañía. Por ejemplo: una empresa compra una determinada máquina y registra esa adquisición con el precio de compra. Con el correr de los años, la máquina se va desgastando y, por lo tanto, vale menos. En el balance general es necesario registrar esa modificación en el valor del bien. *También llamado CARRYING VALUE, DEPRECIATED COST.* 2. *Ver* BOOK VALUE PER SHARE.

book value per share: Valor libro de la acción. Valor de las acciones de una empresa según sus estados contables. El valor libro de una acción se calcula dividiendo el patrimonio neto por la cantidad de acciones en circulación que posee la compañía. *También llamado BOOK, BOOK VALUE. Ver* MARKET TO BOOK.

bookkeeping: Teneduría de libros, contabilidad. Sistema que permite la clasificación, registro, cálculo y almacenamiento de datos referidos principalmente a las variaciones patrimoniales de las entidades.

bookkeeping entry: *Ver* BOOK ENTRY.

boom: Auge, coyuntura favorable, mercado en alza, "boom". Rápido incremento del volumen negociado en un mercado, que va acompañado de un aumento de los precios de las acciones, "commodities", etc.

bootstrap sale: Operación en la que los bienes de una empresa son utilizados por el comprador de la misma para pagar la adquisición.

borrower: Prestatario, tomador de un préstamo. Sujeto pasivo del contrato de préstamo; el que recibe el dinero o la cosa en préstamo.

borrower's note: Reconocimiento de débito. Reconocimiento incondicional de la existencia de una deuda que deberá cancelarse en fecha futura.

borrowing limit: Límite de préstamo. Crédito máximo que puede obtener una persona o compañía.

borrowing power: 1. Capacidad de endeudamiento. Capacidad que posee una compañía para solicitar un préstamo de gran magnitud. En general se aplica a compañías que poseen bienes de gran valor y pocas deudas. 2. Cantidad de dinero que se puede tomar en préstamo en una cuenta de margen.

borrowing rate: Tasa de interés que paga el prestatario.

bot: 1. Compra. Sigla que se utiliza en la minuta de una operación bursátil para indicar la punta compradora. Proviene del término en idioma inglés "bought" (comprado).

bottom: 1. Valor mínimo que registran los precios del mercado. *Ver* TOP. 2. Precio más bajo al que llegó un título valor o producto básico durante las operaciones del día, de la temporada o del año.

bottom dropped out: Caída brusca de los precios que ocurre cuando se creía que el mercado había llegado a su punto más bajo.

bottom line: *Ver* NET INCOME.

bought deal: *Ver* FIRM COMMITMENT.

boutique: *Ver* INVESTMENT BOUTIQUE.

bourse: 1. Término francés para hacer referencia a una bolsa de valores. 2. Término genérico para los títulos valores que cotizan en las bolsas europeas.

box: Lugar físico donde las sociedades bursátiles y entidades bancarias guardan los títulos valores. *Ver* FREE BOX; OPEN BOX.

bracket creep: Incremento del impuesto a las ganancias que debe pagar un contribuyente como consecuencia de un aumento de sus ingresos imponibles.

bracketing: En una oferta de títulos valores, orden de aparición de los agentes colocadores. En general, los nombres se colocan por orden de importancia. *Ver* MAJOR BRACKET; MEZZANINE BRACKET; TOMBSTONE.

Brady bond: Bono Brady. Bono nominado en dólares mediante el cual se convierten los préstamos bancarios internacionales en bonos a largo plazo. Nicholas Brady, ex secretario del Tesoro de EE.UU., fue quien promovió su utilización en la reestructuración de las deudas de los países en vías de desarrollo.

breach: Violación de una norma u obligación contractual, infracción.

breadth of market: Solidez de los movimientos bursátiles en dirección ascendente o descendente. Cuando se prevé la persistencia de un determinado movimiento, para los analistas técnicos es de gran importancia conocer el alcance del mismo. *También llamado MARKET BREADTH.*

break: (sust.) 1. Caída de precios. Fuerte baja del precio de un determinado título valor o de la bolsa en su totalidad. Normalmente, las fuertes bajas se producen cuando se da a conocer información negativa y los inversores deciden vender sus acciones. 2. Discrepancia en los libros de una sociedad bursátil.

break: (v.) 1. Disolver un consorcio de colocadores de emisiones. *Ver* UNDERWRITER. 2. *Ver* BUST.

breakaway gap: En análisis técnicos, brecha en un cuadro de precios provocada por la caída del precio de una acción en un momento de altos volúmenes negociados. *Ver* EXHAUSTION GAP; RUNAWAY GAP.
(Ver gráfico en p. 457).

breakeven: 1. Punto de equilibrio, punto de inflexión. Nivel de producción o ventas necesarias para cubrir los costos fijos. *También llamado BREAKEVEN POINT.* 2. Precio al que una posición de títulos valores puede venderse sin sufrir pérdidas ni obtener ganancias.

breakeven analysis: Procedimiento matemático que se emplea para analizar la relación entre los costos fijos, los costos variables y las ganancias de una firma.

breaking the syndicate: Disolución de un consorcio de bancos inversores organizados para asegurar la colocación de una emisión de títulos valores. Una vez disuelto el consorcio, cada miembro puede disponer de sus títulos sin estar sujeto a restricciones de precios.

breakout: Alza del precio de un título valor que supera el nivel de resistencia, o caída del precio de un título valor por debajo del piso. Este movimiento, en especial con un alto volumen negociado, indica que el título continuará la tendencia en alza o en baja según el caso. *Ver* BREAK THROUGH; CONGESTION AREA.
(Ver gráfico en p. 457).

breakpoint: En materia de operaciones con fondos comunes de inversión, inversión mínima necesaria para tener derecho a descuentos en el pago de las comisiones. *También llamado BREAKPOINT SALE.* Ver LETTER OF INTENT, RIGHT OF ACCUMULATION.

breakpoint sale: *Ver* BREAKPOINT.

break through: Traspasar el nivel de resistencia o piso de un título valor. *Ver* BREAKOUT.

breakup: Desguazar. Dividir una compañía en varias partes.

breakup fee: Cláusula de un acuerdo de "takeover" por la cual se establece que, en el caso de que una tercera compañía tome el control de la sociedad a ser adquirida, la misma deberá pagar al banco de inversiones una elevada suma de dinero. *Ver* TAKEOVER.

breakup value: Valor de desguace. Valor de mercado de una compañía si cada una de sus partes funcionaran en forma independiente y tuviesen su propio precio por acción. *También llamado PRIVATE MARKET VALUE; TAKEOVER VALUE.*

bridge loan: Préstamo puente. Préstamo a corto plazo que toma una compañía hasta obtener un financiamiento permanente. *También llamado SWING LOAN.*

broad tape: Medio por el cual la compañía estadounidense Dow Jones & Company proporciona información comercial bursátil y financiera a las sociedades de bolsa y otros suscriptores.

broker: 1. Comisionista de bolsa, corredor de bolsa, agente de bolsa. Persona o sociedad que, con el conocimiento que tiene del mercado, reúne a compradores y vendedores de acciones y bonos en su propio nombre pero negocia para las cuentas de aquéllos. Sólo se beneficia con el cobro de las comisiones; no tiene ningún interés personal en las operaciones. *Ver* DEALER. 2. *Ver* REGISTERED REPRESENTATIVE. 3. Agente inmobiliario. En materia de bienes raíces, persona que media entre los compradores y vendedores o locadores y locatarios y que se encarga de efectuar las negociaciones que preceden al contrato de compraventa o locación respectivamente. 4. Agente de seguros. En materia de seguros, persona cuya actividad consiste en conseguir el contrato de seguro más conveniente para su cliente y luego venderle la póliza.

brokerage: Corretaje. Actividad comercial que consiste en la mediación entre la oferta y la demanda, dirigida a provocar el acercamiento entre las partes interesadas en una operación. El corretaje puede ser bursátil, inmobiliario o de seguros. *Ver* BROKER.

brokerage fee: Comisión por corretaje. Comisión que cobra el corredor, comisionista o agente por haber prestado el servicio de intermediación. *Ver* BROKERAGE.

brokerage firm: *Ver* BROKERAGE HOUSE.

brokerage house: Sociedad de bolsa, casa de bolsa. Compañía cuya actividad principal es el corretaje bursátil. *También llamado BROKERAGE FIRM. Ver* BROKERAGE.

broker call loan: *Ver* CALL LOAN.

broker comparison: *Ver* COMPARISON.

broker-dealer (b/d): Agente de bolsa, agente bursátil. Firma cuya actividad consiste no sólo en actuar como intermediario en la negociación de títulos valores —como el corredor de bolsa— sino que también vende a sus clientes títulos propios. *Ver* BROKER; DEALER.

brokered CD: Certificado de depósito de un banco comercial que es vendido a través de un intermediario (en general, una sociedad de bolsa) y no directamente a través de la entidad bancaria.

brokers' loan: Fondos, normalmente otorgados por un banco, que el comisionista de bolsa toma en préstamo para diversos fines, incluso para la compra de valores a margen que le solicitan sus clientes. *Ver* CALL LOAN.

bucket shop: Oficina ilegal de corretaje. Agente de bolsa que recibe órdenes de compra y venta de títulos valores pero que no las ejecuta, sino que espera beneficiarse cuando los clientes cierran sus posiciones con pérdida.

budget: Presupuesto. Planeamiento de la acción a desarrollar por una empresa durante un determinado período expresado en términos numéricos. El presupuesto es una herramienta utilizada en el control de los negocios dado que permite hacer una verificación después de que se cumplieron los objetivos, y determinar las diferencias o deficiencias registradas.

budget control: Control presupuestario. Todas las etapas comprendidas desde la elaboración del presupuesto hasta la verificación de su ejecución después de cumplidos los objetivos de la empresa. *Ver* BUDGET.

bulge: Rápida alza de precios que afecta a todo el mercado de valores o "commodities" o a sólo una acción o "commodity" en particular.

bull: Inversor que considera que un título valor u otro activo, o el mercado en general, seguirán una tendencia de precios ascendente. *Ver* BEAR.

bulldog bond: Bono nominado en libras esterlinas y emitido por una firma o institución no británica.

bullet immunization: Proteger una cartera de bonos para financiar una única obligación. *Ver* IMMUNIZATION.

bullion: Oro o plata no amonedados, en barras, lingotes, pepitas, etc.

bullish: Alcista. Término que se utiliza para describir la sensación de que un título valor en particular o el mercado en general ingresará en un período de alzas de precios. *Ver* BEARISH.

bull market: Mercado alcista. Mercado en el que se registran alzas sostenidas de los precios en general o de determinados títulos valores (bonos, acciones, etc.). *Ver* BEAR MARKET.

bull run: Tendencia alcista en la bolsa de valores motivada por una ola de optimismo.

bull spread: En materia de operaciones con futuros y opciones, estrategia que consiste en la compra de un contrato y la venta de otro contrato distinto con el fin de generar un beneficio en el caso de que aumente el precio del activo subyacente. Esta estrategia tiene tres variantes ("vertical spread", "calendar spread" y "diagonal spread"). *Ver* BEAR SPREAD; CALENDAR SPREAD; DIAGONAL SPREAD; VERTICAL SPREAD.

bunch: Combinar órdenes de lotes impares con órdenes de lotes pares para evitar el pago de la comisión correspondiente a los lotes impares. *Ver* ODD LOT; ODD LOT DIFFERENTIAL; ROUND LOT.

burn and churn: *Ver* CHURN.

business address: Domicilio comercial. Domicilio que la ley fija como asiento donde una persona centraliza la administración de su empresa.

business cycle: Ciclo económico. Oscilaciones en el proceso económico que provocan serios desequilibrios en la producción y el consumo de mercaderías y servicios durante períodos largos o cortos. El ciclo económico por lo general se divide en cuatro etapas: expansión, prosperidad, contracción y recesión. La etapa en la que se encuentre la economía tiene un importante efecto sobre la rentabilidad y perspectivas de las empresas.

business day: Día hábil. En finanzas, día en que operan los mercados de valores.

business losses: Pérdidas resultantes de una actividad comercial.

business name: Nombre comercial. Nombre con el cual un comerciante o sociedad comercial ejerce el comercio.

business records: Registros, archivos, libros y todo tipo de documentación de la empresa.

business risk: Riesgo empresario. Riesgo que corre una empresa de experimentar un período de ganancias reducidas y hasta de quebrar.

business use: Destino comercial de un bien inmueble.

bust: Cancelar una orden después de haberla ejecutado. En este caso, la cancelación normalmente se produce sólo bajo circunstancias atípicas como un error o confusión. *También llamado BREAK.*

busted convertible: Bono convertible que se negocia como inversión de renta fija debido a que el valor de las acciones ordinarias por las que se puede convertir cayó tanto que la característica de ser un bono convertible perdió valor.

bust-up takeover: Adquisición de una sociedad en la que la compañía adquirente vende determinados bienes o segmentos de la sociedad adquirida para recaudar fondos y pagar la deuda incurrida en la financiación de la compra. Este tipo de adquisiciones, en general, se llevan a cabo cuando la sociedad a comprar posee gran cantidad de bienes subvaluados y la compañía adquirente cuenta con poco dinero al contado.

butterfly spread: Compleja estrategia con opciones que combina dos posibilidades de compra largas y dos cortas, todas con la misma fecha de vencimiento. Las dos opciones cortas tienen el mismo precio de ejercicio, que se encuentra entre el precio de ejercicio más alto de una de las opciones largas y el precio más bajo de la otra opción larga.

buy-and-hold strategy: Estrategia de acumulación. Estrategia de inversión que consiste en comprar títulos valores y acumularlos durante años. Los inversores que emplean esta estrategia seleccionan las compañías teniendo en cuenta sus perspectivas a largo plazo.

buy-and-write strategy: Estrategia conservadora que consiste en comprar acciones y luego vender opciones de compra sobre las mismas. Los inversores reciben los dividendos de las acciones y a su vez, las primas de las opciones de compra. Sin embargo, corren el riesgo de verse obligados a vender las acciones por debajo del valor del mercado en el caso de que ejerzan las opciones de compra. *Ver* COVERED WRITER.

buy a spread: En materia de operaciones con opciones, comprar una opción cuya prima es superior a la de la opción vendida, teniendo ambas la misma fecha de vencimiento.

buy back: Readquirir. Volver a comprar un activo o título valor. Por ejemplo, una sociedad decide volver a adquirir las acciones de su propio capital que antes vendió, con el fin de evitar que otra compañía adquiera el control de su capital. *Ver* GREENMAIL.

buyback: Plan de recompra de acciones. Recompra que realiza una compañía de sus propias acciones en circulación. El propósito de esta readquisición puede ser recuperar un bloque de acciones en manos de un inversor que tiene intenciones de tomar el control de su capital accionario. Por otro lado, el objetivo de la recompra puede consistir en reducir la cantidad de acciones en circulación, medida que incrementa las utilidades por acción. *También llamado STOCK REPURCHASE PLAN. Ver* PARTIAL REDEMPTION; SELF-TENDER.

buyers's market: Mercado que favorece a los compradores. Mercado en el que la oferta de un título valor excede la demanda a tal punto que los precios caen por debajo del nivel esperado en circunstancias normales. *Ver* SELLER'S MARKET.

buy in: 1. En materia de opciones, operación en la que puede desaparecer la responsabilidad de entregar o aceptar el bien subyacente. En este tipo de operación, el lanzador compra una opción idéntica excepto en el precio o la prima. La segunda de estas opciones compensa la primera y la pérdida o ganancia está dada en la diferencia entre las primas. 2. En materia de títulos valores, transacción entre comisionistas de bolsa en la que los activos no son entregados a tiempo por parte del corredor de la punta vendedora, lo que obliga al agente comprador a obtener acciones de otra fuente.

buying climax: Auge comprador. Período caracterizado por un brusco movimiento ascendente en la bolsa acompañado de un elevado volumen negociado. Este clima por lo general indica el fin de un mercado alcista, o al menos la existencia de un mercado sobrecomprado que debería registrar una fuerte baja. *Ver* SELLING CLIMAX.

buying panic: Pánico comprador. Período en el que se registra un acelerado incremento en los precios de las acciones y en el que los inversores, especuladores, operadores e instituciones intentan comprar posiciones sin interesar el precio al que las obtengan. *Ver* SELLING PANIC.

buying power: Poder adquisitivo. 1. Fondo líquido disponible para efectuar inversiones. 2. Fondos que posee la cuenta de corretaje del inversor y que pueden ser utilizados para la compra de valores.

buying rate: Tipo de cambio comprador. *Ver* RATE.

buy long: Comprar largo. Adquirir acciones con la expectativa de poder venderlas en el futuro a un precio mayor. *Ver* LONG POSITION.

buy minus: Indicación que se agrega a una orden de compra de un título valor para que sea ejecutada sólo cuando su último cambio de precio haya sido una baja.

buy on margin: Comprar a margen. Comprar títulos valores cuyo pago se efectúa una parte en efectivo y la otra con un préstamo, en general otorgado por el corredor de bolsa. *Ver* INITIAL MARGIN REQUIREMENT; MAINTENANCE MARGIN REQUIREMENT.

buy order: Orden de compra. En materia de operaciones con títulos valores, orden que recibe el comisionista de bolsa para comprar una cantidad determinada de títulos a precio de mercado o a cualquier otro valor estipulado por el cliente.

buy out: 1. Comprar un paquete de acciones suficiente como para ejercer el control sobre los activos y las operaciones de una compañía. 2. Rescindir un contrato antes de que llegue a su fecha de terminación a través de un acuerdo monetario satisfactorio para ambas partes.

buyout: 1. Compra de una compañía. *Ver* LEVERAGED BUYOUT. 2. Compra de todas las acciones de una sociedad que posee un inversor o grupo de inversores.

buy side: Punta compradora. Sector de la actividad bursátil donde se originan las órdenes. En la mayoría de los casos, la punta compradora abarca sólo a los compradores institucionales, como los gerentes de inversiones de los fondos comunes de inversión. Por lo general, no se incluye a los inversores individuales como integrantes de la punta compradora porque no se los considera participantes formales de la actividad bursátil.

buy signal: Señal de compra en firme. Indicación en un gráfico técnico que aconseja comprar un título valor en particular. Por ejemplo, una acción cuyo precio está subiendo en medio de un alto volumen negociado, por lo general, es considerada una señal de compra en firme. *Ver* SELL SIGNAL.

buy stop order: Orden de compra con precio tope. Orden de compra en la que el cliente indica al agente bursátil que compre un valor a un precio determinado o a un precio superior. Este tipo de orden puede emplearse para proteger una utilidad ya obtenida o para limitar una pérdida sobre los títulos valores vendidos en descubierto. *Ver* SELL STOP ORDER; STOP ORDER.

buy the book: Orden de comprar todas las unidades que posean el especialista y los agentes bursátiles de un determinado título valor.

bylaws: 1. Estatutos de la sociedad. Conjunto de normas aprobadas por los accionistas que regula la actividad de la sociedad. En general, incluye el método de designación de directores y auditores. Además, contempla el ordenamiento económico-administrativo, el funcionamiento y la liquidación de la sociedad.

C

c: En los diarios estadounidenses, letra que se emplea en la columna de dividendos de las tablas de operaciones bursátiles para indicar que los dividendos distribuidos corresponden a la liquidación de la sociedad. 2. En los diarios estadounidenses, letra que se emplea en las tablas de operaciones con fondos comunes de inversión para indicar que los fondos están exentos del pago de los impuestos federales a las ganancias.

Caa: *Ver* CCC.

cabinet crowd: Miembros de la NYSE que operan con bonos de reducido volumen de negociaciones. *También llamado INACTIVE BOND CROWD. Ver* ACTIVE BOND CROWD.

cabinet security: Título valor inactivo. Acción o bono registrado en una de las principales bolsas pero que no tiene un mercado activo; es decir, su volumen de negociaciones es reducido.

cage: *Ver* CASHIER'S DEPARTMENT.

calendar: Calendario. Lista de las próximas emisiones de bonos. Un calendario con una gran cantidad de emisiones puede obligar a los emisores a ofrecer tasas de interés más altas para poder atraer a los futuros compradores. *También llamado BOND CALENDAR.*

calendar spread: En materia de operaciones con opciones, estrategia mediante la cual se compran dos opciones del mismo título pero con distinta fecha de vencimiento. *También llamado HORIZONTAL SPREAD; TIME SPREAD. Ver* DIAGONAL SPREAD.

call: Opción de compra, "call". Contrato por el cual al comprador se le garantiza el derecho de adquirir un título valor a un precio fijo y en un lapso o fecha predeterminado. *Ver* PUT 1; SYNTHETIC CALL. 2. Presión que se ejerce sobre el lanzador de una opción para que venda acciones al precio estipulado en el contrato. Esta presión por lo general se ejerce justo antes del vencimiento de la opción. 3. Derecho del emisor de recomprar, antes de su vencimiento, una emisión de bonos a un precio prefijado. Se ejerce este derecho cuando caen las tasas de interés y se recompran los bonos para lanzar una nueva emisión con un interés más bajo. *Ver* CALL PRICE; CALL PROTECTION; EXTRAORDINARY CALL; OPTIONAL CALL; SINKING FUND CALL. 4. Rescate de una emisión de bonos antes del vencimiento, lo que obliga a los tenedores a vender al precio de rescate. *Ver* CALL PRICE. 5. Préstamo interbancario. Préstamo que otorga un banco a otro. *Ver* CALL RATE.

callable bond: Bono rescatable. Bono susceptible de ser rescatado antes de su vencimiento.

callable preferred stock: Acción preferida rescatable. Emisión de acciones preferidas cuyo emisor puede recomprarlas a un precio específico (en general, al precio nominal o a un precio algo superior). La opción de recomprar la emisión sólo puede ser ejercida por el emisor.

called away: Término que se emplea para hacer referencia a una opción rescatada antes de su vencimiento, o a la venta obligada de un título valor debido a que el tomador de una opción de compra decide ejercerla.

call feature: *Ver* CALL PROVISION.

call loan: Préstamo que puede ser cancelado en cualquier momento tanto por el prestamista como por el prestatario. Estos préstamos son otorgados por entidades bancarias a corredores de bolsa, para que estos últimos puedan abrir cuentas de margen a nombre de sus clientes, utilizando los títulos como garantía. La tasa de interés varía según el tiempo de duración del préstamo. Las sociedades bursátiles por lo general cobran la tasa de interés del banco más un porcentaje adicional según el monto prestado. *También llamado BROKER CALL LOAN. Ver* BROKER'S LOAN.

call money: "Call money", operaciones interbancarias, mercado interbancario, "call" bancario. Mercado secundario que se establece entre instituciones financieras que compran y venden instrumentos. Las transacciones que se realizan en este ámbito, en su mayoría a muy corto plazo (por lo general 1 día), son destinadas a cubrir posiciones de encaje y a efectuar compensaciones entre las instituciones intervinientes.

call option: *Ver* CALL 1.

call premium: Prima de rescate. 1. Diferencia entre el valor de un título valor y el precio al que el emisor puede rescatarlo. Durante los primeros años en que el rescate está permitido, la prima es igual a la tasa de interés de un año. Después, gradualmente va disminuyendo hasta llegar a cero en el vencimiento.

call price: Precio de rescate. Precio al que el emisor puede rescatar un título valor antes de su vencimiento. Para compensar al poseedor del título, el precio de rescate normalmente es superior al de su valor nominal. La diferencia entre ambos precios es la prima de rescate. *También llamado REDEMPTION PRICE.* Ver CALL PREMIUM; EXTRAORDINARY CALL; OPTIONAL CALL; SINKING FUND CALL.

call protection: Período durante el cual un título valor no puede ser rescatado por el emisor. *También llamado CUSHION.* Ver CALL 3; NONCALLABLE; NONREFUNDABLE.

call provision: Cláusula de rescate. Cláusula que por lo general aparece en el documento de emisión de bonos, que autoriza al emisor a rescatar los títulos antes del vencimiento a un precio fijo o a una serie de precios. *También llamado CALL FEATURE.*

call rate: Tasa "call", tasa interbancaria. Costo del dinero que se obtiene a la tasa interbancaria. Esta tasa está muy influida por los índices de liquidez de la plaza. Por lo general, se usa en transacciones a muy corto plazo.

call spread: Estrategia mediante la cual, en el mismo momento, el inversor compra y vende opciones de compra. Los dos contratos tienen distinto precio de ejercicio o diferente fecha de vencimiento, o ambos. *También llamado OPTION SPREAD.* Ver SPREAD 1.

call watch: Servicio que brindan determinadas compañías y que consiste en controlar las operaciones de emisores de bonos para avisar a sus clientes (asesores financieros, inversores individuales, etc.) cuando sus títulos han sido rescatados antes del vencimiento.

cancel: 1. Cancelar, anular. 2. Revocar, rescindir. 3. Pagar una deuda u obligación.

cancel former order: Orden de cancelación y reemplazo. Orden que recibe un agente bursátil de su cliente cuando este último desea cancelar una orden no ejecutada y reemplazarla por una nueva.

cancel order: Orden de cancelación. Orden que un cliente imparte al agente bursátil para cancelar una orden no ejecutada.

cap: Tope. 1. Tasa de interés máxima para un pagaré de tasa flotante. *Ver* COLLAR 2. *Ver* CAPITALIZATION 3.

capacity: Capacidad de pago. Capacidad del prestatario de pagar su obligación en la fecha de vencimiento. *BORROWING CAPACITY*: Capacidad de endeudamiento. *PRODUCTIVE CAPACITY*: Capacidad productiva.

capital: Capital. *ISSUED CAPITAL*: Capital emitido. *NOMINAL CAPITAL*: Capital nominal. *ORDINARY SHARE CAPITAL*: Capital en acciones ordinarias. *OUTLAY CAPITAL*: Inversiones. *PAID IN CAPITAL*: Capital integrado. *PAID UP CAPITAL*: Capital integrado. *PREFERRED SHARE CAPITAL*: Capital en acciones preferidas. *REGISTERED CAPITAL*: Capital registrado. *RISK CAPITAL*: Capital de riesgo. *SHARE CAPITAL*: *Ver* CAPITAL STOCK. *SUBSCRIBED CAPITAL*: Capital suscripto. *VENTURE CAPITAL*: Capital de riesgo. *VOTING CAPITAL*: Capital con derecho a voto. *WORKING CAPITAL*: Capital de trabajo.

capital appreciation: Incremento del valor de un título valor en el mercado.

capital appreciation bond: *Ver* ZERO-COUPON BOND.

capital asset: Bien de capital. Bien cuya vida útil supera el año y no está destinado a la venta. El término incluye los bienes de uso como maquinarias, inmuebles, equipos, etc.

capital asset pricing model (CAPM): Modelo matemático que intenta explicar cómo debería fijarse el precio de los títulos valores, en base a su riesgo relativo combinado con las utilidades de los activos libres de riesgo. *Ver* CAPITAL MARKET LINE.

capital budget: Presupuesto para inversiones en bienes de capital. Plan de financiamiento de desembolsos a largo plazo destinados a inversiones como ampliación de una planta, gastos de investigación y desarrollo, publicidad, etc.

capital dividend: Dividendo de capital. Dividendo cuyo pago proviene del capital integrado y no de las utilidades obtenidas. *También llamado RETURN OF CAPITAL*.

capital expenditure: Inversiones en bienes de capital. Fondos que se destinan a la adquisición o modernización de bienes de capital como inmuebles y maquinaria. *También llamado CAPITAL INVESTMENT; CAPITAL OUTLAY*.

capital flight: Fuga de capitales. Traslado de grandes sumas de dinero de un país a otro que tiene por objeto evitar confiscaciones y controles por parte del gobierno o con el fin de obtener mayores utilidades. *También llamado CAPITAL OUTFLOW.*

capital gain: Ganancias de capital. Diferencia entre el precio de compra y de venta de un bien, cuando es positiva.

capital gains distribution: Distribución de las ganancias de capital. Pagos que reciben los cuotapartistas de un fondo común de inversión en base a las utilidades provenientes de la venta de títulos valores de la cartera del fondo. Por lo general, los pagos se realizan una vez por año. *Ver* INCOME DIVIDEND.

capital gain tax (CGT): Impuesto a las ganancias de capital. Impuesto aplicable a las ganancias generadas por la venta de bienes de capital.

capital goods: Bienes de capital. Materiales, equipos o maquinarias que se emplean en la fabricación de otros bienes. La capacidad productiva de un país depende de la cantidad de bienes de capital que posea.

capital intensive-industry: Industria que requiere grandes inversiones en bienes de capital, como la producción automotriz.

capital investment: *Ver* CAPITAL EXPENDITURE.

capitalism: Capitalismo. Sistema económico que se caracteriza por: la propiedad privada; el espíritu de la actividad económica que consiste en la obtención del máximo beneficio mediante cálculos sobre rendimiento y costos; y la libre disposición por parte del trabajador, de su fuerza de trabajo.

capitalist partner: Socio capitalista. Socio que aporta dinero o bienes a una sociedad, por oposición al que aporta trabajo o actividad industrial.

capitalization: Estructura del capital, capitalización. Estructura financiera de una compañía, que incluye títulos de deuda a largo plazo, acciones ordinarias y preferidas y utilidades no asignadas. *También llamado CAP; CAPITAL STRUCTURE; TOTAL CAPITALIZATION. Ver* COMPLEX CAPITAL STRUCTURE; LARGE-CAPITALIZATION STOCK; MARKET CAPITALIZATION; SMALL-CAPITALIZATION STOCK.

capitalization rate: Tasa de capitalización. Tasa de interés que se utiliza para convertir una serie de pagos futuros en un monto total a valor actual.

capitalization ratio: Análisis de la estructura del capital de una compañía que demuestra qué porcentaje del total está representado por las deudas, qué porcentaje por las acciones preferidas, las ordinarias y otros valores. Este cálculo es útil para evaluar el riesgo relativo que corren lós poseedores de los distintos tipos de títulos.

capitalize: Capitalizar. 1. Calcular el valor actual de un futuro flujo de fondos. 2. Incluir en una cuenta del activo una inversión en bienes de capital que en el futuro generará utilidades.

capital lease: *Ver* FINANCE LEASE.

capital loss: Pérdida de capital. Pérdida resultante de la venta de un bien de capital.

capital market: Mercado de capitales. Mercado financiero donde las sociedades y gobiernos obtienen fondos a través de la venta de acciones, bonos y otros tipos de inversiones, por lo general a ahorristas e inversores a largo plazo. Tanto el mercado primario para emisiones nuevas como el mercado secundario para valores ya existentes forman parte del mercado de capitales.

capital market line: Línea en el modelo de fijación de precios de bienes de capital que se emplea para ilustrar el movimiento de la rentabilidad de las carteras eficientes con respecto: 1) al índice de rentabilidad libre de riesgos y; 2) al nivel de riesgo (que se calcula por beta) de una cartera determinada. *También llamado MARKET LINE. Ver* ALPHA; BETA; SYSTEMATIC RISK.

capital outflow: *Ver* CAPITAL FLIGHT.

capital outlay: *Ver* CAPITAL EXPENDITURE.

capital requirements: Requisitos de capital. Financiación permanente necesaria para el curso normal de los negocios; es decir, el capital de trabajo y el de largo plazo.

capital reserves: Reservas de capital, reservas no distribuibles.

capital shares: 1. Cuotapartes de capital. Uno de los dos tipos de cuotapartes que emiten los fondos de doble propósito en el que el propietario tiene derecho sobre todo el valor del capital pero no tiene derecho alguno sobre la renta que percibe el fondo. *Ver* DUAL PURPOSE FUND; INCOME SHARES.

capital spending: Inversiones en bienes de capital. Inversiones en activos de largo plazo, como fábricas, maquinarias e inmuebles, mediante las cuales se incrementa la producción de bienes o servicios.

capital stock: Capital social, capital autorizado. Cantidad total de acciones ordinarias y preferidas autorizadas por el estatuto de la sociedad. *También llamado SHARE CAPITAL* (en Gran Bretaña). *Ver* AUTHORIZED CAPITAL STOCK; OUTSTANDING CAPITAL STOCK; STOCK CLASS.

capital structure: *Ver* CAPITALIZATION.

capital surplus: *Ver* ADDITIONAL PAID-IN CAPITAL.

capital transfer tax: Impuesto sobre las transferencias de capital.

carload: En materia de operaciones con "commodities", vagón que traslada granos y que posee una determinada capacidad.

carriage: Transporte. Contrato por medio del cual el cargador o pasajero y la empresa de transporte convienen el traslado de personas o mercadería por un precio determinado.

carrier: Transportador. Propietario del buque o fletador que hizo un contrato de transporte con un cargador.

carryback: Pérdida trasladable a ejercicios anteriores. Derecho a compensar las pérdidas de un período contra las ganancias de años anteriores, con fines impositivos. *También llamado CARRYOVER; TAX LOSS CARRYBACK.*

carryforward: Pérdida trasladable a ejercicios posteriores. Derecho a compensar las pérdidas de un período contra las ganancias de años posteriores. Este derecho es muy útil para aquellas compañías pertenecientes a sectores económicos cíclicos como el transporte. *También llamado TAX LOSS CARRYFORWARD.*

carrying charges: Gastos adicionales. 1. En materia de compraventa de "commodities", gastos por almacenamiento, seguro o garantía, que se agregan al precio de la operación. Este costo afecta la diferencia entre el precio de futuro y de contado pretendido. 2. *Ver* COST OF CARRY.

carryover: *Ver* CARRYBACK; CARRYFORWARD.

cartel: Cartel. Grupo de compañías o países que, con el fin de obtener mayores utilidades, controlan la oferta y el precio de determinados bienes y servicios.

cash: (sust.) 1. Dinero en efectivo, efectivo. Monedas y billetes disponibles y fondos depositados en una cuenta corriente bancaria. 2. *Ver* CASH ACCOUNT.

cash: (v.) Cobrar. Convertir en dinero un título de crédito (cheque, pagaré, letra de cambio).

cash account: 1. En materia contable, caja, cuenta de caja. Término que se emplea para dar nombre a la cuenta que representa la disponibilidad de dinero en efectivo y depósitos en cuenta corriente bancaria. 2. En materia de operaciones bursátiles, cuenta al contado inmediato. Cuenta de corretaje que requiere que los pagos al contado —por compras y entregas— sean efectuados de inmediato. Es el tipo de cuenta más utilizada a pesar de que no permite que el agente de bolsa otorgue crédito. *Ver* MARGIN ACCOUNT.

cash advance: Adelanto en efectivo, anticipo en efectivo. En materia bancaria, préstamo en efectivo contra una línea de crédito personal.

cash and carry: Compra al contado. Modalidad de venta al por mayor mediante la cual el pago se efectúa al contado y el retiro de la mercadería, de inmediato.

cash and cash equivalents: En contabilidad, caja y equivalentes de caja, efectivo y valores realizables. *Ver* CASH; CASH EQUIVALENTS.

cash at bank and in hand: En contabilidad, saldos de caja y bancos. *Ver* CASH ACCOUNT.

cash basis accounting: Contabilidad en base a lo percibido. Sistema por el cual sólo se registra el dinero percibido. Lo que se tiene en cuenta no es la fecha en la que se recibieron las mercaderías o servicios sino la fecha en la que se realiza el pago que cancela la operación. *Ver* ACCRUAL ACCOUNTING.

cash book: Libro de caja, diario de caja. Libro contable que registra el movimiento de caja de una compañía; es decir, hace constar la entrada y salida de dinero.

cash budget: Presupuesto de caja, presupuesto de tesorería. Cálculo del efectivo a recibir y a desembolsar durante un período de tiempo.

cash contract: Contrato al contado. En materia bursátil, contrato bastante inusual mediante el cual el pago y la entrega del título valor se efectúan el mismo día de la transacción. Este tipo de operación se realiza durante la última semana del año calendario en la que los vendedores prefieren cerrar la operación de inmediato para registrar una ganancia con fines impositivos. *También llamado CASH TRADE.* Ver REGULAR-WAY CONTRACT; SELLER'S OPTION CONTRACT.

cash cow: Compañía que genera mucho más efectivo que el que consume. En general, estas compañías son muy conocidas y su familiaridad induce al consumo continuo de sus productos.

cash discount: Descuento por pago en efectivo. Reducción en el precio de venta que el vendedor hace sobre las mercaderías vendidas a crédito, con el propósito de incentivar al comprador a que efectúe el pago en efectivo.

cash dividend: Dividendo en efectivo. Dividendo que se paga en efectivo a los accionistas de una sociedad. Si bien por lo general el monto del dividendo se basa en la rentabilidad de la compañía, en algunos casos puede exceder temporalmente su utilidad neta.

cash earnings: Utilidades en efectivo. Facturación en efectivo menos las deducciones en efectivo, en especial sin incluir las deducciones que no son en efectivo como la amortización.

cash equivalent: Equivalente de caja, valores realizables. 1. Bien que tiene un valor realizable equivalente a una determinada suma de dinero. 2. Documentos o inversiones que poseen un alto grado de liquidez.

cash flow: Flujo de caja, flujo de fondos, "cash flow". Efectivo neto generado por una inversión o compañía durante un determinado período de tiempo. Se calcula sumándole a los ingresos netos —después del pago de impuestos— la amortización y los gastos no pagados al contado.

cash flow loan: Préstamo a pagar sobre el flujo de fondos. Préstamo a corto plazo, por lo general sin garantías, cuyo repago se efectúa con el efectivo generado por la venta de activos.

cash flow per share: Flujo de fondos por acción. Flujo de caja de una compañía dividido por su cantidad de acciones en circulación.

cashiering department: *Ver* CASHIER'S DEPARTMENT.

cashier's department: Caja. Sección de una sociedad bursátil en la que se emiten los certificados de títulos, se envían y reciben cheques, y se registra el pago de dividendos e intereses. *También llamado CAGE; CASHIERING DEPARTMENT.*

cash journal: Libro diario. Libro contable donde se registran cronológicamente las operaciones de la compañía. *Ver* ACCOUNTING BOOKS.

cash management: Control de efectivo. Técnica que emplea la tesorería de una sociedad para controlar el uso de los saldos en efectivo, acelerar el cobro de cheques y demorar los pagos a acreedores comerciales.

cash management bill: Título de muy corto plazo (con un vencimiento que oscila entre los 10 y 20 días a partir de la fecha de emisión) emitido por el gobierno de EE.UU. para cubrir faltantes temporarios de efectivo. Estos instrumentos de deuda se emiten por un valor nominal mínimo de $ 1 millón y se venden a inversores institucionales.

cash market: Mercado contado, mercado presente. Mercado en el que los títulos valores, documentos financieros o "commodities" son entregados y pagados en el momento mismo de la transacción. En el ámbito bursátil, dentro del mercado contado una operación se puede liquidar de varias maneras: contado inmediato, contado 24 horas, contado 48 horas y contado 72 horas, según el momento en el que es efectivizado el correspondiente pago. *También llamado SPOT MARKET. Ver FUTURES CONTRACT; FUTURES MARKET.*

cash on delivery (COD): *Ver* DELIVER VERSUS PAYMENT.

cash payment: Pago al contado.

cash price: Precio de contado. Precio de un activo en el mercado contado. En operaciones con acciones, distingue la transacción de aquellas cuya entrega se realiza varios días hábiles después. En operaciones con "commodities", implica la entrega inmediata o casi inmediata, a diferencia de los contratos que fijan la entrega para algún mes futuro. *También llamado SPOT PRICE.*

cash ratio: Coeficiente de caja. Caja y equivalentes de caja en relación con el pasivo corriente. Este cálculo demuestra el grado de liquidez que tiene una empresa. *Ver* CURRENT RATIO; QUICK RATIO.

cash receipts: Cobros en caja, cobros al contado.

cash reserves: Reserva para inversiones. Dinero que se coloca en títulos a corto plazo —como letras de Tesorería y certificados de depósito— mientras se espera alguna oportunidad para realizar una inversión a largo plazo.

cash sale: Venta al contado.

cash secured put: Opción de venta en la que el lanzador deposita el precio de ejercicio al contado, ya sea en dinero en efectivo o en valores que generan renta a corto plazo, como las letras de Tesorería.

cash settlement: Liquidación al contado. Liquidación de un contrato de futuros en efectivo y no mediante la entrega del activo subyacente especificado en el contrato.

cash surrender value of life insurance (CSVLI): Valor de rescate del seguro de vida. En materia de seguros, suma que la compañía aseguradora abona al tenedor de una póliza de seguro de vida cuando la misma se cancela antes del fallecimiento objeto del seguro. *También llamado SURRENDER VALUE.*

cash trade: *Ver* CASH CONTRACT.

cash transaction: Operación al contado.

cash value: Valor en efectivo. Valor de un activo en caso de ser vendido bajo condiciones normales del mercado.

cash-value life insurance: Tipo de seguro de vida en el que parte de la prima abonada a la compañía aseguradora se destina al pago de los beneficios por el fallecimiento del asegurado, y el resto genera intereses. De esta manera, esta clase de seguro funciona simultáneamente como plan de protección y plan de ahorro. *También llamado PERMANENT INSURANCE; WHOLE LIFE INSURANCE. Ver* TERM LIFE INSURANCE.

cash voucher: Vale de caja, comprobante de caja.

casual sale: Venta ocasional. Venta que no se realiza en el ejercicio regular del comercio.

CCC/Caa: Calificación de "muy especulativo" que una agencia calificadora de riesgo asigna a un título de deuda. Esta categoría implica que existen dudas considerables de que el emisor del título se encuentre en condiciones de cumplir con el pago de los intereses y del capital. *Ver* BOND RATING.

ceiling: Techo. 1. En materia de operaciones bancarias, tasa de interés máxima para depósitos. *Ver* FLOOR 2. 2. Precio tope, precio máximo. En materia de divisas, valor al que debe llegar una determinada moneda para que el banco central intervenga en el mercado cambiario. *Ver* INTERVENTION.

Celler-Kefauver Antimerger Act: Ley Antifusiones Celler-Kefauver. Ley federal estadounidense de 1950 que actualizó la Ley Clayton restringiendo las fusiones de compañías que crean monopolios. *Ver* ANTITRUST ACCOUNT.

central bank: Banco central. Institución estatal que coordina el sistema bancario del país, ejerce control monetario y crediticio y emite billetes de curso legal.

central limit order book (CLOB): Sistema central que contiene órdenes limitadas de especialistas y "market makers". Las bolsas de valores por lo general se oponen a este sistema debido a que les ocasiona la pérdida de un gran volumen de operaciones.

certificate: Certificado. Documento que prueba la titularidad de un bono o una acción. El certificado contiene información detallada sobre el emisor y titular —nombre del emisor, características de la emisión, cantidad de acciones o valor de los bonos— y el nombre y dirección del comprador. El reverso del certificado puede incluir más datos sobre la emisión y forma de transferencia de su titularidad. *También llamado STOCK CERTIFICATE. Ver* BOOK-ENTRY SECURITY.

certificated share: Acción cartular. Acción por la que se emite un certificado impreso. *Ver* CERTIFICATE.

certificate of deposit (CD): Certificado de depósito. Recibo de un depósito de fondos efectuado en una institución financiera que permite que el tenedor del mismo reciba, a su vencimiento, los fondos depositados más los intereses devengados. Los certificados de depósito emitidos por bancos pueden ser negociables o no negociables. Los particulares sólo pueden adquirir CD no negociables mientras que los inversores institucionales pueden optar entre ambas formas de emisión, negociables o no negociables. *Ver* ADD-ON; JUMBO CERTIFICATE OF DEPOSIT; NEGOTIABLE CERTIFICATE OF DEPOSIT; REAL ESTATE CERTIFICATE OF DEPOSIT; TERM CERTIFICATE; ZERO-COUPON CERTIFICATE OF DEPOSIT.

certificate of indebtedness: 1. Certificado de deuda, debenture. Promesa de pago no garantizada emitida por una sociedad y que otorga a su tenedor derechos sobre los bienes del emisor no afectados a garantía alguna. 2. Certificado de deuda, título de deuda pública. Título de deuda emitido por el Tesoro de un país con un vencimiento original de un año o menos y con un cupón a una tasa de interés fija. Se diferencia de la letra de Tesorería en que esta última se vende por debajo de su valor nominal y no posee cupones.

certified check: Cheque certificado. Tipo de cheque en el que el banco girado o pagador hace constar la existencia de fondos —además de reconocer que la firma estampada en el instrumento corresponde al titular de la cuenta corriente—, asumiendo el compromiso de no destinarlos a otra finalidad que la del pago de ese cheque y no permitiendo el retiro de fondos que superen el monto del cheque por parte del librador o emisor. Una vez certificado, el cheque se convierte en una obligación para el banco.

certified financial planner (CFP): Asesor financiero autorizado. Profesional que aprobó una serie de cursos sobre temas como seguros, títulos valores e impuestos. *Ver* CHARTERED FINANCIAL CONSULTANT.

Certified Public Accountant (CPA): Contador Público Nacional.

cf: En los diarios estadounidenses, letras que se emplean en las tablas de transacciones con bonos para indicar que el certificado del bono venció pero que todavía se sigue negociando.

chairman: Presidente del directorio. Miembro de mayor rango dentro del órgano volitivo de una sociedad. Preside el directorio y establece los objetivos de la compañía, además de controlar que los gerentes los lleven a cabo. El presidente de una firma establece las políticas a seguir, y el gerente ejecutivo es el responsable de que se implementen. *También llamado CHAIRMAN OF THE BOARD. Ver* CHIEF EXECUTIVE OFFICER (CEO); DIRECTOR.

chairman of the board: *Ver* CHAIRMAN.

change: 1. Cambio, dinero suelto. 2. Modificación, variación, fluctuación. *PRICE CHANGES*: Cambios de precio. *Ver* NET CHANGE.

Chapter 7: Capítulo de la Ley estadounidense de Quiebras que se refiere a la liquidación de una compañía cuando se determina que el acuerdo resolutorio no puede cumplirse. El síndico de la quiebra se hace cargo de la liquidación de todos los bienes y de la distribución de lo percibido para cancelar los créditos en orden de prioridad. Por lo general, los acreedores reciben una parte de lo adeudado y los accionistas nada.

Chapter 11: Capítulo de la Ley estadounidense de Quiebras que hace referencia a la posibilidad que tiene una firma insolvente de preparar un acuerdo resolutorio. Este acuerdo debe ser aprobado por las dos terceras partes de los acreedores y la mayoría de los accionistas. *Ver* REORGANIZATION PLAN.

charge off: *Ver* WRITE OFF.

charges: Gastos, cargas, costo, comisión, pagos, recargos. *ACCRUED CHARGES*: Gastos devengados, pagos diferidos. *BANK CHARGES*: Gastos bancarios. *DEFERRED CHARGES*: Gastos diferidos. *DELINQUENCY CHARGES*: Recargos por mora. *DIRECT CHARGES*: Gastos directos. *EXTERNAL CHARGES*: Gastos externos. *FINANCIAL CHARGES*: Cargas financieras. *FIXED CHARGES*: Gastos fijos. *HIRE CHARGES*: Alquileres, gastos por alquileres. *TAX CHARGES*: Cargas impositivas. *WELFARE CHARGES*: Cargas sociales.

charitable company: Sociedad sin fines de lucro.

charitable contribution deduction: Deducción impositiva por donaciones. Reducción del impuesto a las ganancias al que tiene derecho una compañía cuando realiza donaciones a instituciones de beneficiencia. *Ver* DEDUCTION.

charitable organization: Sociedad o ente con fines de caridad o beneficencia.

charitable purpose: Fines benéficos o de caridad.

chart: Cuadro, gráfico, plan. Forma ordenada de proporcionar datos. Los cuadros son utilizados para observar los valores históricos de las variables y, por lo general, para determinar tendencias futuras con respecto al movimiento de esos valores. *También llamado GRAPH. Ver* BAR CHART; LINE CHART; POINT-AND-FIGURE CHART.

charter: *Ver* ARTICLES OF INCORPORATION.

chartered financial analyst (CFA): Analista financiero autorizado. Analista financiero que aprobó determinados exámenes de economía, análisis de valores, manejo de carteras de inversión, contabilidad financiera y ética profesional.

chartered financial consultant (ChFC): Consultor financiero autorizado. Asesor en finanzas que aprobó una serie de cursos y exámenes en áreas como economía, seguros, bienes raíces, etc. *Ver* CERTIFIED FINANCIAL PLANNER.

chart formation: Modelo, cuadro, gráfico. Precios de acciones o de otras variables bursátiles distribuidos en forma de gráfico y de fácil lectura que se emplean para proyectar futuras tendencias en el mercado. *También llamado FORMATION; PATTERN. Ver* INVERTED FORMATION.

charting: Gráfico que proyecta variables bursátiles, en particular los precios de las acciones y los índices de mercado. Los técnicos también emplean otras variables, como, por ejemplo, los precios de los "commodities", las tasas de interés y el volumen negociado, para determinar tendencias y proyectar futuros valores. *Ver* BAR CHART; LINE CHART, POINT-AND-FIGURE CHART.

chartist: Proyectista. Persona con conocimientos bursátiles que intenta determinar tendencias futuras de precios a través del análisis de los movimientos de distintas variables registrados en un gráfico.

chart service: Servicio de gráficos. Compañía cuya actividad consiste en vender gráficos. Los servicios de gráficos registran los movimientos de precios de una gran cantidad de títulos valores o "commodities" y publican gráficos periódicamente para la venta a los inversores.

chattel mortgage: Derecho de garantía sobre bien mueble. Crédito hipotecario cuya garantía recae sobre bienes muebles como automóviles, pinturas, joyas, inventarios, etc.

cheap: Barato. Característica de un título valor cuyo precio de venta en el mercado es inferior a lo esperado. *Ver* EXPENSIVE.

cheap money: *Ver* EASY MONEY.

check: 1. Cheque. Instrumento que otorga, debidamente cumplimentado, una orden de pago librada contra un banco determinado, donde el librador tiene fondos depositados en su cuenta corriente o autorización para girar en descubierto. Los cheques pueden ser al portador, nominativos o a la orden. *BLANK CHECK*: Cheque en blanco. *POST DATED CHECK*: 1. Cheque posdatado, cheque con fecha diferida. 2. Verificación, prueba, comprobación.

checkbook: Chequera, talonario de cheques. Talonario que reciben los titulares de cuentas corrientes para retirar los fondos depositados en sus cuentas.

checking activity: Movimiento de cheques.

checking the market: Observar las cotizaciones de un agente bursátil que negocia grandes volúmenes de títulos, para conocer el menor precio de venta o el mayor precio de compra de un determinado título valor.

checks oustanding: Cheques pendientes de pago.

check to bearer: *Ver* BEARER CHECK.

checkwriting privilege: Privilegio de emitir cheques contra las cuotapartes de un fondo común de inversión.

cheque: *Ver* CHECK.

chief executive officer (CEO): "CEO". Máximo responsable de la implementación de las políticas establecidas por los miembros del directorio. Este cargo lo ocupa el miembro de mayor jerarquía dentro del órgano ejecutivo de la sociedad. Por lo general, el "CEO" también es presidente del directorio, o vicepresidente ejecutivo de la compañía. *Ver* CHAIRMAN.

chief financial officer (CFO): "CFO". Máximo responsable del manejo de los fondos, la emisión de cheques, los registros y el planeamiento financiero de la empresa. Normalmente, si la compañía es grande, el "CFO" ocupa el cargo de vicepresidente financiero y si la firma es más pequeña, el de tesorero.

chief operating officer (COO): "COO". Persona que por lo general ocupa el cargo de presidente o vicepresidente ejecutivo de una compañía y que es responsable de la gestión diaria de la misma. El "COO" responde ante el "CEO" y puede o no ser miembro del directorio. *Ver* CHIEF EXECUTIVE OFFICER.

churn: Excesivo manejo, por parte de los agentes bursátiles, de la cartera de un determinado cliente con el solo propósito de incrementar sus comisiones. Los agentes bursátiles, sin tener en cuenta los intereses del cliente, pueden verse tentados a ejercer dicha práctica, debido a que las comisiones se cobran en proporción a la cantidad de operaciones realizadas. *También llamado BURN AND CHURN; OVERTRADE.*

circle: Conseguir compradores interesados en una nueva emisión de títulos valores antes de fijar su precio definitivo. El cliente potencial recibe el precio tentativo y, si ese valor se mantiene, compra el título. Si el precio es modificado, el cliente puede no realizar la operación o tener prioridad para la compra de la emisión al precio nuevo. *Ver* INDICATION OF INTEREST.

claim: Crédito, derecho a recibir un pago, derecho sobre un bien que posee otra persona, reclamo.

class: *Ver* STOCK CLASS.

class action lawsuit: Juicio grupal. Juicio mediante el cual una parte acciona en nombre de un grupo al que pertenece. Por ejemplo, los inversores pueden iniciar un juicio contra una sociedad bursátil cuando esta última cometió alguna actividad ilegal. *Ver* SHAREHOLDER DERIVATIVE SUIT.

Clayton Act: Ley Clayton. Ley federal estadounidense promulgada en 1914 que, con el propósito de promover la competencia, prohíbe o restringe prácticas como la adquisición de competidores, la discriminación de precios, los reintegros o descuentos secretos, y los directorios cuyos miembros se desempeñan en varias compañías a la vez. *Ver* ANTITRUST LAWS; CELLER-KEFAUVER; ANTIMERGER ACT.

clean: 1. *Ver* CLEAN OPINION. 2. En materia de comercio internacional, sin presentación de documentos; como en el caso de la letra de cambio y la carta de crédito cuando no anexan documentos de embarque. 3. *Ver* CLEAN TRADE. 4. *Ver* CLEAN UP.

clean float: Tipo de cambio libre, paridad de cambio libre. Tipo de cambio cuyo valor está determinado únicamente por las fuerzas del libre mercado. En un mercado libre, las transacciones son realizadas sin la injerencia del Estado en lo que se refiere a la regulación de la oferta y demanda de divisas o la determinación de precios.

clean opinion: Informe sin reservas. Informe presentado por los auditores de una compañía que indica que los estados contables cumplen con los criterios contables generalmente aceptados. Esto no significa que la posición financiera de la compañía sea sólida. *También llamado STANDARD OPINION; UNQUALIFIED OPINION. Ver* ADVERSE OPINION; DISCLAIMER OF OPINION; QUALIFIED OPINION; SUBJECT TO OPINION.

clean up: "Clean up". En materia de operaciones bancarias, período determinado durante el cual, según el contrato, el banco prestamista exige al prestatario la cancelación total de una línea de crédito renovable anualmente. Si el prestatario puede cumplir con esa exigencia, el banco comprueba que su cliente no depende del crédito para continuar con sus operaciones comerciales. *También llamado ANNUAL CLEAN UP.*

clean trade: En materia de títulos valores, operación bursátil en bloque que coincide exactamente con las órdenes de compra y venta de los clientes. De esta manera, para completar la transacción, el comisionista no necesita comprar valores ni vender los que ya posee debido a que las órdenes de compra y venta de sus clientes coinciden en su monto.

clear: (v.) 1. Pagar títulos valores que ingresan a una cuenta y aceptar los fondos por los títulos que se retiran de la cuenta.

clear: (sust.) Operación en la que el vendedor hace entrega de los títulos valores y el comprador hace entrega de los fondos en tiempo y modo. *Ver* FAIL; FAIL FLOAT; GOOD DELIVERY.

clearing house: 1. Cámara compensadora, cámara de compensación bancaria. Asociación de bancos destinada a facilitar el intercambio de cheques, pagarés y otros títulos entre los miembros de la misma y a saldar las diferencias entre el debe y el haber de cada banco asociado. 2. Cámara de compensación. En materia de operaciones bursátiles, entidad creada por una bolsa de valores destinada a facilitar la ejecución de las operaciones. Entre sus funciones se encuentra la transferencia de fondos y asignación de entregas, además de asegurar el cumplimiento de todas las obligaciones. *Ver* CLEARING-HOUSE STATEMENT.

clearing house funds: *Ver* NEXT DAY FUNDS.

clearing-house statement: Certificado de operaciones con títulos valores o "commodities" que presentan las sociedades de bolsa a la cámara compensadora. El documento contiene el saldo neto de cada operación y el monto a pagar o a cobrar para conciliar la cuenta de la sociedad de bolsa.

clearing member: Socio de la cámara compensadora, sociedad de bolsa de la cámara compensadora. En materia de transacciones bursátiles, sólo aquellas firmas que son miembros de la cámara compensadora pueden realizar ahí la compensación de sus operaciones. Cada socio de la cámara debe, a su vez, ser socio de la bolsa de valores.

Clifford trust: Fideicomiso temporario —al menos por 10 años o hasta la muerte del beneficiario— en el que el fideicomitente recupera el bien transferido al cumplirse el plazo o a la muerte del beneficiario.

climax: *Ver* BUYING CLIMAX; SELLING CLIMAX.

clip: Separar el cupón de interés de un bono al portador. Para que el tenedor de un bono al portador pueda recibir el pago de los intereses, debe presentar los cupones a un banco, sociedad bursátil, o agente del emisor.

clone fund: Fondo clon. Fondo de inversión que tuvo su origen en otro fondo de inversión, el cual creció tanto que se consideró aconsejable dividirlo en dos. Tanto el fondo de inversión original (con mayor volumen de operaciones) como el nuevo, tienen los mismos objetivos y, por lo general, operan bajo distintos órganos directivos.

close: (sust.) 1. Cierre de una rueda bursátil. 2. Precio de cierre. Último precio al que cotizó un título durante una rueda. *También llamado CLOSING PRICE; LAST.*

close a position: Cerrar una posición. Eliminar una posición de inversión. La manera más común de cerrar una posición es a través de la venta de un título valor que se posee.

closed account: Cuenta cerrada. Cuenta cuyo saldo es cero.

closed corporation: *Ver* CLOSELY HELD CORPORATION.

closed-end investment company: Fondo común cerrado. Fondo común de inversión que emite una cantidad limitada de cuotapartes y no rescata aquellas que se encuentran en circulación. Sus cuotapartes se comercializan en la bolsa y en el mercado extrabursátil. *También llamado INVESTMENT TRUST; PUBLICLY TRADED FUND. Ver* MUTUAL FUND; REGULATED INVESTMENT COMPANY.

closed-end mortgage: Hipoteca cerrada. Hipoteca que no admite que se otorguen nuevos créditos sobre la misma garantía. *Ver* MORTGAGE BOND; OPEN-END MORTGAGE.

closed-end fund: *Ver* CLOSED-END INVESTMENT COMPANY.

close out: Liquidar la posición de un cliente, cuando éste no puede cubrir una operación a margen o una venta corta o en descubierto.

closely held company: Sociedad por acciones cerrada. Sociedad por acciones cuyas acciones ordinarias están en manos de un grupo muy reducido de personas y, por lo general, según su estatuto, está restringida la transferencia de papeles a personas que no pertenecen a dicho grupo. Este tipo de sociedades no cotizan en bolsa. *También llamado CLOSED CORPORATION.*

closing balance sheet: Balance de cierre.

closing cost: Gastos resultantes de la compra-venta de un bien inmueble, independientemente del precio de la operación, tales como comisiones, impuestos, investigaciones sobre el título de propiedad, etc.

closing date: Fecha de cierre.

closing entries: Asientos de cierre. Asiento contable que tiene por objeto llevar a cero el saldo de las cuentas de resultado y transferir a la cuenta de resultados acumulados la ganancia o pérdida del período contable, sea mensual o anual: El procedimiento consiste en debitar las cuentas con saldo acreedor y acreditar las que tienen saldo deudor por esos mismos importes.

closing price: *Ver* CLOSE 2.

closing purchase: *Ver* CLOSING TRANSACTION 2.

closing quote: Cotización de cierre. Último precio de compra y último precio de venta registrado durante una rueda bursátil.

closing range: En materia de operaciones con "commodities", banda de precios dentro de la cual se puede ejecutar una orden de compra o venta de un "commodity" durante una rueda de negociaciones.

closing rate: Tipo de cambio al cierre.

closing sale: *Ver* CLOSING TRANSACTION 2.

closing transaction: 1. Operación de cierre. Última operación realizada con un determinado título durante la rueda bursátil. *Ver* OPENING TRANSACTION 1. 2. Orden de opciones que elimina o reduce la posición de opciones ya existente. *También llamado CLOSING PURCHASE; CLOSING SALE. Ver* CLOSE A POSITION; OPENING TRANSACTION 2.

cloud on title: Gravámenes o embargos que recaen sobre un bien inmueble y que impiden al propietario la transferencia de su titularidad.

coil: *Ver* TRIANGLE.

collar: Tasa de interés mínima y máxima que se paga sobre el valor nominal de un documento a tasa flotante. *Ver* CAP 1.

collateral: Bien dado en garantía, garantía. Bienes prendados o hipotecados que aseguran el pago o cumplimiento de una obligación. En caso de incumplimiento por parte del deudor, el bien dado en garantía se vende y, con lo producido en dicha venta, se cubre la deuda impaga.

collateralize: Otorgar garantía. Hipotecar o prendar un bien para que se transforme en garantía de un préstamo.

collateralized mortgage obligation (CMO): Obligación garantizada por hipotecas, obligación hipotecaria colateralizada. Obligación emitida por una sociedad y que se encuentra garantizada por un paquete de hipotecas. Es una forma especial de "pay through bond" en la que el acreedor original, sin desprenderse de la titularidad de los créditos hipotecarios, constituye una cartera especial, generalmente homogénea en plazos e intereses, sobre cuya base emite títulos valores ajustando sus plazos, intereses y amortizaciones con los de esa cartera afectada. *Ver* PAY THROUGH BOND; SECURITIZATION.

collateral loan: Préstamo con garantía especial. Préstamo cuyo cumplimiento está garantizado a través de una hipoteca o prenda que recae sobre uno o varios bienes del prestatario.

collateral note: Pagaré con garantía especial, pagaré con resguardo. Pagaré cuyo pago está garantizado a través de una hipoteca o prenda sobre uno o varios bienes.

collateral security margin: Diferencia entre el valor de mercado del bien dado en garantía y el crédito otorgado. El banco prestamista exige que exista dicha diferencia para cubrirse en caso de que caiga el precio del bien afectado.

collateral trust bond: Bono o debenture garantizado con títulos valores de otra sociedad. Título de deuda a largo plazo garantizado con títulos valores como acciones, bonos, etc. —y no con bienes físicos— emitidos por otra sociedad.

collected balance: Saldo de la cuenta corriente después de deducir los cheques emitidos a favor de otros bancos.

collect on delivery (C.O.D.): Pago contra entrega. Expresión que indica que el transportador debe recibir del destinatario el pago de la mercadería al momento de entregar la misma; de lo contrario, deberá devolverla al remitente.

collectibles: Objetos coleccionables. Bienes de oferta limitada que tienen demanda por distintas razones, incluso porque se espera el alza de su valor. Las estampillas, antigüedades, monedas y obras de arte se encuentran entre los tantos bienes considerados "coleccionables". Por lo general, los inversores cubren el riesgo de la inflación por medio de la compra de este tipo de bienes. Su valor tiende a acompañar el alza general de precios.

collection: Cobro. Presentación de un título de crédito, como la letra de cambio o el cheque, en el lugar donde es pagadero. El término se refiere no sólo al cobro de cheques, sino también a los servicios bancarios especiales como cobros en el exterior y cobro de cupones.

collection period: Plazo de acreditación. Período de tiempo que debe transcurrir para que un cheque depositado en un banco sea acreditado en la cuenta corriente del depositante. Este plazo difiere según la distancia entre el banco pagador y cobrador, el tipo de título de crédito, etc. *Ver* ACCOUNTS RECEIVABLE TURNOVER; ACTIVITY RATIO.

collection ratio: 1. Rotación de cuentas a cobrar. Relación entre las deudas a cobrar de una firma y sus ventas diarias. Esta relación se calcula dividiendo las ventas anuales por 365 (cantidad de días que tiene el año). Ese resultado, dividido por las deudas a cobrar, indica la cantidad promedio de días que le lleva a la firma convertir esos créditos en efectivo. *También llamado AVERAGE COLLECTION PERIOD.*

colon: Colón. Moneda nacional de Costa Rica y El Salvador.

comaker: Colibrador. Persona que firma un pagaré a un prestamista para otorgar una garantía adicional o para mejorar la calidad de un préstamo.

combination option: Opción combinada. Opción compuesta por una o más opciones de compra ("calls") y una o más opciones de venta ("puts"). Si bien la combinación original se vende como una unidad, cada parte se puede vender y ejercer en forma individual.

combination security: Título valor combinado. Título valor que combina las características de dos o más títulos valores distintos. Un ejemplo es el bono convertible, el cual es parte deuda y parte acciones ordinarias.

combined financial statement: Estado contable combinado. Estado contable que reúne el activo, el pasivo, el patrimonio neto y las cifras operativas de dos o más subsidiarias.

comfort letter: Informe que presenta un contador público nacional mediante el cual declara no haber encontrado información falsa en los estados contables utilizados en relación con una oferta de títulos valores.

commerce: *Ver* TRADE 2.

commercial and industrial (C&L) loan: Préstamo comercial e industrial. Préstamo otorgado a una sociedad por acciones, firma comercial o joint venture, en contraposición al préstamo otorgado a una persona en particular. Los préstamos comerciales e industriales pueden ser una fuente de capital de trabajo o destinarse a la financiación de la compra de plantas manufactureras o equipos. Por lo general, son créditos a corto plazo y a tasas flotantes.

commercial bank: Banco comercial. Banco autorizado a recibir depósitos, ya sean a plazo fijo o a la vista, otorgar distintos tipos de préstamos, emitir cartas de crédito, aceptar y pagar letras de cambio, alquilar cajas de seguridad, y prestar al público cualquier otro servicio bancario. Los bancos comerciales son las únicas instituciones que pueden recibir depósitos a la vista o en cuenta corriente.

commercial hedger: Coberturista comercial. Compañía que toma posiciones en los mercados de "commodities" para cerrar el precio al que compran las materias primas o al que vende sus productos. Por ejemplo, una empresa puede cubrir sus inversiones en acero a través de la compra de contratos de futuros sobre acero.

commerical loan: Préstamo comercial. Crédito renovable a corto plazo destinado a financiar las necesidades de capital de trabajo de una compañía, como la compra de bienes de cambio, la producción o la distribución de mercaderías.

commercial paper: Obligación a corto plazo, "commercial paper". Pagaré a corto plazo que emite una compañía financiera, o empresa industrial relativamente grande, con el propósito de satisfacer su demanda de dinero. Estas obligaciones negociables están completamente desgravadas de impuestos y se negocian en la bolsa de comercio o mercado abierto. *También llamado* PAPER. *Ver* PRIME PAPER.

commingled fund: Fondo combinado. Fondo de inversión que comprende activos de varias cuentas individuales. El objetivo de estos fondos es reducir el costo y esfuerzo que significa mantener las cuentas en forma separada.

commingled securities: Títulos combinados. Títulos valores de varios clientes que se guardan con los títulos de la sociedad bursátil.

commission: Comisión. Honorarios que cobra el agente bursátil por efectuar la operación solicitada por el cliente. La comisión se calcula sobre la cantidad de acciones comercializadas o el monto total de la operación. *Ver* DISCOUNT BROKERAGE FIRM; FULL-SERVICE BROKERAGE FIRM.

commission broker: Mandatario, operador de piso, comisionista. Empleado de una sociedad bursátil que opera en una bolsa organizada y que ejecuta en el recinto las órdenes de los clientes.

commission house: Sociedad bursátil. Casa de corretaje cuya principal actividad consiste en ejecutar, por una comisión, las órdenes de sus clientes, sean éstas de compra o venta de títulos valores.

committee: Comité. *AUDIT COMMITTEE*: Comité de auditoría.

Committee on Uniform Securities Identification Procedures (CUSIP): Comité estadounidense compuesto por 15 personas y que emplea un sistema de identificación, mediante el cual se asigna un número a cada certificado de acción y bono emitido en EE.UU. Este sistema de identificación facilita y agiliza las operaciones de compensación.

committee of inspection: Consejo de vigilancia. En derecho comercial, órgano que tiene por función permanente fiscalizar los aspectos formales de la administración social y controlar su gestión, con cargo de informar periódicamente a los accionistas al respecto.

commodities: Productos básicos, materias primas, "commodities". Bienes muebles y fungibles que se comercializan en mercados financieros. Las operaciones con estos bienes —como granos, minerales, metales, etc.— pueden hacerse con entrega inmediata o futura. *Ver* FUTURES CONTRACT.

commodity-backed bond: Bono respaldado por "commodities". Bono con pagos de intereses y/o devolución del capital inicial cuyo valor está ligado al precio de un "commodity" determinado. A pesar de que este tipo de bono tiene una tasa de interés relativamente baja, cubre al inversor en caso de inflación, ya que ésta provoca alzas en el precio de todos los "commodities".

commodity brokerage firm: *Ver* FUTURES COMMISSION MERCHANT.

commodity option: Opción sobre "commodities". Opción de compra o venta sobre un contrato de futuros de "commodities" a un precio fijo y en una fecha establecida. *Ver* CALL 1; PUT 1.

commodity product spread: Estrategia financiera en la que se incluyen dos "commodities": por un lado, un "commodity" primario y, por el otro, un subproducto de ese "commodity". Por ejemplo, un inversor compra un contrato de soja y vende otro de aceite de soja.

Common Market: *Ver* EUROPEAN ECONOMIC COMMUNITY.

common-size statement: Estados contables con variables expresadas en porcentajes y no en cifras.

common shares: *Ver* COMMON STOCK.

common stock: Acciones ordinarias, acciones comunes. Parte alícuota del capital social de una sociedad por acciones que confiere a su titular legítimo los derechos y obligaciones de socio. El tenedor de una acción ordinaria tiene derecho a voto en la asamblea de accionistas, derecho a los beneficios de la explotación y derecho al remanente de la liquidación. *Ver* COMMON STOCK EQUIVALENT; STOCK CLASS.

common stock equivalent: Equivalente de acciones ordinarias. Título valor considerado básicamente igual a una acción ordinaria, debido a que puede ser intercambiado por una acción ordinaria. Entre estos títulos se pueden encontrar los bonos convertibles, las acciones preferidas convertibles y los "warrants".

common stock fund: Fondo de inversión de acciones ordinarias. Fondo común de inversión que limita sus inversiones a las operaciones con acciones ordinarias. El riesgo que se asume con los fondos de acciones ordinarias varía según los tipos de acciones en los que invierta el fondo.

common stock ratio: Proporción de acciones ordinarias. Parte del capital de la firma representado por acciones ordinarias.

community property: Bienes gananciales. Bienes que cada uno de los cónyuges o ambos adquieren durante el matrimonio, por cualquier motivo que no sea herencia, legado o donación, y que por dicha razón pertenecen a ambos cónyuges por igual.

comp: *Ver* COMPARISON.

company: Compañía, sociedad, empresa, firma. *AFFILIATED COMPANY*: Compañía subsidiaria, compañía controlada. *ASSOCIATED COMPANY*: Compañía asociada. *CLOSED COMPANY*: Sociedad que no cotiza en bolsa. *DORMANT COMPANY*: Compañía inactiva. *FINANCE COMPANY*: Compañía financiera. *HOLDING COMPANY*: "Holding". *INCORPORATED COMPANY*: Sociedad con personería jurídica. *INVESTMENT COMPANY*: Fondo común de inversión, fondo de inversión. *LENDING COMPANY*: Compañía prestamista. *LIMITED COMPANY*: Sociedad en comandita simple. *LISTED COMPANY*: Sociedad que cotiza en bolsa. *PARENT COMPANY*: Sociedad controlante. *QUOTED COMPANY*: Compañía con cotización oficial. *SUBSIDIARY COMPANY*: Compañía subsidiaria, compañía controlada. *UNLISTED COMPANY*: Sociedad que no cotiza en bolsa. *UNQUOTED COMPANY*: Compañía sin cotización oficial.

company risk: Riesgo de que ciertos factores que afectan a una determinada sociedad puedan provocar cambios en el valor de sus acciones.

comparative financial statements: Estados contables comparativos. Estados financieros, uno actual y el otro correspondiente al período contable anterior, que se presentan juntos con fines comparativos.

comparison: Comparación. En operaciones bursátiles, confirmación de un agente de bolsa a otro con respecto a los detalles de una operación con títulos. *También llamado BROKER COMPARISON; COMP.*

compensating balance: Saldo compensatorio. Fondos que un prestamista corporativo debe depositar en una institución financiera para cumplir con las condiciones de un préstamo.

competitive bidding: 1. Licitación. Procedimiento que utiliza una compañía u organización gubernamental, con intenciones de vender títulos en el mercado primario, para seleccionar un agente colocador sobre la base del mejor precio ofrecido por los bancos de inversiones. Los bancos interesados en la licitación deben presentar ofertas para que éstas sean analizadas por quien llama a licitación. *Ver NEGOTIATED OFFERING.* 2. Oferta sobre títulos valores de la Tesorería de un país en la que un inversor estipula un precio o rendimiento determinado.

competitive trader: *Ver FLOOR TRADER.*

completed-contract method: Método de reconocimiento de pérdidas y ganancias a la finalización de la obra. Método contable en el que las pérdidas y ganancias de un proyecto de construcción se determinan una vez completado el mismo.

complex capital structure: Capital de una compañía que se compone de títulos valores —bonos convertibles, acciones preferidas convertibles, "warrants"— y no de los bienes y deudas convencionales.

compliance department: Departamento de control. En materia bursátil, departamento de la bolsa de valores que se encarga de controlar que la actividad en la misma se ajuste a su reglamentación.

compliance officers: Personal contratado por las bolsas de valores o sociedades bursátiles para detectar cualquier comportamiento deshonesto o desleal por parte de los agentes de bolsa.

composite tape: Servicio que brinda información sobre todas las operaciones —en las distintas bolsas y en el mercado extrabursátil— que afectan a un determinado título valor.

composition deed: Instrumento que contiene las condiciones de un concordato o acuerdo con acreedores. *Ver* COMPOSITION WITH CREDITORS.

composition with creditors: Acuerdo o concordato extrajudicial con acreedores. Medio que la ley otorga y reglamenta con el fin de mantener y conservar, mediante acuerdo entre el empresario insolvente y sus acreedores, una empresa en estado de cesación de pagos. A través de este acuerdo, los acreedores aceptan recibir una suma inferior al valor total de sus créditos.

compounding period: Período de tiempo que transcurre entre una fecha de pago de intereses y la siguiente.

compound interest: Interés compuesto. Interés que se calcula a partir de la reinversión periódica del interés simple acumulado a lo largo del plazo de una operación financiera. *Ver* FREQUENCY OF COMPOUNDING; SIMPLE INTEREST.

comptroller: *Ver* CONTROLLER.

compulsory sale: Venta judicial, venta forzosa. Venta ejecutada por disposición de un juez o tribunal, con motivo de una sentencia que así lo ordena.

computer assisted execution system (CAES): Sistema de ejecuciones computarizadas. Sistema que emplean algunas sociedades bursátiles para ejecutar las órdenes en forma automática.

computerized investing: *Ver* AUTOMATED STOCK TRADING.

concealed assets: *Ver* HIDDEN ASSETS.

concept company: Compañía que atrae a inversores más por el tipo de actividad que desarrolla que por las utilidades o dividendos que en ese momento genera. Un ejemplo son las compañías que realizan investigaciones que prometen ser grandes avances científicos y que, por lo tanto, en el futuro generarían importantes ganancias. Entre este tipo de sociedades se encuentran aquellas que se dedican a desarrollos dentro del área de ingeniería genética, tecnología médica y software.

concession: Descuento sobre el precio minorista de un título valor que reciben los colocadores de una emisión de títulos. *También llamado SELLING CONCESSION.*

conditional rating: *Ver* PROVISIONAL RATING.

conduit theory: Teoría de los conductos. Teoría que sostiene que como determinadas personas jurídicas actúan como conductos al transferir a los accionistas los dividendos, intereses y ganancias de capital, no deberían pagar impuestos. Si los abonaran, lo estarían haciendo dos veces —una vez por la compañía y luego por los accionistas—. *También llamado PIPELINE THEORY.*

confidence indicator: Indicador de confianza. Cálculo de la confianza que los inversores tienen en la economía y en el mercado de valores de un país.

confirmation: Confirmación. Comprobante escrito de una operación con títulos que incluye detalles importantes como fecha, volumen, precio, comisión, impuestos y monto total de la transacción. *Ver* CANCELLATION. 2. Confirmación. Reacción de un indicador técnico (como el movimiento del precio promedio de una acción) que confirma una señal presentada por otro indicador.

conglomerate: Conglomerado. Empresa que opera en varios sectores económicos no relacionados entre sí.

consol: Bono o título de deuda perpetuo. Título de deuda que no tiene fijada ni fecha de devolución del capital principal ni vencimiento y que, además, establece pagos de intereses. *También llamados ANNUITY BOND; PERPETUAL BOND. Ver* PERPETUITY.

consolidated balance sheet: Balance consolidado. Balance en el que se combina el activo y pasivo de la sociedad controlante con el activo y pasivo de sus subsidiarias, como si formaran una sola compañía.

consolidated bond: Bono de consolidación de deudas. Una única emisión de bonos que reemplaza dos o más emisiones en circulación.

consolidated financial statements: Estados contables consolidados. Estados contables que combinan la situación patrimonial y financiera de la sociedad controlante y de sus subsidiarias. De esta manera, se obtiene información sobre el patrimonio y la evolución del grupo en su conjunto.

consolidated income statement: Estados de resultados consolidados. Estados de resultados que combinan las cuentas de resultados de dos o más organizaciones. Al igual que con los demás estados consolidados, la cuenta de resultado consolidada no incluye las deudas que existen entre las firmas del mismo grupo.

consolidated mortgage: Hipoteca consolidada. Hipoteca que reemplaza a dos o más hipotecas vigentes.

consolidated profits and loss account: *Ver* CONSOLIDATED INCOME STATEMENT.

consolidated quotation system (CQS): Sistema consolidado de cotizaciones. Sistema electrónico que proporciona información sobre el precio de compra, precio de venta y volumen negociado de un determinado título valor en todos los mercados en los que cotiza.

consolidated tape: Sistema electrónico de información bursátil. Sistema integrado que proporciona información sobre el volumen y precio de las operaciones realizadas en todas las bolsas en las que cotizan los distintos títulos valores. En el caso de Estados Unidos, si una sociedad cotiza en varias bolsas, este sistema ofrece información no sólo sobre las operaciones efectuadas en su mercado principal sino también las registradas en los demás mercados.

consolidated tax base: Base imponible consolidada.

consolidation: Fusión. Fusión de dos o más sociedades mediante la creación de una compañía nueva. El activo y pasivo de las firmas es absorbido por la nueva compañía. *Ver* MERGER.

consortium: Consorcio o agrupación de empresas. Sociedades que se agrupan para lograr un objetivo empresarial o participar de un proyecto que beneficia a todas.

constant dollar plan: Método de inversión que consiste en mantener en acciones una determinada suma de dinero y el resto de la inversión, en bonos o títulos a corto plazo. Este método obliga al inversor a vender acciones cuando el mercado sube y a comprarlas cuando el mercado baja.

consumed-income tax: Impuesto sobre los ingresos consumidos. Impuesto que sólo recae sobre aquella parte de los ingresos personales que fueron destinados a adquirir bienes o servicios.

consumer goods: Bienes de consumo. Bienes que satisfacen directamente las necesidades humanas como, por ejemplo, los alimentos, electrodomésticos, automóviles, etc.

consumer loan: *Ver* PERSONAL LOAN.

consumer price index (CPI): Índice de Precios al Consumidor. Cálculo que mide el costo de los insumos de un individuo o grupo familiar. *Ver* GNP DEFLATOR; PRODUCER PRICE INDEX.

consumption: Consumo. Gastos que realizan los individuos para satisfacer sus necesidades. *PER CAPITA CONSUMPTION*: Consumo per cápita, consumo por habitante.

consumption tax: Impuesto al consumo. Impuesto sobre los productos o servicios individuales. Este gravamen se encuentra incluido en el precio minorista de dichos productos o servicios. *Ver* EXCISE TAX; VALUE-ADDED TAX.

contango: En operaciones de futuros u opciones, mercado en el que los contratos a largo plazo tienen un precio superior a los de mediano plazo. La prima acordada para los vencimientos más prolongados es una condición normal del mercado y refleja el costo de mantener el "commodity" hasta la fecha de entrega. *Ver* INVERTED MARKET.

contingency contract: Contrato sujeto a condición, contrato condicional.

contingent annuity: Renta vitalicia o anualidad sujeta a condición. Serie de pagos anuales que comienzan a efectuarse en el momento en el que se produce un determinado hecho.

contingent issue: Emisión condicional, emisión sujeta a condición. Emisión de títulos valores cuya distribución está supeditada al acaecimiento de un hecho determinado o al cumplimiento de un cierto requisito.

contingent liabilities: Pasivo contingente. Total de obligaciones supeditadas a la concreción o no de un hecho contingente. Un ejemplo es aquella obligación emergente de la resolución de un juicio pendiente contra la empresa o de la prestación de servicios en cumplimiento de garantías otorgadas contra defectos de producción.

contingent order: Orden sujeta a condición. En materia bursátil, orden de compra o venta de títulos valores cuya ejecución depende de la ejecución de otra orden; por ejemplo, una orden de venta y otra de compra con precios ya estipulados. Cuando el objetivo es efectuar un "swap", se puede condicionar la ejecución de la orden a una determinada diferencia de precio.

contingent takedown option: Opción de compra sobre un título de renta fija a un precio predeterminado y durante un lapso establecido.

continuous trading: Sistema de compra y venta de títulos valores mediante el cual las transacciones se efectúan cuando el precio tope de la orden de venta es igual o inferior al de la orden de compra o cuando el precio tope de la orden de compra es igual o superior al de una orden de venta. *Ver* BATCH TRADING.

contra broker: Agente bursátil de la punta opuesta de la transacción. Para un comisionista que quiere comprar, la contraparte es el que quiere vender y para el agente que quiere vender, la contraparte es el que quiere comprar.

contract: Contrato. 1. En operaciones de futuros, acuerdo entre dos partes para realizar y recibir la entrega de un "commodity" determinado en una fecha establecida y en un lugar prefijado. 2. En operaciones con opciones, acuerdo por el cual el lanzador se compromete a comprar (si es una opción de venta) o a vender (si es una opción de compra) un bien determinado a un precio establecido en un lapso o fecha prefijada. El comprador o tomador de la opción no tiene obligación de ejercer el derecho de compra o venta que le otorga la opción.

contract goods: Bienes objeto del contrato.

contract grades: En operaciones con "commodities", requisitos comunes que debe cumplir el "commodity" para poder ser entregado conforme a un contrato de futuros.

contract month: Mes de entrega. Mes en el que los contratos de futuros pueden ser ejecutados, ya sea realizando o aceptando una entrega física.

contract price: Precio convenido en el contrato.

contract size: En operaciones con futuros y opciones, tamaño o monto del "commodity" a entregar.

contractual plan: Programa en el que un inversor de un fondo de inversión acuerda invertir una suma fija de dinero cada determinada cantidad de días, meses o años. *Ver* DOLLAR-COST AVERAGING; LOAD SPREAD OPTION.

contrarian: Inversor que decide realizar una determinada operación bursátil totalmente opuesta a la que efectúan todos los demás inversores.

contributed capital: Capital aportado. Fondos o bienes que los accionistas transfieren a la compañía. Esta entrega puede realizarse a cambio de acciones, en cuyo caso se registra como capital integrado, o como donación, en cuyo caso se registra como donación.

control: Control. *BUDGETARY CONTROL*: Control presupuestario. *COST CONTROL*: Control de costos. *PRICE CONTROL*: Control de precios. *QUALITY CONTROL*: Control de calidad.

controlled account: *Ver* DISCRETIONARY ACCOUNT.

controlled company: *Ver* SUBSIDIARY.

controlled disbursement: Desembolso controlado. Técnica destinada a incrementar al máximo los fondos disponibles en efectivo para que puedan ser invertidos en el mercado monetario o afectados al pago a acreedores.

controller: Revisor de cuentas, auditor, "controller". Persona responsable de mantener y cumplir con el sistema contable de la organización. *También llamado COMPTROLLER*.

controlling interest: Participación mayoritaria. Posesión de más del 50% de las acciones con derecho a voto de una sociedad. Un porcentaje mucho menor puede mantener el control de la compañía —ya sea por parte de un individuo o de un grupo de personas— si las demás acciones se encuentran dispersas entre gran cantidad de accionistas.

control person: *Ver* AFFILIATED PERSON.

control stock: *Ver* SUPERVOTING STOCK.

conventional option: Opción de compra o venta no negociada a través de una bolsa organizada.

convergence: Convergencia. Aproximación del precio de un contrato de futuros al precio contado del "commodity" subyacente a medida que se acerca la fecha de vencimiento del contrato de futuros.

conversion: Conversión, canje. Intercambio de un título valor por otro de distintas características, como cuando un bono es convertible en una cantidad determinada de acciones. *CURRENCY CONVERSION*: Conversión de la moneda.

conversion equivalent: Equivalente de conversión. Precio de venta que debería tener una acción ordinaria para que un título convertible valga su precio de mercado. Por ejemplo, un título cuyo valor nominal es $ 1.000, que cotiza a $1.200 y es convertible en 40 acciones tiene un equivalente de conversión de $ 30 por acción, o sea, de $1.200 dividido 40.

conversion parity: Paridad de conversión. Condición de un título convertible cuando se vende a un precio igual al de las acciones en que puede convertirse.

conversion period: Plazo de conversión. Período durante el cual se puede canjear un título convertible por otro bien. Generalmente se extiende durante la vida útil del título convertible.

conversion premium: Prima de conversión. Diferencia positiva entre el precio de venta de un título convertible y su valor de conversión.

conversion price: Precio de conversión. Precio al que una acción ordinaria se intercambia por un título convertible. El valor nominal de un título convertible dividido por el precio de conversión es igual a la cantidad de acciones que se reciben en el momento de efectuar la conversión.

conversion privilege: *Ver* EXCHANGE PRIVILEGE.

conversion ratio: Relación de conversión. Cantidad de acciones comunes por las que se intercambia un título convertible.

conversion value: Valor de conversión. Valor de mercado de los títulos valores por los que se puede canjear un título convertible. Un bono que es convertible por 10 acciones con un valor de mercado de $ 20 cada una, tiene un valor de conversión de $ 200.

convertible: *Ver* CONVERTIBLE SECURITY.

convertible bond: Bono convertible en acciones. Bono emitido por una compañía cuyo tenedor tiene la opción de convertirlo en acciones del emisor a un precio especificado y dentro de un plazo determinado o en una fecha establecida. *También llamado CONVERTIBLE DEBT.*

convertible debt: *Ver* CONVERTIBLE BOND.

convertible floating-rate note: Nota convertible de tasa flotante. Nota de tasa variable que otorga a su poseedor la opción de intercambiarla por un título de deuda a más largo plazo con un interés determinado. A diferencia de los bonos comunes a tasa flotante, los convertibles protegen a los inversores de una baja en las tasas de interés.

convertible security: Título valor convertible. Título valor que, a opción del tenedor del mismo, puede reemplazarse por otro activo, en general por una cantidad fija de acciones ordinarias. Las emisiones de títulos convertibles por lo general son de renta fija como los debentures y acciones preferidas. *También llamado CONVERTIBLE. Ver* BOND CONVERSION; BUSTED CONVERTIBLE; CONVERSION PREMIUM; CONVERSION PRICE; CONVERSION RATIO; CONVERSION VALUE; DIVIDEND ADJUSTMENT; INTEREST ADJUSTMENT.

convexity: Cálculo matemático que determina en qué medida las fluctuaciones de las tasas de interés afectan el precio de un bono.

conveyance: 1. Transmisión de la propiedad sobre un bien inmueble. 2. Título traslativo del dominio de un bien inmueble.

cooling-off period: Período que transcurre desde que una sociedad presenta ante la autoridad nacional del mercado de valores el registro de emisión y el momento en el que se pueden emitir las acciones. *También llamado WAITING PERIOD. Ver* EFFECTIVE DATE.

copyright: Propiedad intelectual, derechos de autor, "copyright", propiedad artística y literaria. Derechos que tiene el autor de una obra científica, literaria o artística para disponer de ella y explotarla económicamente por cualquier medio.

cordoba: Córdoba. Moneda nacional de Nicaragua.

corner: 1. Acaparamiento. Operación mediante la cual se logra controlar el precio de un título valor mediante la concentración de la oferta disponible en unas pocas manos. De esta manera, los interesados en ese título valor se ven obligados a adquirirlo a precios artificialmente elevados. *Ver* NATURAL CORNER. 2. Acaparar el mercado. Tomar una posición sobre un determinado título valor o "commodity" que es tan significativa que se adquiere el control de su precio y oferta. *También llamado* CORNERING THE MARKET.

cornering the market: *Ver* CORNER.

corporate: Corporativo, relativo a una compañía.

corporate assets: Activo social, activo de la empresa. *Ver* ASSETS.

corporate body: *Ver* CORPORATION.

corporate bonds: Obligaciones negociables. Títulos que documentan obligaciones contraídas, emitidas por una sociedad por un monto determinado, por los que esa empresa obtiene un empréstito a mediano o largo plazo para el desarrollo de proyectos de inversión. El plazo mínimo en su amortización es de dos años.

corporate bond fund: Fondo común de inversión que invierte en obligaciones negociables a largo plazo y traslada las utilidades sobre esos títulos privados a sus cuotapartistas.

corporate books: Libros societarios, libros de la sociedad. *Ver* ACCOUNTING BOOKS.

corporate income tax: Impuesto que recae sobre las utilidades corporativas.

corporate name: Nombre social. El nombre social comprende la denominación y razón social de una sociedad. A través del nombre societario se fija el alcance de la responsabilidad de los socios y el límite de las acciones en relación con el patrimonio afectado a la actividad social.

corporate object: Objeto social. Actividad económica para cuya realización se constituye una sociedad.

corporate purpose: *Ver* CORPORATE OBJECT.

corporate records: Registros societarios. Instrumentos, actas y libros correspondientes a los distintos actos que realiza una sociedad.

corporate raider: *Ver* RAIDER.

corporate shareholder: Accionista con personería jurídica.

corporation: 1. Persona jurídica. Ente ideal que recibe de los miembros que la componen el sustrato indispensable a fin de poder existir en aquel carácter. 2. Sociedad por acciones. Forma de organizar una actividad comercial mediante la cual se da origen a un nuevo sujeto de derecho que no se confunde con cada uno de los socios y que es titular del patrimonio constituido con los bienes aportados por éstos. En la sociedades por acciones, las obligaciones sociales gozan de la garantía del patrimonio de la sociedad y las cuotas de participación de los socios están representadas por acciones; los socios no responden más que con los aportes suscriptos. *CLOSED CORPORATION*: Sociedad que no cotiza en bolsa. *PUBLIC CORPORATION*: Empresa pública. *Ver* INCORPORATE; LIMITED LIABILITY; PARTNERSHIP; PROPRIETORSHIP; UNLIMITED LIABILITY.

corpus: 1. Cuerpo. Cuerpo de una inversión o título valor que representa el capital en contraposición a los intereses o las rentas que genere. *Ver* COUPON STRIPPING.

correction: Corrección. Baja abrupta y repentina que interrumpe en forma temporaria la tendencia alcista del mercado o del precio de un determinado capital.
(Ver gráfico en p. 458).

correlation: Correlación. *Ver* SERIAL CORRELATION.

correspondent: Entidad corresponsal. Entidad financiera, sea una sociedad bursátil o un banco, que regularmente presta servicios a otras firmas que no poseen las instalaciones necesarias o no tienen acceso a esos servicios en forma directa.

correspondent bank: Banco corresponsal. *Ver* CORRESPONDENT.

cost: Costo. Sacrificio económico que demanda la adquisición de un bien o de un servicio con utilidad económica para el ente. Este sacrificio no necesariamente debe consistir en la entrega de dinero, también puede asumir otras formas, como la prestación de determinados servicios, la entrega de otros bienes tangibles o intangibles, aporte de los socios, etc. *ACTUAL COST*: Costo real. *ADMINISTRATIVE COSTS*: Costos de administración. *AVERAGE COST*: Costo promedio. *BUDGETED COST*: Costo presupuestado. *DEFERRED COST*: Costo diferido. *DIRECT COSTS*: Costos directos. *DISTRIBUTION COSTS*: Costos de distribución. *ESTIMATED COST*: Costo estimado. *FIXED COST*: Costo fijo. *HISTORICAL COST*: Costo histórico. *INDIRECT COST*: Costo indirecto. *LABOR COST*: Costo laboral, costo de mano de obra. *MAINTENANCE COST*: Costo de mantenimiento. *OPERATING COSTS*: Costos operativos. *REPLACEMENT COST*: Costo de reposición. *Ver* AVERAGE COST; FIXED COST; HISTORICAL COST; MARGINAL COST; REPLACEMENT COST; VARIABLE COST.

cost accounting: Contabilidad de costos. Área de la contabilidad que comprende una serie de reglas y principios que rigen en la instalación y operación de un sistema, por medio del cual se averiguan los detalles del costo de los materiales, la mano de obra y los gastos indirectos realizados para producir una unidad de fabricación.

cost and freight (C&F): Costo y flete. En materia de comercio exterior, cláusula que, seguida del nombre del puerto de destino convenido, significa que el precio incluye la mercadería puesta en dicho puerto y el flete, pero excluye el seguro.

cost apportionment: Imputación de costos.

cost-benefit analysis: Análisis del costo-beneficio. Comparación que se efectúa entre los costos y los beneficios de una cierta operación para decidir ejecutarla o no.

cost basis: Costo base. Costo que se utiliza de base para computar una pérdida o ganancia en la fabricación de un producto.

cost-benefit analysis: Análisis del costo-beneficio. Método mediante el cual las compañías calculan el beneficio y los costos que implica la toma de una determinada decisión (como la compra de alguna maquinaria), con el propósito de precisar si los beneficios superan los costos.

cost center: Sección de una empresa u organización que no genera utilidades. Su función principal consiste en prestar servicios a otras secciones.

cost control: Control de gastos.

cost depletion: Sistema por el cual se calcula, en porcentajes, la reducción del valor original de un recurso natural como consecuencia de la explotación del mismo. *Ver* PERCENTAGE DEPLETION.

cost, insurance and freight (C.I.F.): Costo, seguro y flete. En materia de comercio exterior, cláusula que antecede el nombre del puerto de destino y que significa que el precio incluye la mercadería y el transporte hasta dicho puerto, con el flete pagado y el seguro cubierto.

cost, insurance, freight and exchange (C.I.F.E.): Costo, seguro, flete y cambio. En materia de comercio exterior, cláusula que antecede el nombre del puerto de destino y que significa que el precio incluye el costo y transporte de la mercadería, el seguro y los gastos que puedan originar el cambio y la negociación de su letra.

cost, insurance, freight, commission and interest (C.I.F.C.I.): Costo, seguro, flete, comisión e interés. En materia de comercio exterior, cláusula que antecede el nombre del puerto de destino y que significa que el precio incluye el costo y transporte de la mercadería, además de las comisiones y los intereses que se originen.

cost of capital: Costo del capital. Costo de los fondos empleados para financiar el activo de una compañía.

cost of carry: Costos directos que asume un inversor para mantener una posición de títulos valores. *También llamado CARRYING CHARGES. Ver NEGATIVE CARRY; POSITIVE CARRY.*

cost of goods sold: Costo de mercaderías vendidas. El costo de la compra y preparación del bien para su venta durante un determinado período contable. Este costo incluye mano de obra, materias primas, gastos generales, etc. *También llamado COST OF SALES.*

cost of living: Costo de vida. *Ver COST OF LIVING INDEX.*

cost of living index: Índice del costo de vida, índice del costo de nivel de vida. Índice que mide el costo de los consumos de un individuo o grupo familiar. Si el índice registra un aumento de, por ejemplo, 20%, significa que el conjunto de productos y servicios que integran el presupuesto de una familia o individuo cuesta un 20% más que en el mes o año con el que se compara.

cost of sales: *Ver COST OF GOODS SOLD.*

country: País. *DEVELOPING COUNTRIES*: Países en vías de desarrollo. *HIGHLY INFLATIONARY COUNTRIES*: Países con alta inflación. *DEVELOPED COUNTRIES*: Países desarrollados. *UNDERDEVELOPED COUNTRIES*: Países subdesarrollados.

country limit: Límite por país. Monto máximo de fondos que un banco tiene destinado a préstamos en un determinado país.

country risk: Riesgo-país. Riesgo de que se produzcan cambios económicos o políticos en un determinado país. Este riesgo es de particular importancia para los inversores extranjeros.

coupon: 1. Cupón, interés. Interés anual que paga un título de deuda. Por lo general, el interés se establece según la tasa que se abona por sobre el valor nominal del bono. Un cupón de 5% sobre un bono de valor nominal de $ 1000 paga un interés anual de $ 50. 2. Cupón. Talón adherido a la lámina principal de un bono o acción y que es utilizado por el tenedor del título para hacer efectivo el cobro del dividendo o amortización correspondiente. *Ver* CLIP; COUPON CLIPPING.

coupon bond: *Ver* BEARER COUPON.

coupon clipping: Corte de cupón. Separación de los cupones adheridos al cuerpo principal de un instrumento financiero para efectuar el cobro de los intereses correspondientes. *Ver* COUPON.

coupon stripping: Compra de bonos comunes que luego son reestructurados de manera tal que los pagos de los intereses y del monto inicial se venden en forma separada. Por lo tanto, un título que paga intereses se transforma en recibos de cupón cero (es decir, en un título que no paga intereses) con distintos vencimientos. *También llamados STRIPPING. Ver* CORPUS 1.

covariance: Cálculo estadístico de la medida en que dos variables se mueven juntas. Los analistas financieros realizan este tipo de cálculo para determinar en qué medida se relacionan las utilidades que generan dos títulos valores diferentes. *Ver* RISK, VARIANCE.

covenant: 1. Acuerdo, convenio, contrato. 2. Cláusula de un contrato de préstamo que establece que, para proteger el crédito del prestamista, el prestatario debe mantener una posición económica similar a la que tenía en el momento de firmar el préstamo. Esta cláusula determina qué puede o debe hacer el prestatario para cumplir con las condiciones del préstamo. *También llamado PROTECTIVE COVENANT; RESTRICTIVE COVENANT. Ver* INDENTURE; NEGATIVE COVENANT; POSITIVE COVENANT.

cover: 1. *Ver* SHORT COVER. 2. Cobertura. En materia de seguros, monto del riesgo asegurado.

coverage ratio: Cálculo de la capacidad que tiene una compañía de cumplir con determinado tipo de gastos. Por ejemplo, "dividend coverage" calcula la capacidad que tiene la sociedad de pagar sus dividendos con los ingresos netos disponibles. *Ver* DIVIDEND COVERAGE; FIXED-CHARGE COVERAGE; INTEREST COVERAGE; PREFERRED DIVIDEND COVERAGE.

covered option: Opción cubierta. Opción de compra respaldada por el título valor subyacente del contrato de opción. El lanzador, o vendedor, del contrato de opción cobra una prima por lanzarlo, y tiene los títulos valores para entregarlos en caso de que la opción sea ejercida. *Ver* NAKED OPTION.

covered option security: Bono con opción cubierta. Instrumento de deuda en dólares que otorga al emisor la opción de reintegrar el capital y los intereses en una moneda extranjera determinada. A cambio, el emisor ofrece un mejor rendimiento el cual dependerá, entre otras cosas, del tipo de cambio de ambas monedas.

covered writer: Lanzador cubierto. Vendedor o lanzador de una opción de compra o "call"que posee el título subyacente de la opción. *Ver* BUY-AND-WRITE STRATEGY.

crash: "Crash". Caída brusca y prolongada en los mercados de valores.

crawling peg: Microdevaluación periódica. *Ver* PEG.

credit: (sust.) 1. Crédito. Acuerdo mediante el cual se entrega algo de valor —bienes, servicios o dinero— a cambio de una promesa de pago con fecha establecida. 2. En materia contable, anotación en una cuenta del debe, lo cual representa un incremento del pasivo o una disminución del activo. *Ver* DEBIT. *DEFERRED CREDIT*: Crédito diferido. *OPEN CREDIT*: Crédito abierto.

credit: (v.) Acreditar, asentar en el debe. En materia contable, hacer una anotación en una cuenta del debe, lo cual representa un incremento del pasivo o una disminución del activo.

credit analyst: Analista de créditos. Persona que evalúa la solidez financiera y los estados contables de los solicitantes de préstamos con el fin de determinar su capacidad de pago.

credit balance: Saldo acreedor. 1. En términos generales, saldo de una cuenta en favor de su titular. 2. En materia bursátil, dinero al contado y valor de mercado de los títulos valores colocados en una cuenta de corretaje. *Ver* DEBIT BALANCE; FREE CREDIT BALANCE.

credit-balance theory: Teoría del saldo acreedor. Indicador técnico que se basa en el nivel de los saldos acreedores registrados en las cuentas de corretaje. Los analistas sostienen que los saldos acreedores elevados indican una tendencia alcista debido a que representan un potencial poder adquisitivo que finalmente será empleado para la compra de títulos. *Ver* DEBIT-BALANCE THEORY.

credit crunch: Período durante el cual los bancos son reacios a otorgar préstamos y, si los otorgan, lo hacen a una tasa de interés muy elevada. *Ver* REGULATION Q.

credit department: 1. Departamento de créditos. Sección de un banco que evalúa la situación financiera de los solicitantes de créditos y registra las cancelaciones parciales de los préstamos otorgados. 2. *Ver* MARGIN DEPARTMENT.

credit enhacement: Mejoramiento del crédito. Método mediante el cual el emisor de bonos incorpora un respaldo adicional que asegura al inversor el pago del capital inicial y los intereses. Una forma de mejorar el crédito es a través de una sobrecolateralización, es decir, dejando una cartera de garantía con un valor libro superior al valor nominal de los bonos ofrecidos para la venta. También se puede lograr a través de cartas de crédito y pólizas de seguro, entre otras posibilidades.

credit facility: Línea de crédito. *Ver* LINE OF CREDIT.

credit file: Registro de créditos. Registro que contiene información sobre los préstamos otorgados, hayan sido o no pagados.

credit line: *Ver* LINE OF CREDIT.

creditor: Acreedor. Persona física o ideal que es titular de un derecho de crédito. Persona con el poder jurídico de exigir al deudor el cumplimiento de la obligación. Los tenedores de bonos y debentures son acreedores con respecto a los emisores de dichos títulos valores. *DEBARRED CREDITOR*: Acreedor excluido. *GENERAL CREDITOR*: Acreedor quirografario. *LONG-TERM CREDITOR*: Acreedor a largo plazo. *MEDIUM-TERM CREDITOR*: Acreedor a mediano plazo. *SHORT-TERM CREDITOR*: Acreedor a corto plazo. *SUNDRY CREDITORS*: Acreedores varios. *Ver* DEBTOR; GENERAL CREDITOR; SECURED CREDITOR; UNSECURED CREDITOR.

creditor's meeting: Junta de acreedores. Reunión de los acreedores de una persona jurídica concursada que tiene por objeto la votación del concordato preventivo o resolutorio propuesto por el deudor.

credit rating: Calificación del crédito, evaluación crediticia. Estudio que evalúa la solvencia del prestatario para determinar su capacidad de cumplir en tiempo y modo con sus obligaciones financieras. *Ver* BOND RATING; RATING AGENCY.

creditor's petition in bankruptcy: Pedido de quiebra a instancia del acreedor. *Ver* BANKRUPTCY.

credit report: Informe crediticio. Informe sobre la situación financiera y económica del solicitante de un crédito.

credit risk: Riesgo crediticio. Riesgo de que el prestatario no cumpla con los pagos del interés y capital inicial en tiempo y modo.

credit spread: Diferencia en el valor de dos opciones, cuando el valor de la opción vendida supera el de la comprada. Esto resulta en un crédito para la cuenta del inversor, debido a que recibe más fondos por la venta que los necesarios para realizar la compra. *Ver* DEBIT SPREAD.

credit tranche: *Ver* TRANCHE.

credit union: Cooperativa de crédito, cooperativa financiera. Institución financiera sin fines de lucro —por lo general, formada por empleados de una misma compañía, gremio o grupo religioso— que ofrece una serie de servicios financieros y, en comparación con los bancos comerciales, otorga préstamos a intereses inferiores y recibe depósitos a tasas más elevadas.

creeping tender offer: Adquisición gradual de gran parte del capital de una compañía a precios variados en el mercado abierto y no a través de una oferta formal. Por medio de este tipo de adquisición, se logra controlar la firma por un monto inferior y en menos tiempo que a través de una oferta formal.

crisis: Crisis. Oscilación muy acentuada en el proceso económico que ocasiona serias perturbaciones durante un período prolongado y afecta la estructura del mercado.

crop insurance: Seguro de cosechas. Seguro que cubre los distintos riesgos que pueden afectar las cosechas.

crop mortgage: Derecho de garantía sobre las cosechas.

cross: Cruce. Operación bursátil mediante la cual el mismo comisionista actúa como representante en ambas puntas de la transacción, es decir, como comprador y vendedor. En Estados Unidos, la práctica es legal siempre y cuando el agente de bolsa ofrezca los títulos valores en forma pública a un precio superior al precio de compra.

crossed sale: *Ver* CROSSED TRADE.

crossed trade: Práctica, prohibida en la mayoría de las bolsas, mediante la cual se compensan las órdenes de compra y venta sin registrar la transacción en los registros de la bolsa. De esta manera, se priva al inversor de operar a precios más favorables. *También llamado CROSSED SALE.*

cross hedge: Cobertura cruzada. Cobertura contra el riesgo de variación en la tasa de interés que se realiza a través de una compra de un futuro financiero en un activo distinto pero relacionado con la inversión. Se emplea este tipo de cobertura cuando no existe un mercado de futuros para el activo que se posee o cuando no conviene utilizar el mismo mercado. Se supone que los instrumentos financieros similares muestran una correlación en los movimientos de precios. Un ejemplo es cubrir obligaciones negociables con futuros sobre bonos del Tesoro.

cross rate: Tipo de cambio cruzado. En el mercado cambiario de un determinado país, cantidad de unidades de una moneda extranjera que equivale a una unidad de otra moneda extranjera. La cotización cruzada se expresa una frente a otra; es decir, una en términos de la otra, a partir de la relación de ambas contra el dólar estadounidense utilizado como referencia.

crowd: Sociedades de bolsa que tienden a congregarse alrededor del puesto del especialista para ejecutar sus operaciones. *Ver* FOREIGN CROWD.

crown jewel: Bien preciado de una compañía. Por lo general, hace referencia a la parte de la sociedad que otra compañía o inversor aspira adquirir. *Ver* SCORCHED EARTH.

crown jewel lockup agreement: *Ver* LOCKUP AGREEMENT.

crush: Operación combinada con "commodities" mediante la cual se compran futuros de semillas de soja y se venden futuros de aceite de soja. *Ver* REVERSE CRUSH.

cum dividend: Con dividendo. Expresión que indica que el comprador de las acciones tiene derecho a recibir el pago de dividendos. *Ver* EX-DIVIDEND.

cum rights: *Ver* RIGHTS ON.

cumulative: Acciones preferidas con derecho a dividendo acumulativo. Acciones preferidas cuyos dividendos, en caso de ser omitidos por la sociedad —ya sea por no haber generado ganancias suficientes o por otra razón—, se acumulan hasta ser abonados. Estos accionistas tienen prioridad frente a los accionistas ordinarios, quienes no pueden cobrar hasta tanto los accionistas preferidos hayan recibido su pago. En la actualidad, casi todas las acciones preferidas tienen derecho a dividendo acumulativo. *También llamado CUMULATIVE PREFERRED. Ver* DIVIDEND IN ARREARS; NONCUMULATIVE.

cumulative preferred: *Ver* CUMULATIVE.

cumulative preferred dividend: Dividendo acumulativo de acciones preferidas.

cumulative voting: Voto acumulativo. Método de votación que incrementa las probabilidades de que los accionistas minoritarios elijan los representantes del directorio. Este método consiste en multiplicar la cantidad de votos conferidos a cada accionista por el número de vacantes a completar. El accionista puede distribuir esa cantidad de votos obtenidos entre los candidatos a ocupar los cargos, con lo cual obtiene una mayor representación. De esta manera, las minorías pueden participar en el control de la empresa. *Ver* MAJORITY VOTING.

currency: Moneda. Unidad de medida aceptada como medio de cambio para el pago de deudas.

currency basket: Canasta de monedas. Unidad monetaria compuesta por cantidades específicas de monedas de diversas naciones. Esta moneda artificial, empleada como tipo de cambio de referencia para las transacciones monetarias internacionales, no puede ser utilizada en forma privada. El valor nominal de la canasta de monedas varía según las variaciones en el precio de las monedas que la conforman. Un ejemplo es el Ecu (Unidad Monetaria Europea).

currency in circulation: Circulación monetaria. Billetes y monedas en manos de los particulares (consumidores y compañías), en contraposición al dinero en instituciones financieras y de los bancos (fuera del Banco Central).

currency option: Opción sobre divisas. Opción que otorga el derecho de comprar (en el caso de un "call") o de vender (en el caso de un "put") una determinada cantidad de moneda extranjera a un precio fijo y durante un plazo establecido. El concepto de este tipo de opción es igual al de la opción sobre títulos valores. La única diferencia estriba en que en un caso el bien subyacente es un título y en el otro, una moneda extranjera.

current account: Cuenta corriente bancaria. Contrato por el cual un banco se obliga a cumplir las órdenes de pago —a través del cheque— que le da el titular de la cuenta corriente, siempre que éste posea fondos suficientes o autorización para girar en descubierto.

current assets: Activo corriente, activo circulante, activo realizable. Activo cuya realización se producirá dentro de los doce meses a partir de la fecha del balance general. Se entiende por realización, la conversión del respectivo activo en dinero o su equivalente. Por lo general, los activos corrientes no son muy rentables pero tienden a aumentar la liquidez y seguridad de las operaciones de una firma. *También llamado GROSS WORKING CAPITAL.*

current cost accounting: Contabilidad de costos actuales. *Ver* COST ACCOUNTING.

current issue: Emisión actual. Última emisión de un determinado tipo de títulos valores del Tesoro.

current liabilities: Pasivo corriente, pasivo circulante. Pasivo cuyo vencimiento se producirá dentro de los doce meses a partir de la fecha de cierre del balance general.

current market value (CMV): Valor corriente de mercado. Valor de la cartera de una persona cuando los títulos valores son valuados según los precios actuales de mercado.

current maturity: Vencimiento actual. Plazo entre la fecha actual y la fecha de vencimiento de una emisión de bonos, en contraposición al vencimiento original. Un bono emitido hace 10 años con un vencimiento original a 15 años, ahora posee un vencimiento actual a 5 años.

current price: Precio actual, corriente, de mercado, de plaza.

current ratio: Cálculo de la capacidad que tiene una compañía para cumplir con las obligaciones a corto plazo. Este cálculo se efectúa dividiendo el pasivo corriente por el activo corriente. *Ver* CASH RATIO; LIQUIDITY RATIO 1; QUICK RATIO; WORKING CAPITAL.

current yield: Tasa de retorno. Tasa anual de interés que paga un bono y que se calcula dividiendo el interés devengado por el precio de compra original. Un bono que paga 9% de interés con un precio de $ 900, tiene una tasa de retorno de 10%. *También llamado RATE OF RETURN; RUNNING YIELD.*

cushion: 1. *Ver* CALL PROTECTION. 2. *Ver* CUSHION BOND.

cushion bond: Bono que paga intereses elevados y que se vende a un precio sólo levemente superior al nominal debido a que, según una cláusula de rescate, el emisor puede recomprar el título a un precio similar al precio de mercado.

custodian: Custodia, depositario. Organización, por lo general un banco comercial, que asume como principal obligación la guarda y conservación de bienes —dinero en efectivo, títulos valores, o cualquier cosa de valor— de otra persona.

custody: Custodia. Servicio que prestan las instituciones financieras mediante el cual se hacen cargo de la conservación y guarda de los títulos valores del cliente. Por una tarifa, la institución cobra los dividendos e intereses que generan los valores; las utilidades provenientes de la venta de los mismos y, además, desembolsa fondos según las instrucciones del cliente.

customer's loan agreement: Acuerdo que autoriza a las sociedades bursátiles a tomar en préstamo los títulos a margen de algunos clientes para cubrir entregas u otras ventas en descubierto de otros clientes. *Ver* MARGIN AGREEMENT.

customer's man: *Ver* REGISTERED REPRESENTATIVE.

customs broker: Despachante de aduana. Persona que interviene ante las aduanas y receptorías, en los trámites y diligencias relativos a la importación y exportación de mercaderías y demás operaciones aduaneras.

cv: En los diarios estadounidenses, letras que se emplean en las tablas de operaciones con bonos para indicar que el bono es convertible por algún otro título, por lo general en acciones comunes.

CXL: Letras que se emplean en los sistemas integrados de información sobre operaciones para indicar que la transacción informada anteriormente ha sido cancelada.

cycle: *Ver* BUSINESS CYCLE.

cyclical: Cíclico. Perteneciente a una variable, como las ventas de automóviles o el precio de determinada acción, que sufre movimientos ascendentes o descendentes, sean estos regulares o irregulares.

cyclical stock: Acciones cíclicas. Acciones ordinarias de una sociedad cuyas ganancias se ven muy afectadas por cambios cíclicos sufridos en la economía general. Dado que los inversores predicen los cambios en las ganancias, las acciones cíclicas por lo general llegan a sus niveles máximos y mínimos antes de que en la economía se produzcan las alzas y las bajas.

D

d: 1. En los diarios estadounidenses, letra que se utiliza en la columna inferior de las tablas de operaciones bursátiles para indicar que el precio de un título valor alcanzó un nuevo pico mínimo correspondiente a un período de 52 semanas. 2. En los diarios estadounidenses, letra que se utiliza en las tablas de operaciones de fondos comunes de inversión para indicar que las cuotapartes se negocian sin derecho a la distribución de determinados activos. 3. En los diarios estadounidenses, letra que se utiliza en las tablas de operaciones con bonos para indicar los bonos que se venden con un descuento considerable con respecto al valor nominal. 4. En los diarios estadounidenses, letra que se utiliza en las tablas de operaciones del mercado extrabursátil para indicar el dividendo correspondiente al año anterior o al año indicado.

daily trading limit: Límite diario de operaciones. En mercados de "commodities" y opciones, margen de precios dentro del cual pueden realizarse operaciones en un día. Por lo general, el límite se determina sobre la base del precio establecido el día anterior.

daisy chain: Manipulación de operaciones por parte de un pequeño grupo de individuos o instituciones, para dar la impresión de gran actividad en un mercado. En la medida en que otras personas advierten una actividad inusual, comienzan a invertir y producen un alza de precios, y los que dieron comienzo a la situación pueden vender sus posiciones.

D&C Coverage: *Ver* DIRECTORS' AND OFFICERS' LIABILITY INSURANCE.

Data Encryption Standard (DES): Norma adoptada por la industria financiera estadounidense para proteger información confidencial, como por ejemplo los saldos de cuentas, los códigos de identificación y los códigos de acceso a las cuentas de los clientes. *También llamado* DATA ENCRYPTION ALGORITHM (DEA).

date: Fecha. *ACCOUNTING DATE*: Fecha de contabilización. *ACCOUNTING REFERENCE DATE*: Fecha de referencia contable. *ACQUISITION DATE*: Fecha de adquisición. *ATTACHMENT DATE*: Fecha de iniciación de la cobertura de un seguro. *BALANCE SHEET DATE*: Fecha de cierre del balance. *BANKRUPCY DATE*: Fecha de declaración de quiebra. *CLOSING DATE*: Fecha de cierre. *DATED DATE*: Fecha datada. Fecha en la cual los bonos y otros instrumentos de deuda comienzan a acumular interés. *DECLARATION DATE*: Fecha de declaración de dividendo. *EXPIRATION DATE*: Fecha de vencimiento. *EFFECTIVE DATE*: Fecha efectiva. *ISSUE DATE*: Fecha de emisión. *OPERATIVE DATE*: Fecha de entrada en vigencia. *PAYMENT DATE*: Fecha de pago. *REDEMPTION DATE*: Fecha de rescate. *SETTLEMENT DATE*: Fecha de liquidación.

date of cleavage: Fecha en que el deudor solicita la declaración de quiebra, y se determina qué deudas quedan sujetas a los procedimientos concursales.

date of record: Fecha de registro. Fecha en la cual un accionista debe poseer acciones oficialmente a fin de tener derecho a cobrar dividendos.

dating: En transacciones comerciales, extensión del crédito más allá de los términos usuales del proveedor.

dawn raid: Compra imprevista y rápida en el mercado accionario de una participación mayoritaria en una sociedad.

day loan: Préstamo por un día. Préstamo que otorga un banco a una sociedad bursátil para la compra de títulos valores, que se realiza por el término de un día. Una vez entregados los títulos valores, se toman como garantía del préstamo. *También llamado MORNING LOAN*.

day order: Orden de realizar una operación bursátil en cierto día, vencido el cual dicha orden se cancela en forma automática. *Ver* GOOD-TILL-CANCELED ORDER.

day-to-day money: *Ver* CALL MONEY.

day trade: Operación del día. Compra y venta de una posición en el transcurso del mismo día.

day trader: Operador del día. Especulador que compra y vende títulos valores sobre la base de pequeños movimientos de precios durante el mismo día.

dealer: 1. Individuo o compañía que compra y vende títulos valores para su propia cuenta. *Ver* BROKER. 2. Distribuidor, intermediario. Individuo o firma que compra mercaderías o servicios y los revende a los consumidores.

dealer bank: Banco comercial que asegura la colocación de emisiones y crea mercados de títulos públicos, bonos municipales y otros títulos de deuda.

dealer loan: Préstamo bancario a corto plazo otorgado a un agente bursátil para financiar inventario.

dealer market: Mercado en el cual se compran y venden títulos valores por medio de una red de agentes bursátiles que compran, venden y toman posiciones en distintas emisiones. *Ver* AUCTION MARKET.

dealer paper: "Commercial paper" vendido por los emisores originales mediante agentes bursátiles que lo comercializan al por mayor. Los inversores particulares por lo general no participan en este tipo de operaciones porque el monto mínimo de inversión es muy elevado. *Ver* DIRECT PAPER.

deal stock: Acciones afectadas por rumores o actividades relacionados con un "takeover".

debenture: Debenture. Obligación negociable no garantizada por un activo en particular. Los debentures son emitidos por sociedades por acciones que contraen una deuda de envergadura, y dividen esa deuda en fracciones, es decir, en partes alícuotas representadas por dichos títulos valores. La emisión de debentures constituye, en la mayoría de los casos, un recurso a largo plazo que origina para la sociedad emisora la carga de pagar un interés fijo y de amortizar la deuda en los plazos convenidos. *Ver* SUBORDINATED DEBENTURE.

debenture indenture: Acto o escritura por el que se establecen las condiciones o garantías de la emisión de debentures.

debenture redemption reserve: Reserva para amortización de debentures.

debit: (sust.) Débito. En materia contable, anotación en una cuenta del debe, lo cual representa un aumento del pasivo o una reducción del activo. *Ver* CREDIT 2.

debit: (v.) Debitar, asentar en el debe. En materia contable, hacer una anotación en una cuenta del debe, lo cual representa un aumento del activo o una reducción del pasivo.

debit balance: Saldo deudor. 1. En términos generales, saldo de cuenta que representa una deuda con el prestamista o vendedor. 2. En materia bursátil, monto adeudado en una cuenta a margen. El saldo deudor se produce cuando un inversor compra títulos valores a margen o pide prestado dinero de la cuenta usando sus títulos como garantía. *Ver* CALL LOAN; CREDIT BALANCE.

debit-balance theory: Teoría de saldo deudor. Teoría que afirma que el nivel y cambio de los saldos deudores de las cuentas de corretaje pueden usarse para predecir tendencias futuras. Por lo general, el aumento de los saldos deudores se considera alcista porque éstos son consecuencia de la compra de títulos valores a margen. *Ver* CREDIT-BALANCE THEORY.

debit card: Tarjeta de débito. Tarjeta plástica que puede usarse para adquirir mercaderías y servicios u obtener adelantos de efectivo, a partir de los fondos existentes en una cuenta bancaria.

debit entry: Asiento al debe, anotación en el debe.

debit interest: Intereses que cobra un banco o una entidad financiera por los préstamos otorgados a sus clientes.

debit spread: Diferencia de valor entre dos opciones, cuando el valor de la opción comprada supera el de la opción vendida. Esto tiene como consecuencia un débito en la cuenta del inversor, ya que se necesitan más fondos para la compra de los que se perciben por la venta. *Ver* CREDIT SPREAD.

debt: 1. Denominación genérica de los bonos, las notas, las hipotecas y otros instrumentos que evidencian la existencia de un monto adeudado a un tercero y que es pagadero en una fecha o fechas determinadas. 2. Deuda, obligación. Dinero, mercaderías o servicios que alguien está obligado a pagar a un tercero según lo convenido en base a un acuerdo explícito o implícito. *BAD DEBTS*: Deudas incobrables. *CALLABLE DEBT*: Título de deuda rescatable a voluntad del emisor. *CONVERTIBLE DEBT*: Deuda convertible. *DOUBTFUL DEBTS*: Deudores morosos, deudores de cobro dudoso. *NATIONAL DEBT*: Deuda pública. *NON-CURRENT DEBT*: Deuda no circulante. *RESCHEDULING OF DEBT*: Reajuste de los vencimientos de la deuda. *SENIOR DEBT*: Deuda prioritaria. *Ver* LIABILITY.

debt-based asset: Activo basado en una deuda. Los bonos, las anualidades y los certificados de depósito son ejemplos de activos basados en una deuda porque representan la deuda del emisor.

debt coverage ratio: *Ver* DEBT SERVICE RATIO.

debt financing: Adquisición de fondos mediante la obtención de créditos o la emisión de obligaciones. *Ver* EQUITY FINANCING.

debt instrument: Instrumento de deuda. Promesa escrita de pagar una deuda, evidenciada por una aceptación bancaria, un pagaré, una letra de cambio, un "commercial paper", etc. También se refiere a los títulos de deuda en general, como bonos y debentures.

debt limit: Límite de deuda. Monto de deuda máximo, establecido por ley, que una municipalidad puede tener pendiente de pago.

debt management: Administración de la deuda. Manejo del monto y la estructura de la deuda por parte de un gobierno o una compañía.

debt management ratio: Medida en que una compañía usa fondos prestados para financiar sus operaciones. *Ver* DEBT RATIO; DEBT-TO-EQUITY RATIO; FINANCIAL LEVERAGE; FIXED-CHARGE COVERAGE; INTEREST COVERAGE.

debt option: *Ver* INTEREST RATE OPTION.

debtor: Deudor. Individuo u organización que tiene una deuda u obligación para con un tercero. *Ver* CREDITOR; DELINQUENT DEBTORS.

debt ratio: Proporción de los activos totales de una compañía que son financiados con fondos prestados. Se calcula dividiendo las obligaciones por los activos totales. *Ver* BOND RATIO.

debt rescheduling: *Ver* DEBT RESTRUCTURING.

debt restructuring: Reestructuración de la deuda. 1. Reemplazo de títulos de deuda pendientes de pago por una nueva emisión de títulos de deuda con tasa de interés y/o vencimientos diferentes. *También llamado DEBT RESCHEDULING; RESTRUCTURING; TROUBLED DEBT RESTRUCTURING*. 2. Proceso por el cual se negocian nuevos préstamos para reemplazar deudas ya existentes, sea postergando los vencimientos, reduciendo las tasas de interés, etc.

debt security: Título de deuda. Título valor que representa la existencia de fondos prestados que deben reintegrarse. Los títulos de deuda se emiten por un monto fijo, fecha o fechas de vencimiento especificadas, y por lo general un interés determinado.

Ejemplos de títulos de deuda son los bonos, los certificados de depósito, los "commercial papers" y los debentures.

debt service: Servicio de la deuda. Fondos necesarios durante un período determinado para cumplir con el pago de capital e intereses sobre títulos de deuda o efectuar pagos a un fondo de amortización.

debt service ratio: 1. Relación financiera que mide la capacidad de un prestatario de cumplir con los pagos de una deuda después de saldar gastos. La relación del servicio de la deuda mide la cantidad de veces que la ganancia neta (post-impositiva) cubre el capital y el interés de un préstamo. *También llamado DEBT COVERAGE RATIO. Ver* LOAN TO VALUE RATIO. 2. Pago de la deuda externa de un país, incluyendo los costos por intereses y servicio de la deuda, expresado como porcentaje de las ganancias por exportaciones de ese país. Esta relación mide la capacidad de un país de pagar deudas a partir de ganancias en divisas.

debt-to-equity ratio: Relación deuda-capital. Coeficiente financiero que mide la capacidad que tiene una compañía de cumplir con las exigencias de los acreedores en caso de liquidación. Una alta relación deuda-capital, que indica una financiación muy agresiva o un historial de grandes pérdidas, implica utilidades muy volátiles. Una baja relación deuda-capital indica financiación conservadora y bajo riesgo, con menores posibilidades de grandes pérdidas o ganancias. *Ver* FINANCIAL LEVERAGE.

declaration date: Fecha de declaración de dividendos. Fecha en la cual los directores de una compañía se reúnen y anuncian la fecha y el monto del próximo dividendo. *Ver* EX-DIVIDEND DATE; INTEREST DATES; RECORD DATE.

declare: Declarar. Autorizar formalmente el pago de un dividendo. Una vez declarado, el dividendo se convierte en una obligación de pago para la compañía.

declared dividend: Dividendo declarado. Dividendo autorizado por la dirección de una compañía.

deduction: Gasto que se resta a la ganancia imponible con el fin de reducir el monto a pagar en carácter de impuesto a las ganancias. *También llamado ITEMIZED DEDUCTION; TAX DEDUCTION. Ver* CHARITABLE CONTRIBUTION DEDUCTION.

deed: Escritura de propiedad inmobiliaria. Instrumento mediante el cual se transfieren derechos sobre un inmueble.

deed of discharge: Instrumento mediante el que se declara la extinción de obligaciones.

deep-discount bond: 1. Título de deuda a largo plazo cuyo cupón es bajo comparado con las tasas de interés vigentes, por lo que se vende con un descuento considerable con respecto al valor nominal. *Ver* MUNICIPAL CONVERTIBLE; ZERO-COUPON BOND. 2. *Ver* ORIGINAL-ISSUE DISCOUNT BOND.

deep-in/out of-the-money: Expresión que se emplea para describir una opción de compra cuyo precio de ejercicio es muy inferior ("deep in the money"), o muy superior ("deep out of the money") al precio de mercado de la acción subyacente. La situación es la opuesta en el caso de una opción de venta. *Ver* IN-THE-MONEY.

deep market: Mercado para un título valor en el cual existen muchas ofertas de compra y venta. *Ver* DEPTH; THIN MARKET; TIGHT MARKET.

default: 1. Incumplimiento de los términos de un contrato. 2. Incumplimiento de pago, mora. Por lo general, se utiliza para indicar la imposibilidad del prestatario de pagar los intereses o el monto principal de una deuda en la fecha de vencimiento.

default risk: Riesgo de incumplimiento de pago. Posibilidad de que el prestatario no pueda cumplir con el pago de una deuda o los intereses de la misma en la fecha de vencimiento.

defeasance: 1. Revocación, anulación de una deuda. Técnica de refinanciación por la cual un emisor de títulos de deuda, en lugar de rescatar dichos títulos, continúa pagando intereses por medio de un fideicomiso en el cual deposita activos (por lo general, obligaciones del Tesoro o bonos de cupón cero) que tienen un valor nominal inferior pero pagan más interés o cuyo valor de mercado es superior. Esta cartera de títulos se usará para pagar el capital de la vieja deuda en la fecha de vencimiento. El procedimiento permite que la compañía elimine la deuda de sus estados contables y demuestre una ganancia adicional igual a la diferencia entre la vieja deuda y la nueva deuda. *También llamado IN-SUBSTANCE DEBT DEFEASANCE.* 2. Cláusula de un contrato de préstamo, como por ejemplo una hipoteca, que confiere al prestatario el derecho a recuperar el título de propiedad que garantiza la deuda cuando el préstamo ha sido pagado en su totalidad.

defensive acquisition: Compañía o activo comprado por una empresa que puede ser objeto de un "takeover" a fin de evitar ser adquirida. Por ejemplo, una compañía que puede ser objeto de una toma de control adquiere otra compañía del mismo rubro que la que intenta tomar su control, a fin de crear un problema monopólico a esta última. *Ver* RAIDER; TARGET COMPANY.

defensive security: Título valor firme. Acciones y bonos que tienden a resistir las caídas del mercado, y que ofrecen una rentabilidad segura sobre el dinero del inversor. Si bien este tipo de títulos resisten las bajas, tienden a subir con mayor lentitud que otros papeles en los mercados alcistas.

deferment period: Período de tiempo posterior a una emisión, durante el cual un título valor no puede ser rescatado por el emisor. *También llamado DEFERRED CALL PERIOD; PERIOD OF CALL PROTECTION. Ver* CALL PROTECTION.

deferral of taxes: Impuestos diferidos. Postergación del pago de impuestos, por lo general de un año a otro.

deferred account: Cuenta que pospone el pago de impuestos hasta una fecha posterior. Algunos ejemplos son las cuentas de ahorro previsional, las anualidades, los planes de participación de los empleados en las utilidades de la compañía, etc.

deferred annuity: Anualidad diferida. Anualidad en la que no se comienzan a percibir pagos periódicos hasta una fecha futura determinada. Las anualidades diferidas suelen ser solicitadas por personas que desean realizar pagos periódicos durante su etapa laboral a fin de recibir pagos mensuales o anuales después de su jubilación. *Ver* IMMEDIATE ANNUITY; PERIODIC PURCHASE DEFERRED CONTRACT; SINGLE-PREMIUM DEFERRED ANNUITY.

deferred call period: *Ver* DEFERMENT PERIOD.

deferred income tax: Impuesto a las ganancias diferido. Obligación creada a partir de ganancias reconocidas a los efectos contables pero no impositivos.

deferred sales charge: Monto que deben pagar los inversores al retirar dinero de una inversión. Suele aplicarse a los cuotapartistas de fondos comunes de inversión y a los beneficiarios de anualidades. En las tablas de operaciones de los fondos comunes de inversión que se publican en los diarios estadounidenses, se indica con la letra "R". *También llamado BACK-END LOAD; EXIT FEE; REDEMPTION CHARGE.*

deficiency: 1. Monto por el cual la deuda impositiva real de una persona o compañía supera su deuda impositiva declarada. 2. Déficit, descubierto. Monto por el cual el pasivo supera el activo.

deficiency letter: Carta de la Securities and Exchange Commission de Estados Unidos a un futuro emisor de títulos valores por medio de la cual se expresa desaprobación con respecto a uno o más aspectos de la compañía, por lo cual ésta no puede ser autorizada a cotizar en bolsa.

deficiency on foreclosure: Diferencia que existe entre la deuda con un acreedor hipotecario y lo realizado por éste mediante la ejecución del bien hipotecado.

deficit: 1. Déficit, descubierto, saldo negativo. Exceso del pasivo sobre el activo. 2. *Ver* OPERATING LOSS.

deficit financing: Venta de títulos de deuda para financiar gastos que superan los ingresos.

deficit net worth: *Ver* NEGATIVE NET WORTH.

deficit spending: Gastos que superan los ingresos. El concepto se aplica tanto a empresas públicas como privadas.

defined-benefit pension plan: Plan de jubilación con prestaciones definidas. Plan de jubilación en el cual se determina qué suma mensual se pagará a las personas que se retiran después de una determinada cantidad de años de servicio.

defined-benefit scheme: *Ver* FINAL SALARY SCHEME.

defined-contribution pension plan: Plan de jubilación con aportes definidos. Plan de jubilación en el que se determinan los aportes periódicos que deben realizarse, más que los futuros beneficios de los empleados en concepto de jubilación. Por ejemplo, un plan de jubilación con contribuciones definidas puede exigir que el empleador aporte el 5% del sueldo bruto de los empleados a un fondo que pagará a los empleados cuando éstos se jubilen.

definitive securities: Títulos valores emitidos en forma de certificados impresos. *Ver* BOOK-ENTRY SECURITY.

deflation: Deflación. Reducción de los precios al consumidor o de los precios mayoristas. El término suele aplicarse cuando la baja no es tan sólo temporal, sino que se observa durante un período de tiempo considerable. *Ver* DISINFLATION; INFLATION.

deflator: Índice de deflación. Factor o instrumento estadístico que ajusta la diferencia entre el valor real o constante y el valor afectado por la inflación. Por ejemplo, el índice de deflación del PBN.

deindustrialization: Viraje que se produce en una economía, de la producción de mercaderías a la producción de servicios.

delayed convertible: Título valor cuya convertibilidad no entra en vigencia hasta una fecha futura determinada.

delayed delivery: Entrega demorada. Entrega de un título valor después de la fecha en que se debería haber realizado la entrega normal. *Ver* SELLER'S OPTION CONTRACT.

delayed opening: Apertura demorada. Demora intencional en el comienzo de la cotización de un título valor determinado. Por lo general, ocurre cuando situaciones inesperadas previas a la apertura impiden que el especialista equipare las órdenes de compra y venta.

delayed settlement: Liquidación demorada. Transferencia de un título valor o de efectivo en una fecha posterior a la fecha normal de liquidación.

delinquency: Incumplimiento de obligaciones, morosidad. Incumplimiento del pago de una deuda en la fecha de vencimiento.

delinquent debtors: Deudores morosos. Cuenta que representa a todos aquellos deudores que se han excedido en el plazo de pago determinado previamente por la empresa.

deliver: Entregar. Renunciar a la posesión de un título valor para transferirlo a un tercero.

delist: Dejar de cotizar. Se utiliza cuando un título valor deja de cotizar en una bolsa determinada. *Ver* LIST.

delivering short: Entrega de acciones solicitadas en préstamo a fin de cumplir con los requisitos de una opción ejercida.

deliver versus payment (DVP): Pago contra entrega. Procedimiento de liquidación por el que el cliente acuerda pagar en forma inmediata al cabo de recibir el título valor comprado. *También llamado CASH ON DELIVERY. Ver* RECEIVE VERSUS PAYMENT.

delivery: Entrega. 1. Transferencia de un título valor al agente de un inversor a fin de cumplir con una orden de venta ejecutada. 2. Transferencia de un "commodity" determinado a fin de cumplir con los requisitos de un contrato de futuros. 3. Presentación de un cheque o instrumento negociable, endosado por el acreedor, al banco que realizará el pago.

delivery date: Fecha de entrega. 1. Día en que un comprador de títulos valores toma posesión de los mismos. 2. En operaciones de futuros, día en que se va a realizar la entrega de un "commodity" según lo especificado en el contrato.

delivery instructions: Instrucciones de entrega. Instrucciones de un cliente a un agente bursátil con respecto a la disposición de los fondos y títulos valores en la cuenta del primero. Por ejemplo, el cliente puede ordenar al agente que le envíe los títulos o que los mantenga en la cuenta.

delivery notice: Aviso de entrega. En operaciones de futuros, notificación por la cual el vendedor de un "commodity" informa a la cámara compensadora la fecha en que desea hacer entrega de dicho "commodity". *También llamado NOTICE OF INTENTION TO DELIVER; TRANSFER NOTICE.*

delivery point: Lugar de entrega. Lugar específico en donde se hace entrega de un "commodity" para cumplir con un contrato de futuros. El lugar y los procedimientos de entrega son fijados por la bolsa donde se realizó la operación.

delta: Delta. En el análisis técnico, medida de la relación entre el precio de una opción y el precio del título valor subyacente. Un delta de 0.5 significa que el precio de la opción aumenta medio punto ($ 0,50) por cada punto de aumento ($ 1) del título valor subyacente. *Ver HEDGE RATIO.*

demand deposit: Depósito a la vista, depósito disponible. Depósito en donde el banco se constituye en guardián del monto depositado, y que tiene un alto grado de disponibilidad por parte de los depositantes, quienes pueden realizar retiros totales o parciales sin aviso previo alguno. Los depósitos a la vista son un rubro importante dentro de los balances bancarios para determinar la posición de caja de las entidades. Asimismo, son uno de los principales componentes de la masa monetaria de un país. *Ver M1; TIME DEPOSIT.*

demand draft: Letra de cambio a la vista. Orden escrita por la cual se solicita la realización de un pago a la vista a favor de un tercero. La persona que escribe la letra se denomina girado; el banco que efectúa el pago se denomina girador, librador o banco pagador; el beneficiario es el acreedor. Los cheques son letras a la vista libradas sobre bancos.

demand loan: Préstamo a la vista. Préstamo que no tiene fecha de vencimiento determinada, sino que vence en el momento en que el prestamista decida exigir el pago.

demand note: Pagaré a la vista; compromiso de realizar un pago ante el primer requerimiento por parte del prestamista.

demand-pull inflation: Incremento de precios que se produce cuando la oferta no es suficiente para satisfacer la demanda.

demonetization: Retiro de circulación de un determinado tipo de moneda.

denomination: Nominación. Valor nominal de unidades monetarias, monedas o títulos valores.

dependent variable: Variable que depende de otra o de un acontecimiento determinado. Un ejemplo es el precio de las acciones, ya que está afectado por el pago de dividendos, las proyecciones de rentabilidad, las tasas de interés, etc. *Ver* INDEPENDENT VARIABLE.

depletion: Agotamiento. Costo periódico que proviene del agotamiento de un recurso natural. Se aplica a compañías de hidrocarburos y de explotación minera. *Ver* COST DEPLETION; DEPRECIATION.

deposit: Depósito. 1. Títulos valores colocados en un banco u otra entidad financiera con un fin determinado. 1. Efectivo, cheques o letras de cambio acreditados en la cuenta de un cliente en una institución financiera. 3. Dinero depositado como evidencia de la intención de cumplir con un contrato y de proteger a la otra parte en caso de que dicho contrato no se consume.

depositary: Depositario. Agente autorizado a colocar fondos, títulos valores, etc., bajo custodia en una institución depositaria.

deposit note: Título de deuda emitido por un banco estadounidense, respaldado por una garantía de depósito federal de hasta u$s 100.000 en capital e intereses, y que vence en un plazo de dos a cinco años. Por lo general, se emiten para inversores institucionales en nominaciones de u$s 250.000 o más.

depository: 1. *Ver* SECURITY DEPOSITORY.

Depository Trust Company (DTC): Compañía Fiduciaria de Depósitos. En Estados Unidos, depósito nacional de certificados de títulos valores que registra, mantiene y transfiere títulos en forma electrónica, a fin de reducir el movimiento de certificados. Es miembro del Federal Reserve System y propiedad de la mayoría de las sociedades de bolsa que operan en la NYSE. *Ver* BOOK-ENTRY SECURITY.

deposit premium: En materia de seguros, prima inicial que paga un asegurado, sujeta a reajuste.

deposit ratio: Relación entre el capital y los depósitos de una institución financiera.

depreciable: Amortizable. Perteneciente a un bien tangible a largo plazo sujeto a amortización.

depreciate: Amortizar. Reducir el valor de un bien tangible a largo plazo, como por ejemplo maquinarias o equipos.

depreciated cost: *Ver* BOOK-VALUE 1.

depreciation: 1. Amortización. En los registros contables, distribución sistemática y racional del costo u otro valor asignado a los bienes de uso tangibles durante el período presunto de su aprovechamiento económico. 2. Depreciación. Caída del precio de una moneda en relación con otra sin la intervención del banco central. *Ver* ACCELERATED COST RECOVERY SYSTEM; ACCELERATED DEPRECIATION; ACCUMULATED DEPRECIATION; DEPLETION; RECAPTURE OF DEPRECIATION; STRAIGHT-LINE DEPRECIATION.

depreciation recapture: *Ver* RECAPTURE OF DEPRECIATION.

depreciation reserve: *Ver* ACCUMULATED DEPRECIATION.

depression: Depresión. Situación económica caracterizada por disminución de precios, reducción del poder adquisitivo, exceso de la oferta sobre la demanda, desempleo creciente, deflación, achicamiento industrial y decaimiento general de la actividad comercial.

depth: Capacidad de un mercado para absorber grandes compras o ventas de títulos valores sin que se produzcan cambios importantes en los precios. *Ver* DEEP MARKET.

deregulate: Desregular. Reducir o eliminar el control gubernamental en algún sector de la economía.

deregulation: Desregulación. Eliminación de controles gubernamentales en algún sector de la economía.

derivative instrument: Derivado financiero, derivado. Instrumento financiero cuyo valor se basa en otro instrumento financiero. Por ejemplo, una opción es un derivado financiero porque su valor proviene de un título valor, índice accionario o contrato de futuros que puede comprarse con dicha opción. *Ver* UNDERLYING ASSET 2.

derivative suit: *Ver* STOCKHOLDER DERIVATIVE SUIT.

descending tops: Picos descendentes. En el análisis técnico, gráfico que se forma cuando un título valor registra picos máximos cada vez más bajos. Se considera una señal de futuros precios en baja.
(Ver gráfico en p. 458).

descending triangle: En el análisis técnico, gráfico con forma triangular en donde el lado izquierdo es casi vertical, la base es casi horizontal, y el tercer lado desciende hacia la derecha. Es un indicador de precios en baja. *Ver* ASCENDING TRIANGLE; TRIANGLE.
(Ver gráfico en p. 458).

descriptive statement: Descripción del estado de cuenta en donde se detallan los depósitos y las extracciones realizados y los gastos por servicio en orden cronológico.

Designated Order Turnaround (DOT): Sistema electrónico de la NYSE por el cual se canalizan las órdenes más pequeñas directamente desde la sociedad de bolsa al puesto del especialista en el recinto. Este sistema acelera la ejecución de órdenes y permite aumentar el volumen negociado en el recinto al prescindir de los comisionistas.

detachable warrant: "Warrant" emitida junto con otro título valor, que se puede negociar o ejercer por separado después de la fecha de emisión.

detailed audit: Auditoría detallada. Examen exhaustivo de todos o una parte de los libros de una organización.

deutschmark: Marco alemán. Moneda nacional de Alemania. Se abrevia DM.

devaluation: Devaluación. Reducción del valor de una moneda en relación con otras monedas. La devaluación es una medida que suelen adoptar los gobiernos para que los productos de su país sean más competitivos en los mercados mundiales. También puede ser consecuencia de un aumento del valor de otras monedas en relación con la moneda de un país determinado. *Ver* EXCHANGE RATE; FIXED EXCHANGE RATE.

developmental oil and gas partnership: *Ver* OIL AND GAS DRILLING LIMITED PARTNERSHIP.

diagonal spread: En estrategias con opciones, "spread" con diferentes precios de ejercicio, en el cual las opciones compradas tienen una fecha de vencimiento posterior a las opciones lanzadas. *Ver* SPREAD.

differential: 1. En operaciones con "commodities", descuento en el precio de un contrato de futuros producido por la entrega de un "commodity" que no cumple con las normas fijadas por la bolsa. 2. *Ver* ODD-LOT DIFFERENTIAL.

differential cost: *Ver* MARGINAL COST.

digits deleted: Dígitos omitidos. Expresión que se utiliza en los sistemas de información de operaciones bursátiles para indicar que, hasta nuevo aviso, sólo se informará el último dígito y las fracciones decimales de los precios de las acciones. La omisión de dígitos es el primer paso para acelerar el proceso de información debido a un alto volumen de operaciones. *Ver* LATE TAPE; VOLUME DELETED.

dilution: 1. Reducción del valor de una acción debido a la emisión de nuevas acciones. 2. Efecto sobre las ganancias por acción y el valor libro por acción si se convirtieran todos los títulos valores convertibles de la compañía o se ejercieron todos los "warrants" o todas las opciones. *Ver* FULLY DILUTED EARNINGS PER SHARE; POTENTIAL DILUTION.

dinar: Dinar. Moneda nacional de Argelia, Bahrain, Irak, Jordania, Kuwait, Libia, Sudán, Tunisia, Yemen y la ex Yugoslavia.

dip: Caída pequeña y breve de una variable, como el precio de un título valor o de las tasas de interés.
(Ver gráfico en p. 458).

direct cost: Costo directo. Costo que puede relacionarse en forma directa con la producción de un bien o la entrega de un servicio determinado. Por ejemplo, el pago de salarios a los empleados que trabajan en la fabricación de un producto. *Ver* INDIRECT COST.

directed sale: Venta de una gran partida de acciones de una nueva emisión a un solo comprador.

direct federal government obligation: Título de deuda respaldado por el gobierno de un país. *Ver* FEDERAL AGENCY SECURITY.

direct financing: Obtención de fondos en la cual se prescinde de intermediarios. Por ejemplo, cuando una compañía ofrece nuevos títulos valores directamente a los inversores, sin la intermediación de agentes colocadores.

director: Director. Miembro del directorio de una compañía. *Ver* CHAIRMAN; INSIDE DIRECTOR; OUTSIDE DIRECTOR.

director's and officers' liability insurance: Seguro contra responsabilidad de directores y gerentes. Seguro para proteger a los directores y gerentes de una compañía contra juicios, especialmente los que pueden realizar los accionistas. *También llamado D&C COVERAGE.*

direct paper: "Commercial paper" que los emisores venden directamente a los inversores sin la intermediación de agentes colocadores. *Ver* DEALER PAPER.

direct participation program: Programa de participación directa. Programa de inversión en el cual los inversores participan directamente en el flujo de fondos y los beneficios impositivos de la inversión. La finalidad de este tipo de programa es permitir que los inversores gocen de ciertos beneficios de los que sólo suelen disponer las corporaciones.

direct placement: Venta de una nueva emisión de títulos valores a una cantidad limitada de inversores institucionales, sin la intermediación de agentes colocadores. *También llamado PRIVATE PLACEMENT.*

direct play: Acciones de una sociedad que concentra sus operaciones en una industria específica. Si bien las acciones de este tipo suelen ofrecer un buen potencial de ganancias, por lo general son más riesgosas que las de compañías diversificadas. *También llamado PLAY.*

direct stock purchase plan: Plan de compra directa de acciones. Plan de algunas compañías por el cual los inversores pueden comprar acciones directamente al emisor, y así evitar el pago de comisiones a los agentes bursátiles.

direct tax: Impuesto directo. Impuesto que debe pagar el particular o la organización sobre quien recae. Los impuestos directos, como por ejemplo el impuesto a las ganancias, no pueden transferirse a terceros. *Ver* INDIRECT TAX.

dirham: Dirham. Moneda nacional de Marruecos y los Emiratos Árabes Unidos.

dirty float: Flotación controlada. Tipo de cambio que recibe la influencia de la intervención de la autoridad monetaria del país emisor.

disabilities: Restricciones o requisitos especiales impuestos sobre la cuenta de corretaje de un particular. Por ejemplo, los empleados de instituciones financieras que operan en el sector bursátil deben tener permiso especial del empleador para abrir una cuenta a margen.

disbursement: 1. Desembolso. Pago realizado en efectivo o con cheque, por el cual se cancela una deuda en forma total o parcial.

disclaimer of opinion: Declaración del auditor por la cual se deja sentado que no puede presentarse un dictamen debido a ciertas limitaciones en los procesos de verificación aplicados. *Ver* ADVERSE OPINION; CLEAN OPINION; QUALIFIED OPINION; SUBJECT TO OPINION.

disclosure: Divulgación. Información importante que reciben los compradores de títulos valores. Por lo general, las bolsas exigen que las compañías informen a la comunidad inversora sobre los hechos que afectan los precios de sus acciones. La presentación de informes también se exige cuando las firmas solicitan autorización para cotizar en bolsa. *Ver* FULL DISCLOSURE.

discontinued operation: División de una compañía que se vendió o para la cual existe un proyecto de venta aprobado. *Ver* CONTINUING OPERATION.

discount: Descuento, bonificación, rebaja. 1. Monto en que un bono se vende por debajo del valor nominal. 2. Venta de títulos valores que se emiten por debajo del valor nominal y se rescatan al valor nominal. 3. Método por el cual el interés sobre un préstamo bancario se deduce por anticipado. 4. Reducción del precio de venta de determinada mercadería o de un porcentaje del precio de facturación a los efectos de acelerar el pago. 5. Diferencia de precio entre dos monedas, cuando una opera bajo la par con respecto a otra. *CASH DISCOUNT*: Descuento por pago efectivo. *FORWARD DISCOUNT*: Descuento a plazo. *VOLUME DISCOUNT*: Descuento por volumen. *Ver* BELOW PAR; DISCOUNT BOND.

discount basis: *Ver* BANK DISCOUNT BASIS.

discount bond: Bono que se vende a un precio inferior al valor nominal.

discount brokerage firm: Sociedad bursátil que realiza descuentos sobre las comisiones cobradas a los clientes. La mayoría de estas sociedades ofrecen una asesoría limitada pero reducen las comisiones 50% o más. *Ver* FULL-SERVICE BROKERAGE FIRM; MAY DAY; NEGOTIATED COMMISSION.

discounted cash flow: "Cashflow" actualizado. Método para estimar el valor actual de una inversión basado en la proyección de los ingresos y costos futuros.

discount rate: Tasa de descuento. 1. Tasa de interés que cobra la Reserva Federal de los Estados Unidos sobre los préstamos otorgados a bancos. Toda modificación de esta tasa se considera un fuerte indicador de cambios futuros en la masa monetaria y las tasas de interés. 2. Tasa de interés que se utiliza para calcular el valor actual de los ingresos y los costos futuros de una inversión.

discount security: 1. Título valor que se vende por debajo de su valor nominal en el momento de la emisión. *Ver* ORIGINAL ISSUE DISCOUNT. 2. Título de deuda a corto plazo que se emite con un descuento pero que vence a valor nominal. La única renta que recibe el inversor es la diferencia entre el precio pagado y el monto recibido al vencimiento o en el momento de vender el título. *Ver* BANK DISCOUNT BASIS.

discount window: Facilidad de préstamo de la Reserva Federal de Estados Unidos a través de la cual los bancos comerciales solicitan dinero en préstamo.

discount yield: *Ver* BANK DISCOUNT BASIS.

discretionary account: Cuenta discrecional. Cuenta de corretaje en la cual el cliente permite que el agente bursátil tome decisiones en la compra y venta de títulos. Dado que este tipo de cuenta puede ser bastante riesgosa, tiende a evitarse a menos que el cliente tenga plena confianza en el agente. *También llamado CONTROLLED ACCOUNT. Ver* ADVISORY ACCOUNT; LIMITED DESCRETION.

discretionary income: Ingresos personales que no se destinan al pago de gastos básicos como alimentos y vivienda.

discretionary order: Orden discrecional. Orden de un cliente a un agente bursátil por la cual el primero le otorga al segundo libertad de decisión en la compra y venta de títulos valores. Según las instrucciones del cliente, la libertad puede ser limitada (aplicada a precios solamente) o casi completa.

dishonor: Negativa de pago o de aceptación de un cheque, una letra de cambio u otro instrumento negociable.

disinflation: Desinflación. Desaceleración del aumento de la tasa de inflación. Por ejemplo, una caída de la tasa de inflación de 7% un año a 3% el año siguiente. *Ver* DEFLATION; INFLATION.

disinflation stock: Acción que tiende a beneficiarse con la desaceleración de la tasa inflacionaria.

disintermediation: Retiro de fondos depositados en cuentas con bajo nivel de rentabilidad en instituciones financieras tradicionales para realizar inversiones más rentables sin el uso de intermediarios, por ejemplo, la compra de títulos de deuda con una tasa de retorno superior. *Ver* INTERMEDIATION.

disinvestment: Desinversión. Desposeimiento, liquidación o venta de una parte de una compañía.

disposable income: Ingreso disponible, renta disponible. Ingresos personales después del pago de impuestos, que los consumidores disponen para el gasto o el ahorro.

dissident director: Director que desea cambiar la política de la compañía y que suele no estar de acuerdo con los objetivos de los otros directores.

dissident stockholders: Accionistas que se oponen a la política de la dirección de la compañía. *También llamados NON-ASSENTING STOCKHOLDERS.*

distress: Secuestro o retención de bienes, en garantía o pago de una obligación.

distribute: Distribuir. Vender un monto relativamente grande de acciones de una compañía durante un período de tiempo. *Ver* ACCUMULATE.

distributing syndicate: Grupo de sociedades bursátiles o bancos de inversión que unen fuerzas para facilitar la distribución de un gran bloque de títulos valores. El término puede referirse a una distribución primaria o secundaria, si bien por lo general se aplica a la segunda. *Ver* PRIMARY DISTRIBUTION; SECONDARY DISTRIBUTION.

distribution: *Ver* PUBLIC OFFERING.

distribution area: Banda de precios dentro de la cual los inversores venden títulos valores. Los vendedores que no desean producir una baja de precios evitan vender por debajo de esta banda. Se caracteriza por movimientos de precios relativamente pequeños y alto volumen de negociación. *Ver* ACCUMULATION AREA; RECTANGLE; REVERSAL PATTERN.

distribution stock: Bloque de acciones relativamente grande vendido durante un período de tiempo en el mercado primario o secundario a fin de evitar alteraciones en el precio de mercado.

diversifiable risk: *Ver* UNSYSTEMATIC RISK.

diversification: Diversificación. Inversión en activos pertenecientes a distintas categorías —como por ejemplo acciones, bonos, "commodities", etc.—, en varias industrias, o en un fondo común de inversión que posea una amplia gama de títulos valores en una sola cartera. *Ver* UNSYSTEMATIC RISK.

diversified company: Compañía diversificada. Empresa que realiza actividades comerciales variadas que no están directamente relacionadas entre sí.

diversified investment company: Compañía de inversión diversificada. Fondo común de inversión que invierte en una amplia variedad de títulos valores.

diversify: Diversificar. Invertir en una variedad de activos cuyos niveles de rentabilidad tienden a no guardar relación entre sí. Diversificar una cartera de títulos es comprar diferentes tipos de títulos valores de diferentes empresas pertenecientes a industrias no relacionadas entre sí.

divestiture: Venta, liquidación o escisión de una división o subsidiaria de una compañía.

dividend: Dividendo. Parte de la ganancia neta de una compañía que ésta distribuye a sus accionistas. El dividendo se paga en un monto fijo por cada acción. A diferencia del interés sobre una deuda, el dividendo se somete a la votación de los directores de la compañía antes de cada pago. *ACCRUED DIVIDENDS*: Dividendos acumulados. *DEFERRED DIVIDENDS*: Dividendos diferidos. *CUM-DIVIDEND*: Con dividendo. *CUMULATIVE PREFERRED DIVIDEND*: Dividendo acumulativo de acciones preferidas. *EX-DIVIDEND*: Sin dividendo, ex-dividendo. *FIXED DIVIDEND*: Dividendo fijo. *GROSS DIVIDEND*: Dividendo bruto. *NET DIVIDEND*: Dividendo neto. *NET DIVIDEND PER SHARE*: Dividendo neto por acción. *PASSED DIVIDEND*: Dividendo omitido. *PREFERRED DIVIDEND*: Dividendo de acciones preferidas. *PROPOSED DIVIDEND*: Dividendo propuesto. *UNCLAIMED DIVIDENDS*: Dividendos no reclamados. *Ver* BOND DIVIDEND; CAPITAL DIVIDEND; CASH DIVIDEND; CONSENT DIVIDEND; CONSTRUCTIVE DIVIDEND; DECLARATION DATE;

DECLARED DIVIDEND; EX-DIVIDEND DATE; FINAL DIVIDEND; INTEREST DATES; INTERIM DIVIDEND; LIABILITY DIVIDEND; LIQUIDATING DIVIDEND; OPTIONAL DIVIDEND; RECORD DATE; STOCK DIVIDEND.

dividend adjustment: Ajuste de dividendos. Ingresos adicionales que reciben los inversores que presentan acciones preferidas convertibles para su conversión y que representan los dividendos acumulados desde la última fecha de pago. El ajuste de dividendos es una práctica inusual para compensar a los poseedores de acciones preferidas convertibles por los dividendos perdidos entre la fecha del último pago de dividendos y el momento de la conversión. *También llamado ADJUSTMENT. Ver* INTEREST ADJUSTMENT.

dividend-bearing security: Título valor con derecho a dividendo. *Ver* EQUITY.

dividend capture: Compra y venta de una acción sólo con el fin de obtener el derecho a cobrar dividendos. La acción se vende una vez ejercido este derecho. *Ver* DIVIDEND ROLLOVER PLAN.

dividend coverage: Relación entre la ganancia neta de una compañía y el monto asignado al pago de dividendos. *Ver* COVERAGE RATIO; PAYOUT RATIO; PREFERRED DIVIDEND COVERAGE.

dividend discount model: Modelo matemático usado para determinar el precio al que debe venderse un título valor en base al valor descontado del pago de los dividendos futuros estimados.

dividend off: Sin dividendo. Condición de las acciones que son vendidas o transferidas sin derecho a los dividendos ya declarados.

dividend on: Con dividendo. Condición de las acciones que son vendidas o transferidas con derecho a los dividendos ya declarados.

dividend paying agent: Entidad financiera, por lo general un banco comercial, a quien se asigna la responsabilidad de pagar los dividendos trimestrales a los accionistas.

dividend payment date: Fecha de pago de dividendos. Fecha en la cual el agente de pagos del emisor realiza pagos de dividendos a los accionistas. *Ver* PAYMENT DATE.

dividend payout ratio: *Ver* PAYOUT RATIO.

dividend reinvestment plan (DRIP): Plan de reinversión de dividendos. Plan por el cual los accionistas pueden reinvertir en forma automática los pagos de dividendos en nuevas acciones de la compañía. *También llamado AUTOMATIC DIVIDEND REINVESTMENT; REINVESTMENT PLAN.*

dividend requirement: Dividendos anuales totales sobre acciones preferidas que debe pagar una compañía.

dividend rollover plan: Método por el cual se compran y venden acciones con proximidad a las fechas ex-dividendo a fin de cobrar el dividendo y obtener una pequeña ganancia sobre la operación. *Ver DIVIDEND CAPTURE.*

dividends in arrears: Dividendos impagos sobre acciones preferidas acumulativas, que fueron omitidos por la dirección de la compañía. Estos dividendos deben pagarse antes de realizar pagos sobre acciones ordinarias, y son percibidos por los actuales poseedores de las acciones, sin tener en cuenta a quienes eran los poseedores cuando se omitió el dividendo. *También llamado ACCUMULATED DIVIDEND. Ver CUMULATIVE; PASSED DIVIDEND.*

dividends payable: Dividendos a pagar. Monto al que ascienden los dividendos pendientes de pago, según se asienta en los estados contables.

dividend stripping: *Ver STRIP 2.*

dividend test: Cláusula de algunos contratos de préstamo por la cual se restringe la posibilidad del prestatario de pagar dividendos a los accionistas. Esta disposición protegería a los acreedores contra una disminución del activo a causa del pago de dividendos.

dividend yield: Rentabilidad de los dividendos en relación con el precio de la acción. Se trata del dividendo anual que reporta una acción ordinaria o preferida dividido por el precio de mercado de dicha acción. Esta cifra mide la rentabilidad actual de una acción pero no tiene en cuenta potenciales alzas o bajas en el precio de la misma.

divider: *Ver EUROPEAN CURRENCY QUOTATION.*

dollar bond: 1. Bono que se cotiza y se comercializa sobre la base de su precio en dólares y no de su rendimiento. 2. Bono nominado en dólares estadounidenses pero emitido fuera de Estados Unidos, principalmente en Europa. 3. Bono nominado en dólares estadounidenses y emitido en Estados Unidos por compañías extranjeras.

dollar-cost averaging: Inversión de una suma fija en el mismo título valor a intervalos regulares. Este proceso tiene como resultado la compra de menos acciones durante alzas del mercado y de más acciones durante bajas del mercado. Cuando el precio sube nuevamente se obtiene una ganancia sobre el mayor número de acciones que se compraron a un precio menor. *También llamado AVERAGING.*

dollar roll: Venta de un título valor respaldado por una hipoteca, con el acuerdo de comprar un título básicamente idéntico en una fecha futura a un precio determinado.

dome: En el análisis técnico, cuadro en forma de U invertida que indica un pico del mercado. *También llamado INVERTED SAUCER; ROUNDED TOP.*
   (Ver gráfico en p. 459).

domestic bond issue: Emisión de bonos efectuada para suscripción pública por parte de un tomador de crédito cuyo domicilio está en el país que hace la emisión. *Ver FOREING BOND ISSUE.*

domestic corporation: Compañía constituida legalmente bajo las leyes del país o estado en el cual opera. *Ver FOREIGN CORPORATION.*

donated capital: Fondos o activos otorgados en calidad de donación a una compañía. *También llamado DONATED SURPLUS. Ver* CONTRIBUTED CAPITAL.

do not reduce (DNR): Expresión que se agrega a una orden de compra limitada de acciones, o a una orden de venta con precio tope, solicitando que el precio no se reduzca automáticamente cuando las acciones ingresen en el período ex dividendo. Sin esta instrucción, el precio de las acciones se reduce por el monto del dividendo que debería percibirse.

don't know (DK): Expresión informal usada en Wall Street en vez de "questioned trade" (QT: operación cuestionada). Indica que los detalles de una operación son dudosos o desconocidos.

double-barreled municipal bond: Título de deuda municipal cuyo capital e intereses están garantizados por dos entidades municipales. *Ver REVENUE BOND.*

double bottom: En el análisis técnico, gráfico en que el precio de un título valor o "commodity" cae a un nivel bajo, se recupera, y desciende por segunda vez al precio anterior. *Ver* DOUBLE TOP.
(Ver gráfico en p. 459).

double-declining-balance depreciation (DDB): Método de doble amortización decreciente. Método de amortización que registra grandes gastos de amortización en los primeros años de vida de un bien y gastos de amortización reducidos en los últimos años de vida del bien. Esta amortización acelerada se crea para reducir las ganancias imponibles a fin de disponer de efectivo adicional para reinvertir. *Ver* SUM-OF-THE-YEARS' DIGITS DEPRECIATION.

double-exempt fund: En Estados Unidos, fondo común de inversión que limita sus inversiones a bonos exentos de impuestos y que fueron emitidos por compañías que operan en un mismo estado. Estos fondos pagan a los inversores que residen en el mismo estado que los emisores de los bonos. *También llamado SINGLE STATE MUNICIPAL BOND FUND. Ver* MUNICIPAL BOND FUND; TAX-EXEMPT MONEY MARKET FUND; TRIPLE TAX EXEMPT.

double option: Opción doble. Opción negociada en Europa que otorga al tomador el derecho de comprar o vender el bien subyacente, pero no ambas cosas.

double taxation: Doble imposición. Gravamen impositivo que recae dos veces sobre la misma ganancia. Por lo general se utiliza para hacer referencia al impuesto sobre dividendos que se grava una vez a nivel corporativo (como ganancia antes de ser declarados) y otra vez a nivel personal (después de ser percibidos).

double top: En el análisis técnico, gráfico trazado por el precio de un título valor o "commodity" que alcanza el mismo pico máximo en dos momentos diferentes. *Ver* DOUBLE BOTTOM.
(Ver gráfico en p. 459).

doubling option: Disposición de algunos documentos en base a los que se emiten bonos, por la cual se permite que el emisor rescate el doble de los bonos estipulados según los requerimientos del fondo de amortización. *Ver* CALL PROVISION; SINKING FUND PROVISION.

doubtful loan: *Ver* NONACCRUAL LOAN.

Dow: *Ver* DOW JONES INDUSTRIAL AVERAGE.

Dow Jones & Company, Inc.: Editor estadounidense de información financiera y noticias empresarias, conocido principalmente por editar The Wall Street Journal y crear los índices Dow Jones.

Dow Jones Averages (DJA): Marca registrada de un índice de precios relativos de acciones pertenecientes a distintos sectores, basado en una fórmula desarrollada y revisada periódicamente por Dow Jones & Company, Inc.

Dow Jones Industrial Average (DJIA): Marca registrada del índice compuesto por las 30 acciones líderes que cotizan en la NYSE. Es uno de los indicadores más usados en el mercado de valores. *También llamado THE DOW.*

Dow Jones Transportation Average: Marca registrada de un índice basado en el precio de las acciones de 20 grandes empresas relacionadas con el transporte.

Dow Jones Utility Average: Marca registrada de un índice basado en el precio de las acciones de 15 grandes empresas de servicios de luz y gas.

down and out option: Opción de compra que vence cuando el título subyacente cotiza a un precio inferior al precio de ejercicio de la opción.

downgrading: Reducción en la calificación de calidad de una emisión de títulos valores. Puede ocurrir por diferentes motivos, como por ejemplo un período de pérdidas, o el incremento de la deuda de una firma. *Ver* UPGRADING 1.

downside risk: Pérdidas potenciales que pueden producirse si se realiza una determinada inversión. *Ver* UPSIDE POTENTIAL.

downstream: Relativo a la etapa final de la producción de mercaderías o servicios. Por ejemplo, la comercialización y el transporte. *Ver* UPSTREAM.

downstream merger: Fusión de una compañía controlante con una de sus subsidiarias.

downtick: Operación ejecutada a un precio inferior con respecto a la operación anterior con el mismo título valor. *También llamado MINUS TICK. Ver* UPTICK.

downtrend: Tendencia descendente. Serie de bajas en el precio de un título valor o del mercado en general. *Ver* UPTREND.

downturn: Caída del precio de un título valor o disminución de la actividad económica después de un período de precios o actividad ascendentes o estables.

Dow Theory: Teoría que sostiene que toda tendencia importante en el mercado bursátil debe ser confirmada por un movimiento similar de los índices Dow Jones.

drachma: Dracma. Moneda nacional de Grecia.

draft: *Ver* BILL OF EXCHANGE; OVERDRAFT. *CLEAN DRAFT*: Letra de cambio sin documentación adjunta. *DOCUMENTARY DRAFT*: Letra de cambio documentada. *SIGHT DRAFT*: Letra de cambio pagadera a la vista. *TIME DRAFT*: Letra de cambio a término. *Ver* OVERDRAFT.

drawback: Reintegro, reembolso. Palabra utilizada especialmente en terminología aduanera para indicar una reducción de los aranceles que paga una compañía por mercaderías importadas que se van a reexportar.

draw by lot: Determinar los bonos amortizables de acuerdo con el plan de pago de un crédito amortizable por lotes.

draw down: 1. Activar una línea de crédito. 2. Instrucciones de un cliente a un banco para que este último transfiera fondos a otro banco.

drawee: Girado, librado. Persona u organización que debe pagar un cheque o una letra de cambio.

drawer: Girador, librador, emisor. Persona que instruye al girado que realice un pago un tercero, mediante la emisión de un cheque o una letra de cambio.

droplock bond: Bono de tasa flotante que se convierte automáticamente en un bono de tasa fija si la tasa de interés usada para ajustar el valor de la tasa flotante cae a un nivel predeterminado. La nueva tasa fija se mantiene hasta el vencimiento del bono.

dual-currency bond: Bono nominado en una moneda (por lo general la del país de emisión) pero rescatado en una moneda diferente.

dual fund: *Ver* DUAL PURPOSE FUND.

dual listing: Cotización de un título valor en más de una bolsa.

dual purpose fund: Fondo de doble propósito. Fondo común de inversión cerrado que ofrece dos clases de cuotapartes en cantidades aproximadamente iguales. Un grupo de cuotapartistas tiene derecho a todas las ganancias de la cartera (cuotapartes de interés), mientras que el otro grupo recibe las ganancias de capital (cuotapartes de capital). *También llamado* DUAL FUND; *LEVERAGED INVESTMENT COMPANY. Ver* CAPITAL SHARES; INCOME SHARES.

dual trading: Práctica de los agentes bursátiles que realizan operaciones para su propia cuenta y para la cuenta de sus clientes al mismo tiempo.

due: Pagadero. Perteneciente a una obligación que está pendiente de pago.

due bill: Reconocimiento por escrito de una obligación. Declaración mediante la cual un particular o una compañía reconoce una obligación a favor de un tercero. *También llamado BILL.*

due diligence: Diligencia debida. 1. *Ver* DUE DILIGENCE MEETING. 2. Responsabilidad de los directores y oficiales de un banco de actuar con prudencia en la evaluación de solicitudes de crédito. 3. En fusiones o adquisiciones, examen minucioso de los libros de la compañía que será adquirida o con la cual se realizará la fusión.

due-diligence meeting: Reunión de diligencia debida. Reunión entre los gerentes de una organización que va a emitir títulos y los miembros del consorcio colocador a fin de discutir los términos de la emisión, preparar el prospecto final y negociar el acuerdo definitivo entre ambas partes.

dummy director: Director aparente. Director de una sociedad que reviste formalmente tal carácter sin ejercer poder o funciones efectivas en el directorio.

dummy stockholder: Particular o compañía que tiene acciones a su nombre cuando las mismas son en realidad propiedad de un tercero.

dumping: "Dumping". 1. Práctica que consiste en vender grandes cantidades de acciones sin considerar el efecto que esto pueda tener sobre el precio o el mercado. 2. Práctica que consiste en vender mercaderías en los mercados extranjeros a precios por debajo del costo a fin de eliminar un excedente o para tener ventaja sobre los competidores extranjeros.

durable goods: Bienes durables. Bienes que tienen una vida útil durante un período de tiempo considerable.

duration: Cantidad de años necesaria para recuperar el valor actual de un bono, incluyendo pagos de capital e intereses. *También llamado MEAN TERM. Ver* HALF LIFE.

Dutch auction: Subasta en la que se parte de un precio alto que se va reduciendo gradualmente hasta que un comprador manifiesta su intención de comprar.

Dutch guilder: Florín holandés. Moneda nacional de Holanda.

duty: *Ver* TARIFF.

E

e: En los diarios estadounidenses, letra que se emplea en las columnas de dividendos de las tablas de operaciones con acciones para indicar que los dividendos ya fueron declarados y pagados.

early exercise: Ejercicio anticipado. Acción de ejercer una opción antes de su fecha de ejercicio o vencimiento.

earned income: Ingreso personal. Ingresos individuales (salarios, honorarios, comisiones, etc.) derivados de la actividad laboral o personal. *Ver* UNEARNED INCOME.

earned surplus: *Ver* RETAINED EARNINGS.

earnest: Seña. Entrega de una suma de dinero (generalmente una parte del precio, no menor de 10%) que significa una medida reforzadora de seguridad relativa al cumplimiento de las prestaciones convenidas.

earnest money: *Ver* EARNEST.

earning assets: Activo redituable. Activo que genera intereses, rentas o ingresos de algún tipo.

earning power: Capacidad productiva. 1. Capacidad productiva de una empresa; mide la rentabilidad que puede generar un capital bajo condiciones óptimas. 2. Rentabilidad esperada para un título valor.

earnings: Ganancias, utilidades, beneficio, rédito. Ganancias de una empresa. *GROSS EARNING*: Utilidad bruta. *NET EARNING*: Utilidad neta. *INFLATION ADJUSTED EARNINGS*: Utilidad ajustada a los índices de inflación. *RETAINED EARNINGS*: Resultados no asignados.

earnings before interest and taxes (EBIT): *Ver* OPERATING INCOME.

earnings before taxes: Utilidad preimpositiva, ganancia antes del pago de impuestos. Utilidad generada por una sociedad después del pago de los intereses a los tenedores de bonos, pero antes de haber pagado impuestos.

earnings capitalization rate: Ver EARNINGS-PRICE RATIO.

earnings multiple: Ver PRICE-EARNINGS RATIO.

earnings per share (EPS): Utilidad por acción. Utilidad neta de un período, dividido por la cantidad promedio de acciones comunes en circulación que hubo durante ese período. *También llamado INCOME PER SHARE.* Ver FULLY DILUTED EARNINGS PER SHARE; PRIMARY EARNINGS PER SHARE.

earning-price ratio (E/P): Relación ganancia-precio. Tasa a la que los inversores capitalizan las utilidades que se espera que arroje la firma durante el siguiente período. Esta relación se calcula dividiendo el precio corriente de mercado que posee el capital por las utilidades proyectadas por acción. Una relación relativamente baja anticipa un crecimiento en las ganancias superior al crecimiento promedio. La relación beneficio-precio es lo contrario a la relación precio-beneficio. *También llamado EARNINGS CAPITALIZATION RATE; EARNINGS YIELD.*

earnings quality: Calidad de la ganancia. Medida en que las ganancias de una firma reflejan efectivamente una utilidad para ese período. *También llamado QUALITY OF EARNINGS.* Ver INVENTORY PROFIT.

earnings report: Ver INCOME STATEMENT.

earnings statement: Ver INCOME STATEMENT.

earnings variability: Variabilidad de las utilidades. Fluctuaciones que se producen con respecto a la ganancia neta o utilidad por acción.

earnings yield: Ver EARNINGS-PRICE RATIO.

easily marketable assets: Activos fácilmente realizables. Activos para los que permanentemente existe un mercado.

easy money: Expresión que se emplea cuando el público tiene fácil acceso a créditos a través del sistema bancario. En estos casos, las tasas de interés generalmente caen. Cuando un banco central implementa políticas que facilitan el acceso al crédito está provocando crecimiento económico. *También llamado CHEAP MONEY.* Ver TIGHT MONEY.

economic activity: Actividad económica. Cualquier nivel de producción y distribución de mercaderías y servicios.

economic growth: Crecimiento económico. Incremento en los niveles de producción de mercaderías y servicios de un país.

economic growth rate: Tasa de crecimiento económico. Porcentaje anual del cambio en el PBN. Si se ajusta según la inflación registrada durante el período, se la denomina tasa real de crecimiento económico.

economic indicators: Indicadores económicos. Estadísticas claves que muestran la dirección de la economía de un país. Entre ellas se pueden mencionar la tasa de desempleo, la tasa de inflación y la balanza comercial. *Ver* LEADING INDICATORS.

economic life: Vida útil, vida económica. Período durante el cual un activo fijo produce competitivamente una mercadería o servicio. La vida económica de un bien varía según sus características. En el campo de la electrónica, los bienes tienen una vida muy corta debido a que los nuevos desarrollos convierten en obsoletos a los anteriores.

economic recovery: Recuperación económica, reactivación económica.

edge act bank: Subsidiaria estadounidense de un banco extranjero, sujeta a un régimen especial que facilita su competencia frente a los rivales extranjeros.

effective annual yield: Rendimiento anual efectivo. Intereses que genera una cuenta de ahorro o depósito a plazo fijo, incluyendo el interés compuesto y suponiendo que los fondos permanecen en la cuenta durante un año calendario.

effective date: Fecha efectiva. 1. En materia de operaciones bursátiles, fecha en la que una oferta nueva de acciones puede ser puesta a la venta por los colocadores de la emisión. *Ver* COOLING-OFF PERIOD. 2. En materia bancaria, fecha de vencimiento de un certificado de depósito; fecha en la que debe renovarse la tasa de interés que generará el mismo.

effective net worth: Patrimonio efectivo. Capital accionario de una sociedad, más las deudas subordinadas, como debentures y préstamos otorgados a la compañía.

effective rate of interest: Tasa de interés efectiva. Tasa de interés que incorpora el interés compuesto al momento de determinar los intereses a acreditar en una cuenta.

efficient market: Mercado eficiente. Mercado en el que los precios de los títulos valores reflejan toda la información disponible y se ajustan inmediatamente a cualquier información nueva. *También llamado MARKET EFFICIENCY. Ver RANDOM-WALK HYPOTHESIS.*

efficient portfolio: Cartera eficiente. Cartera de inversiones que ofrece el rendimiento máximo para un determinado nivel de riesgo o el nivel mínimo de riesgo para determinado rendimiento.

8-K: Informe que presentan las sociedades y que contiene información sobre el acontecimiento material que afecta su condición financiera. Este documento debe ser presentado por todas las sociedades que coticen en una bolsa nacional o en el mercado extrabursátil de Estados Unidos, según establecen las regulaciones de la Securities and Exchange Commission (SEC). *También llamado FORM 8-K.*

elastic demand: Demanda elástica. Demanda de un bien o servicio que varía desproporcionalmente cuando se produce un aumento o disminución en el precio de dicho bien o servicio. Por ejemplo, si una heladería baja 15% el precio de los helados y la cantidad demandada de los mismos aumenta 35%, la demanda de ese producto es elástica. *Ver ELASTICITY; INELASTIC DEMAND.*

elasticity: Elasticidad. Medida del grado de respuesta de los compradores frente al cambio de precio de un bien. La demanda de artículos de lujo, como las joyas, cae significativamente cuando se registra un alza en los precios porque esas compras no son esenciales y pueden postergarse. En cambio, la demanda de alimentos es inelástica porque su consumo no se puede posponer.

election cycle: *Ver PRESIDENTIAL ELECTION CYCLE.*

electronic funds transfer (EFT): Transferencia electrónica de fondos. Transferencia de fondos, de una cuenta a otra, del comprador al vendedor, por teléfono o computadora. El uso de este tipo de transferencias permite el movimiento inmediato de dinero. *Ver WIRE TRANSFER.*

eligible margin: Garantía aceptable. Activo que reúne los requisitos establecidos por la compañía o bolsa para poder ser dado en garantía de una cuenta de margen.

embezzlement: Malversación de fondos, desfalco, malversación de caudales públicos. Acción delictiva que consiste en cambiar el destino que los fondos ya tienen fijado.

emerging growth stock: Acciones ordinarias de una sociedad relativamente nueva que opera en un sector de la economía que tiene altas probabilidades de crecimiento. A pesar de que este tipo de inversión por lo general no ofrece elevados niveles de rentabilidad, es muy riesgosa debido a que el crecimiento esperado puede no producirse.

Employee Stock Ownership Plan (ESOP): Programa de Propiedad Participada (PPP). Plan en el que los empleados compran acciones ordinarias de la sociedad en la que trabajan. Este plan también puede ser utilizado como programa de retiro. Los empleados reciben las acciones y los dividendos futuros que pueden ser reinvertidos en la compra de más acciones. Por lo general, las compañías promocionan este tipo de planes debido a que es una forma de mantener su capital en manos de personas amigables, y así evitar "takeovers" hostiles.

encumbrance: 1. Gravamen, carga o derecho de garantía sobre un bien inmueble. *Ver* UNENCUMBERED. 2. Compromiso, dentro de una organización, de destinar fondos a un fin específico. Por ejemplo, una universidad puede afectar sus fondos a la ampliación del laboratorio de la facultad de medicina.

encumbered assets: Bienes afectados, bienes gravados. Activos sobre los cuales recae alguna garantía.

ending inventory: Inventario final. Mercaderías listas para la venta a la finalización del ejercicio contable. *Ver* BEGINNING INVENTORY.

endorse: Endosar. Firmar un título valor negociable con el fin de transmitir su propiedad a otra persona. Los inversores que poseen títulos valores deben endosar los certificados antes de entregárselos al agente bursátil.

endorsee: Endosatario. Beneficiario del endoso. *Ver* ENDORSE; ENDORSEMENT 1.

endorsement: 1. Endoso. Firma del propietario de un título negociable que transmite a otra persona los derechos sobre el mismo. 2. Confirmación, aprobación, ratificación.

endorsement in blank: Endoso en blanco. Endoso en el que el endosante firma pero no escribe el nombre del beneficiario. La sola firma del endosante significa que éste autoriza a la persona que recibe o tiene en su poder el título negociable a convertirse en el propietario de dicho documento.

endorser: Endosante. Persona que pone endoso a una letra de cambio, vale, pagaré, cheque o cualquier título a la orden, para transmitir su propiedad a otra persona. *Ver* ENDORSE.

endowment life insurance: Póliza de seguro de vida mediante la cual el asegurado recibe sumas de dinero durante un período de tiempo específico y que, además, puede rescatarla a precio nominal si, cuando finaliza ese período, todavía se encuentra con vida.

energy stock: Acciones de una sociedad que opera en el sector eléctrico, petrolero, de gas o de carbón.

entrepeneur: Entrepeneur, empresario. Persona que asume el riesgo y tiene la iniciativa de formar una compañía nueva que fabrique un producto vendible o diseñe un servicio nuevo.

entry: Asiento, registro contable, partida. Anotación que las compañías u otras organizaciones realizan en sus libros contables para registrar sus operaciones comerciales.

equalizing dividend: Dividendo compensatorio. Pago de dividendos que tiene por objeto compensar un cambio en las fechas habituales de pago.

equilibrium price: 1. Precio de equilibrio. Precio al que, en un determinado mercado, la oferta de un activo se equipara con la demanda. 2. Precio de equilibrio. Para un fabricante, precio que eleva al máximo la rentabilidad de un determinado producto. *(Ver gráfico en p. 459).*

equipment: Equipo. Activo fijo que adquiere una compañía para complementar otros activos más permanentes. Un ejemplo es el generador de electricidad que forma parte de un inmueble.

equipment leasing limited partnership: Sociedad que compra equipos, como computadoras, vagones de tren y aviones, y luego los alquila a compañías. A la finalización del contrato de alquiler, el equipo es vendido y lo producido con dicha venta se distribuye entre los socios de la sociedad.

equipment trust certificate: Bono a largo plazo —o mediano plazo— que paga un rendimiento fijo sobre el monto cobrado por el alquiler de equipos. Estos títulos valores por lo general son emitidos por compañías aéreas para financiar la compra de aviones.

equity: 1. Capital. En las cuentas de corretaje, valor de mercado de los títulos valores menos el monto tomado a préstamo. 2. Capital accionario, acciones. Abarca tanto las preferidas como las ordinarias. *También llamado EQUITY SECURITY.* 3. Patrimonio neto. En materia contable, fondos aportados por los accionistas a través de pagos directos y resultados no asignados. *Ver* OWNER'S EQUITY.

equity commitment note: Deuda corporativa que finalmente será pagada con una emisión de acciones.

equity financing: Financiación a través de la emisión de acciones. Adquisición de fondos mediante la emisión de acciones, sean ordinarias o preferidas. Las sociedades, por lo general, utilizan este tipo de financiación cuando los resultados no asignados no son suficientes o cuando necesitan incrementar el capital propio para compensar una deuda. *Ver* DEBT FINANCING.

equity funding: Tipo de inversión que combina una póliza de seguro de vida con un fondo común de inversión. Las cuotapartes del fondo garantizan el pago del préstamo obtenido para el pago de la prima del seguro.

equity in other companies: Participaciones en otras empresas. Capital que una compañía tiene invertido en otra.

equity interest: Participación en el capital.

equity kicker: Agregado a un título valor de renta fija que permite que el inversor participe de los incrementos en el valor del capital de la sociedad. *Ver* REAL ESTATE CERTIFICATE OF DEPOSIT.

equity note: Deuda a mediano plazo que, a su vencimiento, automáticamente se convierte en acciones ordinarias.

equity of redemption: *Ver* RIGHT OF REDEMPTION.

equity option: Opción cuyo título valor subyacente es una acción. *Ver* NONEQUITY OPTION.

equity participation loan: Préstamo con derecho a participación sobre el capital. Préstamo en el que el prestamista obtiene o tiene derecho a obtener parte del capital del proyecto que se está financiando.

equity REIT: Compañía de inversiones inmobiliarias que se especializa en adquirir todo tipo de bienes raíces, desde centros comerciales y edificios de oficinas hasta complejos de departamentos y hoteles. Los accionistas de este tipo de compañías reciben dividendos cuando los alquileres de esos bienes inmuebles arrojan utilidades. También reciben ganancias de capital cuando la venta de algún activo genera beneficios. *Ver* MORTGAGE REIT; REAL ESTATE INVESTMENT TRUST (REIT).

equity security: *Ver* EQUITY 2.

equivalent bond yield: Rendimiento de bono equivalente. Rendimiento anual de un título valor a corto plazo que por lo general cotiza sobre la base de un precio con descuentos para que pueda ser comparado con las cotizaciones de otros títulos de deuda que devengan intereses.

ERR: Error. Letras que se emplean en los sistemas electrónicos de información bursátil para indicar que se cometió un error al registrar una operación.

escrow: Acuerdo escrito que autoriza a un tercero, por lo general una entidad bancaria o sociedad fiduciaria, a mantener títulos valores en custodia.

escudo: Escudo. Unidad monetaria de Portugal.

essential function bond: Bono emitido por una municipalidad estadounidense con el fin de destinar los fondos recaudados con dicha emisión al pago de gastos gubernamentales como el mantenimiento de parques, prisiones, rutas, edificios, escuelas, etc. *También llamado TRADITIONAL GOVERNMENTAL PURPOSE BOND. Ver* MUNICIPAL BOND; PRIVATE ACTIVITY BOND.

estate of bankrupt: Masa de la quiebra, masa concursal. Patrimonio del fallido.

estimated tax: Impuesto estimado. Estimación provisoria de un impuesto.

estimated useful life: Vida útil estimada de un bien (a los fines de la amortización del mismo).

ethical fund: Fondo de inversión ético. Fondo común de inversión que limita sus alternativas de inversión a títulos valores de firmas que reúnen ciertas características sociales. Por ejemplo, el fondo puede determinar que no invierte en valores de sociedades que fabrican armas nucleares. *Ver* SOCIAL INVESTMENT.

ethical investing: *Ver* SOCIAL INVESTMENT.

Eurobond: Eurobono. Bono emitido en la moneda de un país pero negociado fuera de ese país. Por ejemplo, los bonos emitidos en dólares fuera de los Estados Unidos. *Ver* FOREIGN BOND.

Euro CD: Certificado de depósito emitido inicialmente en Londres por un banco extranjero o una sucursal extranjera de un banco estadounidense.

Eurocurrency: Euromoneda. Dinero que depositan las compañías y gobiernos nacionales en bancos del exterior, denominados "eurobancos". Este concepto se aplica a cualquier moneda y a bancos de cualquier país. De esta manera, si una compañía japonesa deposita yenes en un banco mexicano, el yen será considerado una euromoneda.

Eurodollar bond: Bono en eurodólares. Bono nominado en dólares pero que fue vendido a inversores fuera de EE.UU. Esta clase de títulos de deuda permite que el comprador se beneficie (o se perjudique) con las variaciones en el tipo de cambio. Un ejemplo de eurobonos son los bonos en eurodólares.

Eurodollar credit: Eurocrédito. Crédito nominado en euromoneda.

Eurodollars: Eurodólares. Depósitos nominados en dólares efectuados en bancos extranjeros o sucursales extranjeras de bancos estadounidenses.

European Community (EC): Comunidad Europea (CE). Organismo creado por el tratado de Roma el 25 de marzo de 1957 y que entró en vigencia el 1 de enero de 1958. Está compuesto por un grupo de países de Europa occidental y tiene por objetivo promover el comercio y la cooperación económico-política. También se la conoce como Comunidad Económica Europea (CEE). *Ver* COMMON MARKET. *También llamado* EUROPEAN ECONOMIC COMMUNITY.

European currency quotation: Cotización en moneda europea. En el mercado de divisas, valor de un dólar en términos de otra moneda.

European Currency Unit (ECU): Unidad Monetaria Europea (ECU). Unidad monetaria creada en 1979 por nueve naciones europeas para promover la estabilidad de las monedas en la Comunidad Europea. El ECU está formado por una canasta compuesta por las monedas de los miembros del Sistema Monetario Europeo. También funciona como mecanismo regulador del tipo de cambio, de instrumento de compensación y de activo de reserva de los bancos centrales de los países miembros de la CE. El valor monetario del ECU en relación con otras monedas se publica diariamente.

European Economic Community (EEC): *Ver* EUROPEAN
COMMUNITY.

European Monetary System (EMS): Sistema Monetario Europeo. Acuerdo monetario de la Comunidad Europea que tiene como
objetivo ofrecer una mayor estabilidad en el tipo de cambio, cooperación económica, e incentivar el comercio interno y desarrollo en la CE. El Sistema Monetario Europeo reúne las monedas
de los países miembros de la Comunidad Europea para confor-
mar el valor del ECU. *Ver* EUROPEAN CURRENCY UNIT (ECU).

European option: Opción a la europea. Opción que puede ser ejercida sólo en su fecha de ejercicio. Por el contrario, la opción a la
americana (la más común en EE.UU.) puede ser ejercida en cualquier momento en el lapso que media entre la fecha de pago de la
prima y el vencimiento o fecha de ejercicio.

evaluator: Experto que calcula y asigna un precio a los activos
cuyo valor de mercado es difícil de determinar debido a su escaso
nivel de comercialización.

even lot: *Ver* ROUND LOT.

even up: Compensar. Comprar o vender un título valor en el volumen exacto para compensar una posición en ese mismo título.

ex: Prefijo que se emplea para hacer referencia a un título valor
que opera sin dividendos, sin "warrants", o sin algún otro tipo de
beneficio. Por ejemplo, cuando una acción opera "ex-dividend",
implica que el comprador no tendrá derecho a cobrar los próximos dividendos. *Ver* EX-DISTRIBUTION; EX-RIGHTS, EX-WARRANTS.

exact interest: Interés exacto. Tasa de interés anual que paga un
banco u otra institución financiera calculándola sobre una base
de 365 días, y no de 360 días.

ex-all: Venta de un título valor sin dividendos, derechos, "warrants"
o cualquier otro privilegio que pueda estar incluido en dicho título. *Ver* EX.

exception: Excepción. Calificación que un auditor le otorga a un
informe financiero en el que da a conocer su desacuerdo con respecto a algún punto del informe.

excessive trading: *Ver* CHURNING.

excess loans: Préstamos superiores al límite máximo de créditos que un banco u otra entidad financiera puede otorgar a un
cliente.

excess margin: Margen disponible. Suma que excede el monto mínimo de garantía necesario para mantener o abrir una cuenta de margen. Esta suma puede retirarse de la cuenta o bien utilizarse para la compra de más títulos valores. *Ver* SPECIAL MISCELANEOUS ACCOUNT.

excess reserves: Excedente de reservas. Reservas de un banco o entidad financiera que exceden el monto mínimo establecido por el banco central. *Ver* REQUIRED RESERVES.

exchange: 1. *Ver* SECURITIES EXCHANGE. 2. *Ver* SWAP. 3. *Ver* STOCK EXCHANGE. *FOREIGN EXCHANGE*: Cambio, divisa, moneda extranjera.

exchangeable bond: Bono intercambiable. Tipo especial de título valor convertible que permite a su poseedor canjearlo por acciones de una compañía en la que el emisor tiene posiciones. Se diferencia del bono convertible en que este último sólo permite al poseedor convertirlo en acciones del capital de la compañía emisora.

exchange distribution: Venta de un gran bloque de acciones en el recinto de una bolsa en la que un mandatario busca gran cantidad de compradores, cada uno de los cuales adquiere una porción del bloque. Se combinan todas las órdenes de compra y se cruzan con las de venta, registrando sólo una operación.

exchange fund: Fondo de inversión que intercambia sus propias cuotapartes por títulos valores que pertenecen a algún inversor individual.

exchange gains: Ganancias por diferencia de cambio.

exchange losses: Pérdidas por diferencia de cambio.

exchange offer: Oferta de intercambio. Oferta que realiza una firma para cambiar sus propios títulos valores por otros de otra firma o por otra serie de la misma firma.

exchange office: Casa de cambio, agencia de cambio.

exchange privilege: Privilegio de conversión. Derecho a cambiar cuotapartes de un fondo común de inversión por cuotapartes de otro fondo administrado por la misma firma. *También llamado* CONVERTION PRIVILEGE.

exchange rate: Tipo de cambio. Precio de una moneda en términos de otra. *También llamado FOREIGN EXCHANGE RATE. Ver*

DEVALUATION; FIXED EXCHANGE RATE; FLOATING EXCHANGE RATE; FOREIGN EXCHANGE RISK.

exchange-traded security: *Ver* LISTED SECURITY.

excise tax: Impuesto al consumo. Impuesto sobre la fabricación, compra o venta de productos o servicios. *También llamado CONSUMPTION TAX.*

exclusionary tender offer: Oferta para la adquisición de acciones de una sociedad que excluye a determinados accionistas. *Ver* ALL-HOLDERS RULE.

ex-coupon: Sin cupón, sin intereses. Modalidad de cotización de un instrumento financiero que no incluye el valor del cupón que está próximo a vencer. *Ver* COUPON.

ex-dividend: Sin dividendo, ex dividendo. Modalidad de cotización de una acción que no incluye el derecho sobre el próximo pago de dividendos. *Ver* CUM DIVIDEND.

execution: 1. Ejecución. Consumación de una operación bursátil. Cuando un comisionista compra o vende acciones se dice que ejecutó la orden. 2. Celebración de un contrato, formalización de un contrato. En materia legal, firma, sellado y entrega de un contrato o acuerdo legal. 3. Ejecución forzada de garantías, cuando un deudor no cumple con sus obligaciones de pago.

execution sale: Venta judicial. Venta ejecutada por disposición de un juez o tribunal, con motivo de una sentencia que así lo ordena.

exempt income: Ingreso libre de impuestos, ingreso no imponible.

exemption: Exención. Deducción anual que el contribuyente puede efectuar al calcular el impuesto a las ganancias.

exempt security: Título valor eximido de una determinada obligación, por ejemplo la inscripción en la bolsa de valores.

exercise: Ejercer. Solicitar la entrega (en el caso de un "call") o exigir la compra (en el caso de un "put") del bien subyacente de un contrato de opción. *Ver* CALL; PUT.

exercise limit: Límite de ejercicios. Cantidad máxima de contratos de opciones que un tomador puede ejercer durante un período determinado.

exercise notice: Aviso de ejercicio. Notificación que envía el tomador de una opción a la cámara compensadora de opciones, solicitando el cumplimiento de los términos de la opción.

exercise price: Precio de ejercicio. Precio al cual el titular de una opción puede obligar al lanzador a vender un activo (en el caso de un "call") o a comprar un activo (en el caso de un "put"). Este precio se fija en el momento de emitir la opción y se mantiene hasta la fecha de ejercicio. *Ver* AGGREGATE EXERCISE PRICE; STEP-UP; STRIKE PRICE.

exhaustion gap: En análisis técnico, brecha que se forma en los gráficos que reflejan precios accionarios cuando el valor de un título cae después de haber registrado un rápido ascenso. *Ver* BREAKAWAY GAP; RUNAWAY GAP.
   (Ver gráfico en p. 460).

exit fee: *Ver* DEFERRED SALES CHARGE.

expected rate of return: Tasa de retorno esperada. Tasa de rendimiento que se calcula para un título valor en particular o para una cartera de inversiones. *También llamado MEAN RETURN.*

expenditure: Gasto, desembolso. *CAPITAL EXPENDITURE*: Inversiones de capital. *ESTIMATED EXPENDITURE*: Gasto estimado. *OVERALL EXPENDITURE*: Gastos generales.

expenses: Gastos, egresos. *SUNDRY EXPENSES*: Gastos varios.

expense ratio: Relación de gastos. Porcentaje de la inversión total que pagan los cuotapartistas para cubrir los gastos operativos y de administración del fondo común de inversión. Esta suma se deduce de la ganancia del fondo.

expensive: Caro. Característica de un título valor que se vende a un precio de mercado superior al esperado. *Ver* CHEAP.

expert: Perito. Persona elegida en razón de sus conocimientos técnicos por el juez o las partes, que tiene por función efectuar exámenes, comprobaciones y apreciaciones de hecho cuyos resultados consigna en un informe que debe presentar al tribunal en la causa pertinente.

expert accountant: Perito contable. *Ver* EXPERT.

expert appraiser: Perito tasador. *Ver* EXPERT; APPRAISAL.

expert opinion: Dictamen o informe pericial. *Ver* EXPERT.

expiration: 1. Vencimiento, expiración. En materia de opciones, último día en que se puede ejercer un contrato de opción. *También llamado ABANDONMENT.* 2. En materia de operaciones bancarias, fecha en que un contrato o acuerdo pierde vigencia.

expiration cycle: Ciclo de vencimientos. En materia de opciones, período de tres meses entre la fecha de vencimiento de un contrato de opciones y la siguiente. De esta manera, un contrato puede tener un ciclo de vencimientos en febrero, mayo, agosto y noviembre.

expiration date: Fecha de expiración, fecha de vencimiento. Último día en el que el tomador puede ejercer una opción. Esta fecha figura en el contrato de opción.

expiration effect: Impacto sobre los volúmenes negociados y los precios de los títulos valores, opciones y futuros cuando los operadores ejercen sus posiciones en una fecha muy cercana a la fecha de ejercicio de los contratos. *Ver TRIPLE WITCHING HOUR.*

expiration series: Serie de vencimientos. Grupo de opciones o futuros cuyas fechas de ejercicio poseen los mismos ciclos mensuales.

exploratory oil and gas partnership: *Ver OIL AND GAS DRILLING LIMITED PARTNERSHP.*

export: Producto exportado, exportación. Producto o servicio producido en un país y vendido y consumido en otro. *Ver BALANCE OF TRADE; IMPORT.*

export controls: Controles sobre la exportación.

export credit: Crédito a la exportación. Crédito otorgado con el propósito de financiar el embarque de una exportación.

export quota: Cuota de exportación, cupo de exportación.

ex-rights: Sin derechos de suscripción. Expresión que se utiliza para indicar que las acciones de una determinada sociedad cotizan sin otorgar el derecho de comprar acciones de una emisión nueva. *También llamado RIGHTS OFF. Ver RIGHTS OFFERING; RIGHTS ON.*

extendable bond: Bono prorrogable. Título de deuda a largo plazo cuyo emisor se guarda el derecho a postergar su vencimiento para poder continuar con el pago de los intereses y atrasar el repago del capital.

extension of time of payment: Espera. En acuerdos o concordatos preventivos, propuesta del deudor que significa la prórroga del plazo durante el cual se debe efectuar el pago de las deudas.

extension swap: Canje o intercambio de un bono u obligación por otro prácticamente igual pero con un vencimiento posterior.

external audit: Auditoría externa. Comprobación científica y sistemática de los libros de cuentas y registros contables de una compañía, que es efectuada por auditores profesionales contratados al efecto. *También llamado INDEPENDENT AUDIT; OUTSIDE AUDIT. Ver* INTERNAL AUDIT.

external debt: Deuda externa. Deuda de carácter público que se ha contratado con otro gobierno o en el mercado extranjero.

external funds: Fondos externos. Fondos provenientes de fuentes externas a la compañía. El dinero recaudado con la venta de acciones y bonos es considerado un fondo externo. *Ver* INTERNAL FUNDS.

extra dividend: Dividendo extraordinario. Distribución especial de dividendos efectuada por una sociedad en forma adicional a sus dividendos habituales. Por lo general, esto sucede cuando la empresa está pasando por un período muy rentable. *También llamado EXTRA; SPECIAL DIVIDEND.*

extraordinary call: Llamado extraordinario. Recompra no proyectada de bonos por parte del emisor. Por lo general, los llamados extraordinarios se producen durante los primeros años después de la emisión de bonos, pero la firma emisora puede recomprar bonos en cualquier momento. *También llamado SPECIAL CALL. Ver* CALL 3; CALL PRICE; OPTIONAL CALL; SINKING FUND CALL.

extraordinary gain: Utilidad extraordinaria, ganancia extraordinaria. Utilidad fuera de lo común, utilidad no frecuente.

extraordinary charge: *Ver* NON-RECURRING CHARGE.

extraordinary gain: *Ver* NON-RECURRING GAIN.

extraordinary loss: Pérdida extraordinaria. Pérdida causada por una operación o un acontecimiento no habitual.

ex-warrants: Sin" warrants". Expresión que se utiliza para indicar que las acciones de una determinada sociedad ya no llevan implícito el derecho a una distribución de "warrants" ya declarados. *Ver* WITH WARRANTS.

F

f: 1. En los diarios estadounidenses, letra que se emplea en las tablas de operaciones con bonos para indicar que el bono se negocia sin derecho a intereses devengados. 2. En los diarios estadounidenses, letra empleada en las tablas de operaciones con fondos comunes de inversión para indicar que la cotización corresponde a la rueda del día anterior.

F: 1. En los diarios estadounidenses, letra que se emplea en los informes de ganancias para indicar que el mercado primario de las acciones ordinarias de una compañía se encuentra fuera de EE.UU. y Canadá. 2. En los diarios británicos, letra que se emplea en las tablas de operaciones bursátiles para indicar que el cálculo del rendimiento se basó en el prospecto.

face value: *Ver* PAR VALUE 1.

facility fee: Comisión que cobra el prestamista por otorgar al prestatario una línea de crédito.

factor: 1. Factor. Entidad financiera que es parte en un contrato de "factoring". *Ver* FACTORING. 2. Factor, agente comercial. Principal colaborador mercantil del empresario, que con carácter de apoderado general posee facultades de administrar, dirigir y contratar lo que constituye el giro normal u ordinario de la empresa.

factoring: "Factoring", factoreo. Contrato por el cual una entidad financiera (factor) se obliga a gestionar el cobro de los créditos del cliente, anticipándole dicho cobro mediante un descuento sobre los documentos de crédito que aquél entregue. Por su parte, el cliente se obliga a cumplir con las instrucciones del factor respecto de con quiénes puede contratar y las condiciones de pago; además, se obliga a pagar una comisión.

factoring agreement: Contrato de "factoring". *Ver* FACTORING.

fail: 1. Operación incumplida. Transacción en la que el vendedor no entrega los títulos o el comprador no entrega los fondos en tiempo y modo, por lo general en la fecha de liquidación. *También llamado FAIL POSITION*: *Ver* CLEAR 2; FAIL FLOAT. 2. Insolvencia. Imposibilidad de un banco de cumplir con sus obligaciones crediticias con otras entidades bancarias.

fail float: Fondos disponibles para una inversión a corto plazo pasada la fecha de liquidación cuando la entrega de los títulos no se realizó dentro del plazo estipulado (el cual varía según el país donde se efectuó la operación). *Ver* CLEAR 2; FAIL; FLOAT 1.

fail position: *Ver* FAIL 1.

fail to deliver: Falta de entrega. Expresión que se emplea para hacer referencia al incumplimiento por parte del agente bursátil vendedor con respecto a la entrega de los títulos valores en la fecha de liquidación.

fail to receive: Falta de recepción. Expresión que se emplea para hacer referencia al incumplimiento por parte del agente bursátil comprador con respecto a la recepción de los títulos valores en la fecha de la liquidación. En este caso, el agente comprador no está obligado a realizar el pago hasta tanto no se efectúe la entrega.

fair market value: Valor justo de mercado. Precio al que un activo o servicio pasa del vendedor al comprador, teniendo ambos acceso a toda la información relevante y consumando la operación libremente.

fairness opinion: Opinión imparcial. Valuación del capital de una compañía efectuada por una persona ajena a la misma. Por lo general, este cálculo lo solicita el accionista mayoritario de una firma cuando intenta comprar la participación de los accionistas minoritarios. *Ver* SQUEEZE-OUT.

fair price amendment: Enmienda de precio justo. Agregado al estatuto de una compañía que prohíbe que la sociedad compradora, durante su intento de "takeover", ofrezca precios diferentes por acciones en manos de distintos accionistas. *Ver* GREENMAIL; TWO-TIER BID.

fall due: Vencer, resultar pagadero, ser pagadero.

fallen angels: Ángeles caídos. Títulos de deuda que alguna vez fueron muy populares y de elevada calificación, pero que en la actualidad pertenecen a la categoría BB o inferior.

false accounting: Contabilidad fraudulenta. Contabilidad que contiene datos falsos. *Ver* ACCOUNTING.

false return: Declaración impositiva falsa, declaración impositiva que contiene datos falsos.

family of funds: Familia de fondos, grupos de fondos. Grupo de fondos comunes de inversión administrados por la misma sociedad gerente. Cada fondo por lo general tiene un objetivo distinto; uno puede invertir en acciones de rápido crecimiento, otro sólo en bonos y otro en el mercado monetario, entre otras inversiones posibles. Los inversores pueden trasladar dinero de un fondo a otro sin tener que pagar comisiones. *También llamado FUND GROUP; GROUP OF FUNDS. Ver* FUND SWITCHING.

family trust: Fideicomiso familiar. Fideicomiso instituido con el fin de transferir bienes a los hijos o herederos del titular pero no al cónyuge.

Fannie Mae: 1. *Ver* FEDERAL NATIONAL MORTGAGE ASSOCIATION. 2. Título valor emitido por la Federal National Mortgage Association y respaldado por hipotecas.

farm loan: Crédito agrícola. Crédito destinado a actividades agrícolas.

farther in: Contrato de opción que posee una fecha de vencimiento anterior a la de otro contrato.

farther out: Contrato de opción que posee una fecha de vencimiento posterior a la de otro contrato.

FAS: Cláusula F.A.S. En comercio exterior, "free alongside ship" que significa libre al costado del buque. Dicha cláusula antecede al nombre del puerto de embarque e indica que el precio incluye la mercadería puesta al costado del buque en el puerto convenido y que los gastos y riesgos hasta ese momento son a cargo del vendedor.

favorable trade balance: Balanza comercial favorable, balanza comercial que arrroja un saldo positivo. *Ver* BALANCE OF TRADE.

favorite fifty: *Ver* NIFTY FIFTY.

federal agency security: Título de deuda emitido por una repartición federal. Por lo general, este tipo de títulos de deuda ofrece una rentabilidad mayor que la de los bonos del Tesoro. *También llamado: INDIRECT GOVERNMENT OBLIGATION. Ver* FEDERALLY-SPONSORED CORPORATE SECURITY.

federal deficit: Déficit federal. Situación en la que, en un año fiscal, el gobierno gasta más de lo que recauda. Para cubrir el déficit, el gobierno suele emitir bonos a corto y largo plazo.

federal funds: 1. Fondos federales, fondos del banco central. Fondos depositados por bancos comerciales en el banco central, incluyendo los fondos que exceden el límite mínimo fijado. Diariamente, el banco central puede efectuar pases (es decir, prestar fondos a los bancos) a una determinada tasa de interés. La disponibilidad de fondos en el banco central y la tasa que se paga por los pases constituyen importantes indicadores de la política a seguir por el banco central. *También llamado FED FUNDS. Ver* FORWARD FEDERAL FUNDS.

federal funds rate: Tasa de interés para fondos federales. Tasa de interés que pagan los bancos sobre los préstamos diarios que solicitan al banco central para alcanzar el límite mínimo de fondos fijado por este último. Esta tasa es un importante indicador de la política monetaria del banco central y la tendencia de las otras tasas de interés. *Ver* FEDERAL FUNDS.

federally-sponsored corporate security: Título valor emitido por una compañía privada pero patrocinada por el gobierno estadounidense. Estos papeles, que por lo general son títulos de deuda, no están respaldados por el gobierno de EE.UU., pero son relativamente seguros. *Ver* FEDERAL AGENCY SECURITY.

Federal National Mortgage Association (FNMA): Organización privada estadounidense con fines de lucro que incrementa la liquidez del mercado de hipotecas debido a que compra préstamos a prestamistas. Financia las compras emitiendo sus propios bonos o vendiendo sus propias hipotecas a instituciones financieras. *También llamado FANNIE MAE. Ver* QUASI-PUBLIC CORPORATION.

Federal Reserve Bank: Banco de la Reserva Federal. Uno de los 12 bancos que, con sus sucursales, componen el Sistema de la Reserva Federal de Estados Unidos. Los bancos están repartidos en todo el país norteamericano y se encargan de controlar los bancos comerciales de su zona para asegurar que cumplan con las regulaciones establecidas.

Federal Reserve System: Sistema de la Reserva Federal. Banco central independiente (compuesto por doce bancos centrales) que controla las reservas bancarias y del cual depende el sistema monetario en todo el territorio de Estados Unidos. *También llamado FED.*

federal wire: *Ver* FED WIRE.

Fed funds: *Ver* FEDERAL FUNDS.

Fed wire: Sistema de comunicaciones de alta velocidad que conecta los 12 Bancos de la Reserva Federal de EE.UU., sus 24 sucursales, la oficina en Washington de la Junta de la Reserva Federal y la sede del Tesoro de EE.UU. A través de esta red, se transfieren fondos y títulos escriturales de un banco a otro.

felines: *Ver* ANIMALS.

ficticious credit: Crédito ficticio. Monto acreditado a la cuenta de corretaje de un inversor después de una venta en descubierto.

fidelity bond: *Ver* BLANKET FIDELITY BOND.

fight the tape: Operar con valores en contra de la tendencia. Esto ocurre cuando el operador continúa comprando acciones en un mercado en baja o vendiendo en un mercado en alza.

figure: Cifra. *COMPARATIVE FIGURES*: Cifras comparativas. *FORECAST FIGURES*: Cifras previstas. *HALF-YEAR FIGURES*: Cifras semestrales.

fill: Ejecutar. Ejecutar en forma completa una orden de compra o venta de títulos valores. *Ver* PARTIAL EXECUTION.

fill or kill order (FOK): Orden que el cliente envía al agente bursátil y que establece que deberá ser ejecutada de inmediato —y en su totalidad— o de lo contrario, deberá ser cancelada. *Ver* IMMEDIATE OR CANCEL ORDER.

filter rule: Regla del filtro. Principio mediante el cual un inversor compra y vende acciones si el movimiento de precios de las mismas cambia de dirección en un porcentaje mínimamente aceptable. Por ejemplo, un inversor puede decidir que el filtro será del 10%. Si el capital revierte la tendencia bajista y sube 10%, ese movimiento indica que se deben adquirir acciones.

final dividend: 1. Dividendo final. Último pago de dividendos provenientes de una compañía en liquidación. *Ver* LIQUIDATING DIVIDEND. 2. Último dividendo del ejercicio económico de una compañía. *También llamado YEAR-END DIVIDEND. Ver* INTERIM DIVIDEND.

final salary scheme: Plan jubilatorio mediante el cual se garantiza que el beneficiario recibirá un pago fijo o un monto que representa un determinado porcentaje de su último salario. *También llamado DEFINED BENEFIT SCHEME.*

finality of payment: Garantía de pago a favor de la parte que recibe una transferencia electrónica de fondos.

finance bill: Letra de cambio que, una vez aceptada por el banco, se convierte en una fuente de crédito a corto plazo para financiar capital de trabajo, y no importaciones o exportaciones.

finance charge: Costo financiero. Costo total que debe pagar el prestamista cuando obtiene un crédito, incluyendo los intereses del préstamo y las comisiones. *También llamado FINANCIAL CHARGE.*

finance company: Compañía financiera. Intermediario financiero que otorga préstamos a personas o empresas. A diferencia de los bancos, no aceptan depósitos y reciben financiación de otras entidades bancarias. Por lo general, las compañías financieras solicitan créditos a tasas de interés muy reducidas, lo que les permite otorgar préstamos a particulares a tasas no mucho más elevadas que los bancos.

finance lease: Arrendamiento financiero, "leasing". Alquiler a largo plazo de maquinarias o equipos que, en materia contable, es considerado como un préstamo de fondos y un activo del balance general a ser amortizado. El arrendamiento financiero funciona como si el locatario fuese propietario del activo alquilado. El locatario adquiere todos los beneficios y riesgos económicos del bien alquilado. Al término pactado, el usuario puede optar entre prorrogar el contrato, devolver la cosa o comprarla al precio del mercado, descontando el importe de los cánones pagados. *También llamado CAPITAL LEASE; FINANCIAL LEASE. Ver* OPERATING LEASE.

Financial Accounting Standards Board (FASB): Organismo estadounidense que determina los criterios contables a seguir para la presentación y preparación de los informes financieros. *Ver* FASB STATEMENT.

financial analyst: Analista financiero. Persona que se dedica a estudiar y analizar inversiones financieras. Los analistas financieros, que prestan servicios como asesores financieros o gerentes de cartera, utilizan sus conocimientos para determinar e investigar los riesgos que implica la compra de determinados títulos valores. *También llamado ANALYST. Ver* CHARTERED FINANCIAL ANALYST.

Financial and Operational Combined Uniform Single Report: *Ver* FOCUS REPORT.

financial asset: Activo financiero. Certificado que comprueba que su tenedor tiene derecho a un pago por parte del emisor. Ejemplos de activos financieros son los bonos y las acciones ordinarias.

financial charge: *Ver* FINANCE CHARGE.

financial condition: *Ver* FINANCIAL POSITION.

financial expenses: Gastos financieros, costos financieros. *Ver* FINANCE CHARGE.

financial future: Futuro financiero. Contrato de futuros sobre títulos valores. El valor del contrato está sujeto al movimiento de las tasas de interés. El contrato pierde valor cuando las tasas suben y gana valor cuando bajan. Los operadores utilizan los futuros financieros para especular sobre la dirección futura de las tasas de interés, mientras que las instituciones financieras (como los bancos y las compañías de seguros) los emplean para cubrir sus riesgos en caso de caída de precios, y para proteger el valor de los activos que conforman sus carteras de inversión. *Ver* FUTURES MARKET.

financial highlights: Parte del informe que presenta la compañía a sus inversores y que contiene un análisis del desempeño de la firma durante un período determinado. Por ejemplo, si adquirió una participación en otra empresa, incluye un estudio sobre las implicancias de esa operación de compra con respecto a las utilidades futuras de la compañía.

financial institution: Institución financiera. Repartición del gobierno o entidad privada que recibe fondos del público y de otras organizaciones para invertirlos en instrumentos financieros. Estas instituciones actúan de intermediarias entre prestatarios y prestamistas. Existen las instituciones financieras depositarias y las no depositarias. Las depositarias —como los bancos comerciales— reciben fondos por medio de depósitos, los cuales están garantizados por el gobierno. Las no depositarias —como las sociedades bursátiles y fondos comunes de inversión— obtienen los fondos directamente de la venta de los títulos valores en los mercados financieros.

financial intermediary: Intermediario financiero. Institución financiera que acepta depósitos y con ellos otorga préstamos a quienes necesitan crédito. Al actuar como intermediarios, estas instituciones facilitan el flujo de fondos entre prestamistas y prestatarios. *También llamado INTERMEDIARY. Ver* DISINTERMEDIATION; INTERMEDIATION.

financial lease: *Ver* FINANCE LEASE.

financial leverage: Apalancamiento financiero. Deuda en relación con el capital accionario de una compañía. Cuanto mayor es la deuda a largo plazo, mayor el apalancamiento financiero. Los accionistas se benefician con el apalancamiento financiero en la medida en que la rentabilidad sobre el capital tomado en préstamo supere los costos de interés y aumente el valor de mercado de las acciones. *Ver* DEBT MANAGEMENT RATIO; DEBT-TO-EQUITY RATIO; OPERATING LEVERAGE.

financial market: Mercado financiero. Mercado en el que se intercambian capitales y créditos. Los mercados monetarios se centran en los instrumentos a corto plazo y los mercados de capitales, en títulos de deuda a largo plazo y acciones. Ejemplos de mercados financieros son el mercado de bonos, de acciones, de "commodities" y de cambio.

financial planner: Asesor financiero. Profesional que analiza la situación financiera de personas o compañías y prepara programas que fijan metas financieras estableciendo los pasos a seguir para alcanzarlas. El asesor financiero puede ser contador, abogado, banquero, agente de seguros o comisionista de bolsa. *Ver* CERTIFIED FINANCIAL PLANNER; CHARTERED FINANCIAL CONSULTANT.

financial privacy: Privacidad financiera. Protección que recibe el cliente de una institución depositaria con respecto a la información financiera que esta última puede proporcionar a las reparticiones federales. Los bancos pueden brindar información sólo si el pedido fue autorizado por el cliente o si proviene de una solicitud formal, orden de allanamiento o citación legal.

financial position: Posición financiera, situación financiera. Estado en que, en un determinado momento, se encuentra el activo, pasivo y patrimonio neto de una compañía. Esta posición la demuestran los estados contables de la empresa. *También llamado FINANCIAL CONDITION.*

financial pyramid: Pirámide de riesgo. Estructura ideal para atomizar los riesgos financieros. Consiste en repartir adecuadamente las inversiones a corto, mediano y largo plazo. En la base de esta pirámide —parte más ancha— se encuentran las inversiones seguras y líquidas con una renta decente. Luego se ubican las acciones y bonos con una buena renta y que otorgan la posibilidad de un crecimiento de capital a largo plazo. En tercer

lugar, aparecen las inversiones especulativas que podrían proporcionar un alto rendimiento. En la parte superior de la pirámide —la porción más pequeña—, se colocan las inversiones en
firmas de muy alto riesgo que tienen muy pocas probabilidades
de generar ganancias, pero que si lo hicieran, la rentabilidad de
los instrumentos sería muy elevada.
(Ver gráfico en p. 460).

financial ratio: *Ver* RATIO.

financial risk: Riesgo financiero. Riesgo que corre una firma de
no poder cumplir con sus obligaciones financieras.

financial statement: Estados contables. Constituyen el medio a
través del cual se suministra a terceros información sobre el patrimonio de la entidad y su evolución. La mayoría de los datos en
ellos presentados surgen de registros contables. Los dos principales estados contables son el balance general y el estado de resultados. *Ver* COMPARATIVE FINANCIAL STATEMENTS.

financial structure: Pasivo. Columna derecha del balance general de una compañía, que incluye todas las formas en que se encuentra financiado su activo, como deudas comerciales, préstamos a corto plazo y títulos de deuda a largo plazo.

financial supermarket: Supermercado financiero. Compañía que
ofrece una amplia gama de servicios financieros, desde aquellos
que prestan las sociedades bursátiles y fondos comunes de inversión hasta los servicios bancarios y de planeamiento financiero.

financial year: Año fiscal, año financiero, año económico, ejercicio
económico. Plazo de doce meses que dura la aplicación de un presupuesto. Puede no coincidir con el año calendario.

financing: Financiación. Forma de dar al cliente la posibilidad de
adquirir un bien o servicio a través de pagos periódicos.

finder: Corredor de operaciones financieras, intermediario. Persona que reúne a las partes interesadas en realizar alguna operación financiera. Por ejemplo, consigue fondos para una sociedad
que necesita capital; vincula dos firmas que desean fusionarse,
etc.

finder's fee: Honorario del corredor de operaciones financieras,
honorario del intermediario. *Ver* FINDER.

fineness: Pureza. Cálculo de la pureza del oro.

finished goods: Productos elaborados, productos terminados. En contabilidad, productos que, finalizado el ciclo productivo, tienen como objeto su comercialización.

finished products: *Ver* FINISHED GOODS.

firm commitment: 1. Compromiso en firme. En las ofertas de títulos valores, compromiso que el agente de colocación asume frente al emisor con respecto a la compra de los valores para la reventa al público. *También llamado BOUGHT DEAL.* 2. Compromiso. Acuerdo en el que el prestamista se compromete a financiar un préstamo a una determinada tasa y durante un plazo establecido.

firm order: 1. Orden en firme, pedido en firme. Orden de compra o venta no sujeta a la confirmación del cliente. 2. Orden colocada en representación de la sociedad bursátil y no de un cliente de la misma.

firm quote: Cotización en firme. Cualquier precio de compra o venta de un lote par de títulos valores que fue fijado por un hacedor de mercados y no está sujeto a nuevas negociaciones. *Ver* MARKET MAKER; NOMINAL QUOTE.

first call date: Primera fecha de rescate. Primera fecha en la que el emisor de un título de deuda puede rescatarlo. Por lo general, esta fecha se produce cinco o diez años después de la emisión; de todos modos, estos períodos varían según la emisión del bono. *Ver* YIELD TO CALL.

first cost: Costo inicial, costo de adquisición.

first coupon: Fecha en la que el emisor efectuará el primer pago de intereses de un bono. *Ver* COUPON.

first-in, first-out (FIFO): Primera entrada, primera salida (PEPS). Procedimiento contable para identificar el orden en el que se utilizan o venden los productos. Este método se basa en el principio de que los primeros productos en entrar al inventario son los primeros en salir del mismo. *Ver* AVERAGE-COST METHOD; INVENTORY PROFIT; INVENTORY VALUATION; LAST-IN, FIRST OUT.

first mortgage: Primera hipoteca. Hipoteca de primer grado. Hipoteca que cuenta con el privilegio de ser cancelada antes que las otras que recaen sobre el mismo bien inmueble. *Ver* MORTGAGE.

first notice day: *Ver* FIRST POSITION DAY.

first position day: Primer día en el que el inversor, que obtuvo a crédito un contrato de futuros sobre "commodities", puede notificar a la entidad compensadora su intención de hacer entrega de los bienes. *También llamado FIRST NOTICE DAY. Ver* POSITION DAY.

first preferred stock: Acciones privilegiadas que tienen preferencia por sobre las demás acciones ordinarias y privilegiadas en caso de distribución de dividendos o liquidación de la sociedad.

fiscal agent: Organización, por lo general un banco o compañía fiduciaria, que se hace cargo del desembolso de fondos para el pago de dividendos, el rescate de bonos y cupones; y en caso de los títulos de deuda, el pago de intereses.

fiscal period: Ejercicio contable, ejercicio económico, período fiscal, período contable. Período de tiempo que cubre el informe financiero de una sociedad. *También llamado ACCOUNTING PERIOD.*

fiscal policy: Política fiscal. Política impositiva o de gastos que aplica un gobierno. La política fiscal afecta directamente las variables económicas, como las tasas de interés y las tasas impositivas que, a su vez, influyen sobre el precio de los títulos valores. *Ver* MONETARY POLICY.

fiscal year (FY): Año fiscal, año económico. Período de 12 meses que cubre un estado contable. Puede no coincidir con el año calendario.

five-hundred-dollar rule: Norma de los quinientos dólares. Norma de la Securities and Exchange Commission (SEC) de EE.UU. que prohíbe a los operadores aplicar medidas punitorias contra una cuenta de margen con saldo deudor si éste es menor de $ 500.

five-percent rule: Norma del cinco por ciento. Norma de la National Association of Securities Dealers (NASD) de Estados Unidos que aconseja a sus miembros cobrar comisiones éticas y justas. *Ver* RISKLESS TRANSACTION.

fix: Fijar, acordar, establecer. Fijar el precio de un "commodity." *Ver* GOLD FIX.

fixed annuity: Anualidad fija, renta vitalicia fija. Serie de pagos fijos que se efectúan durante un determinado período de tiempo o durante la vida del beneficiario. Las compañías de seguros venden anualidades fijas a aquellas personas que están interesadas en recibir un ingreso fijo. *También llamado GUARANTEED-DOLLAR ANNUITY. Ver* HYBRID ANNUITY; VARIABLE ANNUITY.

fixed assets: Activo fijo, bienes de uso. Bienes que se utilizan en la actividad de la sociedad y que no están destinados a la venta. Entre ellos se encuentran las maquinarias y las plantas de fabricación.

fixed assets turnover: Rotación del activo fijo. Relación financiera que demuestra la capacidad que tiene la empresa de vender su activo fijo. Esta razón se calcula dividiendo el valor del activo fijo por las ventas anuales. *Ver* ACTIVITY RATIO; TOTAL ASSET TURNOVER.

fixed-charge coverage: Cantidad de veces que las utilidades operativas de una firma exceden sus gastos fijos. De esta manera, se mide la capacidad que posee la empresa de cumplir con los gastos estipulados contractualmente. Las erogaciones que se tienen en cuenta al momento de efectuar el cálculo incluyen pagos de intereses, alquileres, dividendos de acciones preferidas, etc. *También llamado TIMES FIXED CHARGES. Ver* COVERAGE RATIO; INTEREST COVERAGE; PREFERRED DIVIDEND COVERAGE.

fixed costs: Costos fijos o constantes. Costos que no sufren alteración alguna a pesar de producirse variaciones en el volumen de producción y/o las ventas de la compañía. *Ver* AVERAGE COST; MARGINAL COST; VARIABLE COST.

fixed exchange rate: Tipo de cambio fijo. Tipo de cambio entre dos o más monedas fijado por un gobierno. *Ver* DEVALUATION; FLOATING EXCHANGE RATE.

fixed income: Renta fija. Remuneración ofrecida por la tenencia de un instrumento, a lo largo de su vigencia, que es definida o determinable en el momento de la emisión en lo que se refiere a cantidad y fecha de pago.

fixed income options: *Ver* INTEREST RATE OPTIONS.

fixed-income security: Título valor de renta fija. Título valor, como el bono y la acción preferida, que en cada período paga una renta o dividendo fijo. Por lo general, los cambios en las tasas de interés a largo plazo provocan modificaciones en el precio de este tipo de títulos. *También llamado FIXED-INTEREST BEARING SECURITY.*

fixed-interest bearing security: *Ver* FIXED-INCOME SECURITY.

fixed price: *Ver* OFFERING PRICE.

fixed-rate depreciation method: Amortización calculada a porcentaje fijo. *Ver* DEPRECIATION.

fixed trust: *Ver* UNIT INVESTMENT TRUST.

flag: *Ver* TRIANGLE.

flat: 1. Denominación que recibe el tipo de comisión que debe liquidarse por adelantado y por única vez sobre el total de la suma negociada y sin tener en cuenta el plazo de la transacción. 2. Bono que se negocia sin ajustar su valor en función de los intereses devengados. 3. Estado en el que se encuentra un agente de colocación cuando vendió todos los títulos valores de su cuenta.

flat loan: Préstamo sin interés. Préstamo que no genera intereses a favor del prestamista. Cuando una firma presta títulos valores para que sean utilizados en una venta corta, el prestatario por lo general compensa al prestamista otorgándole un préstamo sin cobrar interés alguno. *Ver* SHORT SALE.

flat market: Mercado plano. Mercado bursátil en el que no se produce ningún tipo de tendencia, ni en alza ni en baja. *También llamado SIDEWAYS MARKET*.

flat scale: Oferta de bonos municipales estadounidenses que generan rendimientos similares a pesar de tener vencimientos distintos.

flat rate: Tarifa fija. Suma de dinero constante que se paga por un servicio público, como gas, electricidad, etc.

flat tax: Impuesto fijo a las ganancias. Impuesto constante que grava cualquier tipo y nivel de ganancias. *Ver* GRADUATED FLAT TAX; PROGRESSIVE TAX; REGRESSIVE TAX.

flat yield curve: En un período determinado, rendimientos similares sobre bonos de riesgo similar, independientemente del vencimiento de los mismos. Durante un período de rendimientos similares, el inversor recibe aproximadamente el mismo retorno, sea el bono a corto o largo plazo, a pesar de que este último está sujeto a mayores fluctuaciones en el precio. *Ver* NEGATIVE YIELD CURVE; POSITIVE YIELD CURVE; YIELD CURVE.

flexible budget: Presupuesto flexible. Cálculo de los ingresos y egresos proyectado sobre varios niveles de producción. Este presupuesto refleja cómo varían los costos, según los distintos índices de producción o niveles de venta.

flexible exchange rate: *Ver* FLOATING EXCHANGE RATE.

flight to quality: Huida hacia la calidad. Movimiento que realizan los inversores para comprar títulos valores de mayor calificación. Por ejemplo, un inversor podría vender los bonos de calificación inferior a BBB e invertir lo producido en bonos Triple A. Por lo general, esto sucede cuando se prevé un deterioro en la estabilidad política o en la actividad económica de un país.

flip-over pill: Derecho que poseen los accionistas de una firma a comprar, a un precio muy bajo, acciones del capital de otra compañía en el caso de que ambas se fusionen.

flipper: Operador que intenta obtener una pequeña ganancia con la compra y venta de títulos valores en lapsos muy cortos.

float: (sust.) 1. En materia contable, momento en que los mismos fondos se encuentran depositados en dos instituciones al mismo tiempo debido a ineficiencias del sistema de "clearing". En esta situación, el titular de los fondos se beneficia debido a que las dos entidades pagan intereses sobre los mismos fondos. *Ver* FAIL FLOAT. 2. Acciones en circulación. Cantidad de acciones en manos del público que pueden ser comercializadas en la bolsa. *También llamado FLOATING SUPPLY.*

float: (v.) Fijar tipo de cambio libre, fijar paridad de cambio libre.

float an issue: Colocar en el mercado primario una emisión de títulos valores.

floatation cost: *Ver* FLOTATION COST.

floater: *Ver* FLOATING-RATE NOTE.

floating charge: Garantía flotante sobre bienes muebles. Tipo de prenda sin desplazamiento que no impide que el deudor negocie con los bienes prendados.

floating debt: Título de deuda flotante. Título de deuda a corto plazo sujeto a continuas renovaciones y refinanciaciones por parte del emisor.

floating exchange rate: Tipo de cambio flotante. Tipo de cambio entre dos monedas que fluctúa según el movimiento de la oferta y la demanda. *También llamado FLEXIBLE EXCHANGE RATE. Ver* FIXED EXCHANGE RATE.

floating interest rate: Tasa de interés flotante. Tasa de interés que se modifica cuando se producen cambios en determinados índices, por ejemplo la tasa LIBOR.

floating rate certificate of deposit: Certificado de depósito a tasa flotante. Certificado de depósito a una tasa de interés ligada a una tasa del mercado monetario.

floating-rate note: Nota a tasa flotante. Título de deuda que genera intereses que se fijan cada determinado período de tiempo (por lo general, cada seis meses). Normalmente, en ciertas fechas, el emisor de este tipo de títulos puede rescatarlos al valor nominal, a opción del tenedor. *También llamado FLOATER; VARIABLE-RATE NOTE. Ver* CONVERTIBLE FLOATING-RATE NOTE; DROPLOCK BOND; YIELD CURVE NOTE.

floating-rate preferred stock: Acción preferida a tasa flotante. Tipo de acción preferida que genera dividendos que se fijan cada determinado período de tiempo. Las acciones preferidas que no pertenecen a esta clase reciben dividendos que se fijan trimestralmente. *También llamado ADJUSTABLE-RATE PREFERRED STOCK.*

floating securities: Títulos valores flotantes. 1. Títulos valores adquiridos para la reventa. 2. Acciones en circulación que cotizan en bolsa. 3. Unidades no vendidas de una emisión de títulos valores.

floating supply: *Ver* FLOAT 2.

floor: 1. Recinto bursátil. Sección de una bolsa organizada donde se negocian los títulos valores. Las órdenes de los clientes se transfieren al recinto donde son ejecutadas por los mandatarios —operadores de sociedades de bolsa que poseen asiento en la misma—. 2. Piso. Porcentaje mínimo que puede fijar el banco para una tasa flotante. Al fijar un piso se protege al prestamista de las bruscas caídas en las tasas de interés.

floor broker: Mandatario, operador de recinto, operador de piso, agente de piso, comisionista de recinto. Empleado de una sociedad de bolsa que, en carácter de agente, ejecuta las órdenes de sus clientes en el recinto bursátil. *Ver* FLOOR TRADER.

floor give-up: Acto mediante el cual se dan a conocer los nombres de las compañías representadas por las sociedades de bolsa; este anuncio se realiza después de finalizada la transacción bursátil.

floor official: Oficial de recinto. Empleado de la bolsa de valores que se encuentra presente en el recinto para resolver las controversias que se originan en el mismo. Por ejemplo, en el caso de que dos operadores estén en desacuerdo con respecto a quién tiene prioridad sobre una orden. El oficial de recinto toma decisiones en el momento y su opinión normalmente es aceptada.

floor trader: Agente de recinto. Operador independiente de una bolsa de valores que opera con cartera propia. Por lo general, estos agentes bursátiles esperan obtener beneficios con las variaciones de precios a corto plazo. Sus transacciones tienden a aumentar la liquidez del mercado. *También llamado COMPETITIVE TRADER; REGISTERED COMPETITIVE MARKET MAKER 2.; REGISTERED COMPETITIVE TRADER; REGISTERED EQUITY MARKET MAKER; REGISTERED TRADER.*

flotation cost: Costo de la nueva emisión. Costo que implica la colocación pública de una nueva emisión de títulos valores. Dicho costo varía según el volumen y riesgo de la emisión y el tipo de títulos que se ofrecen para la venta. *Ver* GROSS SPREAD.

flow of funds: Flujo de fondos. Movimiento de fondos entre los distintos sectores de la economía.

flow of funds statement: 1. En materia de emisiones de bonos municipales estadounidenses, lista de prioridades con respecto al destino que se le dará a las recaudaciones municipales. 2. *Ver* STATEMENT OF CHANGES IN FINANCIAL POSITION.

forbearance: Abstención. Decisión que toma el prestamista de no ejercer su derecho de garantía (por ejemplo, el derecho de ejecutar una hipoteca) contra el prestatario en mora, a cambio de su promesa de realizar pagos periódicos en el futuro.

forced conversion: Conversión forzosa. Llamado a rescate de un título valor convertible a un precio inferior al valor de mercado del activo subyacente por el que el título es convertible.

foreclosure: Ejecución hipotecaria. Vía del proceso de ejecución destinada a hacer efectivo el cumplimiento de las obligaciones garantizadas con derecho real de hipoteca y a acordar la respectiva pretensión contra el deudor, el tercer poseedor o la persona que otorgó la garantía.

foreclosure sale: Venta judicial o forzada de un bien inmueble.

foreign bill of exchange: Letra sobre el extranjero. Letra de cambio librada en un país distinto al de pago.

foreign bond: Bono extranjero. Título de deuda que un prestatario emite (y vende) en una moneda distinta a la de su país. Un ejemplo de bono extranjero es aquel título de deuda que el gobierno de Canadá emite en dólares estadounidenses dentro del territorio de Estados Unidos. El bono extranjero permite que el inversor diversifique sus posiciones internacionalmente, sin correr el riesgo de que se produzcan modificaciones en los valores monetarios relativos. *Ver* EUROBOND.

foreign bond issue: Emisión de bonos extranjeros. Emisión de títulos de deuda efectuada por un tomador de crédito cuyo domicilio es distinto al país en que se realiza la emisión. *Ver* DOMESTIC BOND ISSUE.

foreign corporation: Persona jurídica o sociedad por acciones extranjera. Sociedad que opera en un lugar que no pertenece al estado o país donde fue registrada el acta constitutiva. Cuando fue constituida en otro estado se la llama *OUT-OF-STATE CORPORATION*. Cuando fue constituida en otro país se la llama *ALIEN CORPORATION*. *Ver* DOMESTIC CORPORATION.

foreign crowd: Sociedades de bolsa con asiento en la NYSE que, en el recinto bursátil, negocian bonos extranjeros. *Ver* CROWD.

foreign currency: Divisa, moneda extranjera.

foreign currency translation: *Ver* TRANSLATION.

foreign direct investment (FDI): 1. Inversión extranjera directa (IED). Inversiones que realizan los ciudadanos extranjeros en las empresas de un país. 2. Inversión extranjera directa (IED). "Joint venture" entre compañías nacionales y extranjeras.

foreign exchange (FX): Divisa. Moneda extranjera que se utiliza para realizar pagos entre países.

foreign exchange controls: Controles de cambio. Restricciones que aplica un país al libre cambio y la convertibilidad de su propia moneda. Por lo general, estos controles se establecen en países con monedas débiles y cuyos habitantes prefieren operar con divisas.

foreign exchange market: Mercado de divisas, mercado cambiario. Mercado en el que se realiza la compra y venta de monedas.

foreign exchange rate: *Ver* EXCHANGE RATE.

foreign exchange risk: Riesgo de que los movimientos del tipo de cambio disminuyan el valor de las posiciones que posee el inversor.

foreign tax credit: Crédito fiscal por impuestos abonados en el exterior.

forgery: Falsificación. Delito que consiste en hacer, en todo o en parte, un documento o título de crédito falso, o adulterar uno verdadero que pueda dar origen a un derecho u obligación.

forint: Forint. Moneda nacional de Hungría

form 8-K: *Ver* 8-K.

formation: *Ver* CHART FORMATION.

formula investing: *Ver* FORMULA PLAN.

formula plan: Inversiones por fórmula. Plan de inversión, basado en un modelo predeterminado de asignación de activos y plazos, que se utiliza para evitar inversiones impulsivas.

for valuation only (FVO): *Ver* FOR YOUR INFORMATION.

forward commitment: Acuerdo mediante el que un prestamista se compromete a comprar un crédito a otro prestamista, o a vender un crédito en el futuro.

forward contract: Contrato a término. Acuerdo entre dos partes para la compra y venta de un determinado "commodity" a precio de mercado pero con entrega y pago a fecha futura.

forward delivery: Entrega a término, entrega a futuro. Acuerdo entre dos partes que establece que la entrega de los instrumentos financieros se efectuará en una determinada fecha posterior a la fecha de liquidación.

forward exchange contract: Compra-venta de divisas a plazo. Acuerdo entre dos partes mediante el cual se comprometen a intercambiar una moneda por otra en una fecha futura.

forward exchange rate: *Ver* FORWARD RATE 2.

forward exchange transaction: Operación con divisas a plazo. Compra o venta de moneda extranjera a un tipo de cambio establecido en el momento pero cuyo pago y entrega se efectúan en fecha futura.

forward federal funds: Fondos federales que se comercializan con fecha de entrega futura.

forward foreign exchange: Tipo de cambio a término.

forward forward: Contrato en un mercado a término en el que el operador toma dos posiciones a futuro distintas y de sentido contrario. Por ejemplo, una compra de dólares a cuatro meses y una venta simultánea de dólares a seis meses.

forward market: Mercado a término, mercado "forward", mercado a futuro. Mercado en el que los operadores acuerdan entregar divisas, "commodities" o instrumentos financieros a un precio fijo y en una fecha futura.

forward premium: Prima a futuro. Precio, por la entrega a término de un instrumento financiero o divisa, que es superior al precio de entrega inmediata.

forward pricing: Cotización de las cuotapartes de un fondo común de inversión sobre la base de la próxima valuación neta del activo, la cual se efectúa después de recibir la orden —de compra o venta— del cliente.

forward purchase: Compra a término, compra a plazo.

forward rate: 1. Con respecto a un título valor de renta fija, rendimiento esperado para una determinada fecha futura. 2. Tipo de cambio a término, tipo de cambio "forward". Tasa a la que se puede comprar una determinada moneda o "commodity" en un contrato a plazo.

forward rate agreement (FRA): Contrato por el cual las dos partes fijan la tasa de interés que se pagará en una fecha futura de liquidación.

forward spread: Diferencia entre el precio contado y el precio a un mes de una determinada moneda con respecto a otra.

for your information (FYI): Expresión que se emplea en las cotizaciones cuando el precio del título valor no constituye una oferta en firme para negociarlo, sino sólo para "información" de los interesados. De esta manera, se facilita la valuación de títulos. *También llamado FOR VALUATION ONLY (FVO); THROWAWAY.*

fourth market: Cuarto mercado. Mercado de títulos valores en el que los grandes inversores operan directamente entre ellos, evitando así el pago de comisiones. *Ver* AUTEX; SECONDARY MARKET; THIRD MARKET.

fractional discretion order: Orden de compra o venta de títulos valores en la que el cliente autoriza al agente bursátil a realizar la operación con un determinado margen de oscilación en cuanto al precio pretendido.

fractional reserves: Reservas fraccionarias. Proporción de los depósitos del banco que deben permanecer como reservas legales.

fractional share: Acción fraccionaria. Parte de una acción, como por ejemplo, un tercio de acción.

franc: Franco. Moneda nacional de Bélgica, Francia y Suiza.

franchise: 1. Contrato de "franchising". Acuerdo mediante el cual una compañía, bajo ciertas condiciones, otorga a otra el derecho de utilizar el nombre de la firma y de vender sus productos o prestar sus servicios. *Ver* FRANCHISEE; FRANCHISOR. 2. Concesión. Contrato mediante el cual el Estado encomienda a una persona —individual o jurídica—, un determinado tipo de actividad comercial. En la concesión de servicios públicos, el gobierno delega la explotación, por ejemplo, del servicio telefónico de una determinada región geográfica.

franchisee: "Franchisee", licenciatario. Persona, ya sea individual o jurídica que, acorde a un contrato de "franchising", tiene el derecho de vender los productos o prestar los servicios de otra firma y de utilizar su marca. *Ver* FRANCHISE; FRANCHISOR.

franchise tax: Impuesto que grava el derecho que posee una firma de operar dentro de una determinada región y bajo una determinada razón social.

franchisor: "Franchisor", licenciante. Compañía que, acorde a un contrato de "franchising", otorga al licenciatario el derecho de vender sus productos —o de prestar sus servicios— y de utilizar su marca. *Ver* FRANCHISE; FRANCHISEE.

fraud: Fraude, estafa, defraudación. Engaño intencional con la finalidad de perjudicar intereses ajenos en beneficio propio.

free alongside ship (FAS): Libre al costado del buque, franco al costado del buque. En materia de comercio exterior, cláusula que antecede al nombre del puerto de embarque, y se utiliza para la cotización de los precios, queriendo significar que el precio incluye la mercadería puesta al lado del buque en el puerto convenido y que los gastos y riesgos hasta ese momento son a cargo del vendedor. *Ver* FREE ON BOARD (FOB).

free box: Lugar donde las sociedades bursátiles colocan los títulos valores libres de gravámenes. *Ver* BOX; OPEN BOX.

free credit balance: Saldo acreedor disponible. Dinero de la cuenta de corretaje que puede ser retirado o utilizado para adquirir más títulos valores. Por lo general, este saldo surge del pago de dividendos e intereses y de la venta de títulos valores. *Ver* CREDIT BALANCE; DEBIT BALANCE.

freed up: Expresión de la jerga bursátil que significa que los miembros de un consorcio de agentes colocadores ya no están obligados a vender los títulos valores al precio acordado.

free of charges: Libre de impuestos u otras cargas.

free on board (FOB): Libre a bordo, franco a bordo. En materia de comercio exterior, cláusula que antecede al nombre del puerto de embarque y que se utiliza para la cotización de los precios, queriendo significar que el precio incluye la mercadería puesta a bordo y que hasta ese momento todos los gastos y riesgos son a cargo del vendedor. *Ver* FREE ALONGSIDE SHIP (FAS).

free reserves: Fondos disponibles. Fondos que pueden utilizar los bancos para otorgar créditos o efectuar inversiones.

freeriding: 1. Práctica mediante la cual un miembro del consorcio de agentes colocadores retiene una parte de una nueva emisión de títulos valores para luego venderla a un precio superior al de la oferta inicial. Por lo general, se trata de una práctica ilegal. 2. Práctica mediante la cual un cliente de una sociedad bursátil compra y vende un título valor en un lapso corto sin utilizar dinero. Por lo general, se trata de una práctica ilegal.

free right of exchange: Derecho de modificación. Posibilidad que tiene el inversor de cambiar alguna característica de un título valor sin pagar cargo alguno. Por ejemplo, convertir un título al portador en nominativo.

free supply: En materia de compraventa de "commodities", cantidad que está disponible para la negociación.

frequency of compounding: Cantidad de veces que se calcula y se agrega el interés estipulado al monto invertido —que ya contiene los intereses anteriores— durante un período de tiempo (por lo general un año).

freight: 1. Flete. Retribución percibida por el fletante o transportista como precio por el transporte convenido. 2. Carga transportada.

freight allowance: Bonificación sobre el flete. *Ver* FREIGHT.

freight at destination: Flete a pagar en destino. *Ver* FREIGHT.

freight bill: Carta de porte. Título legal del contrato de transporte de cosas entre el remitente y el transportista. La carta de porte puede ser nominativa, a la orden o al portador.

freight rate: Tarifa del flete. Contraprestación por el transporte de mercaderías que se calcula según la cantidad de unidades a transportar, el valor total de la carga o el peso de la misma.

friendly takeover: Adquisición amigable, "takeover" amigable. Adquisición de una compañía con la aprobación del directorio de la misma. *Ver* UNFRIENDLY TAKEOVER.

front-end load: *Ver* LOAD.

front ruling: Ingresar en una operación con opciones conociendo de antemano que una transacción en bloque afectará el precio del título subyacente y de la opción.

frozen account: Cuenta bloqueada. 1. Cuenta de corretaje en la que, para que el cliente pueda vender sus títulos valores, primero debe pagar el monto total de los títulos adquiridos, y entregar los certificados. Una cuenta puede ser bloqueada como sanción por no mantener el margen de crédito estipulado. 2. Cuenta bloqueda. En materia de operaciones bancarias, cuenta cuyos fondos no pueden ser retirados debido a que fue trabado un embargo sobre la misma.

frozen assets: Activo bloqueado. Activo que no puede ser vendido.

frozen collateral: Garantía bloqueada. Bien dado en garantía que, a pesar de ser tal, el prestamista no puede ejecutar para cubrir la deuda. Esto puede ocurrir cuando se cuestiona legalmente la titularidad del bien prendado o hipotecado.

full bill of lading: Conocimiento de embarque con responsabilidad total del transportista. Conocimiento de embarque en el que el transportista asume total responsabilidad sobre la carga.

full disclosure: Información operativa y financiera de importancia que deben presentar las compañías en determinadas circunstancias. Por ejemplo, la autoridad nacional del mercado del valores normalmente exige a las sociedades que cotizan en bolsa la presentación de dichos datos antes de efectuar una emisión de títulos valores.

full-faith-and-credit: En materia de bonos emitidos por un gobierno, expresión que significa que todos los recursos financieros, excluyendo los ingresos fiscales, sirven de garantía para el pago de los intereses y repago del capital. Los títulos emitidos por el gobierno de EE.UU. están respaldados de esta manera. *Ver* SPECIAL ASSESSMENT BOND.

full-faith-and-credit bond: *Ver* GENERAL OBLIGATION BOND.

full-paid stock: Capital totalmente integrado. En las sociedades por acciones, capital que los accionistas efectivamente aportaron a la sociedad.

full price: Precio justo que se aplica a un título valor o a una adquisición.

full-service brokerage firm: Sociedad bursátil general. Casa de bolsa que presta a sus clientes una amplia gama de servicios, incluso investigaciones y asesorías sobre inversiones. *Ver* DISCOUNT BROKERAGE FIRM.

fully diluted earnings per (common) share: Utilidad neta de un período dividida por la cantidad promedio de acciones comunes que habría en circulación si todos los títulos convertibles fueran convertidos en acciones ordinarias. *Ver* DUAL PRESENTATION; PRIMARY EARNINGS PER SHARE.

fully distributed: Totalmente distribuida. Expresión que significa que una emisión nueva de títulos valores fue totalmente vendida al público (es decir, a inversores institucionales e individuales y no a operadores).

fully invested: Totalmente invertido. Expresión que se emplea para describir a un inversor (individual o institucional) que destinó todos sus fondos disponibles a inversiones a mediano o largo plazo. Esta es una señal de que el mercado es alcista.

fully valued stock: Acciones que llegaron a un precio que, según los analistas, representa el valor del activo de la compañía y de su potencial de ganancias. Si el precio de las acciones se incrementa, estarán sobrevaluadas; si el precio cae, estarán subvaluadas.

funcional cost analysis: Análisis de costos bancarios. Estudio anual que realiza el banco central sobre los costos de los distintos servicios que prestan las entidades bancarias.

fund: *Ver* FUNDS. *INVESTMENT FUND*: Fondo de inversión. *MUTUAL FUND*: Fondo común de inversión. *PENSION FUND*: Fondo de pensión. *TRUST FUND*: Fondo fiduciario.

fundamental analysis: Análisis fundamental. 1. Estudio del valor de un título valor teniendo en cuenta factores básicos como las utilidades, las variables del balance general y la calidad de la dirección de la compañía emisora. *Ver* TECHNICAL ANALYSIS. 2. Estudio de las cifras y porcentajes de un país como, por ejemplo, sus tasas de interés, PBI, inflación y desempleo a fin de predecir la dirección que tomará la economía de ese país.

fundamentalist: Inversor que compra y vende títulos valores teniendo en cuenta los resultados del análisis fundamental. Algunos inversores se basan en los resultados de ambos análisis —el técnico y el fundamental—. *Ver* TECHNICIAN.

fundamentals: "Fundamentals", equilibrios fundamentales. Factores económicos, financieros y operativos que influyen en el éxito de una compañía y el precio de sus títulos valores. Entre estos factores se puede mencionar la relación precio-ganancia, el pago de dividendos y el crecimiento de las utilidades por acción.

funded debt: Deuda consolidada. Título de deuda a largo plazo que genera intereses, como los bonos y debentures.

fund group: *Ver* FAMILY OF FUNDS.

funding: 1. Refinanciación de una deuda en su fecha de veneimiento o con anterioridad a dicha fecha. *También llamado* REFUNDING. 2. Financiación. Destinar fondos al desarrollo de un proyecto. 3. Colocación de dinero en inversiones cuyas ganancias serán aportadas a un fondo de pensión.

fund of funds: Fondo común de inversión abierto que invierte sólo en cuotapartes de otros fondos de inversión abiertos.

funds transfer: Transferencia de fondos. Transferir fondos de una cuenta a otra.

fund switching: Traspaso de fondos. Vender las cuotapartes de un fondo común de inversión y reinvertirlas en otro fondo de inversión.

funds statement: *Ver* STATEMENT OF CHANGES IN FINANCIAL POSITION.

fungibles: 1. Cosas fungibles, bienes fungibles. Cosas que pueden sustituirse las unas por las otras, de la misma calidad y en igual cantidad. La fungibilidad por excelencia corresponde al dinero. 2. Activos de la misma calidad que son sustituibles e intercambiables entre sí. Ejemplos de ello son los "commodities", opciones y títulos valores.

furtherest out: En operaciones con opciones y futuros, fecha de entrega o vencimiento, expresada en meses, más distante a la fecha actual. *También llamado FURTHEST MONTH. Ver* NEARBY.

furthest month: *Ver* FURTHEREST OUT.

futures commission merchant (FCM): Firma cuya actividad consiste en efectuar operaciones con futuros para terceros. En esencia, se maneja de la misma manera que las sociedades bursátiles pero con la diferencia de que en vez de operar con acciones y bonos, lo hace con futuros. *También llamado COMMODITY BROKERAGE FIRM, FUTURES COMMISSION FIRM.*

futures contract: Contrato de futuros. Contrato en el que una parte se obliga a entregar en una fecha futura una cantidad de activos fungibles, a un precio determinado. Los granos, metales y divisas son algunos de los tantos bienes fungibles que pueden ser objeto de este tipo de contratos.

futures exchange: *Ver* FUTURES MARKET.

futures market: Mercado de futuros. Mercado en el que se compran y venden contratos de futuros. Por lo general, cada mercado de futuros se especializa en determinadas clases de contratos, como por ejemplo contratos de futuros sobre trigo, soja y maíz, o contratos sobre oro, plata y cobre. *También llamado FUTURES EXCHANGE. Ver* FUTURES CONTRACT.

futures option: Opción sobre futuros. Opción de compra ("call") o venta ("put") sobre un contrato de futuros. Debido a la volatilidad de precio que poseen los contratos de futuros, las opciones sobre estos contratos son inversiones de alto riesgo.

future value: Valor futuro. Valor al que llegará una determinada suma de dinero en una fecha futura. Se supone que el rendimiento anual de esa suma está relacionado con la tasa de interés del mercado. Por ejemplo, $ 1.000 tienen un valor futuro anual de $ 1.150 suponiendo que el rendimiento anual es 15%. *Ver* PRESENT VALUE.

G

g: 1. En los diarios estadounidenses, letra que se emplea en las tablas de operaciones bursátiles inmediatamente después del nombre de la sociedad para indicar que los dividendos y utilidades aparecen en moneda canadiense pero que el valor del capital está en dólares estadounidenses. 2. En los diarios británicos, letra que se emplea en las tablas de operaciones bursátiles para indicar el dividendo estimado para el período posterior a la emisión de derechos de preferencia.

gain: Ganancia, utilidad, beneficio. Remanente positivo de una operación o de un grupo de operaciones o de un período contable. Existe ganancia en un período cuando la compañía ha producido un incremento patrimonial no originado por los aportes de los propietarios. *CAPITAL GAIN*: Ganancia de capital. *EXCHANGE GAINS*: Beneficio por diferencias de cambio. *REALISED GAINS*: Ganancias realizadas. *Ver* LOSS.

gainer: Ganador. Título valor cuyo valor registró alzas. *Ver* LOSER.

gap: Banda de precios en la que no se negocian títulos valores o "commodities". Se forma cuando el precio más bajo al que se negocia un título valor o "commodity" es superior al precio en que ese mismo título valor o "commodity" se negoció el día anterior. *También llamado PRICE GAP. Ver* BREAKAWAY; EXHAUSTION GAP; RUNAWAY GAP.
(Ver gráfico en p. 460).

Garage: Recinto anexo al recinto principal de la NYSE donde se realizan las operaciones bursátiles.

garnishment: Embargo de créditos, bienes o sueldos. Orden judicial que autoriza al acreedor a obtener directamente de un tercero (por ejemplo, un empleador) parte del salario del deudor para el pago de sus deudas.

general account: *Ver* MARGIN ACCOUNT.

General Agreement on Tariffs and Trade (GATT): Acuerdo General de Aranceles Aduaneros y Comercio. Acuerdo comercial multilateral firmado en 1947 que establece normas, reduce los aranceles aduaneros y ofrece soluciones a problemas comerciales internacionales. Los acuerdos del GATT son de particular importancia para las industrias y firmas que participan en la compra-venta internacional.

general agreements to borrow (GAB): Acuerdos generales para otorgar préstamos. Acuerdos mediante los cuales los países del Grupo de los Diez otorgan préstamos —en sus monedas— al Fondo Monetario Internacional para financiar los créditos de un miembro del grupo.

general balance sheet: *Ver* BALANCE SHEET.

general creditor: Acreedor quirografario, acreedor simple, acreedor común. Acreedor que tiene como garantía de su crédito la totalidad del patrimonio del deudor y no un activo o una parte de los activos que lo componen, como ocurre con otra clase de acreedores, por ejemplo, los acreedores hipotecarios. Los acreedores quirografarios no gozan de privilegio alguno y, por lo general, no llegan a percibir sus créditos en caso de ejecución colectiva del deudor.

general ledger: Libro mayor, mayor. Libro de comercio auxiliar (en contraposición a los obligatorios como el libro diario) que permite, a través de la anotación de débitos y créditos correspondientes, obtener el saldo de cualquier cuenta en el momento deseado. A pesar de ser un registro auxiliar, todas las empresas lo utilizan.

general lien: Gravamen general. Gravamen que no recae sobre bienes inmuebles y que acarrea el derecho de secuestrar los bienes afectados para el pago de la deuda, incluso aquellos que no dieron origen a la obligación.

general loan and collateral agreement: *Ver* BROKERS' LOAN.

generally accepted accounting principles (GAAP): Principios Contables Generalmente Aceptados (PCGA). Pautas y normas que sirven de punto de referencia para que los contadores elaboren los estados contables. Estas normas cumplen el papel de sensor que permite medir si la información presentada es adecuada y si condice con la realidad. *Ver* AUDITED STATEMENT; UNAUDITED STATEMENT.

general mortgage: Hipoteca general. Hipoteca sobre la generalidad de los bienes del deudor. Derecho real que cubre todos los bienes hipotecables del prestatario.

general obligation bond (GO): Bono municipal que se encuentra garantizado por todos los recursos financieros del ente emisor. *También llamado FULL-FAITH-AND-CREDIT BOND. Ver* REVENUE BOND.

general partner: Socio solidario. 1. Socio de una sociedad de personas similar a la sociedad en comandita simple que responde en forma ilimitada y solidaria frente a las deudas de la compañía. *Ver* LIMITED PARTNER; LIMITED PARTNERSHIP. 2. Socio colectivo. Cada uno de los socios de una sociedad colectiva. *Ver* GENERAL PARTNERSHIP.

general partnership: Sociedad colectiva. Sociedad de personas en la que cada uno de los socios es responsable en forma solidaria, subsidiaria e ilimitada por las obligaciones sociales. *Ver* LIMITED PARTNERSHIP.

general price level accounting: *Ver* INFLATION ACCOUNTING.

General Securities Registered Representative Examination: *Ver* SERIES 7.

generic securities: Títulos valores genéricos. Títulos valores respaldados por hipotecas u otros préstamos recientemente emitidos.

gen-saki: Mercado monetario a corto plazo de Japón, que funciona como mercado secundario para la recompra y reventa de obligaciones negociables y títulos públicos a largo y mediano plazo. El mercado "gen-saki", en el que pueden operar compañías e instituciones financieras, surgió debido a que en Japón no hay un mercado secundario para los bonos del tesoro emitidos por el Banco de Japón.

ghost stock: Acciones que fueron vendidas en descubierto pero no solicitadas en préstamo y, por lo tanto, no pueden ser entregadas al comprador.

gift tax: Impuesto a las donaciones, impuesto a las transferencias a título gratuito. *Ver* UNIFIED CREDIT.

gilt-edged securities: 1. Títulos de deuda públicos. Bonos emitidos a través del Tesoro de Gran Bretaña y garantizados por el gobierno británico. 2. Títulos valores de primera categoría. Acciones o bonos de una compañía que durante una cantidad de años demostró ser capaz de generar ganancias para cubrir el pago de dividendos sobre las acciones o de los intereses sobre los bonos. Normalmente, este término se emplea con respecto a los bonos, utilizándose la expresión "blue chip" para las acciones.

Ginnie Mae: 1. *Ver* GOVERNMENT NATIONAL MORTGAGE ASSOCIATION. 2. *Ver* GINNIE MAE PASS THROUGH.

Ginnie Mae mutual fund: Fondo común de inversión que invierte exclusivamente en certificados emitidos por la Ginnie Mae y cede los pagos de intereses a los cuotapartistas del fondo.

Ginnie Mae pass-through: Título valor, respaldado por un grupo de hipotecas y garantizado por la Government National Mortgage Association (Ginnie Mae), que cede a los tenedores de "pass-throughs", los pagos del monto inicial y de los intereses que efectúan los propietarios de los inmuebles hipotecados. Los propietarios realizan los pagos del crédito hipotecario al banco que creó su hipoteca. Despúes de deducir los gastos administrativos, el banco cede esos pagos a los compradores de "pass-throughs", que pueden ser inversores institucionales o individuales. Ginnie Mae garantiza que los inversores reciban en el plazo establecido el pago de los intereses y del monto inicial aun cuando los propietarios no cumplan con la cancelación de sus obligaciones en las fechas estipuladas. *Ver* ADJUSTED EXERCISE PRICE; PASS-THROUGH SECURITY.

giro: Sistema electrónico de pago de cuentas muy utilizado en Europa y Japón. A diferencia del sistema estadounidense de cheques, este sistema se basa en las transferencias de créditos. Una orden de pago automáticamente transfiere los fondos de la cuenta del consumidor a la del acreedor y éste recibe la notificación del pago una vez realizada la transferencia.

giveback: Renuncia a determinados beneficios por parte de los empleados de una compañía.

give up: 1. Práctica, actualmente prohibida, mediante la cual un gran inversor ordena que parte de la comisión correspondiente a la operación bursátil sea entregada a otro operador de bolsa. Esta práctica fue común cuando las tarifas de las comisiones eran fijas. 2. Caída del rendimiento de un bono cuando es canjeado por otro con un interés menor.

glamor stock: Acciones muy bien conceptuadas por los inversores. Por lo general, estas acciones pertenecen a compañías con un elevado nivel de crecimiento y brillantes perspectivas. La mayoría de los inversores institucionales incluyen en sus carteras este tipo de acciones.

Glass-Steagall Act: Ley estadounidense promulgada en 1933 que exige la distinción entre bancos comerciales y bancos de inversión. Esta legislación prohíbe, por ejemplo, que los bancos comerciales se encarguen de la colocación de emisiones de compañías privadas. El objetivo de esta ley es evitar que los depositantes de bancos comerciales se vean afectados por los riesgos que implican las actividades no financieras que pueda desarrollar la entidad, como adquirir acciones. A pesar de que la ley todavía se encuentra en vigencia, muchos bancos comerciales prestan servicios bursátiles y obtuvieron autorización para efectuar colocaciones de emisiones de acciones ordinarias. *También llamado BANKING ACT OF 1993.*

global fund: Fondo global. Fondo común de inversión cuya cartera está compuesta por al menos 25% de títulos valores extranjeros. *Ver* INTERNATIONAL FUND.

GNP deflator: Índice de deflación del Producto Bruto Interno. Índice de precios empleado para ajustar el PBI a los cambios de precios de los productos y servicios incluidos en el PBI. Según muchos economistas, la inflación se calcula mejor con este índice que con el índice de precios al consumidor. *También llamado GROSS NATIONAL PRODUCT DEFLATOR.*

go-go fund: Fondo común de inversión que invierte a corto plazo en títulos altamente riesgosos. *También llamado PERFORMANCE FUND.*

go-go thrift: Entidad bancaria de ahorro y préstamo que emplea sus depósitos garantizados por el gobierno para efectuar inversiones de alto riesgo y elevado rendimiento.

going ahead: Práctica no ética en la que incurre un operador bursátil al operar para su cuenta antes de ejecutar las órdenes de sus clientes.

going away: 1. Compra de gran parte de una emisión de bonos seriados por parte de un inversor institucional 2. Bonos que adquieren los operadores bursátiles para revenderlos inmediatamente a los inversores. Esta práctica influye negativamente sobre el precio de los títulos valores.

going concern: Fondo de comercio, empresa en marcha. Establecimiento comercial o industrial comprendido por todos los elementos materiales (mercaderías, instalaciones, inmuebles, etc.)

e inmateriales (llave de negocios, clientela, patentes de invención, marcas de fábrica, etc.) que sirven al comerciante para el ejercicio de su profesión. *Ver* GOING CONCERN VALUE.

going concern value: Valor del fondo de comercio, valor de la empresa en marcha. *Ver* GOODWILL.

going long: Comprar acciones, bonos o "commodities" como inversión y sin planes inmediatos de revenderlos. *Ver* LONG POSITION.

going private: Dejar de cotizar en bolsa. Proceso mediante el cual una compañía cuyas acciones cotizan en bolsa pasa (a través de una compra) a manos de una o más personas. Por lo general, una compañía deja de ser cotizante cuando el precio de mercado de sus acciones es inferior a su valor contable. *También llamado MANAGEMENT BUYOUT*.

going public: Comenzar a cotizar en bolsa. Expresión que se utiliza para hacer referencia a una compañía que realiza su primera oferta pública de acciones.

going short: Vender en descubierto. Vender acciones o "commodities" sin haberlas comprado antes. El inversor pide a su agente bursátil que le preste los valores con la idea de, en el futuro, comprar esos mismos valores a un precio menor. *Ver* SHORT POSITION.

going south: En baja. Expresión que se emplea para hacer referencia a un título valor o al mercado en general cuando está pasando por un período de baja en los precios.

gold bond: *Ver* COMMODITY-BACKED BOND.

gold bug: Analista que opina que los inversores deberían invertir sólo en oro. Estos analistas recomiendan el oro debido a que consideran que en el futuro se producirá un crecimiento descontrolado de la masa monetaria acompañado de un índice de inflación elevado.

gold certificate: Instrumento emitido por el Tesoro de los Estados Unidos a los bancos de la Reserva Federal, que les otorga el derecho a poseer parte de la reserva oficial de oro de ese país.

golden handcuffs: Incentivo monetario que una compañía ofrece a sus ejecutivos para evitar que se sientan tentados a aceptar las ofertas de trabajo de otras empresas.

golden parachute: Contrato de trabajo que establece que, en el caso de que la compañía sea adquirida por otro grupo empresario y cambie la dirección de la misma, los altos ejecutivos cobrarán una indemnización por despido muy superior a la que legalmente les corresponde.

golden umbrella: *Ver* GOLDEN PARACHUTE.

gold fix: Determinación del precio del oro por parte de los especialistas. Este valor se fija dos veces por día en los principales centros mundiales de negociación de oro, según las principales tendencias de la oferta y la demanda. *Ver* FIX.

gold fund: Fondo común de inversión con gran parte de su cartera invertida en oro o títulos valores relacionados con el oro.

gold-indexed investment: Inversión cuyo precio y rendimiento de alguna manera dependen de las fluctuaciones diarias del precio del oro.

gold standard: Patrón oro. Sistema monetario mediante el cual la unidad monetaria del país es convertible por una cantidad fija de oro.

good delivery: Entrega de títulos valores que se efectúa en tiempo y modo. *Ver* BAD DELIVERY.

good faith deposit: 1. Depósito de garantía. Suma de dinero (por lo general, el 25% de la operación) que un inversor debe depositar antes de colocar su primera orden en una sociedad bursátil. Por medio de este depósito el agente de bolsa se asegura que el cliente cumplirá con el pago —en el caso de una orden de compra— o que hará entrega de los títulos valores —en el caso de una orden de venta—. 2. Depósito de garantía. Suma de dinero que depositan los colocadores de emisiones que compiten por una emisión nueva de bonos municipales. 3. Depósito de garantía. Depósito inicial requerido para los contratos de futuros cuando la operación se realiza a margen. Por lo general, el depósito debe representar del 2% al 10% del valor del contrato.

good faith loan: *Ver* STRAIGHT CREDIT.

good money: Fondos disponibles.

goods in process: *Ver* WORK IN PROCESS.

good-this-month order (GTM): *Ver* MONTH ORDER.

good through: Orden de compra o venta de títulos valores o "commodities" a un precio fijo y que es válida por un período

determinado, a menos que sea cancelada, ejecutada o modificada. *Ver* GOOD THIS MONTH ORDER; LIMIT ORDER.

good-till-canceled order (GTC): Orden de compra o venta de un
título valor que se mantiene vigente hasta tanto sea cancelada
por el cliente o ejecutada por el operador bursátil. *También llamado OPEN ORDER.*

goodwill: Valor llave, llave de negocios, llave. Valor que se incluye
en el precio de venta de una compañía. Es uno de los elementos
que conforman el fondo de comercio. Es un concepto abstracto
que no posee existencia independiente del establecimiento que
lo origina y se incorpora a la noción de clientela. El valor llave se
determina cuando el establecimiento cambia de propietarios total o parcialmente, que es el momento en que se aprecia dicho
valor inmaterial.

gourde: Gourde. Moneda nacional de Haití.

government bonds: Bonos emitidos por el Estado, bonos del gobierno, bonos del Tesoro. Títulos de deuda a largo plazo emitidos
por el gobierno de un país.

government depositary: Bancos depositarios. Bancos que aceptan los depósitos del gobierno. En Estados Unidos, son los bancos de la Reserva Federal y los bancos nacionales.

Government National Mortgage Association (GNMA): Asociación Nacional Hipotecaria. Asociación estatal de Estados Unidos
que depende del Departamento de Desarrollo Urbano del mismo
país. GNMA garantiza el pago de los intereses y el monto principal de los créditos hipotecarios a través de los "Ginnie Mae pass-
through". *También llamado GINNIE MAE. Ver* GINNIE MAE PASS-
THROUGH; MOBILE HOME CERTIFICATE.

governments: Bonos emitidos por el Tesoro de Estados Unidos u
otras reparticiones del gobierno estadounidense. *También llamado UNITED STATES GOVERNMENT SECURITIES. Ver* FEDERAL
AGENCY SECURITY; SAVINGS BOND; TREASURIES.

government securities: *Ver* UNITED STATES GOVERNMENT
SECURITIES.

graduated flat tax: Impuesto progresivo. Impuesto a las ganancias que se incrementa progresivamente a medida que aumenta
el mínimo imponible.

graduated payment mortgage (GPM): Crédito hipotecario de pagos progresivos. Las cuotas para cancelar este tipo de crédito hipotecario comienzan siendo de bajo monto para luego ir incrementándose. Por lo general, estos créditos son otorgados a parejas recién casadas que suponen que mejorarán sus ingresos a medida que progresen en sus carreras.

graduated security: Título valor que subió de categoría debido a que dejó de cotizar en una bolsa para hacerlo en otra más prestigiosa (por ejemplo, de un mercado de valores regional a otro nacional).

grandfather clause: Cláusula de no retroactividad. Cláusula de una ley que indica que lo establecido en dicha ley no afecta los derechos ya adquiridos. Por ejemplo, si el Congreso promulga una ley con efecto no retroactivo que estipula que determinado tipo de bonos municipales ya no será libre de impuestos, quiere decir que aquellos bonos adquiridos con anterioridad a la promulgación continuarán siendo libres de impuestos.

grantor: Lanzador o vendedor de una opción. Persona que lanza o vende un contrato de opción de compra o venta. *También llamado WRITER.*

graph: *Ver* CHART.

graveyard market: Mercado bajista en el que los poseedores de títulos valores venden registrando grandes pérdidas, mientras que los inversores potenciales prefieren mantenerse líquidos, es decir con efectivo, hasta tanto mejoren las condiciones del mercado.

Great Crash: Gran Crack. Período (entre 1929 y principios de la década del '30) en que en Estados Unidos se registró la mayor caída de la actividad económica y de los precios de las acciones.

greater fool theory: Teoría del más tonto. Teoría que afirma que independientemente del precio que pagó un inversor por un título valor, siempre habrá alguien con menos conocimientos que querrá comprárselo.

green book: Libro verde. Informe preparado por la Reserva Federal de Estados Unidos que hace proyecciones económicas con respecto a los diversos sectores del país.

greenmail: Maniobra para evitar un "takeover", mediante la cual una compañía realiza pagos a quien ha adquirido parte de sus acciones, a fin de impedir que compre más acciones y evitar así que adquiera el control de la firma. Quien pretendía acceder al control de la compañía vende sus acciones a un precio superior al que pagó, obteniendo una ganancia y comprometiéndose a no efectuar el "takeover". *Ver* ANTITAKEOVER MEASURE; TAKEOVER.

green shoe: Cláusula incluida en un contrato de colocación de emisiones que establece que, en caso de gran demanda, el emisor autorizará al consorcio colocador a distribuir mayor cantidad de acciones al precio original.

grey market: Mercado gris. Mercado extraoficial de acciones que opera desde la fecha de cierre de suscripción de los papeles hasta el día en que comienzan a cotizar en bolsa.

gross lease: Alquiler bruto. Contrato de locación en el que el locador se compromete a hacerse cargo de los gastos y el seguro del bien alquilado. *Ver* NET LEASE.

gross margin: 1. Margen de ganancia. En materia de operaciones bancarias, sinónimo de rendimiento. Diferencia entre el costo de los fondos del prestamista y la tasa de interés pagada por el prestatario. 2. *Ver* GROSS PROFIT MARGIN.

Gross National Product (GNP): Producto Bruto Nacional (PBN). Valor de todos los bienes y servicios producidos por la economía de un país durante un determinado período (por lo general un año). El crecimiento del PBN es un indicador del estado en que se encuentra la economía nacional.

gross national product deflator: *Ver* GNP DEFLATOR.

gross per broker: Comisiones brutas por operador. Monto total por comisiones que recibe un agente de bolsa durante un determinado período. Por lo general, las sociedades bursátiles autorizan a los corredores a quedarse con un tercio de sus comisiones brutas.

gross profit (GP): Utilidad bruta, ganancia bruta. Diferencia entre las ventas netas y el costo de mercaderías vendidas. No incluye los gastos administrativos y de ventas. *También llamado GROSS MARGIN. Ver* NET INCOME.

gross profit margin: Margen de ganancia bruta. Utilidad bruta de una compañía dividido por las ventas netas. El margen de ganancia bruta es un reflejo de la capacidad que tiene la firma de convertir en utilidad cada unidad monetaria recibida por ventas, después de haber deducido el costo de las mercaderías vendidas. *También llamado GROSS MARGIN; MARGIN OF PROFIT. Ver* NET PROFIT MARGIN; RETURN ON SALES.

gross sales: Ventas brutas, facturación bruta. Total de ventas realizadas en un determinado período sin deducir los descuentos, las bonificaciones o los gastos por flete. *Ver* NET SALES.

gross spread: Margen bruto, diferencia bruta. Diferencia entre el precio que paga el agente colocador por una emisión nueva de títulos valores y el que abona el inversor por esa misma emisión. *También llamado UNDERWRITING SPREAD. Ver* CONCESSION; FLOATATION COST.

gross up: Elevar a bruto. Agregar al precio neto de un producto o servicio el valor de los impuestos que pesan sobre ese precio, de modo de llegar al precio bruto.

gross working capital: *Ver* CURRENT ASSET.

group of funds: *Ver* FAMILY OF FUNDS.

group of ten: Grupo de los diez. Club de París. Los diez principales países industrializados que tratan de coordinar las políticas monetarias y fiscales para crear un sistema económico mundial más estable. Los diez países son Bélgica, Canadá, Francia, Italia, Japón, Países Bajos, Suecia, Reino Unido, Estados Unidos y Alemania.

group sales: Ventas en bloque. Ventas que un colocador de emisiones realiza a inversores institucionales. Estas ventas son prorrateadas entre los miembros del consorcio colocador en proporción a la parte de la emisión original que cada uno se comprometió a colocar.

growth fund: Fondo de inversión cuyo principal objetivo es incrementar a largo plazo el valor del capital. Este tipo de fondos genera rendimientos elevados pero su precio sufre importantes variaciones durante las tendencias alcistas y bajistas en el mercado.

growth rate: Tasa de crecimiento. Tasa anual a la que se incrementó o se espera que se incremente una variable, como el producto bruto interno de un país o las utilidades de una firma.

growth recession: Recesión. Economía en la que la producción de mercaderías y servicios aumenta en forma lenta pero, a su vez, la tasa de desempleo permanece alta o incluso se incrementa.

growth stock: Capital accionario de una compañía que, según los pronósticos, incrementará sus ventas y ganancias por encima del promedio del mercado. Por lo general, estas compañías retienen la mayor parte de sus utilidades para reinvertirlas y, por lo tanto, pagan menos dividendos a los accionistas.

guarani: Guaraní. Moneda nacional de Paraguay.

guarantee (sust.)**:** Garantía. 1. En general, toda forma o mecanismo legal para asegurar el cumplimiento de una obligación. 2. Fianza. Contrato o acto unilateral por el cual un tercero (fiador) se constituye en garante de la obligación contraída o a contraer por el deudor. 3. Aval. Garantía típicamente cambiaria que hace solidariamente responsable al avalista en caso de mediar impago por parte del obligado directo o del avalado. *También llamado GUARANTY*.

guarantee (v.)**:** Garantizar. Responder por el pago de una deuda o cumplimiento de una obligación en el caso de que el deudor no lo haga.

guarantee clause: Cláusula de garantía. Cláusula contenida en un contrato o escritura mediante la cual una persona se compromete a cumplir con la obligación contraída por otra.

guaranteed account: Cuenta garantizada. Cuenta de corretaje cuyos requisitos de margen o pérdidas se encuentran garantizados con los activos colocados en otra cuenta.

guaranteed bond: Bono garantizado. Bono cuyo pago de intereses y monto principal se encuentra garantizado por una o varias compañías distintas a la compañía emisora del mismo.

guaranteed-dollar annuity: *Ver* FIXED ANNUITY.

guaranteed income contract: Contrato de renta garantizada. Contrato entre una compañía de seguros y un plan de jubilación que garantiza una determinada tasa de rendimiento sobre el capital invertido durante la vigencia del contrato.

guaranteed stock: Acción con dividendos garantizados. Acción preferida emitida por una compañía y cuyos dividendos se encuentran garantizados por una o varias compañías.

guarantee letter: Nota de garantía. Nota emitida por un banco comercial que garantiza que el lanzador de una opción de venta ("put") pagará el precio de ejercicio en caso de que ésta fuese ejercida contra el lanzador.

guarantee of signature: Certificación de firma. Certificado emitido por un banco o sociedad de bolsa que respalda la autenticidad de la firma de una persona.

guarantor: Garante, fiador. Sujeto que frente al acreedor de un tercero, asume el deber de garantizar el cumplimiento de una obligación no propia, es decir, de otra persona llamada deudor principal.

guaranty: *Ver* GUARANTEE.

guilder: Florín. Moneda de Holanda, Surinam y Antillas Holandesas.

gulf riyal: Riyal. Moneda nacional de Qatar.

gun jumping: 1. Operación con títulos valores que se efectúa en base a información que el público desconoce. 2. Solicitud ilegal de órdenes de compra para adquirir títulos valores cuya colocación aún no fue registrada ante la autoridad nacional del mercado de valores.

H

h: En los diarios estadounidenses, letra que se emplea en las tablas de operaciones extrabursátiles para indicar que el dividendo corresponde al año anterior.

H: 1. En los diarios estadounidenses, letra que se emplea en las tablas de operaciones con acciones para señalar que durante la actividad de la jornada el título valor operó al precio más alto de las últimas 52 semanas. 2. En los diarios británicos, letra que se emplea en las tablas de operaciones bursátiles para indicar que el rendimiento se calculó en base al prospecto.

haircut: 1. Deducción de un determinado porcentaje del valor de mercado de los títulos valores que forman parte del patrimonio de una sociedad bursátil o un banco de inversión, con el fin de calcular el capital neto del mismo. Este porcentaje varía según la clase de título, su riesgo en el mercado y su fecha de vencimiento. Por ejemplo, los bonos del Tesoro podrían sufrir una deducción de 0%, mientras que al valor de mercado de las acciones se les podría deducir un 30% y al de las posiciones vencidas con pocas posibilidades de entrega, un 100% de su valor. 2. En materia de préstamos, diferencia entre el monto adelantado por el prestamista y el valor de mercado del bien dado en garantía. *También llamado HAIRCUT FINANCING.*

half: Medio punto. En Estados Unidos, para las acciones, medio punto representa la mitad de un dólar o 50 centavos; para los bonos, medio punto es igual al 0,5% de su valor nominal; y para las opciones, medio punto es equivalente a $ 50.

half-life: Vida promedio. Período que transcurre desde la emisión de un título de deuda hasta el pago de la mitad del monto principal del mismo a través del pago de amortizaciones. *También llamado AVERAGE LIFE; DURATION.*

half-stock: Mitad de acción. En Estados Unidos, acción común o preferida cuyo valor nominal es de $ 50. Por lo general, las acciones en EE.UU. poseen un valor nominal de $ 100.

hammering the market: Situación en la que los inversores venden gran cantidad de acciones porque opinan que el precio de las mismas está inflado.

hard asset: *Ver* TANGIBLE ASSET.

hard currency: *Ver* HARD MONEY.

hard dollars: Pagos en efectivo que realiza un cliente por los servicios prestados por una sociedad de bolsa. *Ver* SOFT DOLLARS.

hard money: Moneda fuerte. Moneda que supuestamente se mantendrá estable o subirá su cotización con respecto a otras divisas. Corresponde a la moneda de un país económica y políticamente estable. *También llamado STRONG MONEY*.

head-and-shoulders: En análisis técnico, cuadro en el que el precio de un título valor llega a un pico y luego cae, sube nuevamente superando el pico anterior y vuelve a caer. La primera y tercera alza serían los "hombros" (shoulders) y la segunda, la "cabeza" (head). *Ver* NECKLINE; REVERSAL PATTERN.
(Ver gráfico en p. 461).

heart bond: Bono emitido por una sociedad privada sin fines de lucro, como, por ejemplo, una iglesia, un hospital o una escuela.

heavy market: Mercado de acciones, bonos o "commodities" en el que caen los precios como consecuencia de la gran oferta.

hedge/hedging: Cobertura, estrategia de cobertura, resguardo. Práctica mediante la cual el inversor se cubre de ciertos riesgos derivados de la fluctuación de precios. Una forma de lograrlo es a través de una operación con opciones de venta sobre acciones ("put") para reducir, al menos parcialmente, las pérdidas que pueden surgir como consecuencia de una caída en el precio de esas acciones. *Ver* PERFECT HEDGE; RISK HEDGE; SHORT HEDGE; SPECIAL ARBITRAGE ACCOUNT.

hedge clause: Cláusula presente en todo informe relacionado con la evaluación de inversiones, que establece que el documento ha sido preparado basándose en información considerada exacta y proveniente de fuentes fidedignas.

hedged tender: Oferta resguardada. Oferta que realiza un inversor para vender sus títulos valores a la vez que vende corto parte de esos títulos valores. La venta corta cubre la posibilidad de que no todos los títulos sean aceptados por el comprador y que, por consiguiente, el valor de los mismos caiga por debajo del precio de oferta. *Ver* SHORT SALE; TENDER OFFER.

hedge fund: Fondo de alto riesgo. Fondo de inversión abierto muy especializado que permite la práctica de distintas técnicas de inversión normalmente prohibidas en otros tipos de fondos. Esta clase de fondos otorga a los inversores la posibilidad de obtener ganancias extraordinarias, pero los riesgos son elevados. *Ver* HEDGE/HEDGING.

hedge ratio: Cantidad de opciones que se necesitan para compensar la fluctuación del precio de 100 acciones ordinarias.

hedger: Coberturista. Persona que emplea estrategias de cobertura. *Ver* HEDGE/HEDGING.

hemline theory: Teoría que sostiene que los precios de las acciones fluctúan según la moda. Cuando se usan las faldas cortas es una señal alcista y cuando se usan largas, una señal bajista.

hidden assets: Activos encubiertos, bienes encubiertos u ocultos. Bienes de valor que pertenecen a una firma pero que no aparecen en el balance general de la misma. *También llamado CONCEALED ASSETS.*

high: Cotización máxima. Precio más alto que alcanzó un título valor a lo largo de las últimas 52 semanas o desde que comenzó a cotizar. *Ver* LOW.

high flyer: Acción altamente negociada que se vende a una relación precio-ganancia muy elevada. El precio de este tipo de acciones registra fuertes fluctuaciones en períodos cortos.

high-grade bond: Bono de primera categoría. Bono al que las agencias calificadoras de riesgo asignaron una triple A o doble A (AAA o AA), es decir que opinan que existen muy pocas probabilidades de que el emisor no cumpla con lo pactado. *Ver* INVESTMENT-GRADE.

high-low index: Índice de alzas y bajas. Gráfico que registra en forma acumulativa la cantidad de acciones que alcanzaron nuevos picos máximos menos las que registraron nuevos picos mínimos. Los analistas técnicos utilizan este índice para calcular la solidez del movimiento del mercado.

highs: Picos máximos. Acciones que superaron el precio más alto alcanzado durante el actual período de 52 semanas. *Ver* LOWS.

high-technology stock: Acciones de compañías que operan en el sector de alta tecnología (computación, semiconductores, biotecnología, robótica, electrónica, etc.). Este tipo de acciones por lo general generan importantes ganancias pero tienden a ser riesgosas debido a la gran competencia y la incertidumbre con respecto al éxito de sus productos.

high-yield bond: *Ver* JUNK BOND.

high-yield financing: *Ver* JUNK FINANCING.

hire: 1. Alquilar. Celebrar un contrato en virtud del cual una de las partes se obliga a suministrar a otra el uso y goce de una cosa durante un plazo, obligándose a su vez la segunda al pago de un precio por ese uso y goce. 2. Contratar. Contratar los servicios de una persona.

historical cost (HC): Costo histórico. Monto que originalmente fue destinado al pago de un activo. En el balance general de una compañía, sus activos deben aparecer con el precio de compra a pesar de que éste difiera en gran medida con el valor actual de mercado. *También llamado ORIGINAL COST.*

historical trading range: Banda de precios en la que oscilaron las acciones, los bonos y "commodities" desde que cotizan en bolsa.

historical yield: Rendimiento histórico. Rendimiento generado por un fondo común de inversión durante un determinado período.

hit: 1. Vender un título valor al precio de compra fijado por el operador. *Ver* HIT THE BID. 2. Perder dinero en una operación.

hit the bid: Aceptar el precio más alto ofrecido por una acción.

holder: 1. Poseedor. Persona que tiene la posesión de un título valor. Propietario de un título valor. 2. Portador, tenedor. Persona que posee un título de crédito.

holder in due course: Poseedor de buena fe a título oneroso, tenedor legítimo.

holder of a bill of exchange: Tenedor de una letra de cambio. *Ver* BILL OF EXCHANGE.

holder of an account: Titular de una cuenta. Persona a cuyo nombre se abre una cuenta.

holder of record: Poseedor registrado. Propietario o poseedor según los registros. Poseedor de un título valor que se encuentra registrado en los libros de la compañía como propietario del mismo. Este registro determina cuáles son los accionistas que deben recibir dividendos, intereses, informes financieros, etc. *También llamado OWNER OF RECORD; STOCKHOLDER OF RECORD. Ver* RECORD DATE.

hold harmless clause: Cláusula liberatoria de responsabilidad. Cláusula contenida en un contrato de hipoteca o préstamo destinado a la construcción, que exime al prestatario de toda responsabilidad en caso de no poder cumplir o ver limitadas sus posibilidades de cumplimiento como consecuencia de hechos imprevistos como huelgas o desastres naturales.

holding company: "Holding", empresa controlante. Compañía que es propietaria de una cantidad tal de acciones de otras empresas que puede influir en las decisiones de los directores de estas últimas y, por lo tanto, ejercer el control de sus políticas. *Ver* OPERATING UNIT; PARENT COMPANY; SUBSIDIARY.

holding period: Período durante el cual un título valor permaneció en poder de su propietario.

holding period return (HPR): Rendimiento obtenido sobre una inversión durante el período en que el inversor mantuvo el título valor en su poder. *También llamado HOLDING PERIOD YIELD.*

holdings: Valores en cartera, posiciones en títulos valores.

holding the market: *Ver* PEG 1.

holdovers: Cheques cuyo cobro, por una razón u otra, se posterga para el día siguiente.

home run: Gran utilidad obtenida por un inversor durante un período corto.

home-savings account: Cuenta de ahorro para la vivienda.

honor: 1. (sust.) Pago, cancelación de una deuda o documento. 2. (v.) Pagar, cancelar una deuda o documento. Aceptar una letra de cambio.

horizontal analysis: Análisis horizontal. Comparación de los estados contables, o de determinados datos que éstos proporcionan, durante dos o más períodos. *Ver* RATIO ANALYSIS; VERTICAL ANALYSIS.

horizontal merger: Fusión horizontal. Fusión entre compañías que comercializan o fabrican productos o servicios de similares características. Este tipo de fusión permite que la empresa fusionada aumente su participación en el mercado. *Ver* VERTICAL MERGER.

horizontal price movement: Movimiento horizontal de precios. Oscilación de precios que día tras día se mantiene dentro de la misma banda. Por ejemplo, una acción posee un movimiento horizontal de precios si hace seis meses que cotiza entre $30 y $33. *(Ver gráfico en p. 461).*

horizontal security exchange: Intercambio horizontal de títulos valores. Intercambio de títulos valores de iguales características (es decir, acción por acción, bono por bono).

horizontal spread: *Ver* CALENDAR SPREAD.

hostile leveraged buyout: Adquisición hostil apalancada. Compra de una firma, sin la aprobación de los gerentes de la firma adquirida, en la que un pequeño grupo de inversores financian la compra a través de la obtención de créditos.

hostile takeover: *Ver* UNFRIENDLY TAKEOVER.

hostile tender offer: Oferta de compra hostil. Oferta que reciben los accionistas de una empresa para vender sus acciones a pesar de que los directores de la misma les recomendaron no liquidar sus posiciones. *Ver* TENDER OFFER; UNFRIENDLY TAKEOVER; WHITE KNIGHT.

hot card: Tarjeta no válida. Tarjeta bancaria mediante la cual no pueden hacerse pagos debido a que fue dada de baja (ya sea por robo, pérdida o voluntad del titular).

hot issue: Emisión de gran demanda. Emisión de títulos valores que se cotiza en mercados de valores a un precio muy superior a su valor de emisión debido a que la cantidad de inversores interesados es superior a la cantidad de papeles en venta. *Ver* BLOWOUT; INVESTMENT HISTORY; NORMAL INVESTMENT PRACTICE; UNDERWRITE.

hot money: Dinero especulativo. Fondos controlados por inversores —en general, inversores institucionales— que sólo buscan altos rendimientos a corto plazo, como por ejemplo a través de la oferta de certificados de depósito con elevadas tasas de retorno. Si la tasa cae, normalmente los fondos son trasladados a otro tipo de inversión.

hot stock: Acciones que sufren grandes oscilaciones de precio en un volumen de operaciones muy elevado. Este tipo de acciones son bastante riesgosas y son ideales para los especuladores que realizan operaciones a corto plazo.

house: 1. Agente de bolsa, sociedad de bolsa, casa de bolsa. *Ver* BROKER-DEALER. 2. Sobrenombre de la Bolsa de Londres.

house account: Cuenta de corretaje manejada en la sede central de una sociedad de bolsa o por un ejecutivo de la misma.

house call: Llamado para cubrir la garantía. Llamado que realiza la casa de bolsa al cliente cuando el valor de sus títulos comprados a margen es inferior a la garantía mínima requerida. *Ver* HOUSE MAINTENANCE REQUIREMENT.

house maintenance requirement: Garantía mínima. Cantidad mínima de títulos valores —fijada por la sociedad de bolsa— que debe tener el cliente en su cuenta de margen. *Ver* MARGIN 1.

house of issue: *Ver* LEAD UNDERWRITER.

house rules: Reglamento interno. Normas establecidas por la sociedad de bolsa, las cuales reglamentan las prácticas y cuentas de los clientes. Por ejemplo, la casa de bolsa debe reglamentar cómo funcionará y cuál será la garantía mínima para las cuentas de margen. Este reglamento no puede ser menos estricto que el fijado por el sector y que rige para todas las sociedades de bolsa.

housing bond: *Ver* MORTGAGE-BACKED REVENUE BOND.

humped yield curve: Situación anormal en la que las tasas de rendimiento para los títulos a mediano plazo son más elevadas que las de corto y largo plazo.
(Ver gráfico en p. 462).

hung up: Expresión que se utiliza para describir la posición de un inversor cuyas acciones o bonos cayeron por debajo del precio de compra.

hybrid annuity: Renta vitalicia o anualidad híbrida. Contrato que ofrece una compañía aseguradora mediante el cual se permite que el inversor combine los beneficios de una anualidad fija y una anualidad variable.

hybrid security: Título valor híbrido. Título valor que posee características de dos o más instrumentos financieros. Por ejemplo, un bono convertible es un valor híbrido porque tiene características de un bono ordinario (interés, vencimiento, etc.) y a la vez, se encuentra muy influido por los movimientos de precios de las acciones por las que es convertible.

hyperinflation: Hiperinflación. Período durante el cual se produce un aumento general de precios extremadamente elevado. La hiperinflación tiende a quebrar el sistema monetario, a provocar acumulación de productos y detener el crecimiento económico real del país.

hypothecate: 1. Garantizar. Afectar títulos valores como garantía de un préstamo obtenido para comprar títulos valores o para cubrir ventas en descubierto. 2. Hipotecar. En operaciones bancarias, afectar un bien inmueble como garantía de un préstamo. *Ver* REHYPOTHECATION.

hypothecation agreement: Contrato de garantía. Acuerdo escrito entre una sociedad de bolsa y su cliente mediante el cual se establece que, una vez abierta la cuenta de margen, las acciones colocadas en dicha cuenta serán garantía del cumplimiento de los pagos destinados a cubrir las ventas en descubierto. La casa de bolsa puede vender las acciones del cliente en el caso de que el valor de las acciones en la cuenta de margen sea inferior a la garantía mínima estipulada. *Ver* MARGIN MAINTENANCE RULE.

I

i: En los diarios estadounidenses, letra que se emplea en las columnas de dividendos de las tablas de operaciones bursátiles para indicar que el dividendo fue pagado en acciones y no en efectivo.

idle funds: Dinero ocioso. Dinero, como los fondos depositados en una cuenta corriente, que no forma parte de ninguna inversión y que por lo tanto no genera utilidades.

illegal dividend: Dividendo ilegal. Dividendo que, a pesar de haber sido aprobado por la junta de directores, no cumple con lo que establece el acta constitutiva de la sociedad o alguna ley vigente.

illiquid: Ilíquido. 1. Activo difícil de vender o comprar a corto plazo sin que su valor resulte afectado. Por ejemplo, un bloque grande de acciones o una pequeña cantidad de acciones con escaso volumen de negociación, probablemente sea difícil de vender sin que los compradores ofrezcan por ellas un valor inferior al que poseen. *Ver* LIQUID 1. 2. Ilíquido. Con respecto a una compañía, aquella cuyo flujo de caja no alcanza a cubrir sus obligaciones actuales.

imbalance of orders: *Ver* ORDER IMBALANCE.

immaterial: Irrelevante, insignificante. De importancia tan pequeña que no afecta el resultado final. Por ejemplo, una compañía puede ser parte en un juicio que involucra una suma de dinero tan reducida que, cualquiera sea el fallo, no afectará los estados contables de la sociedad. *Ver* MATERIAL.

immediate annuity: Anualidad o renta vitalicia inmediata. Contrato de renta vitalicia o anualidad que se adquiere a través de la entrega de una única suma total y cuyo plan de pagos comienza inmediatamente después de la firma del contrato. *Tam-*

bién llamado IMMEDIATE PAYMENT ANNUITY. *Ver* DEFERRED ANNUITY.

immediate or cancel order: Orden de compra o venta mediante la cual el inversor no sólo especifica el precio de la operación sino que también requiere que el agente bursátil ejecute de inmediato la mayor parte posible de la orden y que el resto sea cancelada. Este tipo de orden difiere de la orden "fill or kill" debido a que esta última no admite ejecuciones parciales. *Ver* FILL OR KILL ORDER.

immediate credit: Cheque de cobro inmediato. 1. Cheque cuya acreditación es inmediata cuando el mismo es emitido contra una cuenta del mismo banco en el que será depositado. 2. En Estados Unidos, cheque cuya disponibilidad de fondos es inmediata siempre que sea presentado para su cobro en un banco de la Reserva Federal.

immediate payment annuity: *Ver* IMMEDIATE ANNUITY.

immunization: Inmunización. Técnica de inversión destinada a cubrir el riesgo del mercado. Por ejemplo, una cartera de bonos está inmunizada cuando está estructurada de tal manera que genera un determinado índice de rendimiento, independientemente de las fluctuaciones que se produzcan en los precios de los bonos y las tasas de interés. *Ver* BULLET IMMUNIZATION.

impaired capital: Capital total de una sociedad cuyo valor es inferior al valor nominal de su capital social.

implied volatility: Volatilidad implícita. Grado de volatilidad implícita en el precio de mercado de una opción.

import: Importación. Producto o servicio que se introduce al país y se ofrece para la venta. *Ver* BALANCE OF TRADE; EXPORT; QUOTA.

import duty: *Ver* TARIFF.

import liberalization: Apertura del régimen de importación.

improved value: Valor de un terreno con sus mejoras. *Ver* IMPROVEMENT.

improvement: Mejora. Incremento en el valor de un bien inmueble que se logra a través del cambio de su configuración o gastos útiles que mejoran sus características.

imputed interest: Interés imputado. Por lo general con fines impositivos, interés sobre una inversión que se computa como pagado a pesar de que el inversor no haya recibido suma alguna.

imputed interest rate: Tasa de interés imputada. Tasa de interés mínima del mercado que el gobierno tiene en cuenta para fines impositivos, independientemente de la tasa real sobre la cual se otorgan los préstamos.

imputed value: Valor imputado. Valor implícito o lógico que no se registra en las cuentas. Por ejemplo, el dinero ocioso tiene un valor imputado que es igual a lo que habría generado a través de una inversión productiva.

inactive account: Cuenta inactiva. Cuenta en una sociedad de bolsa que efectúa pocas transacciones.

inactive asset: Bien inactivo. Activo que no se utiliza en el proceso productivo de la compañía; por ejemplo, un generador auxiliar de electricidad.

inactive bond crowd: *Ver* CABINET CROWD.

inactive post: Espacio físico dentro del recinto bursátil en el que se comercializan los títulos valores inactivos. *Ver* INACTIVE SECURITY; POST 30 STOCK.

inactive security: Título valor inactivo. Bono o acción de bajo volumen de negociación. Estos títulos valores son considerados activos ilíquidos.

inactive stock/bonds: *Ver* INACTIVE SECURITY.

in and out: Compra y venta de una inversión en un período corto.

in and out trader: Operador bursátil que en un mismo día compra y vende el mismo título valor con el fin de aprovechar la fluctuación marcada en los precios.

Inc.: *Ver* INCORPORATION.

incentive fee: Incentivo remuneratorio. Remuneración que la compañía abona al personal como incentivo para que se logren rendimientos superiores al promedio.

incentive pricing: Precio promocional.

incentive stock option: Opción que permite que el empleado adquiera, a un precio establecido, acciones del capital social del empleador. Si el empleado ejerce la opción en un período inferior a los 12 meses contados desde su adquisición, la firma no paga impuestos por la venta de ese capital. *También llamado EMPLOYEE STOCK OPTION; OPTION.*

incestuous share dealing: Compra y venta de acciones de dos sociedades entre sí para evadir impuestos o crear una ventaja financiera.

income: Utilidad, ganancia, rédito, beneficio. Remanente positivo de una operación o grupo de operaciones o de un período determinado. *FIXED INCOME SECURITY:* Título valor de renta fija. *TAXABLE INCOME:* Ganancia imponible.

income averaging: Técnica para el cómputo de los impuestos sobre las ganancias personales que permite que el contribuyente con grandes variaciones en sus ganancias imponibles, pueda calcular el promedio de su ganancia en determinado número de años.

income bond: Bono de ajuste. Título de deuda a largo plazo mediante el cual el emisor se compromete a pagar intereses sólo si de año a año registró suficientes ganancias. Esta extraña clase de títulos de deuda por lo general son emitidos por compañías que están reestructurando su capital. *También llamado ADJUSTMENT BOND.*

income distribution: Distribución de utilidades. Distribución de dividendos, intereses, y ganancias de capital a corto plazo que realiza un fondo de inversión entre sus cuotapartistas. *Ver* CAPITAL GAINS DISTRIBUTION.

income fund: Fondo de inversión cuyo objeto principal es obtener ganancias inmediatas para sus inversores. De esta manera, tiende a seleccionar títulos valores como bonos, acciones preferidas y ordinarias que registran rendimientos relativamente elevados. *También llamado INCOME INVESTMENT COMPANY.*

income investment company: *Ver* INCOME FUND.

income limits: Mínimo de ingresos. Ingreso mínimo que debe poseer una familia para recibir un crédito hipotecario.

income per share: *Ver* EARNINGS PER SHARE.

income property: Inmueble que genera rentas. Bien raíz que genera ingresos, por lo general en forma de alquileres. Entre este tipo de inmuebles se incluyen los departamentos, oficinas y viviendas.

income return: Declaración de ganancias, con fines impositivos.

income shares: Cuotapartes de interés. Uno de los dos tipos de capital que emite un fondo de doble propósito. Los poseedores de cuotapartes de interés reciben la renta generada por la cartera de inversión, pero no tienen derecho alguno sobre el valor del capital (que es el caso de las cuotapartes de capital). *Ver* CAPITAL SHARES; DUAL PURPOSE FUND.

income statement: Estado de resultados. Cuenta de pérdidas y ganancias que sirve para equilibrar el activo y pasivo del balance general de una empresa. En esta cuenta figuran los beneficios sobre las ventas, costos y gastos de una compañía durante un período contable. Junto con el balance general, forma parte de los estados contables. *También llamado EARNINGS REPORT; EARNINGS STATEMENT; OPERATING STATEMENT; P&F; PROFIT AND LOSS STATEMENT. Ver* CONSOLIDATED INCOME STATEMENT.

income stock: Acción que genera un rendimiento en dividendos relativamente elevado. El emisor de este tipo de acciones, por lo general, es una sociedad que registra ganancias y dividendos estables y opera en un sector de la economía muy desarrollado. El precio de estas acciones se ve altamente influido por los cambios en las tasas de interés.

income tax: Impuesto a las ganancias, impuesto a los réditos. Impuesto que grava las utilidades anuales generadas por un individuo o empresa.

inconvertible: No convertible. Título valor o divisa que no puede intercambiarse por otra o por dinero. *Ver* CONVERTIBLE SECURITY.

incorporate: Constituir una persona jurídica. Obtener la aprobación del acta constitutiva que permite que una sociedad opere como tal. *Ver* ARTICLES OF INCORPORATION.

incorporation: Constitución de una persona jurídica. Proceso mediante el cual una sociedad recibe autorización para comenzar a operar como tal. En Estados Unidos, las compañías que fueron constituidas deben agregar a continuación de su nombre la palabra "Incoporated," su abreviatura "Inc."o cualquier variación aceptada.

incorporation fee: Tasa de constitución de una persona jurídica. Suma que debe abonarse para constituir una persona jurídica. *Ver* INCORPORATION.

incremental cost: *Ver* MARGINAL COST.

incremental cash flow: Flujo de fondos atribuible a un proyecto de inversión empresarial.

indenture: Documento de emisión de bonos. Contrato entre el emisor de bonos y sus prestamistas mediante el cual se fijan las condiciones de la emisión. Por lo general, contiene el monto total de la emisión, las fechas en que se abonarán los intereses, la fecha de vencimiento, garantías y derechos de rescate. *También llamado TRUST DEED.* Ver COVENANT.

independent audit: *Ver* EXTERNAL AUDIT.

independent broker: *Ver* TWO DOLLAR BROKER.

independent variable: Variable independiente. Variable que no se ve afectada por otras. Por ejemplo, cuando se compara el precio de una acción del sector de servicios energéticos con las tasas de interés, estas últimas son una variable independiente porque no se ven influidas por los movimientos en el precio de las acciones de compañías de servicios públicos. *Ver* DEPENDENT VARIABLE.

index: (sust.) Índice. Cifra numérica que se ajusta periódicamente para medir modificaciones en la economía o en los mercados financieros. Por lo general, se expresa en cambios porcentuales con respecto a un año base o al mes anterior. *CONSUMER PRICE INDEX:* Índice de precios al consumidor. *COST OF LIVING INDEX:* Índice del costo de vida. *PRICE INDEX:* Índice de precios. *RETAIL PRICE INDEX:* Índice de precios minoristas. *WHOLESALE PRICE INDEX:* Índice de precios mayoristas. *Ver* AVERAGES; BASE YEAR.

index: (v.) Ajustar salarios, impuestos u otros pagos a un determinado índice. Por ejemplo, un contrato de trabajo puede exigir que el salario del empleado sea ajustado al índice de precios al consumidor para evitar que caiga su poder adquisitivo durante un período de inflación.

index-based offer: Oferta a precio de índice. Oferta de compra o venta de un título valor a un precio basado en un determinado índice.

indexed CD: *Ver* MARKET INDEX DEPOSIT.

indexed deposit account: *Ver* MARKET INDEX DEPOSIT.

index fund: Fondo común de inversión cuya cartera de inversiones está diseñada para que su rendimiento sea igual al registrado por el mercado en general. Este tipo de fondo de inversión tiene menos gastos administrativos y agrada a los inversores que creen que es difícil o imposible que los gerentes de inversiones puedan superar el rendimiento del mercado. *También llamado MARKET FUND.*

index numbers: Números índices. Unidad de medida de las variaciones de los precios que constituye una forma de convertir los números absolutos de una serie estadística cronológica, en números proporcionales que muestran con mayor claridad las variaciones producidas en los hechos realizados. Para ello, se toman como base de comparación los valores absolutos de un determinado período, y luego, por simple regla de tres, se calculan los números índices correspondientes a los períodos restantes.

index of industrial production: *Ver* INDUSTRIAL PRODUCTION.

index of leading economic indicators: Índice de los principales indicadores económicos. Índice elaborado por el Departamento de Comercio de Estados Unidos que refleja la dirección futura de la actividad económica.

index option: Opción sobre índices. Opción de compra o venta cuyo bien subyacente es un índice determinado. Por ejemplo, una opción de compra sobre el índice Standard & Poor's 500 otorga al comprador de la opción el derecho a adquirir el valor del índice a un precio fijo durante un período determinado.

indicated market: *Ver* INDICATION 1.

indication: 1. Indicación. Cálculo del precio de compra y venta que tendrá un determinado título valor cuando se inicien las operaciones, después de una demora en la apertura de la rueda o después de una suspensión de la misma. Por lo general, los operadores bursátiles e inversores tratan de utilizar este cálculo para diseñar la estrategia que practicarán con respecto a ese título valor. *También llamado INDICATED MARKET.* 2. Cotización nominal que da a conocer una bolsa de valores y que establece la banda de precios en la que abrirá un título valor. *También llamado PREOPENING INDICATION.*

indication of interest: Expresión que indica que el inversor está interesado en comprar parte de una emisión de títulos valores antes de que la misma llegue al mercado. Cuando el operador de bolsa es informado sobre esta intención de compra, envía al cliente un prospecto preliminar con los datos sobre la emisión. Este interés que demuestra tener el cliente no constituye un compromiso de compra debido a que es ilegal vender un título valor antes de que comience a cotizar en bolsa. *Ver* CIRCLE; UNDERBOOKED.

indicator: Indicador. Variable que se utiliza para proyectar el valor o algún cambio en el valor de otra variable. Por ejemplo, las modificaciones en el índice de precios mayoristas se utilizan para proyectar cambios en el índice de precios al consumidor. *Ver* TECHNICAL INDICATOR.

indirect convertible: Título convertible que puede ser intercambiado por otro título convertible. Por ejemplo, un bono convertible que puede ser intercambiado por diez acciones preferidas convertibles.

indirect cost: Costo indirecto. Costo que no está directamente relacionado con la fabricación de un producto o prestación de un servicio, pero que se relaciona indirectamente con una serie de productos y servicios. Por ejemplo, el costo que representa el sector administrativo de una compañía debe dividirse entre todos los productos o servicios. *También llamado OVERHEAD. Ver* DIRECT COST.

indirect government obligation: *Ver* FEDERAL AGENCY SECURITY.

indirect labor costs: Costos laborales indirectos. Salarios de empleados no relacionados directamente con la producción de la compañía, como inspectores y personal del sector de mantenimiento.

indirect tax: Impuesto indirecto. Impuesto que abona una persona distinta al individuo sobre el cual recae. Por ejemplo, el impuesto a las ventas minoristas lo cobra la compañía y lo remite al gobierno a pesar de que en definitiva lo hayan pagado los consumidores.

individual assets: Activos individuales. Bienes particulares de cada uno de los socios de una sociedad comercial, en contraposición a los activos sociales, es decir, los que pertenecen al patrimonio de la sociedad propiamente dicha.

individual account: Cuenta individual. Cuenta en una sociedad de bolsa a nombre de una persona y no de una entidad. *Ver* INSTITUTIONAL ACCOUNT; JOINT ACCOUNT; PARTNERSHIP ACCOUNT.

individual debts: Deudas individuales. Deudas u obligaciones particulares de los socios, en contraposición a las incurridas por la sociedad.

individual retirement account: *Ver* IRA.

indorsement: *Ver* ENDORSEMENT.

indorser: *Ver* ENDORSER.

industrial: Industrial. En el mercado de valores, categoría que comprende las compañías que fabrican y distribuyen productos y servicios, y que no entran en la clasificación de servicios públicos, transporte o compañías financieras.

industrial bond: Bono industrial. Título de deuda a largo plazo emitido por una compañía cuyo objeto es la fabricación —o refinación, entre otros procesos— de productos.

industrial development bond (IDB): Bono para el desarrollo industrial. Tipo especial de bono municipal estadounidense cuyos pagos de intereses y monto principal no está respaldado por la municipalidad sino por una compañía privada. *También llamado INDUSTRIAL REVENUE BOND. Ver* PRIVATE ACTIVITY BOND.

industrial production: Producción sectorial. Estadística mensual publicada por el banco central que abarca la producción del sector manufacturero, minero y de servicios públicos de un país. *También llamado INDEX OF INDUSTRIAL PRODUCTION.*

industrial revenue bond: *Ver* INDUSTRIAL DEVELOPMENT BOND.

industrial sector: Sector industrial. Sector de la ecomonía comprendido por aquellas compañías que se dedican a la fabricación de productos.

industrial stock: Acciones industriales. Acciones de compañías que operan en el sector industrial.

industry life cicle: Ciclo de vida de la industria. Etapas de la evolución de una industria; es decir, su nacimiento, estabilización y estancamiento. Antes de invertir en una determinada compañía, los inversores tienen muy en cuenta la etapa en que se encuentra el sector al que pertenece la firma.

inelastic demand: Demanda inelástica. Demanda de un producto o servicio que no varía en gran medida frente a los cambios en el precio de ese producto o servicio. Un ejemplo de demanda inelástica es la de alimentos y medicamentos; los consumidores compran relativamente la misma cantidad de estos productos independientemente de los movimientos que se registren en sus precios. *Ver* ELASTIC DEMAND; ELASTICITY.

infant industry argument: Argumento de la industria joven. Argumento que exponen los sectores económicos en desarrollo cuando solicitan protección para no verse perjudicados por la competencia internacional. En respuesta a ese pedido, el gobierno puede fijar un arancel o derecho de importación para reducir la competencia del exterior.

inflation: Inflación. Fenómeno que se caracteriza por la desvalorización de la unidad monetaria de un país, en lo concerniente a su poder adquisitivo interno. *Ver* COMSUMER PRICE INDEX; DEFLATION; DISINFLATION; GNP DEFLATOR; HYPERINFLATION; PRODUCER PRICE INDEX; PURCHASING POWER RISK.

inflation accounting: Contabilidad de inflación. Ajuste de los estados contables de una compañía que demuestra de qué manera la inflación afectó a la misma. *También llamado GENERAL PRICE LEVEL ACCOUNTING.*

inflationary psychology: Psicología inflacionaria. Convicción por parte de los consumidores de que los precios inevitablemente subirán. Esta suposición los conduce a acelerar el ritmo de adquisiciones de bienes raíces y a evitar las inversiones en instrumentos financieros como bonos y acciones. Con esta actitud, los consumidores mismos generan inflación.

inflation hedge: Inversión protegida de la inflación. Inversión cuyo valor está directamente relacionado con las variaciones del nivel general de precios. Las acciones comunes de compañías de recursos naturales (oro, petróleo, etc.) por lo general son consideradas una inversión protegida de la inflación debido a que, durante un período de inflación, el valor de sus activos normalmente acompaña el alza de los precios.

inflation premium: Prima de inflación. Parte del rendimiento de una inversión que compensa posibles incrementos en el nivel general de precios.

inflation rate: Índice de inflación, tasa de inflación. Índice que refleja el cambio en el nivel de precios. Los dos principales indicadores de la tasa de inflación son el Índice de Precios al Consumidor y el Índice de Precios Mayoristas. *Ver* CONSUMER PRICE INDEX; WHOLESALE PRICE INDEX.

initial margin requirement: Margen inicial de garantía. Porcentaje mínimo del valor de una operación a margen que el inversor debe depositar como garantía en la sociedad de bolsa. *También llamado MARGIN REQUIREMENT. Ver* MAINTENANCE MARGIN REQUIREMENT.

initial public offering (IPO): Oferta pública inicial. Primera oferta de acciones que realiza una sociedad que comienza a cotizar en bolsa.

in play: En juego. Expresión que se emplea para hacer referencia al capital de una compañía que se supone que será adquirido por otra. *Ver* TARGET COMPANY.

inside director: Miembro de la junta de directores de una sociedad que, a su vez, ocupa otro cargo dentro de la compañía (por ejemplo, un CEO que además es miembro del directorio). *Ver* OUTSIDE DIRECTOR.

inside information: Información confidencial. Información sobre aspectos financieros y económicos de una compañía, que no está al alcance de la mayoría de los accionistas y del público en general. Por lo general, las autoridades nacionales de los mercados de valores son muy severas con respecto al uso de dicha información para evitar que los directores y personal jerárquico se beneficien en detrimento de otras personas y que distorsionen el mercado efectuando operaciones en bloque. *Ver* INSIDER 1.

inside market: Mercado en el que las cotizaciones corresponden a operaciones bursátiles entre agentes de bolsa. *Ver* RETAIL MARKET; WHOLESALE.

insider: 1. Persona vinculada a la compañía. Persona que en razón de sus relaciones o posición dentro de la empresa tiene acceso a información que no está al alcance del público en general. 2. Cualquier persona que posee más del 10% de los títulos valores de una compañía. *Ver* FORM 3.

insider trading: Compra o venta ilegal de títulos valores que se efectúa sobre la base de información que no está al alcance del público en general. Un ejemplo es la adquisición, por parte de un director, de acciones de su firma justo antes de que se den a conocer las sorprendentes utilidades que durante el último período registró la misma.

insolvency: 1. Insolvencia, estado de insolvencia, estado de cesación de pagos. Imposibilidad de hacer frente a las obligaciones en la fecha de vencimiento. Una persona o compañía cuyo activo es superior a su pasivo puede ser insolvente si no posee la liquidez suficiente como para cumplir con sus obligaciones financieras. El estado de cesación de pagos es el fundamento mismo para que pueda iniciarse un proceso concursal. *Ver* BANKRUPTCY.

insolvent: Insolvente. Persona o compañía que no puede hacer frente a sus obligaciones. *Ver* INSOLVENCY.

installment: Cuota, pago en plazos, pago a cuenta. Pago parcial de una obligación financiera. Un ejemplo es el pago anual o mensual que el comprador hace al vendedor de un inmueble (o cualquier otro bien) conforme a un contrato a largo plazo.

installment contract: Contrato cuyas prestaciones se cumplen en cuotas. *También llamado* INSTALLMENT SALES PAPER; INSTALLMENT PAPER.

installment method: Método contable mediante el cual la utilidad de una venta en cuotas se registra a medida que se van cobrando las cuotas. Este método es una manera conservadora de tratar las ventas en cuotas porque la ganancia se reconoce sólo cuando se recibe cada uno de los pagos.

installment note: Pagaré pagadero en cuotas. Pagaré sobre un crédito en cuotas que obliga al deudor a realizar pagos periódicos hasta cancelar la deuda principal y los intereses.

installment paper: *Ver* INSTALLMENT CONTRACT.

installment plan: Plan de pago en cuotas.

installment sale: Venta en cuotas. Venta en la que el comprador se compromete a efectuar una serie de pagos periódicos.

installment sales paper: *Ver* INSTALLMENT CONTRACT.

Instinet (Institutional Network Corporation): Servicio computarizado estadounidense que ofrece a sus abonados información bursátil y funciona como sociedad de bolsa mediante la cual los inversores institucionales negocian directamente grandes bloques de títulos valores para evitar el pago de comisiones. *Ver* FOURTH MARKET.

institutional account: Cuenta institucional. Cuenta en una sociedad de bolsa a nombre de un inversor institucional. *Ver* INDIVIDUAL ACCOUNT; INSTITUTIONAL INVESTOR; JOINT ACCOUNT.

institutional broker: Operador de bolsa institucional, corredor de bolsa institucional. Agente de bolsa cuyos clientes son bancos, fondos de inversión, fondos de pensión, compañías aseguradoras, entre otros clientes institucionales. Por lo general, estos inversores operan con bloques grandes que requieren un tratamiento especial.

institutional favorites: *Ver* NIFTY FIFTY.

institutional investor: Inversor institucional. Organización, como un banco, fondo de pensión, fondo común de inversión o una compañía aseguradora, que negocia con grandes cantidades de títulos valores.

Institutional Network Corporation: *Ver* INSTINET.

instrument: Documento, instrumento. Documento de validez legal entre dos o más partes que expresa un derecho contractual o el derecho a uno o varios pagos. Ejemplos son los cheques, los pagarés, las letras de cambio, etc.

in-substance debt defeasance: *Ver* DEFEASANCE.

insubstancial quantity: Cantidad limitada de acciones o bonos de una emisión nueva de títulos valores que pueden adquirir aquellas personas relacionadas con la organización encargada de la distribución de esa emisión.

insufficient funds: Falta de fondos, libramiento de cheque sin fondos. Expresión que se emplea cuando un banco rechaza un cheque debido a que la suma depositada en la cuenta corriente contra la cual se libró el documento es inferior al monto escrito en el cheque.

insurable interest: Interés asegurable. Interés económico lícito de que no ocurra un siniestro. Es uno de los elementos esenciales del contrato de seguro y consiste en la relación económica lícita que existe entre una persona y un bien que se encuentra amenazado por un riesgo.

insurable risk: Riesgo asegurable. Acontecimiento eventual, incierto pero posible, previsto en contrato de seguro que, cuando ocurre, hace nacer el derecho del asegurado y la correlativa obligación del asegurador.

insurable value: Valor asegurable. Valor de la cosa asegurada.

insurance: Seguro, contrato de seguro. Contrato mediante el cual una de la partes (asegurador) se obliga a resarcir un daño o cumplir una prestación convenida, si ocurre un acontecimiento previsto (riesgo), y la otra parte (asegurado o tomador del seguro) se obliga a pagar una prima o cotización. *ACCIDENT INSURANCE*: Seguro de accidente. *AUTOMOBILE INSURANCE*: Seguro de automotores. *CREDIT INSURANCE*: Seguro de crédito. *FIRE INSURANCE*: Seguro contra incendio. *GROUP INSURANCE*: Seguro de grupo, se-

guro de vida colectivo. *LIABILITY INSURANCE*: Seguro de responsabilidad civil. *LIFE INSURANCE*: Seguro de vida. *MARINE
INSURANCE*: Seguro marítimo.

insurance adjuster: Liquidador de seguros. Persona que se encarga de verificar e informar el daño sufrido como consecuencia
del siniestro y de sugerir al asegurador el monto a reembolsar a
favor del asegurado.

insurance agent: Promotor de seguros, vendedor de seguros. Persona empleada por la compañía de seguros cuya función consiste
en ofrecer y vender las coberturas de la aseguradora. A su vez,
está autorizada a representar a la compañía frente a terceros.
Ver INSURANCE BROKER.

insurance agreement: *Ver* INSURANCE.

insurance broker: Productor de seguros, agente de seguros. Persona que, sin mantener relación de dependencia con ninguna compañía de seguros, actúa como intermediario entre el asegurado y
la aseguradora. El productor de seguros tiene libertad de ofrecer
y vender las coberturas de varias aseguradoras debido a que opera
en forma totalmente independiente. *Ver* INSURANCE AGENT.

insurance company: Compañía de seguros, compañía aseguradora. Únicamente pueden actuar como aseguradoras las sociedades anónimas, cooperativas o sociedades de seguros mutuos
autorizadas para esa actividad.

insurance contract: *Ver* INSURANCE.

insurance policy: Póliza de seguro. Instrumento escrito en el cual
constan las condiciones del contrato de seguro.

insurance premium: 1. Prima de seguro. Precio convenido en el
contrato de seguro que el asegurado debe pagar al asegurador. 2.
Premio del seguro. Suma total —es decir, la prima más los impuestos, tasas, sellados y demás recargos— que el asegurado debe
pagar al asegurador conforme al contrato de seguro.

insurance rating: Determinación de la prima de un seguro en
función del riesgo asegurado. Cálculos matemáticos y estadísticas que elaboran los aseguradores para determinar el precio de
la prima. Cuanto mayor es la probabilidad de que ocurra el siniestro, mayor será el monto de la prima. También se tienen en
cuenta otros factores como la duración del seguro y la suma asegurada.

insured: Asegurado. Titular del beneficio acordado en la póliza o contrato de seguro. Por extensión, también la persona que contrata con el asegurador sin ser el titular del beneficio en caso de que ocurra el accidente, hecho o riesgo asegurado, por ejemplo en el caso del seguro de vida.

insurer: Asegurador. Persona física o jurídica que, en virtud de un contrato de seguro, se obliga respecto de otra, a resarcir un daño o cumplir la prestación convenida, en caso de que ocurra el evento cubierto en dicho contrato, recibiendo como contraprestación una prima o cotización que debe abonar el asegurado.

intangible assets: Bienes inmateriales, bienes intangibles. Activo intangible de costo mensurable susceptible de tener un valor económico determinado. Ejemplos son las patentes de invención, marcas de fábrica, los derechos de autor y la llave de negocios. *Ver* TANGIBLE ASSETS.

intangible tax: Impuesto sobre los bienes inmateriales. *Ver* INTANGIBLE ASSETS.

integrated market making: *Ver* SIDE-BY-SIDE TRADING.

Inter-American Development Bank (IADB): Banco Interamericano de Desarrollo (BID). Banco de desarrollo fundado en 1959 para promover el desarrollo económico en América Latina.

interbank market: Mercado interbancario. Mercado a través del cual los bancos compran y venden instrumentos financieros, como aceptaciones bancarias, obligaciones a corto plazo y certificados de depósito, por lo general con vencimientos inferiores a un año.

interbank rate: Tasa interbancaria. Tasa de interés que se aplica a los préstamos que se otorgan entre instituciones bancarias. En el euromercado se utiliza la tasa LIBOR, que son las siglas de London Interbank Offered Rate, que es la tasa interbancaria del mercado de Londres. *Ver* FEDERAL FUNDS RATE; LONDON INTERBANK OFFERED RATE.

intercommodity spread: Operación mediante la cual un inversor compra un "commodity" y vende en descubierto otro "commodity" similar pero distinto. Un ejemplo es la operación que consiste en comprar un contrato de futuros sobre plata y vender otro contrato de futuros sobre oro. Si se modifica la relación de precio entre ambos "commodities", el inversor genera beneficios.

interest: 1. Interés. Precio de un préstamo monetario. Precio que el prestatario paga a su prestamista para obtener una suma de dinero durante un período determinado. 2. Participación. Capital o acciones que un inversor posee en una compañía. *ACCRUED INTEREST*: Intereses devengados. *COMPOUND INTEREST*: Interés compuesto. *CONTROLLING INTEREST*: Participación mayoritaria. *FIXED INTEREST*: Interés fijo. *GROSS INTEREST*: Interés bruto. *NOMINAL INTEREST*: Interés nominal.

interest adjustment: Ajuste de intereses. Beneficio adicional que recibe un inversor cuando presenta para su conversión un bono convertible en concepto de intereses devengados desde la última fecha de pago. *También llamado ADJUSTMENT. Ver* CONVERTIBLE SECURITY; DIVIDEND ADJUSTMENT.

interest coverage: Respaldo para el pago de intereses. Cálculo de la capacidad que tiene una compañía de cumplir con el pago de intereses. Se calcula dividiendo los pagos de intereses que debe realizar la compañía por sus ingresos operativos. *También llamado TIMES INTEREST EARNED. Ver* BOND RATING; COVERAGE RATIO; DEBT MANAGEMENT RATIO; FIXED-CHARGE COVERAGE.

interest dates: Fechas de pago de intereses. Fechas en las que los tenedores de bonos cobran los intereses que devengan sus títulos valores. Se fijan al momento de su emisión y, por lo general, son dos fechas por año.

interest margin: Margen de interés. Diferencia entre la tasa de interés que se recibe y la que se paga.

interest rate: Tasa de interés. Precio de un crédito o préstamo monetario. Diferencia entre una suma de dinero prestada o un crédito otorgado y la suma que debe devolverse en determinado plazo.

interest rate futures: Contrato de futuros sobre tasa de interés. Contrato para la entrega futura de títulos valores que devengan intereses. Al igual que con otros contratos de futuros, los futuros sobre tasas de interés permiten al comprador y al vendedor fijar el precio del activo (en este caso, un paquete de títulos valores) que será entregado en el futuro. *Ver* FUTURES CONTRACT.

interest rate options: Opciones sobre tasa de interés. Contrato que otorga el derecho, pero no la obligación, de comprar o vender un instrumento financiero que paga una tasa de interés determinada, a un precio fijo y en una fecha futura. *También llamado DEBT OPTIONS; FIXED INCOME OPTIONS.*

interest rate risk: Riesgo de tasa de interés. Riesgo de que una inversión disminuya su valor de mercado como consecuencia de una caída en las tasas de interés. Los títulos de renta fija a largo plazo, como bonos y acciones preferidas, son los que más están expuestos a sufrir modificaciones en su precio como resultado de un movimiento en las tasas de interés. *También llamado INTEREST RATE SENSITIVITY.*

interest rate sensitivity: *Ver* INTEREST RATE RISK.

interest sensitive assets: Activos sensibles al movimiento de las tasas de interés. Instrumentos financieros cuyo valor se ve afectado frente a las fluctuaciones en las tasas de interés.

interest sensitive stock: Capital sensible al movimiento de las tasas de interés. Capital cuyas utilidades aumentan o disminuyen según los movimientos de las tasas de interés.

interim audit: Auditoría interina, auditoría provisoria. *Ver* AUDIT.

interim dividend: Dividendo a cuenta, dividendo provisorio, dividendo parcial. Dividendo distribuido por la sociedad durante el curso del ejercicio económico, es decir antes de cerrar el balance general. El dividendo provisorio tiene carácter de anticipo a cuenta del dividendo definitivo que no es otro que el comprobado por el balance general con el requisito de ser realizado y líquido.

interim report: Informe provisorio, estados contables provisorios. Estados contables que abarcan sólo una parte del ejercicio económico. Por lo general, los informes provisorios son trimestrales e indican el nivel de desempeño que registró la compañía durante dicho período. *También llamado INTERIM STATEMENTS.*

interim statement: 1. Estado de cuenta provisorio. En materia de operaciones bancarias, estado de cuenta que emite un cajero automático de un banco cuando el cliente retira o deposita dinero de su cuenta corriente o caja de ahorro, o bien cuando solicita información sobre su saldo. 2. *Ver* INTERIM REPORT.

interlocking directorates: Juntas directivas vinculadas. Juntas de directores de dos sociedades distintas que tienen miembros comunes, es decir, uno o varios de los directores de una compañía también lo son de la otra. Esta práctica es legal siempre y cuando ambas sociedades no compitan entre sí.

intermarket spread swap: Venta de un bono combinada con la compra de otro bono de características diferentes con el fin de mejorar la posición del inversor.

Intermarket Surveillance Information System: Sistema de Control de Información Intermercado. Sistema implementado en Estados Undios para almacenar información sobre las operaciones con opciones y acciones efectuadas en ocho bolsas nacionales de valores. La información sobre las operaciones incluye el lugar donde se efectuaron y las sociedades y operadores de bolsa que participaron de las mismas.

intermarket trading: Operaciones entre mercados. Operaciones que se realizan entre dos o más mercados de valores. Por ejemplo, un inversor puede participar de una operación de arbitraje a través de la compra de futuros sobre índices accionarios en una bolsa y luego vender opciones sobre los mismos futuros en otra bolsa de valores. *Ver* ARBITRAGE.

Intermarket Trading System (ITS): Sistema de Operaciones entre Mercados. Sistema implementado en Estados Unidos mediante el cual los operadores bursátiles tienen acceso, a través de pantallas de computadoras, a las cotizaciones de los títulos valores en otras bolsas. De esta manera, los comisionistas pueden operar en otro mercado de valores distinto al que se encuentran físicamente.

intermediary: *Ver* FINANCIAL INTERMEDIARY.

intermediate-term: Mediano plazo. Plazo de una inversión que no es ni largo ni corto. Para los analistas de bonos, por ejemplo, una inversión es a mediano plazo si oscila entre uno y siete años. En cambio, para los analistas de contratos de futuros y opciones, la inversión es a mediano plazo si oscila entre uno y varios meses.

intermediation: Intermediación financiera. Práctica por la cual un cliente deposita fondos en un intermediario financiero, por ejemplo un banco o compañía aseguradora, quien los invierte en bonos, acciones, hipotecas u otros préstamos para obtener un determinado rendimiento. *También llamado FINANCIAL INTERMEDIATION. Ver* DISINTERMEDIATION.

internal audit: Auditoría interna. Comprobación sistemática de los libros de cuentas, comprobantes y registros de una sociedad, que efectúan los propios empleados de la misma. Por lo general, con esta revisión se intenta evitar fraudes y comprobar el cumplimiento de las políticas y normas de la empresa. *Ver* AUDIT; EXTERNAL AUDIT.

internal control: Control interno. Método, procedimiento o sistema diseñado para promover la eficiencia, asegurar la implementación de las políticas y salvaguardar el activo de la compañía.

internal expansion: Expansión interna. Crecimiento del activo de una sociedad que se financia con efectivo que ésta misma genera. *Ver* INTERNAL FINANCING.

internal financing: Financiación interna. Financiación que se realiza con los fondos que generan las actividades regulares de la empresa, a diferencia de la financiación externa que implica la toma de créditos.

internal funds: Fondos internos. Fondos generados dentro de la compañía. *Ver* EXTERNAL FUNDS.

internal rate of return (IRR): Tasa interna de retorno, tasa interna de rendimiento (TIR). Rendimiento promedio anual de una inversión.

Internal Revenue Service (IRS): Secretaría de Ingresos Públicos de Estados Unidos. Repartición federal de Estados Unidos a cargo de la recaudación de impuestos.

International Bank for Reconstruction and Development (IBRD): Banco Internacional para la Reconstrucción y el Desarrollo (BIRD). Organización de préstamos, popularmente conocida como Banco Mundial, fundada en 1944 para financiar la reconstrucción de Europa después de la Segunda Guerra Mundial y, más recientemente, para otorgar créditos a largo plazo y con intereses bajos a los países en vías de desarrollo que no pueden obtener financiación privada.

International Monetary Fund (IMF): Fondo Monetario Internacional (FMI). Organización fundada en 1944 para estimular la cooperación, facilitar la expansión del comercio, promover la estabilidad de los cambios y contribuir al establecimiento de un sistema multilateral de pagos. Si bien el FMI, a través de préstamos, ayuda a los países en desarrollo a saldar sus deudas, por lo general exige el cumplimiento de severas normas destinadas a bajar la inflación, disminuir las importaciones, y aumentar las exportaciones.

international mutual fund: Fondo de inversión internacional. Fondo común de inversión que invierte en mercados de valores de todo el mundo.

international reserves: Reservas internacionales. Medio de pago internacional que pueden utilizar los bancos centrales para cum-

plir con las obligaciones contraídas entre sí en el FMI. Ejemplos son el oro y determinadas monedas (como el dólar estadounidense).

interpositioning: Interposición. Participación de un segundo agente de bolsa en una operación entre el operador y su cliente. Al
existir una tercera persona, el cliente compra a un precio superior —o vende a un valor inferior—, debido a que está pagando
doble comisión.

intervention: Intervención. Medidas que toman los bancos centrales para manejar los tipos de cambio en el mercado de divisas,
o mantener un orden en el mercado de valores. Los bancos centrales intervienen a través de la compra o venta de divisas.

inter vivos trust: *Ver* LIVING TRUST.

in the money: A la par. Expresión que se utiliza para hacer referencia a un contrato de opción cuyo precio actual en el mercado
es superior al precio de ejercicio de una opción de compra, o es
inferior al precio de ejercicio de una opción de venta. *Ver* AT THE
MONEY; DEEP IN/OUT OF THE MONEY.

in the tank: Expresión que se emplea para describir un título valor o un mercado de valores durante o después de un período de
significativas caídas en los precios.

intraday: Durante la jornada. Dentro del horario en que opera el
mercado de valores.

intrastate offering: Oferta exclusiva para el estado. En Estados
Unidos, oferta de títulos valores en la que la emisión sólo se ofrece y se vende a personas que residen en el estado en el que se
encuentra registrado el emisor.

intrinsinc value: 1. Valor intrínseco. Valor de un título valor calculado teniendo en cuenta varios factores como el activo, los dividendos y las ganancias del emisor. 2. Valor intrínseco. En operaciones con opciones, diferencia entre el precio de ejercicio de
una opción y el valor de mercado del activo subyacente de ese
contrato.

inventories: 1. Bienes de cambio, existencias, mercaderías o
insumos destinados a la venta. En contabilidad, bienes a la venta en el curso ordinario de los negocios, o que se encuentran en
proceso de elaboración para la venta, o que resultan consumidos
en la producción o comercialización de los bienes o servicios que
se destinan a la venta.

inventory: 1. *Ver* INVENTORIES. 2. Inventario. Enumeración de todos los bienes que posee una persona, con sus valores según su precio en el mercado. Cuando las compañías aseguradoras emiten una póliza de un seguro de vivienda, por lo general solicitan la confección de un inventario. 3. Existencias. Títulos valores que un agente de bolsa tiene destinados a la reventa.

inventory profit: Utilidad originada por el incremento en el precio de las existencias. *Ver* INVENTORY.

inventory turnover: Rotación de existencias. Cálculo de la cantidad de veces que la compañía vende y repone sus existencias durante un período determinado. Por lo general, la rotación de existencias se calcula dividiendo el nivel promedio de existencias por el costo de las mercaderías vendidas. *Ver* ACTIVITY RATIO.

inventory valuation: Valuación de las existencias o de los bienes de cambio. Precio que se asigna a las mercaderías destinadas a la venta, con el fin de establecer el valor actual de las mismas. *Ver* AVERAGE-COST METHOD; LOWER OF COST OR MARKET.

inverted market: Mercado invertido. En operaciones con opciones o futuros, mercado en el que los contratos a corto plazo se venden a un precio superior que los contratos a largo plazo. Un mercado puede invertirse cuando los activos subyacentes de los contratos registran una fuerte demanda. *También llamado BACKWARDATION. Ver* CONTANGO.

inverted saucer: *Ver* DOME.

inverted scale: Escala invertida. Emisión de bonos en serie en la que el rendimiento de los títulos a corto plazo es superior al retorno de los títulos a largo plazo.

inverted yield curve: *Ver* NEGATIVE YIELD CURVE.

investment: 1. Inversión. Utilización de un capital para generar más dinero, ya sea a través de la compra de equipos y maquinarias o títulos valores, etc. 2. Inversión. Gastos efectuados en un activo que genera ingresos.

investment adviser: Asesor de inversiones. Persona o compañía que, a cambio de una contraprestación, recomienda a sus clientes la compra o venta de activos y proporciona información sobre el mercado.

investment banker: Banco de inversión. Banco que, en carácter de intermediario financiero, se hace cargo de la venta y distribución de una emisión nueva de acciones. Su función consiste en comprar los títulos valores y asumir el riesgo de su distribución entre los inversores. *También llamado TWO-TIER BANK.* Ver PRIMARY DISTRIBUTION; STANDBY UNDERWRITING; UNDERWRITER.

investment certificate: Certificado de inversión. Certificado que comprueba que el titular efectuó una inversión de un determinado valor en una sociedad de ahorro y préstamo.

investment club: Club de inversores. Grupo de personas que reúnen parte de su capital para realizar inversiones conjuntas. Cada miembro del club debe aportar una cantidad determinada de dinero y luego, mensual o trimestralmente, efectuar aportes adicionales. Este tipo de clubes permite que los inversores con pequeños capitales puedan participar de grandes inversiones.

investment company: Fondo común de inversión, fondo de inversión. 1. Compañía que invierte en títulos valores emitidos por otras compañías y vende las cuotapartes a inversores individuales. 2. Patrimonio integrado por títulos valores con oferta pública, metales preciosos, divisas, etc., que pertenece a varias personas a las cuales se les reconocen derechos de copropiedad representados por cuotapartes. Existen dos clases básicas de fondos de inversión: los fondos abiertos (*MUTUAL FUND*) y los fondos cerrados *(CLOSED-END INVESTMENT COMPANY o INVESTMENT TRUST).* A su vez, los fondos abiertos se subdividen en fondos que cobran a los inversores una comisión por la compra de cuotapartes *(LOAD FUNDS)* y fondos que no cobran comisiones por la compra o rescate de las cuotapartes *(NO-LOAD FUNDS). También llamado MANAGEMENT COMPANY. Ver* CLOSED-END INVESTMENT COMPANY; CONDUIT THEORY; MANAGEMENT FEE; LOAD FUND; MUTUAL FUND; PERFORMANCE FEE; REGULATED INVESTMENT COMPANY; NO-LOAD FUND.

investment credit: Desgravaciones fiscales a la inversión. Deducción al impuesto a las ganancias que otorga el gobierno para beneficiar a las compañías que realizan inversiones en determinadas categorías de activos —por ejemplo, en equipos—. Esta desgravación tiene por objetivo estimular la economía a través de las inversiones en bienes de capital.

investment grade: Calificación de una obligación negociable o bono, asignada por una agencia calificadora de riesgo, que indica que ese título valor constituye una inversión conveniente para los grandes inversores institucionales. Las obligaciones negociables o bonos cuya compra se recomienda son calificados con BBB o calificación superior. Standard & Poor's y Fitch's Investors Service asignan calificaciones desde AAA hasta BBB; en cambio, Moody's Investors Service emplea desde Aaa hasta Baa. *También llamado BANK GRADE. Ver* HIGH-GRADE.

investment history: Antecedentes de inversión existentes entre el agente de bolsa y su cliente.

investment income: Ganancias por inversiones. Utilidades provenientes de la compra y venta de títulos valores u otro tipo de inversión no relacionada con la actividad principal de la compañía, como por ejemplo dividendos, primas de opciones, ganancias de capital sobre acciones, bonos, futuros y metales preciosos. *También llamado PORTFOLIO INCOME.*

investment letter: En la colocación privada de títulos valores, acuerdo entre el emisor de los títulos y el comprador, que establece que los valores son adquiridos como inversión y que, por un período determinado —por lo general dos años— no serán ofrecidos para la reventa. *Ver* RESTRICTED SECURITY.

investment strategy: Estrategia de inversión. Plan que establece cómo se invertirá —si en acciones, "commodities", bonos o bienes raíces— un determinado capital. La estrategia de inversión se formula teniendo en cuenta los pronósticos del inversor con respecto a ciertos factores como las tasas de interés, la inflación, el crecimiento económico, el plazo de la inversión, el monto a invertir, etc.

investment strategy committee: Comité de estrategias de inversión. Comité del departamento de investigación de una sociedad de bolsa que formula la estrategia de inversión que la compañía luego recomendará a sus clientes.

investment trust: *Ver* CLOSED-END INVESTMENT COMPANY; INVESTMENT COMPANY.

investment value of a convertible security: Valor de inversión de un título valor convertible. Precio estimado al que un título valor puede intercambiarse por otro.

investor: Inversor, inversionista. Persona que compra instrumentos financieros o determinados activos capaces de generar utilidades. El inversor —contrariamente al especulador— por lo general no asume grandes riesgos ya que considera que lo más importante es conservar el capital invertido. En cambio, el especulador busca grandes ganancias tomando riesgos muy elevados y está dispuesto a poner en juego su capital inicial.

invoice: Factura. Recibo o boleta que el vendedor de mercaderías o servicios entrega al comprador.

involuntary bankruptcy: Quiebra a pedido del acreedor, quiebra involuntaria. Quiebra solicitada por un acreedor de la compañía; es decir, que no fue pedida por el propio deudor. *Ver* CHAPTER 7; CHAPTER 11; VOLUNTARY BANKRUPTCY.

involuntary lien: Gravamen involuntario. Gravamen que recae sobre algún bien inmueble sin el consentimiento de su propietario.

IRA (Individual Retirement Account): Cuenta de ahorro previsional. En Estados Unidos, cuenta de retiro personal que permite a los individuos reservar parte de su ingreso anual y diferir el pago de impuestos sobre el mismo. *Ver* KEOGH PLAN; SELF-DIRECTED IRA; SIMPLIFIED EMPLOYEE PENSION PLAN; TERMINATION FEE.

irredeemable bond: Bono no rescatable. Bono que no puede ser recomprado, por parte del emisor, antes de su fecha de vencimiento. *Ver* REDEEMABLE BOND.

irrevocable letter of credit: Carta de crédito irrevocable. Carta de crédito válida por un período determinado que puede ser cancelada o modificada sólo con el consentimiento de las partes.

issuance: *Ver* ISSUE.

issue: (sust.) Emisión. Grupo de acciones o títulos de deuda que una compañía o un gobierno ofrece para la venta. Todos los títulos valores de una emisión tienen la misma fecha de vencimiento y pertenecen a una misma clase.

issue: (v.) 1. Emitir. Vender títulos valores en el mercado primario. 2. Emitir. Entregar una tarjeta de crédito o de débito automático. 3. Librar, extender o girar una letra de cambio o cheque.

issued capital stock: Capital social emitido. Capital social que fue autorizado y emitido pero que puede haber sido parcialmente readquirido. *Ver* AUTHORIZED CAPITAL STOCK; ISSUED AND OUTSTANDING; OUTSTANDING CAPITAL STOCK.

issued and outstanding: Acciones emitidas y en circulación. Acciones de una sociedad, autorizadas por su acta constitutiva, que fueron emitidas y que se encuentran en circulación. Estas acciones representan el capital invertido por los accionistas y propietarios de la sociedad, y pueden representar la totalidad o sólo una parte de la cantidad de acciones autorizadas. Las acciones que fueron emitidas pero que luego fueron rescatadas por la compañía se denominan acciones de tesorería. *Ver* TREASURY STOCK.

issuer: Emisor. 1. Organización que vende sus títulos valores en el mercado primario. Ejemplos son las compañías, las municipalidades, los gobiernos nacionales o extranjeros y sus reparticiones. 2. Institución financiera que emite tarjetas de crédito o de débito automático.

item: Término que utilizan los bancos para hacer referencia a los títulos de crédito, como cheques o letras de cambio, que representan fondos no cobrados.

J

j: En los diarios estadounidenses, letra que se emplea en la columna de dividendos de las tablas de transacciones bursátiles para indicar que ese año se pagó el dividendo pero que en la última junta de directores se votó omitir o diferir los dividendos.

January effect: Efecto enero. Fenómeno que se observa todos los años y que consiste en la tendencia a que, a partir del 31 de diciembre y hasta el cuarto día hábil de enero, las acciones registren una marcada alza. Este efecto se debe a las ventas de títulos valores que los inversores efectúan a fin de año para crear pérdidas impositivas, reconocer ganancias de capital y obtener dinero para las vacaciones.

January indicator: Indicador enero. Tendencia en el movimiento del mercado que se registra durante el mes de enero y que marca la dirección de la bolsa para el resto del año.

jobber: En la Bolsa de Londres (London Stock Exchange), término que se utiliza para hacer referencia al agente bursátil que con continuidad y en grandes volúmenes, compra y vende un título valor para su propia cuenta. *Ver* MARKET MAKER.

job lot: En materia de operaciones con productos básicos, cantidad de una mercadería que es menor a la especificada en el contrato estándar.

joint account: Cuenta conjunta, cuenta compartida. Cuenta bancaria o de corretaje a nombre de dos o más personas. *Ver* INDIVIDUAL ACCOUNT; INSTITUTIONAL ACCOUNT; PARTNERSHIP ACCOUNT.

joint account agreement: Acuerdo de cuenta conjunta. Acuerdo mediante el cual se abre una cuenta conjunta en un banco o sociedad bursátil. *Ver* JOINT ACCOUNT.

joint and several bond: *Ver* JOINT BOND.

joint and survivor annuity: Renta vitalicia o anualidad a favor de varias personas y que concluye al fallecer la última de ellas.

joint bond: Bono mancomunado. Bono que tiene más de un obligado y que no se encuentra garantizado por el emisor sino por otra organización. *También llamado JOINT AND SEVERAL BOND.*

jointly and severally: Solidaria. En materia de títulos valores, tipo de oferta de títulos cuyo colocador es responsable por los títulos valores que le fueron asignados y, además, por la parte proporcional de todos los títulos valores no vendidos. Si a un agente colocador se le asigna el 10% de la emisión, será responsable por el 10% de todos los títulos valores no vendidos. *También llamado SEVERALLY AND JOINTLY. Ver SEVERALLY BUT NOT JOINTLY.*

joint ownership: Copropiedad, condominio. Derecho de propiedad que pertenece a dos o más personas sobre una cosa mueble o inmueble. *Ver JOINT TENANCY WITH RIGHT OF SURVIVORSHIP.*

joint-stock company: Sociedad por acciones. Clase de sociedad que tiene características de la sociedad colectiva y de la sociedad anónima. Las acciones son transferibles —al igual que en las sociedades anónimas— pero la responsabilidad de cada accionista es ilimitada, al igual que en las sociedades colectivas.

joint tenancy with rights of survivorship (JTWROS): 1. Copropiedad sobre una cuenta conjunta en un banco o en una sociedad de bolsa cuyos derechos, al fallecer uno de los titulares, pasan a los restantes. 2. Derecho de propiedad sobre un bien que pertenece a dos o más personas, en el que cada dueño puede vender su parte sin el permiso de los demás propietarios. En caso de muerte, la parte del fallido se divide entre los restantes copropietarios. *También llamado RIGHT OF SURVIVORSHIP.*

joint venture: 1. Unión transitoria de empresas. Asociación entre dos o más personas o compañías que se comprometen a trabajar en forma conjunta en proyectos concretos, específicos y limitados. Su duración depende de la voluntad de sus integrantes. Como ejemplo se puede mencionar la asociación entre dos o más empresas para realizar obras de infraestructura como puentes, túneles, etc., que por sus riesgos y las grandes inversiones y la tecnología requerida escapan de las posibilidades de una sola compañía. 2. "Joint venture". Alianza de dos o más compañías con el propósito de operar en forma conjunta.

jumbo certificate of deposit: Certificado de depósito jumbo. Certificado de depósito cuyo monto mínimo es $ 100.000. Este tipo

de certificados de depósito son negociables y por lo general son
las grandes instituciones —como bancos, fondos de pensión y compañías aseguradoras— las que operan con ellos.

junior debt: Título de deuda subordinado. Título de deuda que
está subordinado a otra clase de deuda emitida por la misma
entidad. Los debentures son un ejemplo de este tipo de título de
deuda. *Ver* SENIOR DEBT.

junior issue: Emisión subordinada. Emisión de títulos de deuda o
acciones cuyo cobro, en caso de liquidación, está subordinado al
pago de otra emisión en términos de dividendos, interés o capital inicial.

junior mortgage: Segunda hipoteca, hipoteca de segundo grado;
tercera hipoteca, hipoteca de tercer grado (según la cantidad de
hipotecas que tengan preferencia por sobre ella). Crédito hipotecario que se cobra después del pago de otras hipotecas.

junior security: Título valor subordinado. Título valor cuyo derecho de pago es inferior a otros títulos. Por ejemplo, las acciones
ordinarias son títulos que, en caso de liquidación de la sociedad,
cobran después de las acciones preferidas.

junk bond: Bono basura. Título de deuda cuyo rendimiento y riesgo son sumamente elevados y que, a criterio de las agencias calificadoras de riesgo, pertenece a una categoría inferior a BBB.
Esta clase de bonos son emitidos por compañías que no poseen
antecedentes de elevadas ganancias y grandes ventas.

junk financing: Recaudación de fondos a través de la emisión de
bonos no garantizados y de alto rendimiento. *También llamado
HIGH-YIELD FINANCING.*

junk muni-bond fund: Fondo que invierte en bonos basura. Fondo común de inversión que invierte en bonos de baja calificación
(es decir categoría menor a BBB) para obtener mayor rendimiento. *Ver* JUNK BOND; MUNICIPAL BOND FUND.

justified price: Precio justificado. Precio justo que un comprador
está dispuesto a pagar por un bien, sea un título valor, un producto básico o un inmueble.

K

k: En los diarios estadounidenses, letra que se emplea en la columna de dividendos de las tablas de operaciones bursátiles para indicar los dividendos que fueron pagados en el transcurso del año sobre una emisión de acciones preferidas con dividendos atrasados. 2. En los diarios británicos, letra que se emplea en las tablas de operaciones bursátiles para indicar que el rendimiento del título valor se calculó en base al prospecto.

K: En textos financieros, letra que se utiliza para hacer referencia a 1.000 unidades.

kaffirs: Término que se emplea en Gran Bretaña para hacer referencia a las acciones de compañías sudafricanas que se dedican a la extracción de oro. En Estados Unidos, estos títulos valores se comercializan en forma extrabursátil en ADRs (American Depositary Receipts). Este tipo de acciones no sólo constituye una inversión que cubre el riesgo inflacionario sino que también genera dividendos elevados. Sin embargo, los inversores no deben olvidar los riesgos políticos propios de Sudáfrica y las fluctuaciones en el precio del oro. *Ver* AMERICAN DEPOSITARY RECEIPT.

karat: Quilate. Unidad de pureza del oro. El oro puro tiene veinticuatro quilates. *Ver* FINENESS.

Keogh plan: Plan Keogh. Plan de retiro implementado en EE.UU. que permite que los trabajadores autónomos depositen en su propia cuenta de ahorro previsional hasta $ 30.000 (o el 25% de sus ingresos). Estos aportes no son imponibles hasta tanto el empleado se retire de su actividad y comience a efectuar extracciones de efectivo. Los fondos depositados en la cuenta de ahorro previsional pueden invertirse en certificados de depósito, fondos de inversión y cuentas de corretaje.

key currency: Moneda que se emplea en el comercio internacional, o como moneda de referencia para fijar tipos de cambio. Un ejemplo es el dólar estadounidense o cualquier moneda emitida por los países del Grupo de los Siete.

key industry: Sector económico clave. Sector económico que tiene gran importancia para la economía del país. Un ejemplo es la industria automotriz debido a que numerosos puestos de empleo dependen, directa o indirectamente, de ella.

Keynesian economics: Keynesianismo. Doctrina económica creada por el economista inglés John Maynard Keynes (1883-1946), cuyo libro "Teoría General de la Ocupación, el Interés y el Dinero" fue publicado en 1935. Keynes consideraba que la intervención activa del gobierno en el mercado sólo era una forma de asegurar el crecimiento económico y la estabilidad. Opinaba que la insuficiencia de demanda causaba desempleo y la demanda excesiva, inflación; por lo tanto, el gobierno debía controlar el nivel de demanda influyendo en el sistema tributario y en las políticas de gasto público.

key ratio: Ratio clave. Ratio que emplean los analistas financieros para evaluar el desempeño de los bancos. Los que más se tienen en cuenta son: el ratio de liquidez; el ratio capital-activo y los ratios de rendimiento como el retorno sobre el activo, retorno sobre el capital y el ratio de ganancias por acción.

kickers: *Ver* BELLS AND WHISTLES.

kill: Detener una operación bursátil antes de enviar la confirmación de la misma.

killer bee: Persona o institución que ayuda a una compañía a evitar que un tercero adquiera su control. Por lo general, son bancos de inversión que crean estrategias para que la compañía "target" parezca menos atractiva o más difícil de adquirir. *Ver* TARGET COMPANY.

kiting: 1. En materia de operaciones bancarias, práctica que consiste en depositar o emitir cheques entre cuentas abiertas en dos o más bancos con el propósito de aprovechar el tiempo que las entidades demoran en debitar los fondos del banco pagador. 2. Incrementar en forma fraudulenta el monto escrito en un cheque.

know-your-customer rule: Norma que establece que los agentes bursátiles, antes de brindar asesoramiento a un cliente, deben conocer a fondo sus necesidades financieras.

koruna: Corona. Moneda nacional de la República Checa.

krona: Corona. Moneda nacional de Islandia y Suecia.

krone: Corona. Moneda nacional de Dinamarca y Noruega.

krugerrand: Krugerrand. Moneda de oro de Sudáfrica.

kwacha: Kwacha. Moneda nacional de Malawi y Zambia.

kwanza, new kwanza: Kwanza. Moneda nacional de Angola.

L

L: 1. En los diarios estadounidenses, letra que se utiliza en las tablas de operaciones bursátiles para indicar que durante la actividad diaria una acción alcanzó un nuevo pico mínimo correspondiente a un período de 52 semanas. 2. En los diarios británicos, letra que se utiliza para indicar que el rendimiento y la relación precio-ganancia anuales estimados se basan en la última cifra de ganancias anuales.

lagging economic indicator: Variable económica o financiera cuyos movimientos tienden a seguir el movimiento de la actividad económica general. *Ver* LEADING ECONOMIC INDICATOR.

laissez-faire: Perteneciente o relativo a una economía libre de la intervención del gobierno.

land: Inversión en bienes inmuebles.

land improvement: *Ver* IMPROVEMENT.

land patent: 1. Concesión de tierras públicas. 2. Documento que instrumenta la concesión de tierras públicas.

land revenues: Rentas inmobiliarias.

land tax: Impuesto sobre bienes inmuebles.

lapsed option: Opción que no tiene valor, por no haberse ejercido pasada la fecha de vencimiento.

large-capitalization stock: Acciones de una compañía que tiene una cantidad considerable de ganancias acumuladas y una gran cantidad de acciones comunes en circulación.

last: *Ver* CLOSE 2.

last-in, first-out (LIFO): Última entrada, primera salida. Método contable de valuación de inventario por el cual los bienes vendidos son valuados conforme al costo de los últimos bienes comprados. Durante períodos de inflación, este método tiene como consecuencia altos costos que reducen las utilidades, lo cual implica una reducción de los impuestos a las ganancias. *Ver* AVERAGE-COST METHOD; FIRST-IN, FIRST-OUT; INVENTORY PROFIT; INVENTORY VALUATION.

last sale: Transacción más reciente de un título valor determinado.

last trading day: Último día de operaciones. 1. Último día en que puede liquidarse un contrato de futuros. 2. Último día en que se comercializa una opción determinada.

late tape: Informe demorado de las operaciones bursátiles debido a un volumen inusualmente alto. *Ver* DIGITS DELETED; VOLUME DELETED.

lawful money: *Ver* LEGAL TENDER.

layoff: 1. Situación en la cual el principal colocador de una nueva emisión ubica acciones no suscriptas por los tenedores de derechos entre miembros del sindicato colocador. A fin de reducir el riesgo de que caiga el precio de mercado durante el período en que los inversores deciden ejercer o no sus derechos, los integrantes del sindicato colocador compran los derechos y, al mismo tiempo, venden las acciones representadas por esos derechos, o venden corto una cantidad de acciones proporcional a los derechos que podrían no ejercerse. 2. Despido de un empleado como consecuencia de un plan de reducción de costos y no debido al mal desempeño del empleado.

lead bank: 1. *Ver* LEAD UNDERWRITER. 2. Banco que dispone los términos financieros de un préstamo sindicado.

leader: Acción que tiende a liderar el mercado en cuanto a movimientos de precios.

leadership: *Ver* MARKET LEADERSHIP.

leading economic indicator: Índice de los principales indicadores. Variable económica o financiera que tiende a moverse con anticipación a la actividad económica general y en la misma dirección que ésta. *Ver* INDEX OF LEADING ECONOMIC INDICATORS; LAGGING ECONOMIC INDICATOR.

lead manager: *Ver* LEAD UNDERWRITER.

lead month: *Ver* NEARBY.

leads and lags: Expresión usada en contratos de crédito por los cuales se permite que una compañía acelere o demore el pago de obligaciones de comercio exterior para con socios o subsidiarias en el extranjero.

lead time: Tiempo de ejecución. Término que transcurre desde el inicio de una actividad productiva y el momento en que se producen las mercaderías o se prestan los servicios.

lead underwriter: Principal colocador de una nueva emisión de títulos valores, "underwriter" principal. El colocador principal establece un sistema de distribución para vender los títulos valores y por lo general es responsable de la mayor parte de la oferta. *También llamado HOUSE OF ISSUE; LEAD BANK; LEAD MANAGER; MANAGING UNDERWRITER.*

lease: Alquiler, locación, arrendamiento. Acuerdo por el cual se permite que una parte (el locatario) haga uso de un bien de otra parte (el locador) durante un período de tiempo a cambio de un pago periódico de una suma establecida. *FINANCIAL LEASE:* Arrendamiento financiero. *Ver* CAPITAL LEASE; GROSS LEASE; LEVERAGED LEASE; NET LEASE; OPERATING LEASE.

leaseback: *Ver* SALE AND LEASEBACK.

leasehold: Derecho que adquiere el locatario de un inmueble respecto de dicho inmueble. El locatario tiene derecho de ocupación, pero no de propiedad.

leaseholder: Locatario, arrendatario.

leasehold improvement: Mejoras realizadas por el locatario. Mejora de un bien alquilado por la cual se incrementa el valor de dicho bien.

leasing: *Ver* LEASE-PURCHASE AGREEMENT.

lease in reversion: Locación que se hace efectiva al finalizar el término de una locación preexistente.

lease-purchase agreement: Acuerdo por el cual se establece que determinada parte de los pagos de alquiler pueden aplicarse a la compra de la propiedad en locación. *También llamado "LEASING"; LEASE WITH OPTION TO PURCHASE.*

lease-rental bond: Título de deuda municipal o estatal a largo plazo, que se emite para financiar proyectos de obras y servicios públicos. Por lo general, el servicio de la deuda, junto con los gastos operativos y de mantenimiento, se cubre con los ingresos que producen las instalaciones.

lease with option to purchase: *Ver* LEASE-PURCHASE AGREEMENT.

leg: 1. Tendencia sostenida de los precios del mercado bursátil. 2. Una de las partes de una opción combinada. *Ver* LEG LIFTING.

LEGAL: Base de datos de la NYSE en la cual se lleva un registro de las acciones legales iniciadas contra las sociedades bursátiles integrantes de dicho mercado de valores, las auditorías realizadas, y las quejas de los clientes sobre estas sociedades.

legal: *Ver* LEGAL INVESTMENT.

legal bill: Billete de curso legal.

legal capital: Capital que por ley o resolución debe permanecer dentro de una compañía y que se destina exclusivamente al pago de dividendos u otras distribuciones. *También llamado STATED CAPITAL.*

legal investment: Inversión que, por el alto grado de seguridad que ofrece, es ideal para inversores con responsabilidades fiduciarias. *También llamado LEGAL; STATUTORY INVESTMENT.*

legal list: Lista de títulos valores aprobados formalmente por la autoridad competente (compañías de seguros de vida, bancos comerciales, etc.) como inversiones aptas. Se trata por lo general de títulos valores de alta calidad. *También llamado APPROVED LIST. Ver PRUDENT MAN RULE.*

legal opinion: Declaración escrita, por lo general de un estudio jurídico, por la cual se afirma que una emisión de bonos municipales es legal conforme a las leyes y restricciones de la jurisdicción en la que se realiza dicha emisión. En esta declaración también se deja sentado si los bonos están exentos o no de impuestos federales a las ganancias. *Ver* EX-LEGAL.

legal tender: Moneda de curso legal. Dinero aceptado por la ley para el pago de obligaciones con acreedores. *También llamado LAWFUL MONEY.*

leg lifting: Venta de una parte de una opción combinada reteniendo la otra parte. Por ejemplo, el poseedor de un "straddle" puede vender una parte (ya sea el "put" o el "call") cuando la prima es suficiente para que la inversión en su conjunto sea rentable. *También llamado LIFTING A LEG; TAKING OFF A LEG.*

lek: Lek. Moneda nacional de Albania.

lempira: Lempira. Moneda nacional de Honduras.

lend at a premium: Imposición de una comisión adicional cuando un agente bursátil presta títulos valores a otro para cubrir una venta corta.

lend at a rate: Pago de intereses que realiza un agente bursátil sobre el saldo acreedor de un cliente generado por una venta corta.

lender: Prestamista. Individuo o firma que otorga dinero a un prestatario con la expectativa de que se le reintegre su dinero, por lo general con un interés.

leone: Leone. Moneda nacional de Sierra Leona.

less developed country (LDC): País con un ingreso per cápita relativamente bajo y escaso nivel de industrialización.

lessee: Locatario. Parte que, en el contrato de alquiler, paga un precio por el uso de una cosa. *Ver* LESSOR.

lessor: Locador. Parte que, en el contrato de alquiler, concede el uso de una cosa. *Ver* LESSEE; LEASE.

letter bond: *Ver* RESTRICTED SECURITY.

letter of advice: Carta de aviso. Instrucciones escritas de un banco a otro, en las cuales se indica que se realice un pago en una fecha futura determinada. 2. Confirmación escrita de una transferencia de fondos, mediante la cual el librador de una letra de cambio avisa al girado tal libramiento.

letter of credit (LOC): Carta de crédito. Documento emitido por un banco por el cual se garantiza el pago de las letras de cambio de un tercero durante un período de tiempo determinado.

letter of guarantee: Carta de garantía. Carta de un banco por la cual se declara que un cliente posee un determinado título valor y que el banco garantizará la entrega del mismo.

letter of intent: Carta de intención. 1. Carta que expresa la intención de tomar (o no) una determinada medida. Por ejemplo, un banco puede emitir una carta de intención declarando que otorgará un préstamo a un cliente. 2. Acuerdo preliminar entre dos empresas que desean realizar una fusión. 3. Promesa de un cuotapartista de un fondo común de inversión por la cual el primero se compromete a invertir un monto específico en un período determinado. De este modo, el cuotapartista tiene derecho a que se le impongan comisiones menores. *Ver* BREAKPOINT; LOAD; RIGHT OF ACCUMULATION.

letter of license: Carta o acta mediante la cual los acreedores se comprometen a no accionar contra su deudor durante determinado plazo.

letter of recall: Carta mediante la cual una empresa solicita que ciertos productos le sean devueltos para proceder a la reparación de defectos en los mismos.

letter ruling: *Ver* REVENUE RULING.

letter security: *Ver* RESTRICTED SECURITY.

letter stock: *Ver* RESTRICTED SECURITY.

leu: Leu. Moneda nacional de Rumania.

lev: Lev. Moneda nacional de Bulgaria.

Level 1: Nivel de usuario del National Association of Securities Dealers Automated Quotation System de Estados Unidos (NASDAQ) en el cual se ofrecen los precios de compra y venta promedio de los títulos valores que cotizan en el mercado extrabursátil. *Ver* LEVEL 2; LEVEL 3.

Level 2: Nivel de usuario de NASDAQ en el cual se ofrecen los precios de compra y venta de todos los "market makers" de títulos valores que cotizan en el mercado extrabursátil. *Ver* LEVEL 1; LEVEL 3.

Level 3: Nivel de usuario de NASDAQ, que permite a los clientes ingresar en el sistema con sus propias cotizaciones y conocer los precios de compra y venta de todos los títulos valores que cotizan en el mercado extrabursátil. *Ver* LEVEL 1; LEVEL 2.

level payment amortization: Préstamo a plazo fijo en el que se realizan pagos periódicos que permanecen constantes durante el término del préstamo. Una parte de cada pago se asigna a intereses, y el saldo amortiza, o reduce, el capital pendiente de pago.

leverage: Apalancamiento, efecto palanca, efecto de potenciación. Medio por el cual se apunta a aumentar la tasa de retorno de una inversión sin modificar los costos. Por ejemplo, comprar títulos valores a margen. Se trata de operaciones altamente especulativas y de gran exposición a los riesgos del mercado. *Ver* FINANCIAL LEVERAGE; OPERATING LEVERAGE.

leveraged: Relativo o referente a una inversión en la cual se usan fondos prestados.

leveraged buyout (LBO): Compra apalancada, compra con financiación ajena. Compra del control de una compañía, financiada mediante la emisión de obligaciones u otras formas de endeudamiento. Por lo general, los activos de la compañía adquirida sirven como garantía de los préstamos solicitados por la compañía compradora. *Ver* HOSTILE LEVERAGED BUYOUT.

leveraged company: Compañía que usa dinero prestado para financiar parte de su activo.

leveraged investment company: 1. Fondo común de inversión que utiliza dinero prestado para adquirir títulos valores. 2. *Ver* DUAL PURPOSE FUND.

leveraged lease: Alquiler a largo plazo en el cual el locador usa una combinación de sus propios fondos y dinero prestado para comprar el bien que luego alquilará a un tercero.

leveraged stock: Acción financiada con crédito, como por ejemplo en una cuenta a margen.

leverage up: Aumentar el porcentaje de deuda en la estructura del capital de una compañía emitiendo títulos de deuda y usando el dinero recaudado para recomprar acciones, o financiando cualquier nueva expansión mediante el endeudamiento.

liabilities: Pasivo. En materia contable, total de las obligaciones de la empresa hacia terceros. La mayoría de los pasivos se asumen como consecuencia de la financiación de recursos, pero algunos surgen de otras circunstancias como la obligación de pagar una suma de dinero a un tercero por haber perdido un juicio originado en una causa que no provocó ningún beneficio a la empresa. *MONETARY LIABILITIES*: Pasivo monetario. *NON-CURRENT LIABILITIES*: Pasivo no corriente, pasivo no circulante. *Ver* ACTUAL LIABILITIES; CONTINGENT LIABILITIES.

liability: Responsabilidad, obligación, deuda. Obligación de pagar una suma en dinero, bienes o servicios a un tercero. *También llamado DEBT. ACCRUED LIABILITIES*: Deudas acumuladas. *DEFERRED LIABILITIES*: Deudas diferidas. *EMPLOYER'S LIABILITY*: Responsabilidad del empleador. *FOREIGN CURRENCY LIABILITIES*: Deudas en moneda extranjera. *LEGAL LIABILITY*: Responsabilidad legal. *TAX LIABILITY*: Obligación impositiva. *Ver* ASSET; CURRENT LIABILITY.

liability dividend: Dividendo que se paga con un tipo de deuda, como por ejemplo un bono. *Ver* BOND DIVIDEND; SCRIP DIVIDEND.

lien: Derecho de retención, derecho prendario, embargo preventivo, hipoteca, gravamen. Derecho legal de un acreedor sobre la propiedad de un tercero cuando este último no puede hacer efectivo el pago de una deuda.

life annuity: Anualidad vitalicia, renta vitalicia. Flujo de pagos que perdura durante la vida del beneficiario y cesa automáticamente en el momento de su fallecimiento.

lifeline banking: Paquete limitado de servicios bancarios ofrecidos a un costo fijo mensual relativamente bajo. *También llamado BASIC BANKING.*

life tenant: Persona que tiene derecho al uso o usufructo de un bien durante todo el transcurso de su vida.

lifting a leg: *Ver* LEG LIFTING.

lighten up: Reducir, sin eliminar, la posición de un título valor en una cartera cuando el inversor considera que dicho título constituye una parte demasiado grande del valor total de la cartera, o que no registrará alzas.

limited company (Ltd.): Sociedad cuyos socios son sólo responsables por el monto del capital aportado. Comprende figuras similares a la sociedad de responsabilidad limitada y a la sociedad anónima.

limited discretion: Discreción limitada. Posibilidad de un agente bursátil de decidir determinadas inversiones sin consultar previamente al inversor. El inversor debe firmar un acuerdo escrito otorgando discreción limitada al agente. *También llamado LIMITED TRADING AUTHORIZATION. Ver* DISCRETIONARY ACCOUNT.

limited liability: Responsabilidad limitada. Responsabilidad de los propietarios de una compañía sólo por el capital invertido. Básicamente, significa que los accionistas no pueden perder más de lo que pagaron por las acciones, sean cuales fueren las obligaciones financieras de la compañía. *Ver* UNLIMITED LIABILITY.

limited partner: Socio comanditario. Socio de una sociedad de personas similar a la en comandita simple, que responde sólo por el capital aportado. *Ver* GENERAL PARTNER 1; LIMITED PARTNERSHIP.

limited partnership: Forma de sociedad similar a la sociedad en comandita simple, en donde la responsabilidad de algunos so-

cios está limitada a sus aportes de capital. *Ver* GENERAL PARTNER
1; GENERAL PARTNERSHIP; MASTER LIMITED PARTNERSHIP.

limited recourse finance: Acuerdo de financiación por el cual el
prestamista puede exigir que el prestatario pague sólo en las
condiciones que se determinan en el contrato de préstamo, o de
lo contrario debe recurrir al bien dado en garantía como fuente
de pago.

limited trading authorization: *Ver* LIMITED DISCRETION.

limited-voting stock: Clase de acciones que proporcionan a sus
poseedores menores derechos a voto en comparación con otras
acciones de la misma compañía. *Ver* SUPERVOTING STOCK.

limit move: Máximo cambio de precio que puede registrar un contrato de futuros de "commodities" durante una jornada de operaciones.

limit order: Orden limitada. Orden de un cliente a un agente bursátil para que realice una operación a un precio determinado (el
límite) o mejor. Una orden de compra limitada debe ejecutarse al
precio límite o por debajo de éste, y una orden de venta limitada
debe ejecutarse al precio límite o por encima de éste. *Ver* ELECT;
MARKET ORDER; OR BETTER; STOP ORDER 1.

limit price: Precio especificado por un inversor en una orden limitada. En la orden de compra limitada, se trata del precio más
alto que el inversor está dispuesto a pagar. En la orden de venta
limitada, es el precio más bajo que acepta el inversor.

line: En el análisis técnico, línea horizontal en un gráfico de precios que indica un período en el cual la oferta y la demanda de un
título valor son relativamente iguales. *Ver* MAKING A LINE.

line chart: Gráfico lineal. Gráfico en donde se muestran las variaciones sucesivas de los precios de las acciones con el transcurso
del tiempo. Por ejemplo, el gráfico lineal de una acción muestra
los precios de cierre de esa acción durante un período de tiempo,
conectados por una línea. *Ver* BAR CHART; POINT-AND-FIGURE
CHART; 200-DAY MOVING AVERAGE.
    (Ver gráfico en p. 461).

line-of-business reporting: *Ver* SEGMENT REPORTING.

line of credit: Línea de crédito. Acuerdo crediticio en el cual una
institución financiera acuerda prestar dinero a un cliente hasta
un límite determinado durante un período establecido. La línea
de crédito, por lo general acordada antes de solicitar de hecho los

fondos, otorga flexibilidad al cliente en el sentido de que le asegura la posibilidad de disponer de dinero en efectivo a corto plazo a medida que surjan obligaciones. *También llamado BANK LINE;
CREDIT LINE; REVOLVER; REVOLVING CREDIT AGREEMENT.*

LIONS: *Ver* COUPON STRIPPING.

liquid: Líquido. 1. Relativo o perteneciente a un activo que puede
comprarse o venderse en un período de tiempo breve con variaciones de precio relativamente pequeñas. *Ver* ILLIQUID 1. 2. Relativo o perteneciente a una inversión en la cual la mayoría de los
activos son dinero o fácilmente convertibles en dinero.

liquid asset: Activo líquido, activo realizable. Efectivo o fácilmente convertible en efectivo.

liquid asset fund: *Ver* MONEY MARKET FUND.

liquidate a position: Liquidar, cancelar, saldar una posición. Vender todas las acciones o los títulos de deuda de una determinada
clase.

liquidating distribution: Distribución de acciones como parte de
la reestructuración del capital de una sociedad, o de su liquidación.

liquidating dividend: Dividendo de liquidación. Distribución
prorrateada del efectivo o los activos de una compañía entre
los accionistas como parte de la disolución de la misma. Las
acciones que pagan dividendo de liquidación se indican en las
tablas de operaciones bursátiles de los diarios estadounidenses con el símbolo C, al lado de la columna de dividendos. *Ver*
FINAL DIVIDEND 1; GENERAL UTILITIES DOCTRINE.

liquidating value: Valor de liquidación. Valor estimado de una
compañía en el caso de que se vendan sus bienes y se paguen sus
deudas. Este valor suele indicarse en forma unitaria, por acción.

liquidation: Liquidación. 1. Conversión de bienes en efectivo. 2.
Pago de una deuda. 3. Venta de bienes y pago de obligaciones
antes de disolver una compañía.

liquidity: Liquidez. 1. Característica de un título valor o "commodity"
con suficientes unidades en circulación como para que puedan realizarse operaciones importantes sin que se produzca una caída
considerable del precio. 2. Amplia disponibilidad de efectivo o bienes fácilmente convertibles en efectivo. 3. Capacidad de una organización de cumplir con sus obligaciones financieras.

liquidity diversification: Compra de bonos cuyos vencimientos abarcan el corto, mediano y largo plazo, a modo de protección contra potenciales cambios en las tasas de interés.

liquidity ratio: Coeficiente de liquidez, ratio de liquidez. 1. Comparación de las variables financieras que sirve para determinar la capacidad de una compañía para cumplir con sus obligaciones a corto plazo. *Ver* CURRENT RATIO; QUICK RATIO; WORKING CAPITAL.

liquidity risk: Riesgo de tener dificultades para liquidar una posición de inversión sin recibir por la misma un valor muy inferior al precio de mercado. *También llamado MARKETABILITY RISK.*

lira: Lira. Moneda nacional de Italia, Turquía, Malta y la Ciudad del Vaticano.

list: Cotizar en bolsa. Aceptar un título valor para que cotice en una bolsa de valores. Para este fin, el título y el emisor deben cumplir con ciertos requisitos mínimos fijados por la bolsa. *Ver* DELIST.

listed security: Título valor que cotiza en una bolsa de valores. *También llamado EXCHANGE-TRADED SECURITY. Ver* UNLISTED SECURITY.

listing department: *Ver* STOCK LIST.

listing requirements: Requisitos para cotizar en bolsa. Requisitos que se exigen a una sociedad y a los títulos de esa sociedad antes de que ésta pueda cotizar en la bolsa. Cada bolsa tiene sus propios requisitos de cotización.

load: Comisión que cobran los fondos comunes de inversión. *También llamado FRONT-END LOAD; SALES LOAD. Ver* RIGHT OF ACCUMULATION.

load fund: Fondo común de inversión que cobra una comisión por la adquisición de cuotapartes. *Ver* LOAD; LOW-LOAD FUND; NO-LOAD FUND.

loan: Préstamo, crédito. Dinero que una persona u organización (prestamista) adelanta a otra persona u organización (prestatario). El prestatario promete reintegrar el dinero después de un período de tiempo determinado, y pagar los intereses fijados. *BACK-TO-BACK LOANS*: Préstamos complementarios. *BALLOON LOAN*: Préstamo "balloon", préstamo cuyo último plazo de amortización es mayor que los demás. *MORTGAGE LOAN*: Crédito hipotecario. *OVERDUE LOAN*: Crédito vencido. *SECURED LOAN*: Préstamo garantizado. *SYNDICATED LOAN*: Préstamo sindicado. *TERM LOAN*: Préstamos a plazo fijo. *UNSECURED LOAN*: Préstamos sin garantía.

loan crowd: Miembros de la bolsa que prestan o piden prestado títulos valores para cubrir las posiciones de clientes que venden en descubierto, y que se congregan en un lugar asignado dentro del recinto de la bolsa.

loaned flat: Prestado sin interés. Dícese del acuerdo por el cual los agentes bursátiles se prestan títulos unos a otros para cubrir ventas cortas de sus clientes. Como garantía, el agente prestatario deposita una suma de dinero en la cuenta del agente prestamista equivalente al valor de mercado de los títulos prestados. Por lo general no se cobra interés ni prima sobre la operación.

loan grading: Sistema de calificación de préstamos, basado en la evaluación comparativa de la capacidad de pago de los prestatarios.

loan loss reserves: Reservas valuadas en relación con el total de los préstamos otorgados por un banco según su balance, las cuales representan el monto que se considera adecuado para cubrir las pérdidas estimadas en la cartera de préstamos.

loan shark: Usurero. Prestamista que no es una institución financiera autorizada, y que otorga préstamos en condiciones abusivas.

loan strip: Adelanto de un crédito a corto plazo realizado bajo un compromiso de préstamo a largo plazo. Por ejemplo, un préstamo a 90 días otorgado bajo una línea de crédito a cinco años.

loan-to-value ratio: Relación, expresada en porcentaje, entre el capital de un préstamo y el valor estimado del bien que garantiza dicho préstamo. Por ejemplo, esta relación sería 80% en el caso de una hipoteca de $ 160.000 sobre un inmueble valuado en $ 200.000.

loan value: Precio tope. 1. En cuentas de margen, porcentaje máximo del valor de mercado de los títulos valores que un agente bursátil puede prestar a un cliente. 2. Monto máximo que un prestamista está dispuesto a prestar contra la presentación de una garantía.

locked in: 1. Relativo a un individuo u organización que posee una ganancia no realizada considerable sobre una posición en títulos valores, por lo cual la venta de dichos títulos lo obligaría a pagar altos impuestos. 2. Tasa de retorno asegurada durante un período de tiempo determinado, mediante una inversión como un certificado de depósito o un bono de tasa fija. 3. Ganancias sobre títulos valores o "commodities" que se protegieron mediante técnicas de cobertura.

locked market: Situación inusual en la que el precio de compra y el precio de venta de un título valor son iguales.

lockup agreement: Acuerdo cerrado. Oferta contractual de activos o acciones que realiza una compañía que es objeto potencial de un "takeover" al interesado que considera más idóneo para adquirir el control. La finalidad es evitar un "takeover" hostil. *También llamado* CROWN JEWEL LOCKUP AGREEMENT.

Lombard rate: Tasa lombarda. Tasa de interés fijada por los bancos alemanes sobre los préstamos a corto plazo garantizados por títulos valores.

London Interbank Bid Rate (LIBID): Tasa de interés a la cual los principales bancos del Mercado Interbancario de Londres se solicitan préstamos unos a otros.

London Interbank Eurocurrency Market: Mercado interbancario de eurodivisas de Londres.

London Interbank Median Average Rate (LIMEAN): Promedio entre la tasa LIBID y la tasa LIBOR en el mercado de monedas europeas.

London Interbank Offered Rate (LIBOR): Tasa de interés interbancaria del mercado de Londres. Tasa de interés a corto plazo más usada en el mercado de eurodólares.

long: *Ver* LONG POSITION.

long bond: *También llamado* LONG COUPON. *Ver* INTERMEDIATE BOND; SHORT BOND.

long date forward: Contrato de divisas especulativo en donde se negocian posiciones a término superiores a un año.

long hedge: Cobertura larga. 1. Compra de un contrato de futuros anticipando compras en el mercado de contado. Se utiliza como protección contra un aumento del precio de contado. 2. Compra de una opción de compra o contrato de futuros sobre títulos de renta fija como protección contra una baja en las tasas de interés.

long position: Posición larga. Propiedad de un título valor, que confiere al inversor el derecho a transferirlo a un tercero mediante la venta o la donación, y a percibir toda ganancia o pérdida que reporte dicho título. *También llamado LONG. Ver* SHORT POSITION.

long-term: A largo plazo. 1. Ganancia o pérdida en el valor de un activo que se mantiene durante un período de tiempo prolongado. *Ver* HOLDING PERIOD; SHORT-TERM 1. 2. Relativo a un bono cuyo vencimiento es a 10 años de plazo o más. *Ver* LONG BOND; SHORT-TERM 2.

lookback call option: Opción de compra de "commodities" que confiere al tomador el derecho de comprar el bien subyacente al precio más bajo al que cotizó entre la fecha en que entró en vigencia la opción y la fecha de vencimiento.

lookback put option: Opción de venta de "commodities" que confiere a su propietario el derecho de vender el bien subyacente al precio más alto al que cotizó entre la fecha en que entró en vigencia la opción y la fecha de vencimiento.

loser: Título cuyo precio cayó durante un período de tiempo determinado. *Ver* GAINER.

losing the points: En operaciones con divisas, condición del mercado que se produce cuando el precio de compra en el mercado a término es inferior al precio de venta en el mercado de contado.

loss: Pérdida, déficit. Resultado final negativo de una o varias operaciones, o de todo el ejercicio económico. *ANTICIPATED LOSSES*: Pérdidas previstas. *CURRENT COST LOSSES*: Pérdidas calculadas según los costos actuales. *EXCHANGE LOSSES*: Pérdidas por diferencias en el tipo de cambio. *REALISED LOSS*: Pérdida realizada. *SHARE OF LOSSES*: Participación en las pérdidas. *TERMINAL LOSS*: Pérdida inmediatamente anterior al cierre definitivo. *UNREALISED LOSS*: Pérdida no realizada. *Ver* GAIN; NET LOSS.

loss ratio: En materia de seguros, relación entre las pérdidas pagadas o acumuladas por un asegurador y las primas ganadas, generalmente durante un período de un año.

lot: *Ver* ODD LOT; ROUND LOT.

low: Cotización mínima. Precio más bajo que alcanzó un título valor a lo largo de las últimas 52 semanas o desde que comenzó a cotizar. En este último sentido, *también llamado HISTORIC LOW*. *Ver* HIGH.

lows: Acciones que cayeron por debajo del precio más bajo alcanzado durante el actual período de 52 semanas. *Ver* HIGHS.

lowball: Relativo o perteneciente a una oferta exageradamente baja. *Ver* PRICEY.

lower of cost or market: Método para determinar el precio de un activo basado en el menor de los valores que resulte de la comparación entre el precio de adquisición y el precio de mercado de dicho activo. *Ver* AVERAGE-COST METHOD; INVENTORY VALUATION.

low-loan fund: Fondo común de inversión cuya comisión oscila por lo general entre 1% y 3% del monto neto invertido por los cuotapartistas.

lump-sum distribution: Pago único al que puede optar el beneficiario de una cuenta, por ejemplo una cuenta de ahorro previsional, a diferencia de los pagos programados a intervalos regulares.

M

m: En las tablas de operaciones bursátiles de los diarios estadounidenses, letra que se utiliza para indicar que un bono llegó a su fecha de vencimiento y ya no paga intereses.

M1: Indicador de la masa monetaria de un país que incluye el dinero en poder de los particulares y los depósitos en cuenta corriente de los mismos. *Ver* M2; M3.

M2: Indicador de la masa monetaria de un país que incluye M1 más los pequeños depósitos a plazo. Básicamente, es la suma del dinero que puede destinarse al gasto en bienes y servicios (M1) más los artículos que pueden convertirse fácilmente en M1.

M3: Indicador de la masa monetaria de un país que incluye M2 más los depósitos a plazo de gran volumen y los instrumentos financieros de inversores institucionales que invierten en el mercado monetario.

maintenance and replacement call: Cláusula especial de algunos documentos sobre cuya base se emiten bonos y por la cual se permite que el prestatario pague totalmente la emisión antes del vencimiento si se reemplaza o se elimina la garantía.

maintenance call: Requerimiento de fondos adicionales a un inversor cuando el valor de mercado de los títulos en la cuenta a margen del mismo cayó a un nivel en que no cumple con el mínimo establecido. *Ver* MAINTENANCE MARGIN REQUIREMENT.

maintenance fee: Comisión por mantenimiento. Comisión que cobran las instituciones financieras para mantener las cuentas de los inversores.

maintenance margin requirement: Capital mínimo que debe mantenerse en una cuenta a margen. *También llamado MARGIN REQUIREMENT; MINIMUM MAINTENANCE. Ver* HOUSE MAINTENANCE REQUIREMENT; INITIAL MARGIN REQUIREMENT.

major bracket: Principales "underwriters" de una oferta de títulos valores. *Ver* BRACKETING; MEZZANINE BRACKET; TOMBSTONE.

majority-owned subsidiary: Compañía en la cual más del 50% de las acciones en circulación con derecho a voto son propiedad de la compañía controlante.

majority stockholder: Accionista mayoritario. Accionista o grupo de accionistas que controlan más del 50% de las acciones con derecho a voto de una sociedad por acciones. *Ver* WORKING CONTROL.

majority voting: En Derecho Societario, método de votación mediante el cual cada acción representa un voto. Los accionistas tienen derecho a un voto por cada acción que posean, ya sea para votar a favor o en contra del candidato a ocupar un puesto en el directorio. Con este método, aquellos accionistas que poseen más de 50 % de las acciones pueden controlar todos los puestos que se deciden por votación. *También llamado STATUTORY VOTING. Ver* CUMULATIVE VOTING.

major turn: Cambio significativo en una tendencia a mediano o largo plazo.

make a market: Crear un mercado. Mantener precios de compra y venta en firme para un determinado título valor, con el fin de formar un mercado activo respecto de ese título. *Ver* MARKET MAKER.

maker: Persona que emite un cheque, firma un pagaré u otro instrumento negociable, y asume la responsabilidad principal de pago.

making a line: En el análisis técnico, movimiento del precio de una acción de tal manera que traza una línea relativamente gruesa a lo largo de un gráfico. El grosor de la línea está determinado por los movimientos de precios ascendentes o descendentes. Una salida de la línea en dirección ascendente indica una tendencia alcista y una salida en dirección descendente indica una tendencia en baja.
(Ver gráfico en p. 463).

managed account: Cuenta de inversión administrada por un agente bursátil u otro profesional.

managed currency: Moneda controlada. Moneda cuyo tipo de cambio recibe la influencia de la intervención del banco central de un país, en vez de depender de la interacción entre la oferta y la demanda en el libre mercado.

management: Gestión, dirección, conducción, gerencia, "management". Combinación entre la política de una empresa, su administración, y las personas que toman las decisiones necesarias para implementar los objetivos de los propietarios de la empresa y lograr la estabilidad y el crecimiento de la misma. *ASSET MANAGEMENT*: Gestión de activos. *FINANCIAL MANAGEMENT*: Gestión financiera. *LIQUIDITY MANAGEMENT*: Gestión de liquidez.

management audit: Auditoría detallada que se concentra en el análisis y la evaluación de los procedimientos de gestión y en el desempeño general de una organización. Se realiza para detectar debilidades e implementar mejoras dentro de la organización. *También llamado OPERATIONAL AUDIT; PERFORMANCE AUDIT*.

management buyout: *Ver* GOING PRIVATE.

management company: *Ver* INVESTMENT COMPANY.

management fee: Comisión que cobran los admitradores de fondos comunes de inversión.

manager: Director, gerente, "manager". *COMMERCIAL MANAGER*: Director comercial. *GENERAL MANAGER*: Gerente general. *PORTFOLIO MANAGER*: Gerente de cartera.

managing partner: Socio gerente.

managing underwriter: *Ver* LEAD UNDERWRITER.

manipulation: Manipulación. Compra o venta de un título valor a fin de crear una falsa apariencia de negociación activa y de esta manera influir sobre otros inversores para que tomen posiciones en dicho título. Se considera una actividad ilegal. *Ver* DAISY CHAIN.

maple leaf: Moneda de oro que se acuña en Canadá.

margin: 1. Depósito de garantía, margen de garantía. Depósito en efectivo que debe realizar un cliente cuando compra acciones u otros títulos utilizando el crédito del agente bursátil. *Ver* INITIAL MARGIN REQUIREMENT. 2. Margen. Capital en la cuenta a margen de un inversor. *Ver* MAINTENANCE MARGIN REQUIREMENT. 3. Depósito de garantía. En operaciones de futuros, depósito de buena fe que debe realizar el inversor cuando compra o vende un contrato. 4. Margen de ganancia. Diferencia entre el precio que recibe una compañía por sus productos y servicios y el costo de producción de los mismos. 5. Margen. Diferencia entre el valor de mercado de la garantía que respalda un préstamo y el valor nominal del préstamo. Por ejemplo, si un préstamo de $ 100.000

está respaldado por una garantía de $ 50.000, el margen es $ 50.000. *GROSS MARGIN*: Margen bruto. *NET INTEREST MARGIN*: Margen neto en intereses. *PROFIT MARGIN*: Margen de ganancia. *TRADING MARGIN*: Margen comercial.

margin account: Cuenta a margen. Cuenta de corretaje por la cual el cliente puede comprar acciones u otros títulos solicitando el crédito del agente bursátil. *También llamado GENERAL ACCOUNT. Ver* CASH ACCOUNT; INITIAL MARGIN REQUIREMENT; MAINTENANCE MARGIN REQUIREMENT.

margin agreement: Documento escrito que describe el funcionamiento de una cuenta a margen y permite que el agente bursátil tome títulos de la cuenta del cliente como garantía por préstamos. *Ver* CUSTOMER'S LOAN AGREEMENT.

marginal cost: Costo marginal. Costo adicional de producir o comprar una unidad más de un determinado bien o servicio. *También llamado DIFFERENTIAL COST; INCREMENTAL COST. Ver* AVERAGE COST; FIXED COST; MARGINAL REVENUE; VARIABLE COST. *(Ver gráfico en p. 463).*

marginal revenue: Ingreso adicional generado por la venta de una unidad extra de un bien o servicio. *Ver* MARGINAL COST.

margin call: Llamada para cubrir el margen de garantía, llamada de margen. Solicitud por la cual un agente de bolsa pide a un cliente que deposite más efectivo en su cuenta a fin de mantener el margen mínimo especificado. Este margen puede haberse reducido debido a una caída del precio de los títulos valores depositados en la cuenta, a la compra de nuevos títulos a margen, o a la venta corta de valores.

margin department: Sección de una sociedad de bolsa que es responsable de supervisar las cuentas a margen de sus clientes. *También llamado CREDIT DEPARTMENT.*

margin of profit: *Ver* GROSS PROFIT MARGIN.

margin requirement: *Ver* INITIAL MARGIN REQUIREMENT; MAINTENANCE MARGIN REQUIREMENT.

margin stock: Acción cuyas características le permiten tener valor de préstamo en una cuenta a margen. Estas acciones por lo general incluyen todas las acciones que cotizan en bolsa y determinadas acciones que cotizan en el mercado extrabursátil. *También llamado OTC MARGIN STOCK.*

margin transaction: Operación bursátil efectuada mediante un crédito concedido a tal efecto.

markdown: 1. Reducción del precio de un título valor que realiza un agente bursátil debido a un cambio en las condiciones del mercado. *Ver* MARKUP 1. 2. Diferencia entre el precio pagado por un agente bursátil a un cliente minorista y el precio al cual dicho agente puede vender el mismo título valor a un "market maker". *Ver* MARKUP 3. 3. Reducción del precio al que los "underwriters" ofrecen títulos de deuda después de que el mercado mostró poco interés al precio original.

market: Mercado. 1. Lugar público en donde se compran y venden bienes o servicios, en forma directa o por medio de intermediarios. *También llamado MARKETPLACE.* 2. Conjunto de personas con la capacidad real o potencial y la intención de comprar un determinado bien o servicio. 3. Forma abreviada de la expresión "market value", es decir, el valor de un activo basado en el precio que tendría en el mercado abierto, por lo general determinado por el precio de mercado al que se vendieron o compraron activos similares recientemente. *DOMESTIC MARKET*: Mercado nacional. *FOREIGN EXCHANGE MARKET*: Mercado de divisas. *GRAY MARKET*: Mercado gris. Mercado extraoficial de acciones entre el cierre de la suscripción y la cotización. *OVERSEAS MARKET*: Mercado extranjero. *OVER-THE-COUNTER MARKET*: Mercado extrabursátil. *SECURITIES MARKET*: Mercado de valores. *STOCK MARKET*: Mercado accionario.

marketability: Facilidad con la cual un activo puede comprarse y venderse en el mercado secundario.

marketability risk: *Ver* LIQUIDITY RISK.

marketable security: Título valor negociable. Título valor que un inversor puede revender a otro. *También llamado NEGOTIABLE SECURITY.*

market analysis: Estudio de mercado. 1. Investigación cuyo objetivo es predecir la dirección de los mercados bursátiles o de "commodities", basada en datos técnicos sobre el movimiento de los precios del mercado o en información como perspectivas de ganancias corporativas, oferta y demanda, etc. *También llamado MARKET RESEARCH.* 2. Estudio cuyo objetivo es definir los mercados de una compañía, pronosticar sus direcciones, y decidir cómo ampliar la participación de la compañía en los mismos, así como también explotar nuevas tendencias. *También llamado MARKET RESEARCH.*

market bottom: Nivel más bajo al que llegaron los precios de la acciones según los promedios o índices bursátiles. *Ver* MARKET TOP.

market breadth: *Ver* BREADTH OF MARKET.

market capitalization: Capitalización de mercado, valor bursátil. Valor total de todas las acciones en circulación de una firma, que se calcula multiplicando el precio de mercado por acción por el número total de acciones en circulación. *También llamado MARKET VALUE.*

market efficiency: *Ver* EFFICIENT MARKET.

market fund: *Ver* INDEX FUND.

market if touched (MIT): Orden de compra o venta de un determinado título valor o "commodity" tan pronto como éste alcance un precio especificado, en cuyo momento la orden se convierte en una orden tradicional. No es necesario que la ejecución se realice al precio especificado sino al primer precio disponible una vez alcanzado el precio especificado.

market index: *Ver* AVERAGES.

market index deposit: Cuenta de ahorro o certificado de depósito que paga una tasa de interés relacionada con un "commodity" o un índice de mercado. *También llamado INDEXED DEPOSIT ACCOUNT; INDEXED CD.*

marketing: Comercialización, "marketing". Actividades relacionadas con el traslado de mercaderías y servicios del productor al consumidor. Este proceso implica el diseño del producto, su desarrollo, distribución, publicidad y promoción, al igual que el estudio de mercado a fin de definir el segmento apropiado para dicho producto.

market leadership: Acciones que tienden a dominar el volumen de negociación durante un período de tiempo determinado. *También llamado LEADERSHIP.*

market letter: Boletín de noticias que contiene información sobre temas como tendencias del mercado, recomendaciones sobre compra y venta de títulos valores, pronósticos económicos y datos relacionados con la inversión en general.

market line: *Ver* CAPITAL MARKET LINE.

market maker: Agente bursátil influyente, hacedor de mercados, "market maker". 1. Individuo o firma que, con continuidad y en grandes volúmenes, compra y vende determinados títulos valores para su propia cuenta. Los especialistas de las bolsas organizadas y los operadores del mercado extrabursátil son "market makers". *Ver* MAKE A MARKET.

market multiple: *Ver* PRICE-EARNINGS RATIO.

market not held order: *Ver* NOT HELD.

market order: Orden de compra o venta por parte de un cliente a su agente bursátil, para que sea ejecutada inmediatamente al mejor precio posible. *Ver* ELECT; LIMIT ORDER; STOP ORDER 1.

market out clause: Cláusula que a veces se incluye en los acuerdos de "underwriting", por la cual se permite que los agentes colocadores de una emisión queden liberados de su compromiso de compra si determinadas situaciones adversas afectan los mercados bursátiles en general.

marketplace: *Ver* MARKET.

market price: Precio de mercado. Precio al cual un título valor se negocia en el mercado secundario.

market research: *Ver* MARKET ANALYSIS.

market risk: 1. Riesgo de que se produzcan fluctuaciones en el valor de una inversión y sea necesario liquidar una posición durante un período de rentabilidad en baja. *Ver* SYSTEMATIC RISK.

market segmentation theory: Teoría de segmentación del mercado. Teoría que afirma que ciertos grupos de inversores se interesan sólo en determinados tipos de inversiones.

market sentiment: Sentimiento intuitivo de una comunidad inversora con respecto al movimiento esperado en el mercado bursátil.

market share: Participación en el mercado. Proporción que corresponde a una compañía en la venta de mercaderías o servicios dentro de un sector económico determinado.

market technician: *Ver* TECHNICIAN.

market to book: Relación entre el precio de mercado de las acciones ordinarias de una compañía y el valor contable de cada acción, según los principios contables generalmente aceptados. *También llamado MARKET TO BOOK VALUE; PRICE-TO-BOOK-VALUE RATIO.*

market tone: Clima del mercado. Condición de un mercado bursátil desde el punto de vista del nivel de actividad y la estabilidad o solidez de los precios.

market top: Nivel más alto al que llegó el precio de un determinado título valor según uno o más promedios o índices bursátiles. *Ver* MARKET BOTTOM.

market value: Precio de mercado, valor de mercado. 1. Precio al cual puede venderse un título valor en el momento presente. 2. *Ver* MARKET CAPITALIZATION.

market value weighted average: Promedio bursátil ajustado según el precio total de mercado de las acciones en circulación de cada compañía incluida en el promedio. *También llamado CAPITALIZATION WEIGHTED INDEX. Ver* PRICE WEIGHTED AVERAGE.

markka: Markka. Moneda nacional de Finlandia.

mark to the market: Ajuste del precio de un título valor o una cartera de títulos a fin de que refleje los valores actuales del mercado. Este ajuste se realiza diariamente, por ejemplo, en las cuentas a margen, para determinar si se mantiene el margen de garantía establecido.

markup: 1. Revaluación ascendente de un título valor por parte de un agente bursátil debido a un aumento del precio de mercado de dicho título. *Ver* MARKDOWN 1. 2. *Ver* SPREAD 3. 3. Diferencia entre el precio que cobra un agente bursátil a un cliente minorista y el precio que los "market makers" ofrecen por el mismo título. *Ver* MARKDOWN 2.

married put and stock: Compra de una opción de venta sobre títulos valores a un precio determinado y por un plazo fijo, que se realiza simultáneamente con la adquisición de los títulos valores de la misma compañía, con el propósito de cubrir el precio pagado por los mismos. *También llamado MARRIED PUT.*

marry a stock: Ser poseedor de un título durante un período prolongado, independientemente de otras oportunidades de inversión o indicadores de que sería conveniente vender dicho título.

master limited partnership (MLP): Sociedad de responsabilidad limitada que proporciona a los inversores participación directa en un grupo determinado de activos. *Ver* ROLL-UP.

match: 1. Machear. Unir dos órdenes opuestas (una de compra y la otra de venta) sobre el mismo título valor y del mismo precio, a fin de concretar una operación bursátil. 2. Compensar. Crear un precio de apertura de un título valor similar al precio de cierre de la jornada anterior. Cuando la cantidad de órdenes de compra es muy superior a la de órdenes de venta, o viceversa, y se produce una demora de la apertura, el especialista trata de encontrar la cantidad suficiente de órdenes opuestas, u opera para su propia cuenta (ya sea vendiendo o comprando en descubierto) a fin de minimizar la diferencia de precios.

matched and lost: Jugado y perdido. Informe que un agente bursátil presenta a un cliente comunicándole que no se ejecutó una orden porque ganó una orden de igual prioridad pero de otro agente. Cuando existen dos o más órdenes idénticas (mismo título, mismo precio y misma cantidad), los agentes de bolsa deben lanzar una moneda para determinar cuál se ejecutará.

matched book: Posición de un agente bursátil cuando los fondos que solicita en préstamo son iguales a los fondos que presta a sus clientes y otros agentes.

matched orders: 1. Casado automático de operaciones. Unión de dos órdenes opuestas (una de compra y la otra de venta) sobre el mismo título valor y del mismo precio, de manera tal que se da por concretada una operación bursátil. 2. Equilibrio entre las órdenes de compra y venta de un título valor antes de la apertura de una jornada bursátil. 3. Compra y venta del mismo título valor por un particular o grupo organizado de particulares para dar la impresión de una actividad inusual en dicho título. Se usa para interesar a otros inversores en un determinado título, pero se lo considera ilegal. *Ver* MANIPULATION.

matrix trading: Canje de bonos de diferentes clases o niveles de riesgo para aprovechar diferencias inusuales en el rendimiento de éstos.

mature economy: Economía madura. Economía de una nación cuya población se estabilizó o está en disminución, o cuyo crecimiento económico dejó de ser vigoroso. Este tipo de economía se caracteriza por una menor inversión en construcción de infraestructura y fábricas y un relativo incremento del consumo.

mature industry: Industria en la cual el crecimiento futuro es tan limitado que las compañías que la integran deben crecer absorbiendo ventas de empresas rivales o mediante la diversificación. Por ejemplo, las industrias automotriz, petrolera y tabacalera.

maturing liability: Deuda que vence en el corto plazo.

maturity: Vencimiento, fecha de vencimiento. Fecha en que vence el plazo de pago de una obligación financiera. En el caso de un bono, la fecha de vencimiento es el día en que el emisor debe rescatar el bono pagando el valor nominal del mismo a sus tenedores. Las acciones no tienen fecha de vencimiento específico.

maturity basis: Al realizar cálculos de rendimiento, premisa de que un bono no se venderá hasta la fecha de vencimiento. *Ver* YIELD TO MATURITY.

maturity value: Monto que el emisor de títulos de deuda debe pagar al tenedor de los mismos cuando llega la fecha de vencimiento.

May Day: 1 de mayo de 1975. Fecha en que se desregularon las comisiones sobre operaciones con títulos valores en Estados Unidos. *Ver* NEGOTIATED COMMISSION.

mean return: *Ver* EXPECTED RATE OF RETURN.

mean term: *Ver* DURATION.

medium-term bond: *Ver* INTERMEDIATE BOND.

member: Particular o compañía que es propietario de un asiento en una bolsa de valores o de "commodities". *Ver* ALLIED MEMBER.

member bank: En Estados Unidos, banco que es miembro de la Reserva Federal.

member firm: Sociedad bursátil que posee por lo menos un asiento en una bolsa de valores o "commodities", que puede estar a nombre de un empleado o de la sociedad propiamente dicha. *Ver* ABC AGREEMENT.

member short sale ratio: Proporción de las acciones vendidas corto por las cuentas de las sociedades bursátiles integrantes de la NYSE en comparación con la totalidad de las ventas cortas. Se considera que un ratio de 82% o superior es señal de un mercado en baja, y un ratio de 68% o inferior es una señal alcista.

mercantile agency: Organización que proporciona a las empresas informes comerciales sobre otras firmas que son o podrían llegar a ser clientes.

merchant bank: 1. Institución financiera europea que se ocupa de inversiones, asesoramiento y negociación en fusiones y adquisiciones, además de otros servicios entre los que se incluyen gestión de carteras de títulos para clientes, seguros, aceptación de letras de cambio extranjeras, etc. 2. Sección de un banco estadounidense que se desempeña en el área de inversión, en especial el asesoramiento a clientes sobre fusiones y adquisiciones y colocación de títulos valores.

merger: Fusión por absorción, fusión. Unión de dos o más empresas, mediante una adquisición, en la cual la compañía compradora (que retiene su identidad original) absorbe el activo y pasivo de la compañía adquirida. *Ver* CONSOLIDATION; DOWNSTREAM MERGER; SYNERGY.

mezzanine bracket: Listado de "underwriters" que desempeñan un papel secundario en la colocación de una emisión de títulos valores. *Ver* BRACKETING; MAJOR BRACKET; TOMBSTONE.

middle rate: Promedio de los precios de compra y venta de divisas, según la cotización de los agentes de cambio.

minicoupon bond: Bono cuyo cupón es inferior a la tasa de interés del mercado en el momento de la emisión y que, por lo tanto, se vende con descuento con respecto al valor nominal. *Ver* DEEP-DISCOUNT BOND; ORIGINAL-ISSUE DISCOUNT BOND.

mini manipulation: Manipulación del título valor subyacente de una opción a fin de influir sobre el valor de mercado de dicha opción. Se trata de una acción ilegal. *Ver* MANIPULATION.

minimum maintenance: *Ver* MAINTENANCE MARGIN REQUIREMENT.

minimum tax: *Ver* ALTERNATIVE MINIMUM TAX.

minimum tick: Mínimo movimiento de precio posible de un título valor o contrato. *También llamado TRADING VARIATION.*

minority interest: 1. En materia contable, cuando la compañía controlante es propietaria de una participación inferior a 100% en la compañía controlada. 2. Participación minoritaria. Desde el punto de vista financiero, participación en una compañía que no es suficiente para tener derecho al control de la misma. Por lo general, implica una posesión de acciones con derecho a voto inferior a 50%. *También llamado MINORITY STOCKHOLDING.*

minority stockholding: *Ver* MINORITY INTEREST.

minus (-): 1. En los diarios estadounidenses, símbolo que se utiliza en la columna de cambios netos de las tablas de operaciones bursátiles para indicar un precio de cierre inferior al de la jornada anterior para un mismo título. 2. En los diarios estadounidenses, símbolo que acompaña los precios de las cuotapartes de los fondos comunes de inversión cerrados para indicar el porcentaje en que el valor neto del activo supera el precio de mercado. *Ver* PLUS 2.

minus tick: *Ver* DOWNTICK.

miss the market: Imposibilidad de ejecutar una orden a un precio conveniente debido a un descuido del agente bursátil.

mixed account: Cuenta mixta. Cuenta de corretaje con posiciones cortas y largas. *Ver* LONG; SHORT.

Mo: En los diarios estadounidenses, abreviatura que se utiliza en los informes bursátiles para indicar que la Bolsa de Montreal es el mercado primario de las acciones ordinarias de una compañía.

modern portfolio theory: *Ver* PORTFOLIO THEORY.

momentum: Tendencia de un título valor a continuar moviéndose en la misma dirección.

monetarism: Monetarismo. Teoría económica que afirma que las variables económicas dependen básicamente de los cambios en la masa monetaria. Los monetaristas son partidarios de aumentos moderados y regulares de la masa monetaria. *Ver* MONEY SUPPLY.

monetarist: Monetarista. Partidario del monetarismo.

monetary base: Base monetaria. Indicador del sistema monetario, compuesto por las monedas y billetes en poder del público más las reservas que mantienen las entidades financieras por los depósitos que han recibido.

monetary gain: Ganancia monetaria. Aumento del poder adquisitivo a partir de la tenencia de activos y/o pasivos monetarios durante un período de cambio de precios. Por ejemplo, si los pasivos monetarios de una compañía superan sus activos monetarios, la inflación tendería a producir ganancias monetarias, ya que el aumento de precios tiende a devaluar los activos y pasivos monetarios.

monetary policy: Política monetaria. Medidas aplicadas para influir sobre la disponibilidad y el costo del dinero, como por ejemplo cambiar la tasa de descuento o modificar los requisitos de reserva de los bancos y las operaciones del mercado abierto. *Ver* ACCOMMODATIVE MONETARY POLICY; FISCAL POLICY.

money: Dinero. Medio de cambio de mercaderías y servicios, que se utiliza para medir valor y realizar pagos. *TIGHT MONEY*: Dinero caro, dinero escaso. *Ver* MONEY SUPPLY.

money laundering: Lavado de dinero, blanqueo de fondos. Aceptación de grandes depósitos de efectivo por parte de particulares o empresas cuando se sospecha que estos fondos fueron obtenidos en forma ilícita.

money manager: *Ver* PORTFOLIO MANAGER.

money market: Mercado de dinero, mercado monetario. Mercado donde se negocian títulos a corto plazo y de bajo riesgo como por ejemplo "commercial papers", letras del Tesoro, aceptaciones bancarias y certificados de depósito. El mercado monetario está conformado por operadores comunicados entre sí por medios electrónicos.

money market center bank: Gran banco comercial ubicado en uno de los principales centros financieros del mundo. Estos bancos desempeñan un papel muy importante en la economía nacional e internacional, ya que son grandes prestamistas, depositarios, compradores de títulos valores e instrumentos del mercado monetario.

money-market deposit account: Cuenta de ahorro en un banco comercial o sociedad de ahorro y préstamo cuya tasa de interés es comparable con la de los fondos comunes que invierten en el mercado monetario, es decir, no tiene límite regulatorio. La cantidad de operaciones que pueden realizarse por mes es limitada.

money market fund (MMF): Fondo común de inversión que invierte en una amplia variedad de instrumentos del mercado monetario a corto plazo con diferentes fechas de vencimiento. *También llamado LIQUID ASSET FUND*.

money multiplier: Multiplicador monetario. Relación entre la base monetaria y la masa monetaria. Se utiliza, por ejemplo, para explicar por qué la masa monetaria se expande a través del sistema bancario cuando se distribuyen reservas excesivas.

money of contract: Moneda prevista en un contrato para el pago de las obligaciones de las partes.

money order: Giro postal, orden de pago. Instrumento de pago por el cual se envía dinero a terceros que residen en localidades distantes. Los giros postales llevan el nombre del beneficiario y del pagador, y son emitidos por las oficinas postales o por instituciones financieras.

money purchase defined contribution: Estructura de capitalización en la que los apores se fijan por adelantado. Por lo general se refiere a los planes de ahorro previsional.

money shop: Entidad parabancaria. Intermediario financiero informal.

money spread: En operaciones con opciones, combinación que resulta de comprar una opción y vender otra idéntica en todo excepto en el precio de ejercicio. *También llamado* PRICE SPREAD; *STRIKE SPREAD; VERTICAL SPREAD.*

money supply: Masa monetaria. Cantidad de dinero en la economía. *También llamado* MONEY STOCK. *Ver* M1; M2; M3; MONETARISM.

monopoly: 1. (sust.) Monopolio. Empresa o grupo de empresas que controla la producción y distribución de un determinado producto o servicio en un mercado. *Ver* OLIGOPOLY; OLIGOPSONY. 2. (adj.) Monopólico. Perteneciente o relativo a un mercado en el que hay un solo vendedor de un determinado bien o servicio. *Ver* MONOPSONY; OLIGOPOLY; OLIGOPSONY.

monopsony: Monopsonio. Mercado en el cual hay un solo comprador de un determinado producto o servicio. *Ver* MONOPOLY; OLIGOPSONY.

month order: Orden de compra o venta de un título valor que, si no se ejecuta, se cancela automáticamente al final del mes calendario en el que fue ingresada. *También llamado* GOOD-THIS-MONTH-ORDER.

Moody's: Nombre de una sociedad calificadora de riesgo estadounidense que determina la calidad de distintos bonos, obligaciones negociables, "commercial paper", acciones preferidas y ordinarias y otros instrumentos financieros.

moral obligation debt: Título de deuda libre de impuestos emitido por un intermediario financiero de un estado o municipalidad y respaldado por la garantía moral de un gobierno estadual, pero que no está explícitamente garantizado por el crédito de la organización garante. Por lo general, estos títulos se emiten para evitar las restricciones legales sobre el préstamo.

moratorium: Moratoria. Situación en la que un prestatario declara su imposibilidad de pagar toda o parte de una deuda pendiente, o deja de pagar los intereses sobre un préstamo.

morning loan: *Ver* DAY LOAN.

mortgage: Hipoteca. Derecho real constituido por el deudor en favor del acreedor en seguridad del pago de una obligación. La hipoteca recae sobre bienes inmuebles, los cuales continúan en poder del deudor. *Ver* FIRST MORTGAGE; REVERSE ANNUITY MORTGAGE; SECOND MORTGAGE.

mortgage-backed certificate: Título valor respaldado por un "pool" de préstamos hipotecarios. Los inversores reciben pagos a partir del capital y los intereses de las hipotecas subyacentes. *También llamado PASS-THROUGH CERTIFICATE*.

mortgage-backed revenue bond: Bono municipal cuyo rendimiento se usa para proporcionar fondos a instituciones financieras para que otorguen préstamos hipotecarios a tasas de interés relativamente bajas. El capital y los intereses del bono están respaldados por los pagos del prestatario sobre las hipotecas. *También llamado HOUSING BOND*.

mortgage-backed security: Título valor respaldado por hipotecas.

mortgage bank: Banco hipotecario. Organización que otorga préstamos inmobiliarios que luego revende a un tercero, ya sea mediante la colocación privada de un "pool" de préstamos a un solo inversor, por lo general un inversor institucional, o emitiendo títulos respaldados por préstamos hipotecarios. La venta de hipotecas proporciona al banco hipotecario fondos adicionales que utiliza para otorgar nuevos préstamos.

mortgage bond: Título hipotecario. Título de deuda a largo plazo asegurado por un derecho de retención sobre bienes específicos, por lo general bienes inmuebles. *Ver* CLOSED-END MORTGAGE; OPEN-END MORTGAGE.

mortgage broker: Corredor de préstamos hipotecarios, corredor de hipotecas. Persona que cobra una comisión por establecer la relación entre el prestamista y el prestatario de un crédito hipotecario.

mortgage note: Pagaré hipotecario. Documento en el cual se expresa la intención de pagar un préstamo hipotecario más el interés acordado y se dejan sentados los términos del pago.

mortgage pool: "Pool" de hipotecas. Conjunto de préstamos hipotecarios que se vende a los inversores, quienes reciben las ganancias provenientes de los pagos de las hipotecas subyacentes.

mortgage purchase bond: Título de deuda municipal emitido con el propósito de recaudar fondos y comprar créditos hipotecarios a instituciones prestamistas.

mortgage REIT: Compañía de inversiones inmobiliarias que combina el dinero de los inversores con dinero solicitado en préstamo para otorgar créditos sobre bienes raíces. *Ver* REAL ESTATE INVESTMENT TRUST; EQUITY REIT.

mortgage revenue bond: Bono exento de impuestos, emitido por un gobierno para financiar la venta o reparación de viviendas.

mortgage servicing: Administración de un crédito hipotecario, que incluye, entre otras actividades, el cobro de pagos mensuales y de multas por pagos atrasados, y el seguimiento del capital y los intereses pagados hasta la fecha.

most-active list: Lista de títulos valores más activos. Lista de los títulos valores más activos en un mercado específico durante un período de tiempo determinado.

most-active stocks: Acciones cuyo volumen de negociación es lo suficientemente alto como para garantizar su inclusión en la lista de títulos valores más activos.

moving average: Promedio variable. Serie de promedios sucesivos de una determinada cantidad de variables. A medida que se incluye una nueva variable para calcular el promedio, se elimina la última variable de la serie. Por ejemplo, si un promedio variable a treinta días incluye las cifras de ayer; mañana, el mismo promedio incluirá las cifras de hoy, pero no las del primer día incluido en el promedio de ayer. Se utiliza en el análisis técnico para determinar tendencias. *Ver* 200-DAY MOVING AVERAGE.
(Ver gráfico en p. 463).

multimaturity bond: *Ver* PUT BOND.

multinational: Multinacional. Relativo o perteneciente a una compañía que posee subsidiarias u otros activos fijos en diferentes países.

multiple: *Ver* PRICE-EARNING RATIO.

multiple management: Distribución de los activos de una gran cartera entre varias compañías administradoras.

multiple option strategy: Uso de más de una opción sobre el mismo título valor subyacente al mismo tiempo. Por ejemplo, un

inversor compra un "call" sobre la compañía X a $ 120 con venci-
miento en mayo, y vende un "call" sobre la compañía X al mismo
precio de entrada con vencimiento en agosto.

multiplier: *Ver* AMERICAN CURRENCY QUOTATION.

muni: *Ver* MUNICIPAL BOND.

municipal: *Ver* MUNICIPAL BOND.

**Municipal Assistance Corporation for the City of New York
(MAC):** Corporación estadounidense establecida en 1975 para
proporcionar asistencia financiera a la ciudad de Nueva York.
MAC está autorizada a emitir sus propios títulos de deuda respaldados por ingresos públicos estaduales.

municipal bond: Bono municipal, título de deuda municipal. Tí-
tulo de deuda emitido por una municipalidad o ente municipal.
El interés que pagan la mayoría de los bonos municipales está
exento de impuestos federales a las ganancias y por lo general
de impuestos estaduales y locales. *También llamado MUNI; MU-
NICIPAL; TAX-EXEMPT BOND. Ver* BOND BUYER'S INDEX; ESSENTIAL
FUNCTION BOND; EX-LEGAL; PRIVATE ACTIVITY BOND; TAXABLE MU-
NICIPAL BOND.

municipal bond fund: Fondo común de inversión que invierte en
bonos municipales exentos de impuestos. *Ver* DOUBLE-EXEMPT
FUND; JUNK MUNI-BOND FUND; TAX-EXEMPT MONEY MARKET FUND.

municipal bond insurance: Garantía que otorga un tercero, por
lo general una compañía privada, de que el propietario de un
bono recibirá el pago de capital e intereses. El seguro puede ser
comprado por la entidad gubernamental emisora o por el inversor. Se acuerda que los títulos valores se comprarán al valor nominal en caso de incumplimiento de pago.

municipal convertible: Título de deuda municipal que se emite
con un descuento importante con respecto al valor nominal porque no comienza a pagar intereses hasta una fecha determinada.

municipal improvement certificate: Certificado emitido por un
gobierno local para financiar mejoras en los servicios públicos.
Esta obligación es pagadera mediante un impuesto especial que
se cobra a los beneficiarios de la mejora. Los intereses sobre estos certificados suelen estar exentos de impuestos.

municipal note: Título de deuda municipal cuyo vencimiento original es de dos años o inferior.

mutilated security: Acción o bono que, debido a un daño o defecto de impresión, no puede ser transferido. Para vender un título valor en estas condiciones, el propietario debe solicitar al agente de transferencias que otorgue al comprador una garantía de propiedad sobre el título.

mutual association: Asociación mutual, mutual. Sociedad de ahorro y préstamo organizada como una cooperativa que es propiedad de sus miembros. Los depósitos de los miembros representan acciones; los accionistas votan sobre las cuestiones de la sociedad y reciben ganancias en la forma de dividendos, si bien no tienen permiso oficial de emitir acciones.

mutual fund: Fondo común de inversión. Fondo administrado por una compañía de inversiones que recauda dinero de los cuotapartistas e invierte en acciones, bonos, opciones y "commodities". Las cuotapartes se venden y compran en forma directa, por lo cual no existe mercado secundario. Los fondos comunes de inversión varían en cuanto a los tipos de inversiones que realizan y las comisiones que cobran. *Ver* CLONE FUND; CLOSED-END INVESTMENT COMPANY; FAMILY OF FUNDS; LOAD FUND; LOW-LOAD FUND; NO-LOAD FUND; MUTUAL FUND CUSTODIAN; REGULATED INVESTMENT COMPANY; REINVESTMENT PRIVILEGE.

mutual fund cash-to-assets ratio: Proporción del activo total que tiene en efectivo un fondo común de inversión.

mutual fund custodian: Organización que tiene en custodia las cuotapartes de un fondo común de inversión. *Ver* CUSTODIAN.

mutual savings bank (MSB): Institución de ahorro y préstamo organizada bajo permiso estatal para beneficio de sus depositarios. Por lo general, las ganancias se distribuyen a los depositarios después de deducir gastos y guardar fondos en reserva cuando esto es necesario. Muchas de estas instituciones emiten acciones y ofrecen servicios al cliente como por ejemplo emisión de tarjetas de crédito, apertura de cuentas corrientes, extensión de préstamos comerciales, etc. *También llamado SAVINGS BANK.*

N

n: 1. En los diarios estadounidenses, letra que se utiliza en las tablas de operaciones bursátiles para indicar una nueva acción que fue autorizada a cotizar en las últimas 52 semanas. 2. En los diarios británicos, letra que se utiliza en los cuadros de operaciones bursátiles para indicar una emisión pendiente de derechos de suscripción.

N: En los diarios estadounidenses, letra que se utiliza en los estados de resultados para indicar que la NYSE es el mercado primario de las acciones ordinarias de una compañía.

na: En los diarios estadounidenses, sigla que se utiliza en los cuadros de operaciones con bonos para indicar que un título opera sin obligación de pagar intereses acumulados.

naked option: Opción otorgada sobre activos que todavía no se poseen. *También llamado UNCOVERED OPTION. Ver* COVERED OPTION.

naked position: Posición corta o larga que no está protegida mediante estrategias de cobertura. Por ejemplo, la posición de quien emite un "call" o un "put" sin tener la correspondiente posición larga o corta en el título valor subyacente.

naked writer: Lanzador de una opción que no es propietario del título valor subyacente.

narrow basis: Situación del mercado en la que existe sólo una pequeña diferencia entre el precio contado y el precio futuro para el mismo tipo de contrato. *Ver* WIDE BASIS.

narrow market: Mercado de títulos valores o "commodities" caracterizado por escasas operaciones y grandes fluctuaciones de precios en relación con el volumen operado. *También llamado THIN MARKET; INACTIVE MARKET.*

narrow the spread: Reducir la diferencia entre el precio de compra y el precio de venta de un título valor.

National Association of Securities Dealers (NASD): Asociación estadounidense de agentes del mercado extrabursátil que establece normas de conducta legales y éticas para sus miembros. La NASD fue establecida en 1934 para regular el mercado extrabursátil. *Ver* RULES OF FAIR PRACTICE.

National Association of Securities Dealers Automated Quotation system (NASDAQ): Sistema computarizado que almacena y permite consultar las cotizaciones de gran cantidad de los títulos más activos negociados en el mercado extrabursátil estadounidense. Este sistema pertenece a la National Association of Securities Dealers y proporciona tres niveles de información, según las necesidades de los usuarios. *Ver* LEVEL 1; LEVEL 2; LEVEL 3.

nationalization: Nacionalización. Adquisición del control de los activos o las operaciones de una compañía privada por parte del gobierno.

nearby: En operaciones de futuros y opciones, fecha de vencimiento o entrega, expresada en meses, más cercana a la fecha actual. *También llamado LEAD MONTH; NEAREST MONTH. Ver* FURTHEREST OUT.

near money: Activos fácilmente convertibles en dinero sin prácticamente ninguna pérdida de valor.

negative amortization: Amortización negativa. Aumento del capital de un préstamo, cuando los pagos sobre el capital del préstamo son insuficientes para cancelar el interés vencido. El interés impago se agrega al saldo pendiente de pago, por lo que el monto del préstamo aumenta, en vez de disminuir, a medida que se realizan los pagos.

negative carry: Situación en la cual el costo del dinero prestado para financiar una inversión supera el rendimiento de la misma. *Ver* CARRYING CHARGES 1; POSITIVE CARRY.

negative covenant: Obligación contractual por la cual el beneficiario de un préstamo se compromete a no realizar determinada actividad, por ejemplo pagar dividendos o emitir títulos de deuda. *Ver* POSITIVE COVENANT.

negative goodwill: Fondo de comercio negativo. Valor de un negocio o empresa que es inferior al de sus activos netos valuados en forma individual.

negative net worth: Patrimonio neto negativo. Exceso del pasivo por sobre el activo. *También llamado DEFICIT NET WORTH.*

negative yield curve: Curva de rendimiento invertido. Situación en la cual el rendimiento de los títulos valores a corto plazo es superior al rendimiento de títulos de la misma calidad a largo plazo. *También llamado INVERTED YIELD CURVE. Ver* FLAT YIELD CURVE; POSITIVE YIELD CURVE; YIELD CURVE.
(Ver gráfico en p. 462).

negotiable: 1. Negociable. Relativo o perteneciente a un precio que no está firmemente establecido. 2. Negociable, transferible, endosable. Descripción de un instrumento que se puede transferir fácilmente de un propietario a otro.

negotiable certificate of deposit: Certificado de depósito negociable. Certificado de depósito emitido al portador y que puede negociarse en el mercado secundario. *Ver* MONEY MARKET.

negotiable instrument: Título de crédito. Documento escrito que representa la promesa de pagar una suma de dinero en un plazo establecido, fácilmente transferible de una persona a otra. Ejemplos de títulos de crédito son los cheques, los pagarés y las letras de cambio.

negotiable order of withdrawal: *Ver* NOW ACCOUNT.

negotiable security: *Ver* MARKETABLE SECURITY.

negotiated commission: Honorarios por la negociación de títulos valores que se establecen de común acuerdo entre el cliente y la sociedad de bolsa. *Ver* DISCOUNT BROKERAGE FIRM; MAY DAY.

negotiated offering: Proceso por el cual un emisor de títulos valores selecciona un "underwriter" mediante la negociación del precio ofrecido a dicho "underwriter" y el precio al cual este último venderá la emisión al público. *También llamado NEGOTIATED UNDERWRITING. Ver* COMPETITIVE BIDDING 1.

negotiated underwriting: *Ver* NEGOTIATED OFFERING.

nest egg: 1. Activos destinados al ahorro previsional. 2. Cuenta de ahorro cuyos fondos no se destinan para gastos a corto plazo. *También llamado RAINY DAY MONEY.*

net: Neto. 1. Diferencia monetaria entre el costo de adquisición de un título valor y el monto obtenido a partir de la venta de dicho título. 2. *Ver* NET INCOME.

net assets: *Ver* OWNER'S EQUITY.

net asset value per share (NAV): 1. Valor contable de las distintas clases de títulos valores de una compañía. Para calcular dicho valor, al activo total se le restan los bienes intangibles y el pasivo; y a esa cifra se la divide por la cantidad de títulos valores en circulación. 2. En fondos comunes de inversión, valor de mercado de todos los activos del fondo, menos el pasivo total, dividido por la cantidad de cuotapartes en circulación.

net book value: Valor neto contable, valor neto según libros.

net borrowed reserves: Medida estadística que indica una escasez de reservas en el sistema bancario. Se expresa siempre en cifras negativas. *Ver* NET FREE RESERVES.

net capital ratio: *Ver* NET CAPITAL REQUIREMENT.

net capital requirement: Requisito de capital neto. Proporción mínima de efectivo y activos fácilmente convertibles en efectivo que deben mantener las sociedades de bolsa con respecto a la cifra de endeudamiento total, según lo exige la autoridad que regula las actividades bursátiles de un país. *También llamado NET CAPITAL RULE; NET CAPITAL RATIO.*

net capital rule: *Ver* NET CAPITAL REQUIREMENT.

net capital stock: *Ver* OWNERS' EQUITY.

net change: Modificación neta. Cantidad de puntos en que el precio de cierre de un título cambió con respecto a la última jornada de operaciones. *También llamado CHANGE; PRICE CHANGE.*

net current assets: *Ver* WORKING CAPITAL.

net free reserves: Medida estadística que indica un excedente de reservas en el sistema bancario. *Ver* NET BORROWED RESERVES.

net income: Beneficio neto, ganancia neta, utilidad neta. Ganancia restante después de deducir todos los gastos e impuestos. *También llamado AFTERTAX PROFIT; BOTTOM LINE; NET; NET PROFIT; PROFIT. Ver* GROSS PROFIT.

net interest cost (NIC): Costo total de los intereses de una oferta para el emisor, incluyendo los intereses del cupón y la prima o el descuento. Por lo general se expresa como el interés total hasta la fecha de vencimiento.

net interest margin (NIM): Margen neto entre la tasa activa y pasiva. Diferencia porcentual entre la ganancia que obtiene el banco por los intereses que generan sus activos rentables y sus principales gastos (intereses que paga a sus depositantes).

net lease: Tipo de locación en la cual los costos de mantenimiento del bien alquilado, incluyendo impuestos y seguro, están a cargo del locatario. *Ver* GROSS LEASE.

net loss: Pérdida neta. Resultado que se produce cuando los gastos superan los ingresos en un determinado período. *Ver* LOSS.

net margin: *Ver* NET PROFIT MARGIN.

net plant and equipment: *Ver* PLANT AND EQUIPMENT.

net present value (NPV): Valor neto actual. Método utilizado para evaluar inversiones, por el que el valor actual neto de todas las salidas y entradas de efectivo se calcula usando una tasa de descuento determinada. Una inversión es aceptable si el valor neto actual es superior a cero. *Ver* PRESENT VALUE.

net proceeds: Producto neto, ingreso neto. Ingreso obtenido por la venta de un bien menos la comisión u otros gastos directamente relacionados con dicha venta. *Ver* PROCEEDS.

net profit: *Ver* NET INCOME.

net profit margin: Margen de beneficio neto. Ganancia neta después de impuestos dividida por las ventas netas. El margen de beneficio neto es lo que queda por cada unidad monetaria vendida después de haber pagado todos los gastos e impuestos. *También llamado NET MARGIN. Ver* GROSS PROFIT MARGIN; RETURN ON SALES.

net quick assets: Activo neto realizable. Activo corriente fácilmente convertible en efectivo, menos el pasivo corriente. *Ver* CURRENT ASSETS; CURRENT LIABILITIES; QUICK RATIO.

net realized capital gains per share: En fondos comunes de inversión, exceso de las ganancias de capital realizadas sobre las pérdidas de capital realizadas, dividido por la cantidad de cuotapartes en circulación. Estas ganancias se distribuyen a los cuotapartistas en proporción a su participación en la cartera total.

net sales: Ventas netas. Ventas totales correspondientes a un determinado período, después de deducir descuentos por pago en efectivo, devoluciones y gastos de transporte. *Ver* GROSS SALES.

net tangible assets per share: Activo tangible neto por acción. Activo tangible de una compañía, menos el pasivo y el valor nominal de las acciones preferidas dividido por la cantidad de acciones ordinarias en circulación.

net transaction: Transacción neta. Operación bursátil en la que no se pagan aranceles ni comisiones adicionales. Por ejemplo, los inversores que compran títulos de una nueva emisión no deben pagar comisiones: si una acción se ofrece inicialmente por $ 30, el costo total del comprador es $ 30.

net working capital: *Ver* WORKING CAPITAL.

net worth: Patrimonio neto. Activo total menos el pasivo total. *Ver* OWNER'S EQUITY.

net yield: Rendimiento neto. 1. Ganancia de una inversión, después de deducir los costos y las reservas utilizadas para cubrir pérdidas. 2. Tasa de retorno de un título valor, teniendo en cuenta el precio de compra, el interés del cupón y la cantidad de años que restan hasta el vencimiento. *También llamado YIELD TO MATURITY.*

neutral: Neutral. Posición de un título valor que no se encuentra ni en alza ni en baja.

neutral hedge ratio: Relación de cobertura neutral. Cantidad de contratos de opciones necesaria para compensar todo cambio de precios en el bien subyacente de un contrato. Esta relación varía según la fecha de vencimiento y la diferencia entre el precio de mercado del bien y el precio de ejercicio de la opción.

new account report: Formulario que deben completar los agentes bursátiles por cada nuevo cliente, en el cual se informa sobre los objetivos de una inversión y se incluye información financiera como ingresos del cliente, patrimonio neto, etc.

new balance: Nuevo saldo. En tarjetas de crédito, saldo pendiente de pago que queda después de sumar el saldo impago del mes anterior y las nuevas compras más los costos financieros.

new issue: Nueva emisión. Título valor que se presenta por primera vez en oferta pública. *Ver* OFFERING PRICE.

new issue market: *Ver* PRIMARY MARKET.

new listing: Título valor que comenzó a cotizar recientemente en una bolsa de valores.

new money: Monto por el cual el valor nominal de los títulos valores nuevos supera el valor nominal de los títulos que se refinancian.

new money preferred: En Estados Unidos, acciones preferidas emitidas después del 1 de octubre de 1942. Los propietarios de estas acciones tienen la posibilidad de estar exentos del 80% de los impuestos sobre los dividendos.

New York interest: Interés calculado según la cantidad exacta de días de un mes, y no sobre la base fija de 30 días.

New York Stock Exchange (NYSE), Inc.: Bolsa de valores más grande y antigua de Estados Unidos, en donde se negocia el 85% de los títulos valores que cotizan en la totalidad del país. *Ver* BOND ROOM; GARAGE; SECURITIES EXCHANGE.

New York Stock Exchange Index: Índice que incluye todas las acciones que cotizan en la New York Stock Exchange, ponderado según el valor de mercado de cada título valor (precio del título por la cantidad de unidades en circulación).

next day: 1. Perteneciente a una operación que debe ser liquidada un día hábil posterior a la fecha en que se realizó.

next day funds: Fondos que estarán disponibles para su retiro o transferencia el día hábil siguiente. *También llamado CLEARING HOUSE FUNDS.*

next-out: En contratos de futuros, mes inmediatamente posterior a la fecha de entrega más cercana.

nifty fifty: Cincuenta acciones que tienden a ser las favoritas de los inversores institucionales por sus antecedentes de ganancias y dividendos crecientes. *También llamado FAVORITE FIFTY; INSTITUTIONAL FAVORITES.*

night depository: Servicio nocturno de caja de seguridad. Caja de seguridad a la que se puede acceder por llave para realizar depósitos fuera del horario bancario y durante los fines de semana. *También llamado NIGHT SAFE.*

night safe: *Ver* NIGHT DEPOSITORY.

Nikkei Index: *Ver* NIKKEI STOCK AVERAGE.

Nikkei Stock Average: Índice de 225 acciones líderes que cotizan en la Bolsa de Tokio. *También llamado NIKKEI INDEX.*

19c3 stock: En Estados Unidos, acciones que pueden ser negociadas por las sociedades bursátiles fuera del recinto de la bolsa. *Ver* RULE 19c3.

N.L.: En los diarios estadounidenses, sigla que se utiliza en la columna del precio de compra en las tablas de operaciones de fondos comunes de inversión para indicar las cuotapartes de un fondo que no cobra comisiones. *Ver* NO-LOAD FUND.

no-load fund: Fondo común de inversión abierto que no cobra comisiones a sus cuotapartistas por la compra de cuotapartes. Estos fondos operan sin participación de intermediarios. *Ver* LOAD FUND; LOW-LOAD FUND; INVESTMENT COMPANY.

nominal interest rate: Tasa de interés nominal. Ganancia monetaria anual que produce un título valor de renta fija dividido por el valor nominal del título y expresado como porcentaje. Por ejemplo, si un bono produce una ganancia anual de $ 80 y su valor nominal es de $ 1.000, la tasa de interés nominal es de 8%, independientemente de que esta cifra se perciba en pagos trimestrales de $ 20, o en un solo pago anual de $ 80. *Ver* EFFECTIVE RATE OF INTEREST.

nominal quote: Cotización nominal. Precio aproximado de un título valor, que se calcula simplemente a los efectos de la valuación y no implica una oferta de compra o venta en firme. *También llamado SUBJECT QUOTE. Ver* FIRM QUOTE.

nominal return: Tasa de retorno nominal. Tasa de retorno de una inversión no ajustada según la inflación. *Ver* REAL RETURN.

nominee: Persona u organización, por ejemplo un banco o una sociedad de bolsa, a cuyo nombre se registran títulos valores aunque los mismos sean propiedad de un tercero, previo acuerdo entre ambas partes.

nonaccrual loan: Préstamo sobre el cual no se pagan los intereses contractuales debido a dificultades financieras del prestatario. *También llamado DOUBTFUL LOAN.*

nonassessable: No susceptible de aranceles, impuestos o responsabilidades adicionales.

nonassessable capital stock: Acciones respecto de las cuales no pueden exigirse aportes adicionales para cubrir obligaciones de la compañía. Los propietarios de este tipo de acciones son sólo responsables por su inversión original.

nonbank bank: Banco que acepta depósitos u otorga préstamos comerciales, pero que no realiza ambas actividades al mismo tiempo.

noncallable (NC): No rescatable. Disposición de algunas emisiones de bonos y acciones preferidas por la cual se prohíbe que el emisor rescate los títulos antes de una fecha determinada o, en algunos casos, hasta la fecha de vencimiento. *Ver* CALL PROTECTION; NONREFUNDABLE.

nonclearing member: Miembro de una bolsa de valores que no pertenece a la cámara compensadora de dicha bolsa sino que contrata a una compañía para que le preste ese servicio.

noncompetitive bid: Método de compra de letras del Tesoro de Estados Unidos en la subasta pública semanal, por el cual el inversor no tiene que proponer un precio de compra, sino que acuerda comprar un monto determinado de títulos al precio promedio establecido en base a los precios ofertados por los inversores institucionales.

noncumulative: No acumulativo. Relativo a un tipo inusual de acción preferida sobre la cual no se pagan los dividendos omitidos. *Ver* CUMULATIVE.

noncurrent assets: Activo no corriente, activo no circulante. Activo que no se convertirá en efectivo durante el ciclo operativo habitual de la compañía, por lo general un año. Ejemplos de activos no corrientes son los activos fijos, como los bienes inmuebles y las maquinarias; los activos fijos intangibles, como las patentes y las marcas; y todos los bienes que se poseen durante períodos relativamente prolongados. *Ver* CURRENT ASSETS.

noncurrent liability: Pasivo no corriente, pasivo no circulante. Obligación que no debe pagarse durante el ciclo operativo habitual de la compañía, por lo general un año. Un ejemplo de pasivo no corriente son los títulos de deuda emitidos a largo plazo.

nondiversifiable risk: *Ver* SYSTEMATIC RISK.

nonequity option: Opción cuyo bien subyacente no es una acción. *Ver* EQUITY OPTION.

nonequity securities: Títulos valores representativos de deuda, en contraposición con los representativos de acciones.

nonessential function bond: *Ver* PRIVATE ACTIVITY BOND.

nonmarketable security: Título no negociable. Título que un inversor no puede vender a otro. *También llamado NONNEGOTIABLE SECURITY.*

nonmember firm: Sociedad bursátil que no es miembro de una bolsa de valores organizada. Estas sociedades deben operar por medio de las sociedades integrantes de la bolsa a fin de poder ejecutar sus órdenes en el recinto.

nonnegotiable security: *Ver* NONMARKETABLE SECURITY.

nonoperating income: Ganancia no operativa. Ganancia que no proviene de las actividades habituales de una compañía.

nonoperating unit: División no operativa. Compañía o subsidiaria de una compañía cuyas ganancias provienen de los ingresos que reciben de otras compañías. Por ejemplo, una compañía ferroviaria que alquila su línea y equipamiento a otras compañías ferroviarias, y distribuye la ganancia neta proveniente del cobro de alquileres entre sus accionistas. *Ver* OPERATING UNIT.

nonparticipating: No participativo. Relativo a un tipo de acción preferida que no tiene derecho a participar junto con las acciones ordinarias en el aumento de los dividendos. Casi todas las acciones preferidas son no participativas. *Ver* PARTICIPATING.

nonperforming asset: 1. Activo que no produce ganancia. 2. Crédito moroso. Crédito sobre el cual el prestatario no realiza pagos de capital e intereses según lo convenido contractualmente. *También llamado NONPERFORMING LOAN; NONPERFORMING CREDIT. Ver* NONACCRUAL LOAN; UNDERPERFORMING ASSET.

nonperforming credit: *Ver* NONPERFORMING ASSET.

nonperforming loan: *Ver* NONPERFORMING ASSET.

nonprice competition: Competencia entre compañías cuyos productos se diferencian por aspectos que no incluyen el precio, como por ejemplo la calidad, el estilo, los métodos de entrega, etc.

nonprobate property: Activo que no necesita cumplir con el procedimiento sucesorio a fin de ser transferido.

nonpurpose loan: Préstamo en el que se usan títulos valores como garantía pero cuya finalidad no es la compra de títulos valores. *Ver* PURPOSE LOAN.

nonrecourse loan: Préstamo sin aval personal. Préstamo en el cual el acreedor sólo tiene derecho a reclamo sobre el bien dado en garantía por el préstamo en caso de incumplimiento de pago por parte del prestatario. *Ver* RECOURSE LOAN.

nonrecurring charge: Gasto extraordinario. Gasto que no se espera volver a registrar en los estados contables de una compañía. *También llamado EXTRAORDINARY CHARGE.*

nonrecurring gain: Ganancia extraordinaria. Ganancia que no se espera volver a registrar en los estados contables de una compañía. *También llamado EXTRAORDINARY GAIN.*

nonrefundable (NR): No refinanciable. Cláusula de algunas emisiones de títulos valores por la cual se prohíbe que los emisores rescaten títulos antes de una fecha determinada con los ingresos provenientes de una emisión subsiguiente. De esta manera se evita que los prestatarios saquen ventaja de una caída de las tasas de interés cambiando títulos de cupón alto por títulos de cupón menor. *Ver* CALL PROTECTION; NON-CALLABLE; REFUND.

nontaxable income: Ganancia no gravable, ganancia no imponible. Ganancias que se encuentran específicamente exentas de gravámenes impositivos.

nonvoting stock: Acciones sin derecho a voto. Acciones cuyos poseedores no tienen derecho a voto en la elección de directores, auditores, etc. Las empresas suelen crear acciones sin derecho a voto para restringir el control operativo sólo a determinados grupos. *Ver* VOTING RIGHTS; VOTING STOCK.

no par stock: *Ver* NO-PAR-VALUE STOCK.

no-par-value stock: Acciones sin valor nominal. Acciones cuyo valor no fue fijado en el momento de la emisión. *También llamado NO PAR STOCK.*

normal trading unit: *Ver* ROUND LOT.

note: 1. Pagaré. Promesa escrita de pagar una suma específica de dinero en una fecha determinada. *También llamado PROMISORY NOTE. ACCELERATION NOTE*: Pagaré con opción de pago anticipado. *BEARER NOTE*: Pagaré al portador. 2. *Ver* FOOTNOTE.

notes payable: Deudas a pagar, efectos a pagar, pagarés pendientes de pago. Obligaciones que se tienen para con un tercero, evidenciadas por una promesa de pago por escrito.

notes receivable: Deudas a cobrar, efectos a cobrar, pagarés pendientes de cobro. Obligaciones que un tercero debe saldar, evidenciadas por una promesa de pago por escrito.

not held (NH): Instrucción que un cliente coloca en una orden de compra o venta de títulos valores, por la cual permite que el agente bursátil use su criterio personal para ejecutar dicha orden en cuanto a tiempo y/o precio, pero no lo hace responsable en caso de que no pueda realizar la operación más conveniente. *También llamado MARKET NOT HELD ORDER.*

notice of intention day: En operaciones de futuros, fecha en que la cámara compensadora reúne al inversor que declaró su intención de realizar una entrega con el inversor que debe aceptar la entrega. *Ver* DELIVERY DATE; FIRST POSITION DAY; POSITION DAY.

notice of intention to deliver: *Ver* DELIVERY NOTICE.

not rated (NR): No calificada; sin calificación. Perteneciente a una emisión de títulos valores que no fue calificada por una sociedad calificadora de riesgo.

not reoffered (NRO): Perteneciente a una emisión o parte de una emisión de títulos valores que ya posee comprador y cuyo "underwriter" no revenderá al público.

not sufficient funds (NSF): Fondos insuficientes. Cuenta que carece del dinero suficiente para cubrir uno o más cheques emitidos sobre la misma. *Ver* NSF CHECK; OVERDRAFT.

novation: Novación. 1. Acuerdo de reemplazar un integrante de un contrato por otro. La novación transfiere tanto derechos como obligaciones y debe contar con la aprobación de las distintas partes. 2. Reemplazo de una deuda anterior por una nueva deuda.

NOW account: Tipo de cuenta corriente que devenga intereses. *También llamado NEGOTIABLE ORDER OF WITHDRAWAL.*

NSF check: Cheque que no puede ser pagado porque el saldo de cuenta del librador es inferior al monto escrito en el cheque.

O

o: En las tablas de operaciones con opciones publicadas en los diarios estadounidenses, letra que se coloca inmediatamente después del nombre de una compañía para indicar una opción negociada sobre una cantidad de acciones no equivalente a 100 unidades. Por ejemplo, IBM o 60.

O: Letra que se utiliza en los estados de resultados publicados en los diarios estadounidenses para identificar al mercado extrabursátil como el mercado primario de las acciones ordinarias de una compañía.

obligation: 1. Obligación. Compromiso legalmente exigible de pagar una suma de dinero, o realizar una determinada acción, según los términos de un contrato. 2. Obligación, deuda. Toda forma de endeudamiento evidenciada por una promesa escrita de pago.

obligor: Obligado. Parte que tiene el compromiso de pagar una deuda, incluyendo el interés vencido, en una fecha determinada.

odd lot: Lote impar. Negociación que incluye un conjunto de acciones cuya cantidad es inferior a la de una negociación normal. Por lo general un lote impar son menos de 100 acciones. *Ver* EFFECTIVE SALE; ON-THE-QUOTATION ORDER; ROUND LOT.

odd-lot dealer: Sociedad de bolsa que compra y vende títulos valores en lotes impares. *Ver* ODD LOT.

odd-lot differential: Margen de beneficio extra sobre compras de lotes impares o rebaja sobre el precio de venta de lotes impares que aplican las sociedades bursátiles o los especialistas para compensar las operaciones con lotes que no son pares. *También llamado DIFFERENTIAL. Ver* BASIS PRICE 2; WITH OR WITHOUT.

odd-lot short sales: Ventas cortas sobre lotes impares. La cantidad de acciones vendidas en descubierto sobre lotes impares suele usarse para crear un índice que mide la actividad especulativa de los pequeños inversores. *Ver* SHORT SALE.

odd-lotter: Inversor que compra y vende títulos valores en cantidad inferior a la unidad operativa estándar de negociación.

odd-lot theory: Teoría que sostiene que todo buen inversor debería realizar inversiones opuestas respecto de quienes negocian lotes impares, ya que estos últimos suelen ser pequeños inversores y tienden a equivocarse.

off-board trade: Compra o venta de títulos valores, en particular aquellos que cotizan en bolsa, sin acudir al recinto bursátil. *Ver* THIRD MARKET.

offer: *Ver* ASK.

offering: *Ver* PUBLIC OFFERING.

offering circular: Circular o prospecto abreviado en el que se indican las condiciones de una nueva emisión de títulos valores.

offering date: Fecha en la cual se venderá una nueva emisión de títulos valores.

offering price: Precio de oferta. Precio al cual se ofrece una inversión a los compradores. El mismo es fijado por el consorcio colocador de la emisión. *También llamado FIXED PRICE. Ver* ASK.

offering scale: *Ver* SCALE.

offer wanted (OW): Notificación por la cual un agente bursátil expresa su interés en comprar un título valor sobre el que no hay ofertas.

off-floor order: Orden fuera del recinto. Orden de compra o venta de un título valor originada fuera de la bolsa. Se trata de las órdenes de los inversores a los agentes bursátiles. *Ver* ON-FLOOR ORDER.

official notice of sale: Notificación oficial de venta. Anuncio de una municipalidad por el cual la misma notifica que acepta ofertas de "underwriters" para una nueva emisión de títulos de deuda.

official rate: Tipo de cambio oficial. En operaciones con divisas, tasa oficial en la que se fija un tipo de cambio.

official statement: Divulgación de información financiera importante relacionada con una emisión de bonos municipales por parte de un gobierno.

offset: 1. Compensación, cancelación. En contratos de futuros y opciones, liquidación de una posición mediante la compra o venta de una cantidad igual de contratos idénticos, de manera que se cancela toda obligación. 2. Número codificado en la banda magnética de una tarjeta bancaria el cual, al combinarse con el número de identificación personal del titular, verifica que este último mo sea el código de acceso correcto.

offshore: Perteneciente a una organización financiera cuya sede central se encuentra fuera del territorio nacional.

off-the-run issue: Emisión de títulos valores que no se incluye en la lista de ofertas de un agente bursátil. *Ver* RUN 1.

oil and gas drilling limited partnership: Sociedad en la cual los fondos de los inversores se utilizan para la búsqueda de nuevos yacimientos petrolíferos y de gas. *También llamado DEVELOPMENTAL OIL AND GAS PARTNERSHIP; EXPLORATORY OIL AND GAS PARTNERSHIP.*

oligopoly: Oligopolio. Mercado en el que una pequeña cantidad de compañías vendedoras controla la oferta de un producto o servicio determinado. *Ver* MONOPOLY; OLIGOPSONY.

oligopsony: Mercado en el que una cantidad limitada de grandes compradores controla la producción y el precio de mercado de un producto o servicio determinado. *Ver* MONOPOLY; MONOPSONY; OLIGOPOLY.

omitted dividend: *Ver* PASSED DIVIDEND.

on-balance volume: Método de análisis técnico por el cual se intenta detectar cuándo un determinado título valor es acumulado por muchos compradores o distribuido por muchos vendedores. Se considera que un gran volumen de negociaciones sobre precios en alza es un indicador alcista porque señala la posibilidad de que se estén acumulando posiciones en un título, por lo cual es conveniente comprar; por el contrario, un gran volumen de negociaciones sobre precios en baja indica que es conveniente vender. *Ver* ACCUMULATION AREA; DISTRIBUTION AREA.

one-bank holding company: Sociedad propietaria de por lo menos el 25% de las acciones con derecho a voto de un banco comercial.

one-cancels-the-other order: *Ver* ALTERNATIVE ORDER.

one-decision stock: Acciones que se compran con la idea de retenerlas indefinidamente, a fin de obtener una ganancia a largo plazo.

one hundred percent statement: *Ver* COMMON-SIZE STATEMENT.

one-sided market: Mercado de un título valor en el que se cotiza sólo una punta, ya sea la oferta o la demanda. *También llamado ONE-WAY MARKET. Ver* TWO-SIDED MARKET; WITHOUT.

on-floor order: Orden dentro del recinto. Orden de compra o venta de un título valor que se origina dentro del recinto de operaciones. *Ver* OFF-FLOOR ORDER.

on-the-quotation order: Orden de compra o venta de lote par que presenta un cliente indicando que la misma se ejecute al precio de compra o venta actual de un determinado título valor.

on the sidelines: Perteneciente a inversores que decidieron no comprometer su capital en inversiones riesgosas o a largo plazo.

on-us item: 1. Cheque pagadero con fondos depositados en el mismo banco en el cual dicho cheque se presenta. 2. Transferencia electrónica de fondos en la cual la cuenta pagadora y la cuenta receptora se encuentran en el mismo banco.

OPD: Sigla que se usa en los sistemas integrados de información bursátil para indicar la primera operación de la jornada después de una apertura demorada, o la primera operación en un título valor cuyo precio cambió considerablemente con respecto al cierre del día anterior.

open box: En las sociedades bursátiles, ubicación física de los títulos que están disponibles para usar como garantía de préstamos. *También llamado ACTIVE BOX. Ver* BOX; FREE BOX.

open-end investment company: *Ver* MUTUAL FUND.

open-end mortgage: Hipoteca ilimitada. Hipoteca que permite hacer uso de créditos adicionales, los cuales están cubiertos por la misma garantía. *Ver* CLOSED-END MORTGAGE; MORTGAGE BOND.

open-end transaction: Operación abierta. Operación susceptible de ser modificada por las partes intervinientes.

opening: Apertura. 1. Comienzo de una sesión de operaciones bursátiles. 2. Precio al cual cotiza un título valor al iniciar la jornada bursátil. *También llamado OPENING PRICE.*

opening balance: Saldo inicial. Saldo de una cuenta al comienzo de un período financiero.

opening price: *Ver* OPENING 2.

opening transaction: 1. Operación de apertura. Transacción inicial de un título valor en una jornada de operaciones. *Ver* CLOSING TRANSACTION 1. 2. En opciones, orden que determina una nueva posición de inversión o que incrementa el monto de una posición ya existente. *Ver* CLOSING TRANSACTION 2.

open interest: 1. Cantidad de contratos de futuros o de opciones que no fueron cancelados mediante operaciones opuestas, ni ejercidos mediante la entrega del bien subyacente. 2. Cantidad de contratos de futuros o de opciones que está en circulación en un determinado momento.

open-market operations: Compra y venta de títulos públicos en el mercado abierto por parte del banco central de un país a fin de influir sobre la masa monetaria, las condiciones crediticias y las tasas de interés. *Ver* REPORTING DEALERS.

open order: *Ver* GOOD-TILL-CANCELED ORDER.

open position: Posición abierta. Contrato de opciones o futuros que fue comprado o vendido y que todavía no fue compensado o cancelado mediante la entrega.

open repo: Contrato de recompra en el cual no se especifica la fecha de recompra y que puede ser cancelado por cualquiera de las partes en cualquier momento.

operating company: Compañía operativa. Compañía que realiza actividades comerciales con terceros. *Ver* OPERATING UNIT.

operating expense: Gasto operativo. Gasto que originan las operaciones habituales de la compañía. Entre los gastos operativos se incluyen los gastos administrativos y de ventas y se excluyen los intereses, los impuestos y el costo de las mercaderías vendidas.

operating income: Ganancia operativa, beneficio operativo. Remanente, una vez deducidos los gastos, obtenido a partir de las actividades comerciales habituales. *También llamado EARNINGS BEFORE INTEREST AND TAXES; OPERATING PROFIT. Ver* OPERATING LOSS; OPERATING REVENUE.

operating lease: Arrendamiento operativo. Locación a corto plazo en la cual el pago del alquiler es realizado por el locatario y el locador mantiene el derecho de propiedad sobre el bien arrendado. *Ver* FINANCE LEASE.

operating leverage: Apalancamiento operativo. Grado en el que los costos operativos de una compañía son fijos (alquiler, seguro, salarios de ejecutivos) en contraposición a los variables (materiales, personal contratado). El apalancamiento operativo mide la sensibilidad de la ganancia operativa de una compañía a los cambios en el volumen de ventas. *Ver* FINANCIAL LEVERAGE.

operating loss: Pérdida operativa. Exceso de gastos operativos por sobre los ingresos. La pérdida operativa excluye los gastos e ingresos no incluidos en las actividades habituales de la compañía. *También llamado DEFICIT.*

operating profit: *Ver* OPERATING INCOME.

operating rate: Tasa operativa. Nivel de capacidad al cual opera una empresa.

operating ratio: Relación financiera que mide la proporción de los ingresos que la compañía destina a cubrir gastos operativos.

operating revenue: Ingreso operativo. Ingreso que proviene del giro habitual de la empresa. *Ver* OPERATING INCOME; OTHER REVENUE.

operating statement: *Ver* INCOME STATEMENT.

operating unit: División operativa. Compañía que realiza actividades comerciales con otras y que, a su vez, es propiedad de otra compañía. *Ver* NONOPERATING UNIT; OPERATING COMPANY.

operational audit: *Ver* MANAGEMENT AUDIT.

operations department: *Ver* BACK OFFICE.

opinion: Dictamen del auditor, informe del auditor. Informe firmado por un contador público por el cual éste certifica la veracidad de los estados contables de una compañía. *También llamado ACCOUNTANT'S OPINION; AUDITOR OPINION. Ver* ADVERSE OPINION; CLEAN OPINION; DISCLAIMER OF OPINION; QUALIFIED OPINION; SUBJECT TO OPINION.

opinion shopping: Búsqueda de una firma autorizada que proporcione la opinión deseada sobre los estados contables de una compañía.

opportunity cost: Costo de oportunidad, costo alternativo. Oportunidad mejor que se pierde debido a la decisión de realizar una inversión determinada en un momento dado. Por ejemplo, la compra de un activo significa que se dispondrá de menos dinero para otras inversiones. *También llamado ALTERNATIVE COST.*

option: Opción. 1. Contrato en el cual se le garantiza al comprador el derecho de comprar o vender un título valor o "commodity" a un precio fijo y en un lapso o fecha determinados. *Ver* CALL 1; COMBINATION OPTION; CONVENTIONAL OPTION; EUROPEAN OPTION; EXCERCISE PRICE; EXPIRATION DATE; LAPSED OPTION; PUT 1; RESTRICTED OPTION; STOCK OPTION. 2. *Ver* INCENTIVE STOCK OPTION.

option agreement: Acuerdo formal que firma el inversor y que queda en poder de la sociedad de bolsa antes de que dicho inversor pueda negociar opciones.

optional call: Rescate opcional. Rescate de un bono por parte de un emisor que desea cancelar un préstamo, por lo general debido a que las tasas de interés bajaron desde el momento de la emisión. Algunas emisiones de bonos no son rescatables. *Ver* CALL 3; CALL PRICE; CALL PROTECTION; EXTRAORDINARY CALL.

optional dividend: Dividendo opcional. Dividendo cuya forma de pago queda a elección del accionista.

option exchange: Bolsa de opciones. Bolsa de valores en donde se negocian contratos de opciones.

option-growth fund: Fondo común de inversión que compra opciones de compra y venta sobre distintos títulos valores y obtiene ganancias ejerciendo dichas opciones cuando se producen alzas o bajas de precios. *Ver* OPTION-INCOME FUND.

option-income fund: Fondo común de inversión que aumenta las ganancias de los cuotapartistas con la prima obtenida a partir de la venta de opciones de compra y venta sobre títulos que integran la cartera del fondo. *Ver* OPTION-GROWTH FUND.

option holder: Tomador de una opción de compra o venta de activos. El tomador de la opción paga una prima y tiene la alternativa de ejercer la opción o dejar que expire.

option mutual fund: Fondo común de inversión que invierte parte de su cartera en opciones.

option premium: *Ver* PREMIUM 1.

option pricing model: Modelo de fijación de precios de opciones. Fórmula matemática para determinar el precio al que una opción debería negociarse. El modelo expresa el precio adecuado teniendo en cuenta el valor del bien subyacente, el tiempo que resta hasta el vencimiento, el precio de ejercicio, los rendimientos de inversiones alternativas, y el riesgo. *Ver* BLACK AND SCHOLES MODEL.

option related debt: Título de deuda que contiene una opción de compra, la cual otorga al emisor el derecho de recomprar la deuda, o una opción de venta, que da al inversor la posibilidad de revender el título al emisor, a su valor par o a un valor mayor.

option rights: Derechos de opción de compra o venta de acciones.

option series: Totalidad de las opciones de una misma clase ("calls" o "puts" sobre el mismo bien subyacente), que tienen la misma fecha de vencimiento y el mismo precio de ejercicio. *También llamado SERIES.*

option spread: *Ver* CALL SPREAD; PUT SPREAD.

option tender bond: *Ver* PUT BOND.

option writer: Lanzador de una opción. Vendedor de un "call" o un "put" en una operación de apertura. El lanzador cobra una prima y tiene la obligación de vender (en el caso del "call") o comprar (en el caso del "put") el bien subyacente, a un precio estipulado, hasta una fecha predeterminada. *Ver* WRITING.

or better (OB): Expresión usada en las órdenes limitadas para indicar que la ejecución debe realizarse al precio indicado o un precio mejor. *Ver* LIMIT ORDER.

order: Orden. 1. Instrumento que autoriza el pago a un tercero, como por ejemplo un cheque o una letra de cambio. 2. Instrucciones que imparte un cliente a un agente bursátil para la compra o venta de títulos valores.

order imbalance: Exceso de órdenes de compra por sobre las órdenes de venta, o viceversa. *También llamado IMBALANCE OF ORDERS.*

orderly market: Mercado ordenado. Mercado en el que se ofrecen continuamente precios de compra y venta y en donde los cambios de precios entre operaciones son relativamente pequeños.

order of business: *Ver* ORDER OF THE DAY.

order of the day: Orden del día, temario, agenda. *También llamado ORDER OF BUSINESS.*

order ticket: Formulario sobre el cual el agente bursátil emite la orden de compra o venta de un título valor. *También llamado TICKET.*

ordinary annuity: Anualidad cuyos pagos se realizan al final de cada período. *Ver ANNUITY DUE.*

ordinary income: 1. Ganancias ordinarias. Utilidades que generan las actividades habituales de una compañía. 2. Ingresos ordinarios. Ingresos que recibe un particular y que provienen de su actividad habitual.

ordinary interest: Interés calculado en base a un año de 360 días, es decir, sobre la base de 12 meses de 30 días.

Organization for Economic Cooperation and Development (OECD): Organización para la Cooperación y el Desarrollo Económico (OCDE). Grupo integrado por los principales países industrializados, formado en 1961 para coordinar políticas económicas y sociales y promover la asistencia económica a los países en desarrollo.

organized securities exchange: *Ver STOCK EXCHANGE.*

original capital: Capital inicial, capital de constitución. Fondos aportados a una empresa por sus propietarios en el momento en que fue constituida persona jurídica.

original cost: *Ver HISTORICAL COST.*

original-issue discount (OID): Descuento con el que se vende un bono respecto de su valor nominal en el momento de la emisión.

original-issue discount bond: Bono emitido con un descuento con respecto a su valor nominal. *También llamado DEEP-DISCOUNT BOND. Ver MINICOUPON BOND; ZERO-COUPON BOND.*

original maturity: Vencimiento original. Período de tiempo entre la fecha de emisión de un título valor y su fecha de vencimiento. *Ver CURRENT MATURITY.*

originating investment banker: *Ver ORIGINATOR 1.*

origination fee: Honorarios que cobran las instituciones prestamistas para cubrir el costo de la investigación financiera relacionada con una solicitud de crédito.

originator: 1. Banco de inversiones que trabaja conjuntamente con el emisor de una nueva emisión de títulos valores desde las primeras etapas de planificación y que, por lo general, actúa como principal colocador de la emisión. *También llamado* ORIGINATING INVESTMENT BANKER. 2. Institución financiera que otorga préstamos hipotecarios que luego revende a inversores institucionales. 3. Banco que da inicio a una transferencia de fondos.

OTC: *Ver* OVER THE COUNTER MARKET.

OTC margin stock: *Ver* MARGIN STOCK.

other people's money (OPM): Expresión informal que se utiliza para indicar el uso de fondos prestados para incrementar la rentabilidad de una inversión.

other revenue: Otros ingresos. Ingresos provenientes de fuentes no relacionadas con las actividades habituales de la compañía. *Ver* OPERATING REVENUE.

outbid: 1. Superar una oferta o propuesta. 2. Concretar una operación también pretendida por un tercero.

out of line: Relativo a un título valor cuyo precio es demasiado alto o demasiado bajo en comparación con títulos de características similares.

out-of-state corporation: *Ver* FOREIGN CORPORATION.

out-of-the-money: Expresión que se usa para describir una opción de compra con un precio de ejercicio superior al precio del bien subyacente o una opción de venta con un precio de ejercicio inferior al precio del bien subyacente. *Ver* AT THE MONEY; IN THE MONEY.

outright forward: Compra o venta de divisas en el mercado a término sin una compra correspondiente en el mercado contado.

outside audit: *Ver* EXTERNAL AUDIT.

outside director: Miembro del directorio que no forma parte de la estructura administrativa permanente de la compañía. *Ver* INSIDE DIRECTOR.

outstanding: 1. *Ver* OUTSTANDING CAPITAL STOCK. 2. Pendiente de pago. Relativo a fondos no cobrados u obligaciones impagas. 3. Cheques o letras de cambio que todavía no se presentaron al banco pagador para ser cobrados, o que aún están en proceso de cobro.

outstanding capital stock: Acciones en circulación. Cantidad de acciones que emitió una compañía y que están en poder del público. *También llamado SHARES OUTSTANDING; STOCK OUTSTANDING. Ver* AUTHORIZED CAPITAL STOCK; ISSUED CAPITAL STOCK.

overbid: Realizar ofertas a precios que superan ofertas anteriores o los valores normales.

overbooked: *Ver* OVERSUBSCRIBED 1.

overbought: Sobrecomprado. Relativo a un mercado accionario que creció muy rápidamente en el pasado reciente y que puede sufrir caídas de precios a corto plazo.

overdepreciation: 1. Amortización que se considera más que suficiente para la reposición posterior del bien amortizado. *Ver* UNDERDEPRECIATION 1. 2. Amortización por la cual un bien se asienta en los libros de la compañía a un valor inferior al que le correspondería si fuera vendido. *Ver* UNDERDEPRECIATION 2.

overdraft: 1. Descubierto. Suma por la cual el monto de un cheque supera el saldo de la cuenta pagadora. 2. Descubierto. Sobregiro. Saldo negativo que se produce cuando un depositante emite cheques que superan el saldo de su cuenta. *Ver* NSF CHECK. 2. Sistema bancario en el que los depositantes pueden emitir cheques que superen el monto de su saldo, e incluso pueden mantener un saldo negativo, pagando intereses sólo sobre dicho saldo. *También llamado OVERDRAFT BANKING.*

over-extension: Saldo de un préstamo u obligación crediticia que supera la capacidad de pago del prestatario.

overhanging supply: Bloque relativamente importante de un determinado título valor que puede ser o será vendido en el mercado secundario, lo cual tenderá a reducir el precio de dicho título. Por ejemplo, un operador puede anunciar que venderá los títulos de su cuenta, o un accionista importante puede anunciar la venta de sus acciones, etc.

overhead: *Ver* INDIRECT COST.

overhead resistance level: *Ver* RESISTANCE LEVEL.

overlapping debt: Deuda de una municipalidad que se comparte con otra entidad política más importante, por ejemplo una provincia o condado. *Ver* UNDERLYING DEBT.

overnight money: Fondos "overnight". Dinero que los bancos con fondos no ociosos venden en el mercado interbancario a aquellos bancos que necesitan fondos en forma temporaria.

overnight position: Posición neta de un agente bursátil al finalizar la jornada de operaciones.

overnight repo: Acuerdo de recompra en el cual se venden títulos valores con la condición de que se vuelvan a comprar al día siguiente a un precio superior.

overriding royalty interest: Tercera persona que tiene participación en los ingresos por regalías derivados de derechos sobre la explotación de petróleo y gas. *Ver* ROYALTY INTEREST.

oversold: Relativo a un mercado accionario que cayó rápida y abruptamente en el pasado reciente y que puede presentar aumentos de precios a corto plazo en el futuro cercano.

oversubscribed: 1. Relativo a una emisión nueva de títulos valores para la cual hay más solicitudes de compra que unidades disponibles para la venta. *También llamado OVERBOOKED.*

oversubscription privilege: Oportunidad de comprar, a prorrata, todas las acciones que no fueron suscriptas en una nueva oferta. *Ver* SUBSCRIPTION PRICE.

over-the-counter market (OTC): Mercado abierto, mercado extrabursátil, mercado de valores sin cotización oficial. Las operaciones del mercado abierto no tienen lugar en la bolsa propiamente dicha, sino que se realizan por teléfono o computadora. *Ver* NATIONAL QUOTATION BUREAU; THIRD MARKET.

over-the-counter stock: Acciones que no cotizan en bolsa y que se negocian sólo en el mercado extrabursátil.

overtrade: 1. Comprar títulos de un cliente a un precio superior al de mercado a cambio de que dicho cliente compre parte de una nueva emisión. 2. *Ver* CHURN.

overvalued: Sobrevaluado. 1. Relativo a un título valor que cotiza a un precio superior al que debería cotizar desde el punto de vista de la relación precio/beneficio. *Ver* UNDERVALUED.

owner of record: *Ver* HOLDER OF RECORD.

owners' equity: Patrimonio neto, patrimonio de los propietarios. Incluye el monto invertido por los propietarios más las ganancias (o menos las pérdidas) de la empresa. *También llamado NET ASSETS; NET CAPITAL STOCK; SHAREHOLDERS' EQUITY; STOCKHOLDERS' EQUITY.*

P

pa'anga: Pa'anga. Moneda nacional de las islas Tonga.

Pacific Stock Exchange (PSE): Bolsa de valores estadounidense en donde se negocian acciones, bonos y opciones. Cuenta con recintos de operaciones en las ciudades de Los Angeles y San Francisco. *También llamado P-COAST.*

Pac Man defense: Táctica defensiva para evitar un "takeover" en la cual la compañía cuyo control pretende adquirirse intenta tomar el control de la compañía compradora.

paid-in capital: Capital integrado, capital realizado. Fondos y bienes que los accionistas aportan a la compañía. *Ver* ADDITIONAL PAID-IN CAPITAL; CONTRIBUTED CAPITAL.

paid-in surplus: *Ver* ADDITIONAL PAID-IN CAPITAL.

painting the tape: 1. Negociación ilegal de un título valor que realizan los manipuladores de común acuerdo para crear la ilusión de un alto volumen de operaciones. El falso incremento de las operaciones se informa en los sistemas integrados computarizados, lo cual genera inversión. Cuando el precio de mercado del título aumenta, los manipuladores venden con ganancia. *Ver* MANIPULATION. 2. Fragmentación de órdenes grandes en una mayor cantidad de órdenes menores a fin de que aparezcan más operaciones en el panel y se atraiga el interés de los inversores.

paired shares: Acciones de dos compañías que operan bajo la misma dirección y que se venden como una sola unidad. *También llamado STAPLED STOCK.*

panda: Panda. Moneda de oro que se acuña en la República Popular China.

P&L: *Ver* INCOME STATEMENT.

P&S department: *Ver* PURCHASE AND SALES DEPARTMENT.

panic buying: Afluencia desmesurada en la compra de un título valor determinado o de títulos valores en general, acompañada de un alto volumen de operaciones y marcados incrementos de precios.

panic selling: Afluencia desmesurada en la venta de un título valor determinado o de títulos valores en general, acompañada de un alto volumen de operaciones y marcadas caídas de precios. Por lo general se produce a raíz de un suceso inesperado que los operadores consideran negativo.

paper: Pagaré a corto plazo no asegurado. Término genérico para designar instrumentos de deuda a corto plazo, tales como aceptaciones bancarias, "commercial papers" y letras de cambio documentadas. *También llamado COMMERCIAL PAPER.*

paper company: Corporación formada a fin de lograr un objetivo financiero específico más que para producir mercaderías o servicios determinados.

paper credit: Crédito documentario.

paper gain: *Ver* UNREALIZED GAIN.

paper loss: *Ver* UNREALIZED LOSS.

paper profit: *Ver* UNREALIZED GAIN.

par: *Ver* PAR VALUE.

par bond: Bono par. Bono que se vende a un precio igual a su valor nominal.

parent company: Compañía controlante, compañía matriz. Compañía que controla o es propietaria de otra compañía. *Ver* HOLDING COMPANY; SUBSIDIARY.

par exchange rate: *Ver* PAR VALUE OF CURRENCY.

Paris Club: *Ver* GROUP OF TEN.

parity: Paridad. 1. Estado de una opción cuando su prima más el precio de ejercicio es igual al precio de mercado de la acción subyacente. *Ver* CONVERSION PARITY.

parking: Colocación de fondos improductivos en una inversión segura y a corto plazo mientras se espera la aparición de otras oportunidades de inversión.

par of exchange: *Ver* PAR VALUE OF CURRENCY.

partial delivery: Entrega parcial. Entrega de títulos valores o "commodities" en una cantidad menor que la estipulada en el contrato.

partial execution: Ejecución parcial. Ejecución inferior al monto total de la orden. *También llamado PARTIAL FILL. Ver* ORDER 2.

partial redemption: Rescate parcial. Rescate de títulos valores que no abarca la totalidad de la emisión. *Ver* BUYBACK; REDEMPTION.

partial spinoff: Distribución entre los accionistas o venta al público de acciones que representan una participación minoritaria en una subsidiaria de una compañía. *Ver* SPINOFF.

participate but do not initiate: Instrucción de un cliente a un agente bursátil con respecto a una orden por un monto elevado cuando el cliente no quiere que dicha orden afecte el precio del título valor en el mercado.

participating bond: Bono de participación. Bono que confiere al tenedor el derecho de recibir no sólo intereses a tasa fija sino una participación en la ganancia neta de la compañía.

participating preferred stock: Acciones preferidas que participan junto con las acciones ordinarias en los aumentos de dividendos. *Ver* NONPARTICIPATING.

participation certificate (PC): Certificado de participación. Certificado que representa una participación en un "pool" de activos, por lo general hipotecas.

participation loan: 1. Préstamo que otorgan dos o más prestamistas y que administra uno de ellos. Esto permite que el prestatario obtenga financiación bancaria por un monto superior al crédito máximo legalmente permitido para un solo banco. 2. Préstamo hipotecario que otorga un prestamista principal, y en el cual otros prestamistas reciben parte de los intereses cobrados al prestatario.

partner: Socio. Miembro de una sociedad. *SENIOR PARTNER*: Socio principal, socio gerente.

partnership: Sociedad de personas. Sociedad colectiva. Sociedad cuya propiedad pertenece a una o más personas que están de acuerdo sobre el método de distribución de las ganancias y/o pérdidas, y sobre la responsabilidad de cada uno con respecto a las deudas de los demás socios. *Ver* CORPORATION; GENERAL PARTNERSHIP; LIMITED PARTNERSHIP; PROPIETORSHIP; SILENT PARTNER.

partnership account: Cuenta de corretaje sobre la que dos o más personas son igualmente responsables.

par value: 1. Valor nominal. Monto impreso en el certificado de un título valor. *También llamado FACE VALUE; PAR. Ver* STATED VALUE.

par value of currency: Relación entre la moneda de dos países distintos, según la determinan los tipos de cambio oficiales entre ambos. *También llamado PAR OF EXCHANGE; PAR EXCHANGE RATE.*

passed dividend: Dividendo omitido. Dividendo que una compañía programaba declarar, pero que hasta el momento no fue votado por la junta de directores. *También llamado OMITTED DIVIDEND; UNPAID DIVIDEND. Ver* DIVIDENDS IN ARREARS.

passive bond: Bono que no paga interés. Suelen emitirse para recaudar fondos sin fines de lucro.

passive investment management: Método de administración de carteras de inversiones que apunta a la selección de títulos valores diversificados que permanecerán relativamente estables en períodos de tiempo prolongados. *Ver* ACTIVE INVESTMENT MANAGEMENT.

passive portfolio: Cartera pasiva, "portfolio" pasivo. Cartera de títulos valores que se altera sólo cuando se modifica otra variable.

pass-through security: "Pass-through". Título valor que representa un "pool" de obligaciones reestructurado en partes menores, cuyos pagos de capital e intereses pasan de los deudores a los inversores, por medio de un intermediario. Se trata de paquetes de préstamos que los prestamistas privados venden a los inversores. El tipo más común de "pass-through" son los títulos valores con respaldo en hipotecas, por lo general garantizados por el gobierno, en donde los pagos de capital e intereses de los propietarios de las viviendas pasan del banco correspondiente a los inversores, por medio de una entidad gubernamental o un banco de inversiones. *Ver* GINNIE MAE PASS-THROUGH.

past due: Vencido, en mora. Pago de un préstamo que no se realizó en la fecha establecida.

pataca: Pataca. Moneda nacional de Macao.

pattern: *Ver* CHART FORMATION.

payable: Pagadero, a pagar. Deuda que se tiene con un tercero. *PAYABLE AFTER NOTICE*: Pagadero previo aviso. *PAYABLE AT SIGHT*: Pagadero a la vista. *PAYABLE BILL OF EXCHANGE*: Letra de cambio aceptada. *PAYABLE IN ADVANCE*: Pagadero por adelantado. *PAYABLE IN KIND; PAYABLE IN TRADE*: Pagadero en especie, pagadero en los bienes que comercializa el deudor. *PAYABLE ON DELIVERY*: Pagadero a la entrega. *PAYABLE ON DEMAND*: Pagadero a la vista. *PAYABLE TO BEARER*: Pagadero al portador. *PAYABLE TO HOLDER*: Pagadero al portador. *PAYABLE TO ORDER*: Pagadero a la orden.

payback period: Período de tiempo necesario para que el dinero en efectivo neto que produce una inversión cubra por completo el monto inicial gastado para realizar dicha inversión.

paydown: 1. Reducción parcial de una deuda. 2. Reemplazo de una emisión de bonos que ya circula en el mercado por una emisión de menor monto. Esta práctica tiene por objetivo reducir los intereses que paga la primera emisión.

payee: Acreedor, beneficiario, cobrador. Persona u organización a quien se efectúa un pago.

payer: Pagador. Persona que efectúa un pago.

paying agent: Agente pagador. Institución financiera que efectúa los pagos a los poseedores de los títulos valores de un emisor.

payment date: Fecha de pago. Fecha en la cual los accionistas reciben el pago de dividendos o en la que los agentes pagadores de un emisor pagan intereses a los poseedores de títulos valores de dicho emisor.

payment in kind securities: Bonos o acciones preferidas que pagan intereses o dividendos mediante la entrega de títulos valores adicionales.

payment order: Orden de pago. Instrumento con las características de un cheque por el cual se ordena a un banco pagar una suma determinada de dinero a un tercero.

payout ratio: Porcentaje de la ganancia neta que una compañía paga en dividendos a sus accionistas. *También llamado DIVIDEND PAYOUT RATIO.* *Ver* DIVIDEND COVERAGE; RETAINED EARNINGS.

payroll: Nómina de pagos. Conjunto de los salarios pagados por un empleador.

pay-through bonds: Bono respaldado por hipotecas y garantizado por un "pool" de créditos hipotecarios. Estos bonos son totalmente amortizables y pagan intereses mensual o trimestralmente. Las amortizaciones se abonan con el flujo de fondos provenientes de los pagos de los créditos hipotecarios que forman el "pool". *También llamado CASH FLOW BOND.*

payup: Fondos adicionales que debe aportar un inversor cuando canjea una inversión determinada por títulos de mayor valor.

P-Coast: *Ver* PACIFIC STOCK EXCHANGE.

peg: 1. Estabilizar el precio de un título valor, "commodity" o moneda mediante la intervención en el mercado. 2. Fijar el precio de una nueva emisión de títulos valores durante el período de emisión mediante la compra y venta de los mismos en el mercado abierto a fin de asegurar que su precio en el mercado secundario no caiga por debajo del precio de oferta. *También llamado HOLDING THE MARKET; STABILIZE. Ver* STABILIZATION PERIOD; UNDERWRITE. 2. Proceso por el cual un gobierno ajusta el valor de su propia moneda a la moneda de otro país.

pennant: *Ver* TRIANGLE.

penny stock: Acciones especulativas, de bajo precio, que suelen negociarse en el mercado secundario y en bolsas de menor envergadura.

pension fund: Fondo de pensiones, fondo de previsión social. Institución financiera establecida por una compañía, un sindicato o una entidad gubernamental con el fin de pagar los beneficios jubilatorios a los trabajadores retirados.

pension parachute: Contrato en el cual se establece que en caso de un "takeover" no deseado, la compañía puede usar su excedente de activos destinados al pago de aportes jubilatorios para aumentar los beneficios jubilatorios de los empleados. De esta manera, la compañía se vuelve menos atractiva para el potencial comprador, ya que éste no puede hacer uso de los activos mencionados para financiar la adquisición.

pension plan: Plan de pensiones, plan de previsión social. Plan aplicado por el empleador para pagar beneficios a sus empleados en caso de fallecimiento, discapacidad o jubilación. *Ver* DEFINED-

BENEFIT PENSION PLAN; DEFINED-CONTRIBUTION PENSION PLAN; VESTED BENEFITS.

pension rollover: Reinversión del pago único por jubilación en una cuenta de ahorro previsional, a fin de diferir el pago de los impuestos que recaen sobre los desembolsos jubilatorios únicos. *Ver* IRA ROLLOVER; LUMP-SUM DISTRIBUTION; ROLLOVER.

P/E ratio: *Ver* PRICE-EARNINGS RATIO.

per capita debt: Deuda per cápita. Deuda total de una municipalidad dividida por la población de la misma.

perfect hedge: Técnica de cobertura por la cual se compensan exactamente las ganancias o pérdidas de una posición de inversión. *Ver* RISK HEDGE.

performance audit: *Ver* MANAGEMENT AUDIT.

performance fee: Comisión que pagan los clientes a los administradores de inversiones en base al rendimiento de dichas inversiones.

performance fund: *Ver* GO-GO FUND.

performance stock: Acciones que, en la opinión de los inversores, tienen grandes posibilidades de registrar un alza significativa.

period: Período, plazo. *ACCOUNTING PERIOD*: Período contable. *BASE PERIOD*: Período base. *DELIVERY PERIOD*: Plazo de entrega. *FINANCIAL PERIOD*: Ejercicio financiero, ejercicio económico. *REPAYMENT PERIOD*: Plazo de reembolso.

periodic payment plan: Plan de pagos periódicos. Plan en el cual el inversor acuerda realizar pagos mensuales o trimestrales a un fondo común de inversión a fin de acumular cuotapartes en un determinado período de años. *Ver* PLAN COMPLETION INSURANCE.

periodic purchase deferred contract: Anualidad diferida adquirida mediante una serie de pagos fijos, ya sea mensuales o trimestrales. *Ver* SINGLE-PREMIUM DEFERRED ANNUITY.

period of call protection: *Ver* DEFERMENT PERIOD.

permanent financing: Financiación permanente. Financiación a largo plazo destinada a respaldar un activo a largo plazo.

permanent insurance: *Ver* CASH-VALUE LIFE INSURANCE.

perpendicular spread: En opciones, estrategia en la cual se utilizan opciones con fechas de vencimiento similares y precios de ejercicio diferentes.

perpetual bond: *Ver* CONSOL.

perpetual warrant: "Warrant" que no tiene fecha de vencimiento. *Ver* WARRANT.

perpetuity: Perpetuidad. Flujo de pagos que se mantiene en forma indefinida. *Ver* ANNUITY.

personal identification number (PIN): Código de identificación numérica que utilizan los clientes de los bancos cuando realizan transacciones en cajeros automáticos o terminales bancarias electrónicas de autoservicio. *También llamado ACCESS CODE o SECURITY NUMBER.*

personal income: Ingresos personales. Ingreso preimpositivo de particulares y empresas carentes de personalidad jurídica.

personal loan: Préstamo personal. Préstamo otorgado para uso personal o familiar, a diferencia de los préstamos otorgados con fines comerciales. Se trata casi siempre de montos poco elevados, que se amortizan a lo largo de un período fijo mediante pagos regulares de capital e intereses. *También llamado CONSUMER LOAN.*

peseta: Peseta. Moneda nacional de España, Andorra, las Islas Baleares y las Islas Canarias.

peso: Moneda nacional de Argentina, Chile, Colombia, Cuba, República Dominicana, México, Filipinas y Uruguay.

petrodollars: Petrodólares. Fondos controlados por países exportadores de petróleo que se utilizan para pagar importaciones de petróleo. Por lo general, el término hace referencia a todo tipo de monedas.

pf: En los diarios estadounidenses, sigla que se utiliza en las tablas de operaciones bursátiles para indicar una emisión de acciones preferidas.

phantom income: Ganancia que proviene de la reestructuración de una deuda y que es imponible pese a no generar flujo de caja.

phantom stock plan: Plan de incentivos para los ejecutivos de una compañía en el cual estos últimos reciben bonificaciones en base a los incrementos del precio de mercado de las acciones de la compañía.

pickup: Aumento del rendimiento como consecuencia de un canje de bonos.

pickup bond: Bono cuyo cupón es relativamente alto y al que le resta un corto período de tiempo para ser rescatado por el emisor. Si bajan las tasas de interés y el bono es rescatado, el inversor tendrá una ganancia igual a la diferencia entre el precio de rescate y el precio de compra.

picture: En la jerga bursátil, palabra que se emplea para solicitar información a un especialista o agente con respecto a un título valor determinado.

piggyback registration: Situación en la que un agente colocador permite que títulos valores en circulación sean vendidos en la misma oferta pública de títulos valores nuevos. *Ver* REGISTRATION STATEMENT.

pik securities: *Ver* PAYMENT-IN-KIND SECURITIES.

pink sheets: Páginas rosadas. Planillas diarias que contienen los precios al por mayor de miles de acciones del mercado extrabursátil según la cotización de operadores que actúan como "market makers". Las páginas rosadas son publicadas por el National Quotation Bureau, una organización privada estadounidense, para los agentes bursátiles, no para el público en general. *Ver* YELLOW SHEETS.

pipeline: Proceso por el que atraviesan las emisiones de títulos valores antes de ser distribuidas al público.

pipeline theory: *Ver* CONDUIT THEORY.

pit: Ubicación en el recinto de una bolsa de "commodities" donde se negocian los contratos de futuros sobre un "commodity" determinado. *También llamado RING.*

place: Colocar. Vender una nueva emisión de títulos valores. Por lo general se refiere a la venta directa a inversores institucionales.

placement ratio: Porcentaje de bonos municipales que fueron vendidos por los "underwriters" durante la última semana.

plan completion insurance: Póliza de seguro de vida para personas que compran cuotapartes de fondos comunes de inversión como parte de un plan de pagos periódicos. En caso de falleci-

miento del inversor antes de finalizado el contrato, el seguro paga
el monto necesario para completar los pagos restantes.

plant and equipment: Activos fijos que utiliza la compañía para
producir los bienes y servicios que vende a sus clientes.

play: *Ver* DIRECT PLAY.

pledge: Prenda. Derecho real, al igual que la hipoteca, constituido
por el deudor en favor del acreedor en seguridad del pago de una
obligación. En el caso de la prenda, el bien dado en garantía debe
ser una cosa mueble. *Ver* MORTGAGE.

pledged asset: Bien prendado. Bien usado como garantía para un
préstamo.

plow back: Reinvertir utilidades en bienes que producen ganancias adicionales en vez de, por ejemplo, pagar dichas utilidades
en dividendos.

plus (+): 1. Símbolo que se utiliza en la columna de cambios netos
de las tablas de operaciones bursátiles para indicar que el precio
de cierre de un título valor es superior al precio de cierre del día
anterior. 2. Símbolo que se usa en los precios de las cuotapartes
de los fondos de inversión cerrados para indicar el porcentaje en
que el precio de mercado supera el patrimonio neto. *Ver* MINUS 2.
3. Símbolo que se usa para indicar que el precio de compra o
venta de un título público sufrió un aumento de 1/64.

plus tick: *Ver* UPTICK.

point: Punto. 1. Unidad de medida usada para expresar el cambio
de precio de los títulos valores. En el caso de las acciones y los
índices accionarios, un punto equivale a $ 1; en los bonos, un
punto equivale al 1% del precio del bono. 2. En operaciones de
futuros, fluctuación de precio mínima.

point-and-figure chart: Gráfico en el cual sólo se registran los
cambios importantes en el precio de un título valor, contrato de
futuros o índice bursátil, sin tener en cuenta otras variables,
como por ejemplo el tiempo. Las alzas se representan con
asteriscos y las bajas con puntos. Cuando se registran alzas, se
coloca un asterisco arriba de otro; cuando se registran bajas,
un punto debajo del otro. El cambio de dirección del precio se
representa pasando a la columna siguiente. *Ver* BAR CHART; LINE
CHART.
   (Ver gráfico en p. 464).

poison pill: Táctica usada para evitar el "takeover" de una compañía, por la cual dicha compañía emite "warrants" a sus accionistas, y de este modo les otorga el derecho de comprar acciones de la compañía a un precio módico en el caso de que un tercero adquiera un determinado porcentaje de acciones.

poison-put: Cláusula incluida en un documento de emisión de bonos por la cual se otorga a los inversores el privilegio de cobrar dichos bonos antes del vencimiento si el emisor se convierte en el blanco de un "takeover" hostil. *Ver* POISON PILL; PUT BOND.

pollution control bond: Bono municipal en el cual el servicio de la deuda se garantiza mediante los pagos que realiza una compañía privada por el uso de equipos para control de la contaminación que fueron financiados con el bono.

Ponzi scheme: *Ver* PYRAMID.

pool: "Pool". 1. Grupo de personas o empresas que unen sus recursos para lograr un beneficio común. 2. Asociación temporaria de dos o más personas con el fin de manipular el precio y/o volumen de un título valor u obtener el control de una compañía. *Ver* POOL TRADING. 3. *Ver* MORTGAGE POOL.

pool financing: *Ver* BOND POOL.

pooling commissions: Práctica por la cual varios operadores comparten las comisiones que les corresponden sobre las distintas partes de una operación.

pooling of interests: Método contable por el cual se combina el balance de dos compañías que fueron fusionadas. *Ver* PURCHASE METHOD.

portfolio: Cartera de inversiones, "portfolio". Combinación de diferentes inversiones destinada a diversificar el riesgo. *Ver* DIVERSIFICATION.

portfolio beta: Volatilidad relativa de la rentabilidad de una determinada cartera de títulos valores, calculada en base a los coeficientes beta de cada título incluido en la cartera. *Ver* BETA.

portfolio dressing: Compra o venta de títulos valores que realiza un inversor institucional antes de un período de informes financieros, a fin de que la cartera sea más atractiva para los inversores.

portfolio effect: Reducción de la variación del rendimiento de un grupo de activos en comparación con el promedio de las variaciones de los activos individuales.

portfolio income: *Ver* INVESTMENT INCOME.

portfolio insurance: Uso de futuros sobre índices bursátiles para proteger carteras de títulos valores contra caídas del mercado.

portfolio manager: Gerente de cartera. Profesional responsable de la cartera de títulos valores de un particular o un inversor institucional. *También llamado MONEY MANAGER.*

portfolio theory: Teoría por la cual se selecciona una combinación óptima de activos de manera tal que el inversor se asegure la máxima rentabilidad posible para un determinado nivel de riesgo o el mínimo riesgo posible para un determinado nivel de rentabilidad. Aplicando esta teoría, los inversores reúnen un grupo de activos sobre la base de cómo los activos individuales interactúan entre sí. *También llamado MODERN PORTFOLIO THEORY.*

position: (sust.) Posición. 1. Inversión que se realiza en un mercado o título valor determinado. *Ver* LONG POSITION; SHORT POSITION. 2. Situación financiera de una compañía. 3. Saldo neto de un banco en una moneda extranjera.

position: (v.) Comprar o vender títulos valores a fin de establecer una posición corta o larga en dichos títulos. *También llamado TAKE A POSITION. Ver* LONG POSITION; SHORT POSITION.

position building: Proceso por el cual, en forma continua y gradual, se compran títulos valores para acumular una posición larga, o se venden títulos valores prestados para acumular una posición corta.

position day: Fecha en que un inversor con una posición corta en un "commodity" (o sea, el inversor que debe realizar la entrega) declara su intención de efectuar dicha entrega, cuando la fecha no coincide con el primer día permitido. *Ver* FIRST POSITION DAY.

position limit: En operaciones con futuros y opciones, cantidad máxima de contratos que un individuo o grupo de individuos puede tener. *Ver* TRADING LIMIT.

position trader: Operador de títulos valores que mantiene una posición de un día para el otro y, en algunos casos, durante períodos mayores. *Ver* DAY TRADER.

positive carry: Situación en la cual el costo del dinero solicitado en préstamo para financiar la compra de títulos valores es inferior a la rentabilidad de dichos títulos. *Ver* CARRYING CHARGES 1; NEGATIVE CARRY.

positive covenant: Cláusula de un contrato de préstamo por la cual se exige una determinada conducta por parte del prestatario. Por ejemplo, que mantenga un determinado nivel de capital de trabajo o emita informes periódicos a los acreedores. *Ver* NEGATIVE COVENANT.

positive yield curve: Curva de rendimiento positivo. Situación en la cual la rentabilidad sobre títulos de deuda a largo plazo es superior a la rentabilidad sobre títulos de deuda a corto plazo. *Ver* FLAT YIELD CURVE; NEGATIVE YIELD CURVE; YIELD CURVE. *(Ver gráfico en p. 464).*

post: (sust.) 1. Puesto. Ubicación en el recinto de la bolsa en donde los especialistas negocian títulos valores que le fueron asignados. *También llamado TRADING POST.*

post: (v.) Ingresar información en una cuenta o libro mayor de contabilidad.

Post 30 stock: Acción que cotiza en la NYSE y se negocia en paquetes de 10 unidades. El término proviene de que estas acciones se negocian en el puesto número 30 del recinto.

pot: Títulos valores de una nueva emisión que los miembros del consorcio colocador devuelven al "underwriter" principal para que éste los venda a los inversores institucionales. *Ver* POT IS CLEAN.

potential dilution: 1. Disminución proporcional del valor de las acciones de una compañía que tendrá lugar en el momento en que se emitan más acciones. 2. Títulos convertibles, "warrants" y opciones que pueden cambiarse por acciones ordinarias en el futuro. *Ver* DILUTION.

pot is clean: Expresión que utiliza el principal colocador de una nueva emisión para indicar que ya se vendieron los títulos valores asignados a los inversores institucionales.

pound: Libra. Moneda nacional de Chipre, Egipto, Líbano y Siria.

pound sterling: Libra esterlina. Moneda nacional del Reino Unido.

power of attorney: Poder. Documento legal por el cual se confiere a una persona el poder de actuar en nombre de un tercero.

Pr: Sigla que se utiliza en los sistemas electrónicos de información bursátil para indicar una acción preferida.

precedence: Secuencia en la cual se ejecutan las órdenes en el recinto de la bolsa. *Ver* PRIORITY.

preemptive right: Derecho de preferencia, derecho preferente de suscripción. Derecho que otorga a los accionistas la opción de comprar acciones de una emisión nueva antes de que sea ofrecida a terceros. De esta manera, el accionista puede mantener un porcentaje constante de las acciones que la compañía tiene en circulación. *También llamado SUBSCRIPTION PRIVILEGE.* *Ver* PRIVILEGED SUBSCRIPTION; RIGHTS OFFERING; SPECIAL SUBSCRIPTION ACCOUNT.

preference stock: *Ver* PRIOR PREFERRED.

preferred call period: *Ver* DEFERMENT PERIOD.

preferred creditor: Acreedor preferencial. Acreedor que tiene prioridad de pago sobre otros acreedores.

preferred dividend: Dividendo correspondiente a las acciones preferidas.

preferred dividend coverage: Capacidad de una compañía de cumplir con el pago de dividendos sobre las acciones preferidas. Se calcula tomando la ganancia neta después de intereses e impuestos (pero antes del pago de dividendos sobre acciones ordinarias), dividido por el monto de los dividendos sobre acciones preferidas. *Ver* COVERAGE RATIO; DIVIDEND COVERAGE; FIXED-CHARGE COVERAGE.

preferred stock: Acciones preferidas. Título valor cuyo propietario tiene prioridad sobre los accionistas ordinarios en cuanto al pago de dividendos y en caso de liquidación de activos. La mayoría de las acciones preferidas pagan un dividendo fijo estipulado en el momento de la emisión. *Ver* CALLABLE PREFERRED STOCK; FLOATING-RATE PREFERRED STOCK; NEW MONEY PREFERRED; PARTICIPATING; PREFERRED DIVIDEND COVERAGE; PRIOR PREFERRED; SECOND-PREFERRED STOCK.

preferred stockholder: Accionista preferido. Poseedor de acciones preferidas de una compañía.

preferred stock ratio: Proporción de acciones preferidas en la estructura del capital de una compañía. Se calcula dividiendo el valor nominal de las acciones preferidas en circulación por el patrimonio neto y la deuda a largo plazo.

preliminary prospectus: *Ver* RED HERRING.

premature exercise: Ejercicio de una opción antes de la fecha de vencimiento.

premium: 1. Prima. Precio al que se negocia una opción. *También llamado OPTION PREMIUM.* 2. Monto por el cual el precio de venta de un bono supera su valor nominal. *Ver ABOVE PAR.* 3. Monto en que un "warrant" se negocia por encima de su valor teórico.

premium bond: Bono que se vende a un precio que supera el valor nominal.

premium income: Ganancia por primas. Ganancia que percibe un inversor que lanza opciones de compra o venta a partir de las primas que cobra.

premium put: Precio superior al valor nominal por el cual se revende un bono a su emisor. *Ver YIELD TO PUT.*

premium raid: Intento sorpresivo de adquirir el control de una compañía ofreciendo comprar acciones de la misma a un precio superior al precio de mercado.

preopening indication: *Ver INDICATION 2.*

prepaid expenses: Gastos anticipados, gastos prepagos. Gasto destinado a un bien o servicio que se utilizará en el futuro.

prepaid income: Cobros anticipados. Ingreso recibido por adelantado, es decir antes de haber realizado la prestación correspondiente.

prepaid interest: Interés pagado por anticipado. Interés sobre un préstamo, que se pagó pero que no vence hasta un período siguiente.

prepayment: Pago anticipado a la fecha de vencimiento.

prerefunding: Procedimiento por el cual el emisor de un título valor coloca un segundo título a fin de rescatar el primero antes de la fecha de pago. *También llamado ADVANCE REFUNDING. Ver ARBITRAGE BOND.*

presale order: Orden de preventa. Orden de comprar parte de una nueva emisión de títulos de deuda municipales antes de que se dé a conocer algún tipo de información con respecto a la misma, como por ejemplo cuál será el cupón.

presentment: Presentación de un instrumento negociable para su aceptación o pago.

present value (PV): Valor actual. Valor actual de un pago futuro, calculado en base a la tasa de descuento determinada. Por ejemplo, el valor actual de $ 1.000 que se cobrará dentro de 2 años es $ 812, si los $ 1.000 se descuentan a una tasa anual de 11%. *Ver* FUTURE VALUE; NET PRESENT VALUE.

president: Presidente. Principal responsable de las decisiones de una compañía. En muchos casos, el presidente es el CEO de la compañía. *Ver* CHIEF EXECUTIVE OFFICER.

presidential election cycle: Tendencia del mercado bursátil a moverse en ciclos que coinciden con el término de los mandatos presidenciales, con tendencias ascendentes durante el período previo a las elecciones presidenciales. *Ver* ELECTION CYCLE.

presold issue: Emisión vendida por anticipado. Nueva emisión de títulos de deuda que se vende totalmente antes de que se anuncien públicamente las especificaciones de la misma en cuanto al precio y el rendimiento.

pretax income: Ganancia antes de impuestos, ganancia preimpositiva. Utilidades antes de deducir impuestos a las ganancias. *También llamado PRETAX.*

pretax writedown: Reducción contable del valor de un bien, determinada antes de aplicar impuestos a las ganancias.

pretax yield: Rendimiento antes de impuestos, rendimiento preimpositivo. Tasa de retorno de una inversión antes de deducir los impuestos.

price: 1. Precio. 2. Cotización. Monto al cual se negocia un título valor.

price change: *Ver* NET CHANGE.

price-earnings ratio (PER): Relación precio-ganancia, relación precio-beneficio. Indicador financiero que resulta de dividir el precio de mercado de una acción por el beneficio obtenido por la misma durante el ejercicio. *También llamado EARNINGS MULTIPLE; MARKET MULTIPLE; MULTIPLE; P/E RATIO.*

price gap: *Ver* GAP.

price limit: Límite de precio. En contratos de futuros, máximo cambio de precio con respecto al precio de liquidación del día anterior que se permite en una jornada de operaciones.

price range: *Ver* RANGE.

price-sales ratio (PSR): Relación precio-ventas. Relación financiera que compara el precio de las acciones de la compañía con las ventas por acción.

price spread: *Ver* MONEY SPREAD.

price stabilization: *Ver* PEG 1; STABILIZATION PERIOD.

price target: Precio proyectado para un título valor.

price-to-asset ratio: Relación entre el precio del capital accionario de una compañía y el valor contable por acción.

price-to-book value ratio: *Ver* MARKET TO BOOK.

price weighted average: Promedio bursátil calculado en base al precio de mercado de cada título valor incluido en el promedio. *Ver* MARKET VALUE WEIGHTED AVERAGE.

pricey: Relativo o perteneciente a una oferta exageradamente alta. Por ejemplo, ofrecer $ 40 por las acciones de una compañía cuando el precio actual de mercado es $ 37. *Ver* LOWBALL.

pricing: Fijación de precios. Determinación del precio al que se venderá un título valor o del rendimiento que se asignará a nuevas emisiones.

primary distribution: Distribución primaria. Venta de una nueva emisión de títulos valores. *También llamado PRIMARY OFFERING. Ver* INVESTMENT BANKER; SECONDARY DISTRIBUTION.

primary earnings per share: Ganancia neta durante un determinado período dividido por la cantidad promedio de acciones ordinarias en circulación durante ese período. *Ver* DUAL PRESENTATION; FULLY DILUTED EARNINGS PER SHARE.

primary market: Mercado primario. Mercado en el cual se venden títulos valores nuevos, en oposición a los ya existentes. *También llamado NEW ISSUE MARKET. Ver* SECONDARY MARKET.

primary offering: *Ver* PRIMARY DISTRIBUTION.

primary trend: Tendencia principal. Dirección principal en la que se mueven los precios de los títulos valores. *Ver* SECONDARY TREND.

prime: *Ver* PRIME RATE.

prime paper: Calificación más alta que otorgan las sociedades calificadoras a los "commercial papers".

prime rate: Tasa de interés preferencial. Tasa de interés a corto plazo que cobran los bancos comerciales a sus clientes de primera línea. *También llamada PRIME.*

principal: 1. Capital, capital inicial, monto inicial. Valor nominal de un título de deuda sobre el que se pagan intereses. *También llamado PRINCIPAL AMOUNT.* 2. Principal operador en una transacción, ya sea que actúe como comprador o como vendedor, quien negocia por su propia cuenta y riesgo. 2. Valor nominal de un préstamo, excluyendo los intereses. 3. Capital inicial. Suma de dinero colocada en una inversión, sin incluir intereses. 4. Monto original de un depósito a plazo sobre el que se pagan intereses. 5. Persona que posee una participación controlante en una compañía.

principal exchange rate linked security (PERL): Bono que paga intereses semestrales y cuyo rendimiento está relacionado con el tipo de cambio de una moneda extranjera. Por ejemplo, un bono nominado en yenes que paga intereses en dólares.

principal market: Principal mercado en el que se negocia un título valor. *Ver CONSOLIDATED TAPE.*

principal stockholder: Accionista que posee una gran cantidad de las acciones con derecho a voto emitidas por una compañía.

priority: Prioridad. Preferencia que tiene la primera oferta ingresada en una subasta. *Ver PRECEDENCE.*

prior-lien bond: Bono que tiene derecho de preferencia sobre otros títulos de deuda del mismo emisor.

prior period adjustment: Corrección de un error cometido en la cifra de ganancias declaradas en un estado contable anterior.

prior preferred: Tipo de acción preferida que tiene prioridad sobre otras clases de acciones preferidas del mismo emisor. La preferencia puede referirse al pago de dividendos y/o a los derechos sobre el capital. *También llamado PREFERENCE STOCK.*

private activity bond: Bono emitido por una municipalidad, cuyos fondos se usan para una finalidad no tradicional, como construcción de aeropuertos, creación de sistemas de distribución de luz y gas, instalación de servicios públicos de transporte masivo, realización de obras para el descarte de desechos, etc. *También llamado NONESSENTIAL FUNCTION BOND; PRIVATE PURPOSE MUNICIPAL BOND. Ver ESSENTIAL FUNCTION BOND; MUNICIPAL BOND; SMALL-ISSUE BOND.*

privately-held company: Firma cuyas acciones pertenecen a un grupo reducido de personas y que no cotizan en bolsa.

private market value (PMV): Valor de mercado total de una compañía si cada una de sus partes funcionara en forma independiente y tuviera un precio independiente para sus acciones. *También llamado BREAKUP VALUE o TAKEOVER VALUE.*

private placement: *Ver* DIRECT PLACEMENT.

private purpose municipal bond: *Ver* PRIVATE ACTIVITY BOND.

privileged subscription: Suscripción privilegiada. Emisión de acciones nuevas en la cual los accionistas tienen preferencia en la compra en proporción con las acciones que ya posean. *Ver* PREEMPTIVE RIGHT; RIGHTS OFFERING.

probate: Procedimiento judicial mediante el cual se determina la validez de un testamento y se le da efecto. *Ver* NONPROBATE PROPERTY.

proceeds: Producto, ingreso. Monto recibido por la venta de un bien. Suele referirse al monto recibido antes de deducir comisiones o costos relacionados con la transacción. *Ver* NET PROCEEDS.

proceeds sale: Operación en la cual los fondos recibidos por la venta de un título valor se reinvierten inmediatamente en la compra de otro título valor.

producer price index: Índice de precios al por mayor. Índice por el cual se miden los cambios de precios a nivel mayorista. Anteriormente llamado *WHOLESALE PRICE INDEX. Ver* CONSUMER PRICE INDEX; GNP DEFLATOR.

product mix: "Mix" de productos. Combinación de las mercaderías y los servicios que produce y/o vende una compañía. *También llamado SALES MIX.*

profit: *Ver* NET INCOME. *ACCOUNTING PROFIT*: Beneficio contable. *APPROPIATION OF PROFIT*: Distribución de ganancias. *ASSESSABLE PROFIT*: Ganancia fiscal, beneficio imponible. *BOOK PROFIT*: Beneficio contable. *GROSS PROFIT*: Ganancia bruta. *NOMINAL PROFIT*: Ganancia nominal. *REALISED PROFIT*: Ganancia realizada. *RETAINED PROFITS*: Beneficios no distribuidos, ganancias no asignadas. *TRADING PROFIT*: Ganancia por operaciones bursátiles. *UNREALIZED PROFIT*: Ganancia no realizada.

profitability ratio: Índice de rentabilidad. Comparación de dos o más variables financieras mediante la cual se determina la relación facturación-ganancias de una compañía. *Ver* COMMON-SIZE STATEMENT; GROSS PROFIT MARGIN; NET PROFIT MARGIN; RETURN ON COMMON STOCK EQUITY; RETURN ON EQUITY; RETURN ON INVESTMENT; RETURN ON SALES.

profit and loss statement (P&L): *Ver* INCOME STATEMENT.

profit center: Sección de una empresa para el cual se calculan por separado los costos, los ingresos y las ganancias.

profit margin: Margen de ganancia, margen de utilidades, margen comercial. 1. Relación entre los ingresos brutos y las ventas netas. *Ver* GROSS PROFIT MARGIN. 2. Margen de ganancia neta, que se calcula deduciendo a los ingresos los gastos operativos y el costo de los bienes o servicios vendidos y dividiendo el resultado por las ventas netas.

profit range: Serie de posibles resultados rentables que pueden obtenerse a partir de una determinada inversión.

profit-sharing plan: Sistema de participación de los empleados en las utilidades de la empresa.

profit squeeze: Reducción de las ganancias causada por un entorno adverso, una mayor competencia o un aumento de los costos.

profit taking: Toma de ganancias. Venta de títulos valores en general o de un título valor en particular después de un aumento significativo de precios. *También llamado TAKING PROFITS.*

pro forma financial statement: Estado contable creado a partir de montos proyectados.

program trading: Operación de arbitraje en la que los operadores toman una posición corta o larga en una cartera de acciones y la posición opuesta en uno o más contratos de futuros sobre la misma cartera. Esta operación se realiza para sacar provecho de una diferencia de precios de mercado entre dos carteras de títulos básicamente idénticas. *Ver* BASIS TRADING; TRIPLE WITCHING HOUR.

progressive tax: Impuesto progresivo. Impuesto cuya tasa aumenta a medida que aumenta el monto que será gravado. *Ver* FLAT TAX; REGRESSIVE TAX.

progress payments: 1. Pagos periódicos realizados a un proveedor, contratista o subcontratista por el trabajo realizado satisfactoriamente en fecha. 2. Pagos realizados a un contratista según el progreso de la obra.

project note (PN): Título de deuda a corto plazo emitido por una municipalidad para financiar un proyecto de viviendas patrocinado por el gobierno federal.

promissory note: *Ver* NOTE 1.

property dividend: Dividendo en especie. Dividendo cuya forma de pago no es en efectivo, en vales ni en acciones de la compañía, sino en productos de la compañía o en acciones de una subsidiaria.

property tax: *Ver* AD VALOREM TAX.

proportional representation: Representación proporcional. Método de votación por el cual los accionistas tienen más poder en la elección de directores que el que les confiere el voto estatutario, que permite un voto por acción por director. Un ejemplo de representación proporcional es el voto acumulativo, en el cual los accionistas tienen derecho a tantos votos como acciones posean, multiplicado por la cantidad de vacantes en el directorio.

proportionate redemption: Rescate parcial de acciones en el cual el accionista mantiene el mismo porcentaje de capital después de vender una parte de sus acciones al emisor.

proprietor: Propietario de una empresa unipersonal.

proprietorship: Compañía que posee un solo propietario. *Ver* CORPORATION; PARTNERSHIP; UNLIMITED LIABILITY.

pro rate: Prorrateo. Método de asignación o división en forma proporcional.

prospectus: Prospecto. 1. Documento formal mediante el cual se ofrece para la venta una nueva emisión de títulos valores. Incluye información financiera, un resumen de los antecedentes comerciales de la compañía y sus planes (incluyendo el uso que se dará a los ingresos provenientes de la emisión), una lista de los directivos, y menciona si existen litigios pendientes con terceros. El prospecto para una nueva oferta pública se presenta ante la autoridad del mercado de valores y debe entregarse a los posibles compradores de la emisión. *Ver* OFFERING CIRCULAR; RED HERRING. 2. Documento formal presentado por los fondos comunes de inversión en donde se describen los antecedentes del fondo y de sus administradores, así como también los objetivos, los estados contables y otros datos relevantes para los inversores.

protected strategy: Estrategia cuyo objetivo es limitar el riesgo de una inversión. Por ejemplo, comprar una acción y una opción de venta sobre dicha acción, con lo cual el monto que puede perderse se ve limitado, ya que la opción de venta sirve de protección contra las pérdidas que pudiera producir una caída en el precio de la acción.

protectionism: Proteccionismo. Imposición de barreras a la importación de bienes y servicios provenientes de países extranjeros a fin de proteger a los productores nacionales.

protective covenant: *Ver* COVENANT.

provisional rating: Calificación provisoria. Calificación de un título valor que depende del éxito de un proyecto o el cumplimiento de una condición determinada. *También llamado* CONDITIONAL RATING.

proxy: Poder, mandato. Autoridad escrita que otorga un accionista a otro para permitir que el segundo vote en nombre del primero en las asambleas.

proxy fight: Situación en la que dos o más grupos opositores tratan de reunir la mayor cantidad de accionistas dispuestos a otorgar un poder para que se vote en su nombre, con el propósito de elegir los directores de su conveniencia.

proxy statement: Información que acompaña la solicitud de un poder a los accionistas, en la cual se incluyen los puntos sobre los que debe votarse, incluyendo los candidatos al directorio, los salarios de directores y gerentes, etc.

prudent man rule: Regulación adoptada por algunos estados norteamericanos para guiar a quienes tienen responsabilidad de invertir el dinero de terceros. *Ver* INVESTMENT-GRADE; LEGAL LIST.

public distribution: Distribución pública. Venta de una nueva emisión de títulos valores a inversores individuales.

public limited company (PLC): Sociedad por acciones, con responsabilidad limitada, cuyas acciones cotizan en los mercados de valores.

publicly held: 1. Relativo o perteneciente a títulos valores que son libremente transferibles entre los inversores. 2. Relativo o perteneciente a una compañía cuyas acciones cotizan en la bolsa de valores.

publicly traded company: Compañía cuyas acciones ordinarias están disponibles para la compra por parte de los inversores.

publicly traded fund: *Ver* CLOSED-END INVESTMENT FUND.

public offering: Oferta pública. Venta de una emisión de títulos valores, por lo general con la asistencia de un banco de inversión que compra los títulos al emisor y los revende al público. *También llamado DISTRIBUTION; OFFERING; PUBLIC BID.*

public offering price: Precio de oferta pública. Precio al que los títulos valores se venden al público.

purchase group: *Ver* SYNDICATE.

purchase method: Método contable empleado en fusiones de empresas, en el cual se considera que una compañía compró el activo de la otra. *Ver* POOLING OF INTERESTS.

purchase order: Orden de compra. Autorización escrita a un vendedor para que entregue una cantidad determinada de mercaderías o servicios a un precio estipulado.

purchasing power: Poder adquisitivo. 1. Capacidad de los consumidores de adquirir bienes y servicios. 2. Valor del dinero según lo determina la cantidad de bienes y servicios que pueden comprarse con un monto fijo. 3. Crédito disponible para un cliente en una cuenta de corretaje para la compra de nuevos títulos valores.

pure play: Inversión que se concentra exclusivamente en un sector determinado.

purpose loan: Préstamo garantizado con títulos valores y que a su vez se utiliza para comprar más títulos valores. *Ver* NON-PURPOSE LOAN.

purpose statement: Documento escrito en donde el prestatario informa sobre el destino que dará a un préstamo garantizado por títulos valores.

push-down accounting: Aplicación de un método contable tras la adquisición de una sociedad por otra.

put: 1. Opción de venta, "put". Contrato en el cual se garantiza al comprador el derecho de vender en la fecha y precio de ejercicio un título valor subyacente mediante el pago de una prima. *También llamado PUT OPTION. Ver* CALL 1; GUARANTEE LETTER; SYNTHETIC PUT. 2. "Put". Término empleado cuando se insta al vendedor (lanzador) de una opción de venta a comprar acciones al precio estipulado. El propietario ejerce el "put" sólo cuando el precio de mercado del título subyacente es inferior al precio de ejercicio. *También llamado PUT TO SELLER.* 3. Alternativa que poseen los propietarios de determinados tipos de bonos de revender dichos bonos al emisor a valor nominal antes de la fecha de vencimiento.

put bond: Tipo de bono cuyo tenedor tiene la posibilidad de exigir al emisor que recompre dicho bono antes del vencimiento, por lo general en una fecha prefijada. El precio de recompra suele ser el valor nominal, y se fija en el momento de la emisión. *También llamado MULTIMATURITY BOND; OPTION TENDER BOND. Ver* POISON-PUT BOND; PREMIUM PUT; YIELD TO PUT.

put-call ratio: Relación entre el volumen negociado en opciones de venta y el volumen negociado en opciones de compra.

put option: *Ver* PUT 1.

put spread: Compra de una opción de venta y simultáneamente con la venta corta de otra opción de venta sobre el mismo título valor. Las dos opciones de venta tienen distintos precios de ejercicio, diferentes fechas de vencimiento, o ambos.

put to seller: *Ver* PUT 2.

pyramid: 1. Uso de las ganancias no realizadas de una posición en títulos o "commodities" como garantía para comprar más posiciones con fondos solicitados en préstamo a un agente bursátil. 2. Fraude en el cual, para una determinada inversión, el operador paga altas ganancias a los inversores empleando los aportes realizados por inversores nuevos, de modo tal que los fondos nunca se invierten en activos productivos. *También llamado PONZI SCHEME.* 3. Uso del crédito otorgado por una institución financiera para refinanciar obligaciones pendientes con otro acreedor.

q: 1. En los diarios estadounidenses, letra que se utiliza directamente antes del nombre de la compañía en las tablas de transacciones extrabursátiles para indicar que la compañía se encuentra en juicio concursal. 2. En los diarios británicos, letra que se utiliza en las tablas de operaciones bursátiles para indicar ganancias basadas en cifras preliminares.

qualified opinion: Informe firmado por el auditor mediante el cual se expresa la imposibilidad de verificar completamente la exactitud de los estados contables de una compañía debido a distintos factores, como, por ejemplo, un juicio pendiente cuyo resultado podría afectar negativamente la situación financiera de la compañía, una deuda impositiva no determinada relacionada con una operación inusual, etc. *Ver* ADVERSE OPINION; CLEAN OPINION; DISCLAIMER OF OPINION; SUBJECT TO OPINION.

qualifying dividends: En Estados Unidos, dividendos que cumplen con las regulaciones del Internal Revenue Service para no ser gravados con impuestos federales a las ganancias.

qualifying ratio: Deuda total mensual que debe pagar el prestatario, calculada como porcentaje de su ingreso bruto mensual. Determina la capacidad de pago del prestatario.

qualifying stock option: Privilegio otorgado a los empleados de una compañía por el cual se les permite la compra de acciones de dicha compañía a un precio especial.

quality of earnings: *Ver* EARNINGS QUALITY.

quant: Persona con sólidos conocimientos de matemática o computación, y que presta servicios de soporte analítico y numérico en el campo bursátil. *También llamado ROCKET SCIENTIST.*

quantity discount: Descuento por cantidad.

quarter: 1. Cuarto. Cuarta parte de un punto. En acciones, representa la cuarta parte de $ 1; en bonos, equivale a 0,25% del valor nominal. 2. Trimestre. Período de tres meses que representa el 25% del año fiscal.

quarterlies: Informe financiero trimestral. Información financiera sobre la situación de una compañía que vende sus acciones en oferta pública, y que se publica cada trimestre del año fiscal.

quarter stock: Acción cuyo valor nominal es $ 25.

quasi-public corporation: Compañía administrada en forma privada pero que posee responsabilidades públicas, y cuyas acciones cotizan en la bolsa.

questioned trade (QT): Operación cuestionada. Expresión que usan los agentes bursátiles de Wall Street para indicar que los detalles de una operación son dudosos o desconocidos. *Ver* DON'T KNOW.

quetzal: Quetzal. Moneda nacional de Guatemala.

quick asset: Activo líquido, activo disponible, disponibilidades. Activo corriente que puede convertirse fácilmente en efectivo sin pérdida de valor. *Ver* NET QUICK ASSETS.

quick ratio: Prueba ácida, coeficiente de liquidez a corto plazo. Prueba de la liquidez de una empresa y de su capacidad de cumplir con obligaciones a corto plazo. Se calcula dividiendo el activo corriente por el pasivo corriente exceptuando el inventario. *También llamado ACID-TEST RATIO. Ver* CASH RATIO; CURRENT RATIO; LIQUIDITY RATIO 1; NET QUICK ASSETS; WORKING CAPITAL.

quiet period: Período en que las sociedades emisoras de títulos valores se encuentran en proceso de inscripción ante la autoridad del mercado de valores y no les está permitido realizar publicidad. Abarca desde la etapa previa a la colocación hasta los 40 ó 90 días posteriores a la fecha de inicio de cotización.

quota: Cuota. Límite mínimo o máximo de cantidad. Aplicado a las importaciones, designa la cantidad máxima de un producto que puede ingresarse a un país durante un período de tiempo determinado. *Ver* TARIFF; TRIGGER PRICE.

quotation: Cotización. Precio al cual se negocia un título valor (oferta máxima para la compra u oferta mínima para la venta). Suele ser el último precio al cual el título se negoció, si bien ocasionalmente se refiere al precio de compra o venta actual. *También llamado QUOTE.*

quotation board: Panel controlado en forma electrónica con el que cuentan las sociedades de bolsa para averiguar las cotizaciones de los títulos valores y otros datos financieros como bandas de precios, volumen negociado, dividendos, etc.

quoted company: Compañía que cotiza en bolsa, sociedad cotizante. Sociedad cuyas acciones cotizan en un mercado de valores.

quoted price: Precio al que tuvo lugar la última compra y venta de un título valor determinado.

quoted shares: Acciones que cotizan en un mercado de valores, acciones con cotización oficial.

R

r: 1. En los diarios estadounidenses, letra que aparece en la columna de dividendos de las tablas de transacciones bursátiles para indicar la cantidad de dividendos en efectivo distribuidos o pagados en los 12 meses anteriores, más un dividendo en acciones. 2. En los diarios estadounidenses, letra que aparece en las tablas de operaciones con opciones para indicar que la opción no fue negociada. 3. En los diarios estadounidenses, letra que aparece en las tablas de transacciones realizadas por fondos comunes de inversión para indicar cuáles de ellos cobrarán gastos por rescate cuando recompren cuotapartes. 4. En los diarios estadounidenses, letra que se utiliza para indicar que el título valor es nominativo. A pesar de que la mayoría de los bonos son nominativos, este símbolo aparece cuando una misma emisión contiene bonos al portador y nominativos.

raider: Persona o empresa que intenta tomar el control de una compañía comprando una participación mayoritaria en la misma y estableciendo una gerencia nueva. *También llamado CORPORATE RAIDER. Ver* DEFENSIVE ADQUISITION; GREENMAIL; SHARK REPELLENT; TARGET COMPANY; WHITE KNIGHT.

raiding: Intención de comprar, a través de una oferta, la cantidad necesaria de acciones de una determinada compañía para tomar el control de sus operaciones. *También llamado VENTURE ARBITRAGE.*

rainy day money: 1. Activos destinados al ahorro previsional. 2. Cuenta de ahorro cuyos fondos no se destinan para gastos a corto plazo. *También llamado NEST EGG.*

raised check: Cheque cuyo monto fue incrementado sin el consentimiento del librador. Para proteger a las personas e instituciones que operan con cheques, el monto del mismo se debe escribir en letras y en números.

raising factor: Factor de aumento. Factor que provoca un alza de los títulos valores o "commodities", o del mercado en general.

rally: Recuperación. Fuerte alza que se produce después de una caída del nivel general de precios del mercado, o de las acciones de una sociedad en particular. *Ver* REACTION.

R&D costs: *Ver* RESEARCH AND DEVELOPMENT COSTS.

rand: Rand. Moneda nacional de Sudáfrica.

random-walk hypothesis: Hipótesis que se basa en que los precios anteriores no deben tenerse en cuenta para pronosticar precios futuros porque los precios actuales, pasados y futuros sólo reflejan respuestas del mercado a información que ingresa al mismo en forma aleatoria. Es decir, los movimientos de precios no son predecibles. Esta controvertida hipótesis implica que el análisis técnico no sirve para predecir futuros movimientos de precios en el mercado. *Ver* EFFICIENT MARKET.

range: Banda de fluctuación, banda de flotación. Banda que comprende los precios máximos y mínimos a los que llegó un título valor durante un período determinado. *PRICE RANGE*: Banda de precios.

rate: 1. Porcentaje, tanto por ciento, proporción. 2. Tipo, cuota, tasa. 3. Tarifa de consumo (luz, gas, agua, etc.). 4.(gral. pl.) Contribución municipal, impuesto. 5. Prima (de seguro), porcentaje (de una prima). *ANNUAL RATE*: Tasa anual. *AVERAGE RATE*: Porcentaje medio. *BASE RATE*: Tasa base. *BORROWING RATE*: Tasa de interés que paga el prestatario. *CLOSING RATE*: Tipo de cambio al cierre. *CROSS RATE*: Tasa cruzada. *DISCOUNT RATE*: Tasa de descuento. *DIVIDEND RATE*: Porcentaje de dividendo. *EURODOLLAR RATE*: Tasa de eurodólares. *FLOATING RATE*: Tasa flotante, tasa variable. *FORWARD RATE*: Tipo de cambio a plazo, tipo de cambio a término, tipo de cambio "forward". *GOING RATE*: Tipo de cambio actual. *HISTORIC EXCHANGE RATE*: Tipo de cambio histórico. *LENDING RATE*: Tasa de interés que cobra el prestamista. *MARKET INTEREST RATE*: Tasa de interés del mercado. *MINIMUN LENDING RATE*: Tasa de descuento oficial. *PREVAILING MARKET RATE*: Tipo vigente en el mercado. *PRIME RATE*: Tasa de interés preferencial. *SPOT RATE*: Tipo de cambio al contado, tipo de cambio "spot". *TAX RATE*: Tasa impositiva, tasa fiscal.

rate anticipation swap: Venta de un bono combinada con la compra de otro de distinto vencimiento para aprovechar al máximo las modificaciones de las tasas de interés. Por ejemplo, cuando se espera una caída de las tasas de interés, el inversor prefiere cambiar los bonos a corto plazo por bonos a largo plazo porque el precio de los segundos subirá más que el de los primeros.

rate base: Valuación base. Valor que un ente regulador asigna al activo de una compañía de servicios públicos con el objeto de fijar las tarifas que esta última puede cobrar a sus clientes. La tasa de retorno que obtendrá la compañía debe tener relación con el valor asignado a su activo.

rate case: Audiencia tarifaria. Audiencia ante el ente regulador de compañías de servicios públicos durante la cual se aprueba, modifica o rechaza un pedido de revisión de tarifas presentado por una compañía del sector.

rate covenant: En la emisión de bonos municipales, disposición que establece los requisitos que deben cumplirse para el cobro de los ingresos que provienen de la obra financiada a través de los bonos.

rate for advances against collateral: Tasa de interés sobre adelantos contra presentación de garantías. Interés que la autoridad monetaria cobra a los bancos comerciales cuando les otorga créditos garantizados con títulos valores que pueden ser descontados. Por extensión, es la tasa que aplican las entidades financieras a sus clientes en las mismas condiciones.

rate making: Proceso para la determinación de tasas o tarifas.

rate of depreciation: Tasa de amortización, porcentaje de amortización. *Ver* DEPRECIATION.

rate of exchange: *Ver* EXCHANGE RATE.

rate of inflation: Tasa de inflación. *Ver* INFLATION.

rate of interest: Tasa de interés. *Ver* INTEREST.

rate of return: 1. *Ver* CURRENT YIELD; TOTAL RETURN. 2. *Ver* RETURN ON INVESTMENT (ROI).

rate of unemployment: Tasa de desempleo. Representa el porcentaje de la población económicamente activa que no encuentra trabajo.

ratepayer: Contribuyente. Persona o entidad que paga impuestos.

rate relief: Asistencia tarifaria. Práctica mediante la cual el ente regulador de una compañía regulada —como en el caso de los servicios públicos— fija tarifas más elevadas para que ésta pueda cobrar a sus clientes, lo cual incrementa sus ingresos.

rate restriction clauses: Cláusulas que limitan tasas o tarifas.

rateable value: Valuación fiscal. Valor que se toma como base para fijar los impuestos.

rating: Calificación, categoría. Calificación que recibe un título valor en función de una o varias características inherentes al mismo, como la seguridad y el crecimiento. En general se aplica a títulos de deuda, los cuales son evaluados de acuerdo con la posibilidad de que, al vencimiento, su emisor pague el capital principal y los intereses devengados. *Ver* BOND RATING; DOWN-GRADING; INVESTMENT GRADE; MOODY'S INVESTMENT GRADE; NOT RATED; STOCK RATING; UPGRADING 1.

rating agency: Agencia calificadora de riesgo, sociedad calificadora. Firma que evalúa títulos valores, especialmente títulos de deuda, para determinar la calidad de los mismos. *Ver* INVESTMENT GRADE; RATING.

ratio: Relación, razón, proporción, "ratio". Comparación entre una suma y otra. La relación que más tienen en cuenta los inversores es la relación precio-ganancia. *También llamado FINANCIAL RATIO. ACID TEST RATIO*: Prueba ácida. *CAPITAL/DEBT RATIO*: Ratio de endeudamiento. *PRICE-EARNING RATIO (P/E RATIO)*: Relación precio-ganancia. *PROFIT RATIO*: Ratio de rentabilidad del capital. *Ver* ACTIVITY RATIO; DEBT MANAGEMENT RATIO; LIQUIDITY RATIO; PROFITABILITY RATIO.

ratio analysis: Análisis de ratios financieros. Método de análisis, utilizado para evaluar créditos e inversiones, mediante el cual se estudia la relación de las cifras de los estados contables para determinar valores y evaluar riesgos, y se comparan las cifras con períodos anteriores y con las de otras compañías para identificar tendencias y particularidades de la empresa. Los ratios financieros más tenidos en cuenta son los que reflejan la liquidez y el endeudamiento. *Ver* HORIZONTAL ANALYSIS; TREND ANALYSIS; VERTICAL ANALYSIS.

raw materials: Materias primas. En contabilidad, productos básicos que posee la empresa con el objeto de incorporarlos al proceso productivo de las mercaderías cuya comercialización constituye la actividad habitual de dicha compañía.

ratio writing: *Ver* VARIABLE RATIO OPTION WRITING.

reaction: Reacción. Retroceso de los precios de los títulos valores después de un período de alzas. *Ver* RALLY.

read the tape: Leer con detenimiento los datos que proporcionan los sistemas electrónicos de información bursátil, donde se detallan el precio y volumen de las distintas operaciones efectuadas con títulos valores. Algunos operadores utilizan esta información para detectar transacciones irregulares o movimientos de precios que indican oportunidades de compra o venta. *Ver* CONSOLIDATED TAPE; TAPE READER.

ready money: Dinero líquido. *Ver* LIQUID 1.

Reaganomics: Plan económico implementado por el ex presidente de Estados Unidos Ronald Reagan, que consistía en bajar los impuestos, aumentar el gasto de defensa, disminuir el gasto social y reducir el crecimiento de la masa monetaria.

real: Real. Moneda nacional de Brasil.

real asset: Bien tangible, activo tangible. Activos como el oro y la madera, que tienden a ser los de mayor demanda en períodos de alta inflación. *Ver* FINANCIAL ASSET.

real estate: Bienes inmuebles, bienes raíces. *También llamado REAL PROPERTY; REALTY.*

real estate agent: Agente inmobiliario. Persona o compañía cuya actividad consiste en la compra, venta y alquiler de bienes raíces.

real estate corporation: Compañía cuya actividad consiste en operar con bienes inmuebles.

real estate investment trust (REIT): Compañía de inversiones inmobiliarias. Compañía que compra y administra bienes inmuebles y/o préstamos hipotecarios. Este tipo de firmas invierte en una amplia gama de bienes raíces, desde centros comerciales y edificios de oficinas hasta complejos de departamentos y hoteles. Existen dos tipos de compañías de inversiones inmobiliarias: las que se especializan en adquirir bienes raíces, y las que se especializan en otorgar créditos a empresas constructoras. *Ver* EQUITY REIT; MORTGAGE REIT.

real estate listing: Contrato entre el propietario de un bien inmueble y el agente inmobiliario. El agente acuerda, bajo determinadas condiciones, conseguir un comprador o locatario para un inmueble específico a cambio de una comisión.

real estate tax: Impuesto inmobiliario, impuesto a los bienes raíces.

real income: Ingresos reales. Ingreso de una persona, grupo o país, ajustado según los cambios del poder adquisitivo provocados por la inflación. El ingreso real de una persona se incrementa cuando, por ejemplo, los precios al consumidor aumentaron 4% y los ingresos personales 6%.

real interest rate: Tasa de interés real. La tasa de interés actual menos la tasa de inflación. *Ver* INTEREST RATE; INFLATION.

realizable value: Valor realizable, valor de realización. *NET REALIZABLE VALUE*: Valor neto realizable. *Ver* REALIZE.

realization principle: Principio de lo percibido. Norma contable que reconoce las ganancias sólo cuando se las **percibe.**

realize: Realizar. Vender cualquier clase de activo, **pero en especial con el propósito de generar utilidades.**

realized gain: Ganancia realizada. Diferencia positiva entre la suma percibida por la venta de un activo y el costo de adquisición del mismo. *Ver* UNREALIZED GAIN.

realized loss: Pérdida realizada. Diferencia negativa entre el costo de adquisición de un activo y la suma percibida por la venta del mismo. *Ver* UNREALIZED LOSS.

real market: Mercado real. Cotizaciones que ofrece un agente bursátil para efectuar compras y ventas de títulos valores, por lo general en cantidades relativamente grandes.

real property: *Ver* REAL ESTATE.

real rate of return: *Ver* REAL RETURN.

real return: Rendimiento real, retorno real. Utilidad de una inversión ajustada según la tasa de inflación. Si un inversor registró ganancias de 12% anual y durante ese año la inflación fue de 4%, su rendimiento es 8%. *También llamado REAL RATE OF RETURN*. *Ver* NOMINAL RETURN.

realty: *Ver* REAL ESTATE.

real value: Valor real. Valor de un bien tangible como un inmueble, metal precioso, "commodity", etc.

rebate: Descuento, bonificación, rebaja. En materia de préstamos, intereses no percibidos por el prestamista debido a que el prestatario saldó su deuda antes del vencimiento.

recapitalization: Modificación de la estructura del capital. Cambio de la situación financiera a largo plazo de una sociedad. Por ejemplo, una compañía vende bonos para recaudar los fondos necesarios para rescatar un bloque de acciones en circulación. Esta reestructuración por lo general afecta el nivel y la volatilidad de las utilidades por acción. *Ver* CAPITALIZATION.

recapture of depreciation: Recuperación de la amortización. Práctica mediante la cual, con la venta de un activo que sufrió amortizaciones, se recupera parte del valor perdido por dichas amortizaciones. *También llamado DEPRECIATION RECAPTURE.*

receipt: 1. Recibo. Comprobante de una transacción o pago de deuda 2. Entrada, ingreso de dinero, cobro.

receipt in full: Recibo por el total de la operación.

receivables: *Ver* ACCOUNTS RECEIVABLE.

receivables turnover: *Ver* ACCOUNTS RECEIVABLE TURNOVER.

receive against payment: *Ver* RECEIVE VERSUS PAYMENT.

receiver: Síndico del concurso preventivo o de la quiebra. Persona designada por el juez cuya función principal consiste en administrar el patrimonio falencial. *También llamado RECEIVER IN BANKRUPTCY. Ver* RECEIVERSHIP.

receiver in bankruptcy: *Ver* RECEIVER.

receiver's certificate: Certificado que acredita la existencia de un título de deuda a corto plazo emitido por el síndico de la quiebra o del concurso preventivo de una compañía. El síndico utiliza lo recaudado a través de la emisión para financiar las operaciones de la firma. Este certificado constituye un gravamen que recae sobre los bienes de la compañía y tiene un privilegio superior a todas las otras obligaciones de la firma en caso de liquidación.

receivership: Sindicatura. En materia de concursos preventivos y quiebras, órgano cuya función principal consiste en la administración del patrimonio falencial; es decir, el cobro de los créditos, la recuperación de los bienes en posesión de terceros, el ejercicio de las acciones de rescisión de contratos, etc.

receive versus payment (RVP): Instrucción que acompaña la orden de venta de títulos valores cuando el cliente acepta el pago de la transacción sólo contra la entrega de los títulos valores en la fecha de liquidación. *Ver* DELIVER VERSUS PAYMENT.

receiving order: Orden de designación del síndico de la quiebra. *Ver* RECEIVER.

recession: Recesión. Caída prolongada de la actividad económica de un país. Muchos economistas consideran que hay recesión cuando el producto bruto interno de una nación registra declinaciones por lo menos durante dos trimestres consecutivos.

reclamation: Reclamo. 1. En materia de títulos valores, derecho que tiene cualquiera de las partes de una operación bursátil a recuperar las pérdidas causadas por irregularidades en el proceso de liquidación de la misma. 2. En materia bancaria, ajuste de los errores efectuados por la cámara compensadora al procesar cheques u otros títulos de crédito.

reconciliation statement: Aviso de conformidad. Notificación firmada por el titular de una cuenta bancaria mediante la cual este último confirma los datos que aparecen en su estado de cuenta.

record: Registro. *EXCHANGE RECORD*: Registro de operaciones de cambio. *FINANCIAL RECORDS*: Libros contables.

record date: Fecha de registro. Fecha en la que los accionistas se registran en los libros de la compañía. *Ver* EX-DIVIDEND; INTEREST DATES.

recourse: Recurso. Derecho que tiene el tenedor de un documento, que ha sido endosado a su favor, a reclamar el pago por parte del endosante en caso de que el deudor original no cancele la deuda.

recourse loan: Préstamo con aval personal. Préstamo en el que el prestamista puede reclamar más que el bien dado en garantía en caso de que el prestatario no cumpla con el pago, ya que este último también responde con sus bienes personales. *Ver* NONRECOURSE LOAN.

recovery: 1. Recuperación, alza. Período de alzas en el mercado de "commodities" o títulos valores después de transcurrido un período en el que se registraron caídas en los precios. 2. Recuperación, reactivación. Período en un ciclo comercial en el que la actividad económica aumenta y el producto bruto interno crece.

rectangle: Rectángulo. En análisis técnico, gráfico en el que el precio de un título valor avanza y retrocede entre dos líneas horizontales. *Ver* ACCUMULATION AREA; DISTRIBUTION AREA; REVERSE PATTERN.
(Ver gráfico en p. 464).

recurrent expenses: Gastos fijos. Gastos permanentes que debe cubrir la compañía independientemente de la producción y las utilidades registradas durante el ejercicio financiero.

red: Rojo. Relativo a una compañía que no es rentable. En los estados contables, las pérdidas se señalan con tinta roja. *Ver* BLACK.

redeem: Rescatar, amortizar (bonos, títulos de deuda). *Ver* REDEMPTION.

redeemable: Rescatable, amortizable. *Ver* REDEMPTION.

redeemable by lot: Rescatable por sorteo, amortizable por sorteo. *Ver* REDEMPTION.

redemption: 1. Amortización. Importe que abona el emisor de un título valor, conforme a las condiciones establecidas en la emisión, destinadas a cancelar parcial o totalmente el valor nominal o el valor actualizado según corresponda. 2 Rescate. Recompra de un título valor antes de su vencimiento por parte de la entidad emisora. *ANNUAL REDEMPTION PAYMENTS*: Amortizaciones anuales. *DEBENTURE REDEMPTION RESERVE*: Reserva para amortización de debentures. *FINAL REDEMPTION DATE*: Última fecha de amortización. *Ver* PARTIAL REDEMPTION.

redemption charge: *Ver* DEFERRED SALES CHARGE.

redemption date: Fecha de amortización, fecha de rescate. Fecha en la que la entidad emisora del título valor se compromete a efectuar el rescate o amortización. *Ver* REDEMPTION.

redemption price: 1. Precio de rescate. Precio al que la entidad emisora de las acciones vuelve a adquirirlas. Por lo general, el precio es igual al valor neto por acción. *Ver* REDEMPTION 2. *Ver* CALL PRICE.

redemption value: Valor de rescate, valor de amortización. Valor al que la entidad emisora rescata o amortiza un título valor. *Ver* REDEMPTION.

red-herring: Prospecto preliminar. Término que se utiliza para hacer referencia al borrador del prospecto antes de que se fije el precio de venta de la emisión. El mismo se distribuye entre los miembros del grupo de colocadores y vendedores. Como la autoridad del mercado de valores todavía no revisó el material, el mismo lleva una advertencia en tinta roja. También denominado *PRELIMINARY PROSPECTUS*.

rediscount: Redescuento. Procedimiento mediante el cual se descuenta un título de crédito que ya fue descontado, es decir, cambiado por un monto de dinero ajustado según la tasa de interés actual.

refinance: 1. Refinanciar. Prorrogar el vencimiento de un préstamo. 2. *Ver* REFUND 1.

refund: 1. Proceso mediante el cual se saldan títulos de deuda con fondos recaudados a través de la venta de una emisión nueva de bonos que, por lo general, ofrece una tasa de interés inferior. *También llamado REFINANCE. Ver* CALL PROVISION; NONREFUNDABLE. 2. Reintegro, reembolso, devolución. En la compra y venta de mercaderías, devolución del dinero abonado por el comprador.

refundable interest: Interés reintegrable. Interés no devengado que el prestamista devuelve al prestatario cuando este último cancela el préstamo antes de su fecha del vencimiento.

refund annuity: Renta vitalicia mediante la cual efectúan pagos fijos al beneficiario hasta su muerte y, a su vez, se garantiza que los fondos que fueron depositados para la renta —pero no cobrados por el beneficiario— serán percibidos por los sucesores de éste.

refund/refunding bond: Bono de refinanciación. Bono emitido con el fin de rescatar títulos de deuda en circulación.

regional bank: Banco regional. Banco cuya actividad consiste en recibir depósitos y otorgar créditos en una determina región del país.

registered bond: *Ver* REGISTERED SECURITY.

registered company: Compañía registrada. Sociedad que presentó el formulario de inscripción ante la autoridad del mercado de valores correspondiente y que cumple con los requisitos establecidos por dicha autoridad.

registered competitive market maker: 1. En Estados Unidos, agente de bolsa de la National Association of Securities Dealers (NASD) que, con continuidad y en grandes volúmenes, compra y vende títulos valores para su propia cuenta. 2. En Estados Unidos, agente de bolsa de la New York Stock Exchange que opera para su propia cuenta. *Ver* FLOOR TRADER.

registered competitive trader: *Ver* FLOOR TRADER.

registered equity market maker: En Estados Unidos, agente bursátil con cartera propia que opera en la American Stock Exchange (AMEX).

registered exchange: Bolsa inscripta. Bolsa de valores registrada ante la autoridad del mercado de valores del país en que opera. *Ver* UNREGISTERED EXCHANGE.

registered lien: Prenda con registro, prenda sin desplazamiento. Prenda en la cual, a diferencia de la prenda comercial con desplazamiento, el bien dado en garantía permanece en poder del deudor, es decir, no es transferido al acreedor.

registered options trader: Sociedad bursátil que opera en una bolsa de opciones organizada y que, con continuidad y en grandes volúmenes, negocia determinados contratos asignados por la bolsa.

registered representative: Operador, agente bursátil, corredor de bolsa, comisionista de bolsa. Empleado o socio de una sociedad bursátil que está inscripto en la bolsa para manejar las cuentas de los clientes. *También llamado ACCOUNT EXECUTIVE; BROKER; CUSTOMER'S MAN.*

registered secondary distribution: Segunda oferta registrada. Venta de un bloque de títulos valores que se registra ante la autoridad del mercado de valores a pesar de que los títulos habían sido anteriormente emitidos. En general, los títulos valores que se venden en una segunda oferta provienen de algún inversor institucional que los adquirió a través de una colocación privada. *Ver* SECONDARY DISTRIBUTION.

registered security: Título valor nominativo. Título valor cuyo certificado lleva el nombre del titular. El ente emisor lleva un registro de los titulares a los efectos de enviarles cheques, informes, etc. *También llamado REGISTERED BOND. Ver* BEARER BOND.

registered trader: *Ver* FLOOR TRADER.

registered share: Acción nominativa. Acción emitida a nombre de una persona o empresa, e inscripta en tal carácter en el registro de accionistas de la firma emisora.

registered share with restricted transferability: Acción nominativa no endosable. A diferencia de lo que sucede con las acciones nominativas simples, las acciones nominativas no endosables no pueden ser transferidas a un nuevo accionista sin autorización de la empresa emisora. El propósito es evitar que uno o varios accionistas adquieran, sin el consentimiento de la compañía, la mayor parte del paquete accionario. *Ver* TAKEOVER.

registered trader: *Ver* FLOOR TRADER.

registrar: Compañía que actualiza los registros de acciones y bonos a través de la información que proporciona el agente de transferencias sobre los certificados de acciones. Esta firma controla que no se emitan más acciones que las autorizadas y, en el caso de los bonos, que sean títulos de deuda genuinos.

registration: Inscripción, registro. Proceso mediante el cual la autoridad del mercado de valores analiza los títulos valores para determinar si pueden o no cotizar en bolsa. *Ver* REGISTRATION STATEMENT.

registration fee: Derecho de inscripción. Monto que cobra la autoridad del mercado de valores y abona la compañía emisora de los títulos valores para que los mismos puedan cotizar en bolsa.

registration statement: Registro de emisión, documento de inscripción. Documento que la compañía emisora de títulos valores presenta ante la autoridad del mercado de valores para que esta última autorice su cotización pública en la bolsa. Este documento debe incluir información financiera sobre la sociedad emisora, información sobre sus anteriores operaciones y cualquier dato de importancia para los futuros compradores. *Ver* DEFICIENCY LETTER; OFFICIAL STATEMENT; PROSPECTUS.

regression analysis: Análisis de regresión. Técnica estadística que se utiliza para establecer la relación de una variable dependiente —como las ventas de una compañía— con una o más variables independientes —como el PBI, los ingresos per cápita y otros indicadores económicos—. Al determinar la importancia que tuvo históricamente una variable independiente en relación con la variable dependiente, se puede predecir el valor futuro de la variable dependiente.

regression coefficient: Coeficiente de regresión. Cálculo matemático de la relación entre una variable dependiente y una independiente. Por ejemplo, se puede determinar el efecto que causa el incremento de dividendos sobre el precio de las acciones, calculando el coeficiente de regresión entre el precio de las acciones y los dividendos por acción. En este caso, el precio de las acciones es la variable dependiente y el pago de dividendos es la variable independiente.

regressive tax: Impuesto regresivo. Impuesto cuyo porcentaje disminuye a medida que se incrementa el monto imponible. *Ver* FLAT TAX; PROGRESSIVE TAX.

regular member: Miembro ordinario. En materia bursátil, casa de bolsa que posee un asiento en la bolsa de valores en que opera. *Ver* ASSOCIATE MEMBER.

regular-way contract: Contrato ordinario, contrato tradicional. Operación bursátil en la que la entrega del certificado por parte del agente vendedor y el pago por parte del agente comprador se efectúan a los cinco días hábiles de haber realizado la operación. *También llamado REGULAR WAY DELIVERY (AND SETTLEMENT). Ver* CASH CONTRACT; SELLER'S OPTION CONTRACT.

regular way delivery (and settlement): *Ver* REGULAR-WAY CONTRACT.

regulated investment company: Fondo de inversión regulado. Fondo común de inversión que, si cumple con determinados requisitos, no paga los impuestos a las ganancias que recaen sobre las distribuciones de dividendos, los intereses y las ganancias de capital realizadas. De esta manera, las utilidades generadas por el fondo pasan a los cuotapartistas, quienes deben pagar el impuesto a las ganancias a nivel personal.

Regulation A: Regulación A. Disposición de la Securities and Exchange Commission de Estados Unidos que simplifica los requisitos de inscripción que deben cumplir las emisiones pequeñas de títulos valores. *Ver* REGISTRATION.

Regulation G: Regulación G. Disposición de la Reserva Federal de Estados Unidos que rije para todos aquellos prestamistas que no son bancos comerciales o sociedades de bolsa y que, como actividad habitual, otorgan créditos destinados a adquirir o mantener una posición de títulos valores.

Regulation Q: Regulación Q. Disposición de la Reserva Federal de Estados Unidos que fija las tasas máximas de interés que pueden legalmente pagar las entidades de ahorro sobre los depósitos a plazo fijo. Este control fue gradualmente dejado de lado a principios de 1980. *Ver* CREDIT CRUNCH.

Regulation T: Regulación T. Disposición de la Reserva Federal de Estados Unidos que fija el crédito inicial máximo que se puede otorgar a inversores en títulos valores. El requisito del margen inicial varió de 40% a 100% desde que se estableció esta regulación bajo la Ley Estadounidense de Títulos Valores de 1934. Las acciones que cotizan en bolsa, los bonos convertibles y muchos títulos valores que cotizan en el mercado extrabursátil se rigen por la Regulación T. *Ver* FREERIDING 2; FROZEN ACCOUNT; SPECIAL MISCELLANEOUS ACCOUNT.

Regulation U: Regulación U. Disposición de la Reserva Federal de Estados Unidos que controla los préstamos bancarios otorgados a clientes para que adquieran o mantengan posiciones de inversión en acciones.

rehypothecation: Segunda prenda que recae sobre títulos valores y que garantiza un préstamo. *Ver* HYPOTHECATE 1.

reinsurance: Reaseguro. Contrato mediante el cual el asegurador descarga parte de su riesgo sobre otro asegurador permaneciendo obligado frente al asegurado. Las compañías de seguros acuden a este método para compartir riesgos con otras compañías aseguradoras.

reinvestment plan: *Ver* DIVIDEND REINVESTMENT PLAN.

reinvestment privilege: Privilegio de reinversión. Privilegio que autoriza al cuotapartista de un fondo común de inversión a adquirir más cuotapartes con los dividendos recibidos. La mayoría de los fondos de inversión otorgan a sus cuotapartistas privilegios de reinversión y no cobran comisiones por la compra de nuevas cuotapartes.

reinvestment rate: Tasa de reinversión. Tasa de retorno que se obtiene reinvirtiendo los intereses generados por un bono o cualquier otro título valor de renta fija. La tasa de reinversión es de particular importancia para quienes invierten a corto plazo (por ejemplo, en certificados de depósito o letras del Tesoro) o para quienes poseen inversiones a largo plazo cuyo flujo anual de fondos es elevado (por ejemplo, bonos de cupón alto).

reinvestment risk: Riesgo de reinversión. Posibilidad de que el flujo de fondos generado por una inversión deba ser reinvertido a una tasa de rendimiento inferior. Por ejemplo, el propietario de un certificado de depósito se arriesga a que, en la fecha de vencimiento, las tasas de interés se encuentren bajas y que los fondos deban ser reinvertidos.

REIT: *Ver* REAL ESTATE INVESTMENT TRUST.

rejection: Rechazo. 1. En materia de títulos valores, negativa por parte de un agente bursátil o de su cliente, de aceptar un título

valor presentado para concretar una operación. Un motivo de rechazo es la falta de los endosos necesarios. 2. En materia de seguros, negativa por parte de la compañía **aseguradora** de emitir una póliza de seguro. 3. En materia de créditos, negativa de un banco de otorgar un crédito a un solicitante.

relationship trading: *Ver* BASIS TRADING.

relative strength: Solidez relativa. Solidez del precio de las acciones de una determinada sociedad en comparación con el índice del sector económico al que pertenece, o con el índice general del mercado. Los analistas sostienen que cuando una acción mantiene su valor en un período en baja, implica que registrará fuertes alzas cuando se revierta la tendencia del mercado o sector. *También llamado STRENGTH.*

release: Certificado de liberación, descargo, remisión. Notificación escrita mediante la cual el acreedor libera al deudor de una determinada obligación.

relief: Desgravación fiscal. Práctica mediante la cual se suprimen las cargas impositivas sobre determinados activos.

relief from taxation: *Ver* RELIEF.

remargin: Agregar dinero en efectivo o títulos valores en una cuenta de margen cuando el saldo de la cuenta no es suficiente para cumplir con el margen de garantía. *Ver* MAINTENANCE OF MARGIN.

remit: Remitir. Enviar el pago de mercaderías o servicios ya sea en efectivo o en cheque.

renegociated loan: Préstamo renegociado. Préstamo cuyas condiciones de pago originales fueron modificadas debido al deterioro de la situación económica del prestatario. Por lo general, la renegociación de un préstamo implica la reducción de la tasa de interés y la prórroga del vencimiento para evitar la ejecución hipotecaria de los bienes afectados.

rent: Alquiler. Precio que se abona por el uso y goce de una cosa. *Ver* LEASE.

rents payable: En materia contable, alquileres a pagar (término contable). *Ver* ACCOUNTS PAYABLE.

rents recievable: En materia contable, alquileres a cobrar (término contable). *Ver* ACCOUNTS RECEIVABLE.

reopen an issue: Reabrir una emisión. Venta por parte del gobierno de bonos adicionales a una emisión ya existente, en lugar del ofrecimiento de una emisión nueva con términos distintos.

reopening: Reapertura. Apertura de la comercialización de un título valor o contrato de futuros cuya negociación había sido suspendida. Por ejemplo, las autoridades de la bolsa de valores pueden suspender la compra y venta de un título valor hasta tanto se dé a conocer determinada información, después de lo cual, el título puede seguir negociando.

reorganization: Reorganización. Actualización del valor del activo y reestructuración del pasivo y del patrimonio neto como consecuencia de la disminución del valor del activo y las negociaciones con los acreedores. La reorganización tiene como objetivo reestructurar una firma con problemas financieros. *Ver* BANKRUPTCY; CHAPTER 11.

reorganization bond: Título de deuda emitido como parte de la reestructuración del capital de una sociedad. *Ver* INCOME BOND.

reorganization plan: Acuerdo resolutorio. Plan presentado al juez de un tribunal con competencia en concursos y quiebras, por parte de una compañía en proceso concursal, en el que se estipula la distribución de activos. El plan debe ser aprobado por los acreedores de la firma y por el juez. A través del acuerdo resolutorio, los acreedores reemplazan los títulos valores que ya poseían por títulos valores nuevos.

repatriate: Repatriar. Trasladar al país activos nacionales que se encuentran en el extranjero. Normalmente, las empresas nacionales deben pagar impuestos sobre los activos repatriados. Este factor induce a las firmas a mantener en el exterior las ganancias allí obtenidas.

repatriation of funds: Repatriación de fondos. *Ver* REPATRIATE.

repayable in installments: Reembolsable a plazos o en cuotas.

repayment of capital: Reembolso del capital. Reintegro del capital invertido por los accionistas.

repeat option business: Operación con opciones mediante la cual una de las partes tiene el derecho de readquirir al mismo precio las acciones que compró, o entregar las que vendió bajo las mismas condiciones.

repeat prices omitted: Se omite la repetición de precios. Anuncio que aparece en los sistemas electrónicos de información bursátil, por medio del cual se indica que sólo se detalla el precio inicial al que se negoció cada título valor. Las operaciones posteriores se informan sólo cuando el precio sufre modificaciones. Este método se utiliza cuando el volumen de operaciones es muy elevado. *Ver* CONSOLIDATED TAPE.

replacement cost: Costo de reposición. Costo actual del reemplazo de un activo por otro equivalente.

replacement cost accounting: Contabilidad a costo de reposición. Sistema contable que en vez de asignar al activo y pasivo un valor según su costo histórico, lo fija según su costo de reposición. La contabilidad a costo de reposición asimila los cambios de precios y, por lo tanto, los cambios de valor de todas las partidas que conforman los estados contables.

replacement price: Precio de reposición. Cifra que debe abonarse para cambiar un activo por otro equivalente.

replacement reserve: Fondo de reposición. Reserva de fondos destinada a la reposición de activos por otros equivalentes.

repo: *Ver* REPURCHASE AGREEMENT.

repo rate: Tasa de interés anualizada de un acuerdo de recompra. *Ver* REPURCHASE AGREEMENT.

report: 1. Confirmación de una operación bursátil en el momento de su ejecución. 2. Informe, dictamen. *ANNUAL REPORT AND ACCOUNTS*: Memoria. *FINANCIAL OPERATING REPORT*: Informe de gestión financiera. *MANAGEMENT REPORT*: Informe de gestión.

reporting accountant: Perito contable. Contador público elegido por el juez —o por las partes de un juicio— que tiene por función, luego de aceptar el cargo y prestar juramento, efectuar análisis, comprobaciones y apreciaciones cuyos resultados aparecerán en un dictamen que debe presentarse ante el tribunal que entiende en la causa.

reporting dealers: Agentes de bolsa cuya función consiste en informar al banco central sobre las operaciones efectuadas con títulos valores emitidos por el gobierno. Dado que los bancos centrales recurren a las compras y ventas de títulos valores para ejercer un control sobre la masa monetaria, la información de estos agentes juega un papel importante en la política monetaria. *Ver* OPEN-MARKET OPERATIONS.

repurchase agreement (RP): Acuerdo de recompra, "repo". Acuerdo entre el vendedor y el comprador de títulos valores, por lo general títulos del gobierno, mediante el cual el vendedor se compromete a recomprar los activos a un precio determinado, en una fecha establecida. *También llamado BUYBACK; REPO. Ver* OVERNIGHT REPO; REVERSE REPURCHASE AGREEEMENT.

repurchase price: Precio de recompra, precio de rescate. Precio que paga una compañía por sus propias acciones.

required rate of return: Tasa de rendimiento mínima 1. Tasa de rendimiento mínima que debe generar una inversión para ser rentable. 2. Tasa de rendimiento mínima que exige el inversor y que, por lo tanto, limita el tipo de operación que este último está dispuesto a realizar. Por ejemplo, una persona que espera una rentabilidad mínima de 15%, por lo general, debe invertir en títulos valores relativamente riesgosos.

required reserves: Reservas exigidas. Reservas contra depósitos que los bancos comerciales y las sociedades de ahorro y préstamo deben mantener ya sea en efectivo o en depósitos en el banco central del país en que operan. *Ver* EXCESS RESERVES; RESERVE REQUIREMENT.

rescheduling of debt: Reestructuración del plan de pagos de una deuda. Proceso mediante el cual se negocian préstamos nuevos para reemplazar obligaciones ya existentes.

research and development costs (R&D costs): Costos de investigación y desarrollo. Costos destinados al desarrollo y lanzamiento de productos nuevos en el mercado o a mejorar los ya existentes.

research department: Departamento de investigación. En una sociedad bursátil, compañía de seguros, y otras organizaciones de inversión, división que analiza empresas, factores económicos y títulos valores. Los departamentos de investigación asesoran a sus clientes y organizan estrategias de inversión.

reserves: Reservas. Término contable que designa un monto deducido de las utilidades y destinado a una cuenta del pasivo. Puede ser una importante fuente de autofinanciamiento. *ACCUMULATED RESERVES:* Reservas acumuladas. *ADEQUACY OF RESERVES:* Suficiencia de las reservas. *ASSET REVALUATION RESERVE:* Reserva de actualización. *CAPITAL RESERVES:* Reservas no distribuibles. *CAPITAL REDEMPTION RESERVE FUND:* Reserva para rescate de capital. *CLOSING RESERVES:* Reservas finales.

FOREIGN EXCHANGE RESERVES: Reservas en divisas. *DEBENTURE REDEMPTION RESERVE*: Reserva para amortización o rescate de obligaciones. *DISTRIBUTABLE RESERVES*: Reservas distribuibles. *FREE RESERVES*: Reservas libres. *FREELY DISTRIBUTABLE RESERVES*: Reservas de libre disposición. *GENERAL RESERVE*: Reserva general. *GROUP RESERVE*: Reserva del grupo. *HIDDEN RESERVES*: Reservas ocultas, reservas encubiertas. *NON DISTRIBUTABLE RESERVES*: Reservas no distribuibles. *OPENING RESERVES*: Reservas iniciales. *POST-ACQUISITION RESERVES*: Reservas posteriores a la adquisición. *PROVED (PROVEN) RESERVES*: Reservas demostradas. *RENEWAL RESERVE*: Previsión para reposiciones. *REPLACEMENT RESERVE*: Fondo de reposición. *REVALUATION RESERVE*: Reserva para revalúos. *REVENUE RESERVES*: Reservas disponibles. *SECRET RESERVE*: Reservas ocultas. *SPECIAL RESERVES*: Reservas especiales. *Ver* REQUIRED RESERVES; EXCESS RESERVES.

reserve deficiency: Escasez de reservas. Reserva que no alcanza los valores fijados.

reserve for bad debts: *Ver* ALLOWANCE FOR DOUBTFUL ACCOUNTS.

reserve for contingencies: Reserva para contingencias. Parte de los resultados no asignados destinada a cubrir pérdidas futuras. Un ejemplo es la reserva para cubrir la posibilidad de perder un juicio.

reserve required by the articles of association: Reserva estatutaria. Reserva mínima que debe mantener la sociedad según su estatuto.

reserve requirement: Reserva mínima. Proporción de los depósitos que reciben las entidades financieras y que éstas deben mantener en el banco central del país en que operan. La modificación del porcentaje de reserva mínima influye en las condiciones crediticias. Por ejemplo, un incremento en el porcentaje de reserva mínima significa que hay una menor cantidad de fondos disponibles para préstamos y, por lo tanto, implica un aumento en las tasas de interés. *Ver* MONETARY POLICY; REQUIRED RESERVES.

reset bond: Bono ajustable. Bono emitido con una cláusula que establece que en las fechas fijadas se ajustará la tasa de interés inicial para que el bono pueda negociarse a su valor nominal.

reset note: Promesa de pago ajustable. Título de deuda cuyos términos pueden modificarse durante la vida del mismo.

residents: Residentes. Personas físicas o jurídicas que las autoridades fiscales, monetarias y cambiarias consideran residentes a pesar de no serlo.

residual security: Título valor residual. Título valor que puede provocar una disminución de las ganancias por acción. Un bono convertible en acciones es un título valor residual porque si el inversor lo convierte, aumentará la cantidad de acciones ordinarias en circulación y, por lo tanto, disminuirán las ganancias que les corresponden a cada una de ellas. *Ver* DILUTION.

residual value: 1. Valor residual. Precio al que se espera vender un bien de uso cuando finaliza su vida útil. *También llamado SALVAGE VALUE; SCRAP VALUE.* 2. Valor residual. En materia de títulos públicos, valor pendiente de amortización; se obtiene restando al 100% del precio del título valor, las amortizaciones pagadas hasta la fecha.

resistance level: Nivel de resistencia. Precio al que un título valor tiende a dejar de aumentar porque disminuye la demanda. Si una determinada acción por lo general se negocia entre un precio máximo de $ 40 y uno mínimo de $ 30, el nivel de resistencia es $ 40. *También llamado OVERHEAD RESISTANCE LEVEL. Ver* OVERHANGING SUPPLY; SUPPORT LEVEL.
(Ver gráfico en p. 465).

restatement: Rectificación; actualización. Presentación que contiene modificaciones con respecto a los estados contables anteriores. Por ejemplo, una compañía puede publicar un nuevo balance y estado de resultados nuevos al descubrir información desconocida que debía incluirse en el mismo.

restocking: Reposición de existencias.

restricted account: Cuenta bloqueada, cuenta sujeta a restricciones en su movimiento. Cuenta de margen mediante la cual su titular no puede obtener capital adicional a margen hasta tanto cumpla con el margen de garantía requerido. El agente bursátil bloquea la cuenta del cliente cuando su saldo deudor es mayor que el préstamo máximo permitido para la compra de títulos valores dentro de la cuenta. *También llamado BLOCKED ACCOUNT. Ver* MAINTENANCE MARGIN REQUIREMENT.

restricted security: Título valor no registrado. Título valor que no fue registrado en la autoridad nacional del mercado de valores y que, por lo tanto, no se puede negociar en la bolsa de valores. Estos títulos generalmente ingresan a carteras de inversores institucionales a través de colocaciones privadas y, en algunos casos, son registrados en una fecha posterior. *También llamado LETTER BOND; LETTER SECURITY; LETTER STOCK; UNREGISTERED SECURITY. Ver INVESTMENT LETTER.*

restrictive covenant: Claúsula restrictiva. *Ver* COVENANT.

restrictive endorsement: Endoso no a la orden. Endoso mediante el cual un instrumento no puede ser transferido a terceros.

results: Resultados. *FINANCIAL RESULTS*: Resultados financieros. *FULL-YEAR RESULTS*: Resultados del ejercicio completo. *HALF-YEAR RESULT*: Resultados semestrales. *OVERSEAS TRADING RESULTS*: Resultados de operaciones en el extranjero.

retail: Minorista, al por menor. En materia bursátil, venta de títulos valores a inversores individuales, a diferencia de las ventas a inversores institucionales. *Ver* WHOLESALE.

retail house: Sociedad bursátil minorista. Casa de bolsa que opera con inversores individuales, y no con inversores institucionales. En general, estas sociedades realizan investigaciones para los clientes, cobran comisiones relativamente altas y cuentan con un numeroso personal administrativo.

retail market: Mercado minorista. Mercado compuesto por las operaciones que realizan los agentes de bolsa para sus clientes individuales. *Ver* INSIDE MARKET.

retail investor: Inversor minorista. Inversor que compra acciones y "commodities" para sí mismo y no para una organización.

retail price index: Índice de precios minoristas, índice de precios al por menor. Índice que registra las variaciones de los precios de los productos en la última etapa de comercialización; es decir, los precios de venta al público.

retained current cost-profits: Resultados no asignados o beneficios acumulados calculados según los costos actuales.

retained earnings: Resultados no asignados, beneficios acumulados. Utilidad neta acumulada que no fue destinada al pago de dividendos a favor de los accionistas sino a otra inversión. *También llamado EARNED SURPLUS, SURPLUS; UNDISTRIBUTED PROFITS. Ver STATEMENT OF RETAINED EARNINGS.*

retained earnings statement: *Ver* STATEMENT OF RETAINED EARNINGS.

retained income for the year: Resultados acumulados del ejercicio, resultados no asignados del ejercicio. *Ver* RETAINED EARNINGS.

retirement: 1. Baja (de un bien de uso). En contabilidad, práctica que consiste en eliminar un bien de uso del activo de una sociedad. Un bien debe ser dado de baja cuando es vendido o finaliza su vida útil. 2. En materia bursátil, anulación de las acciones o bonos que fueron rescatados y que permanecen como acciones en tesorería.

retrocession: Acto de transferir parte de una comisión recibida por un banco a favor de otra entidad financiera o agente bursátil que participó en la operación.

return: 1. *Ver* YIELD. *RATE OF RETURN*: Tasa de rendimiento, tasa de retorno.

return item: *Ver* BAD CHECK.

return of capital: *Ver* CAPITAL DIVIDEND.

return on assets (ROA): *Ver* RETURN ON INVESTMENT.

return on common stock equity: Retorno sobre las acciones ordinarias, rentabilidad de las acciones ordinarias. Cálculo del rendimiento que una firma puede obtener sobre sus acciones ordinarias. Se calcula de la siguiente manera: al capital en acciones, menos el valor nominal de las acciones preferidas en circulación, se lo divide por la utilidad neta menos los dividendos preferidos. Para aquellas firmas que no poseen acciones preferidas, el rendimiento de las acciones ordinarias es igual al retorno sobre el capital. *Ver* PROFITABILITY RATIO; RETURN ON EQUITY.

return on equity (ROE): Retorno sobre el capital, rentabilidad del capital. Cálculo (en porcentaje) de la utilidad neta que una compañía puede obtener sobre sus acciones. Varios analistas consideran que, para los accionistas, el ROE es la relación financiera más importante y, para la dirección de la firma, el mejor cálculo de rendimiento. Se calcula dividiendo el capital en acciones por la utilidad neta después del pago de impuestos.

return on invested capital: *Ver* RETURN ON INVESTMENT.

return on investment (ROI): Retorno sobre la inversión, rentabilidad de la inversión. Cálculo (en porcentaje) de la utilidad neta que una firma puede obtener con el total de su activo. Se calcula dividiendo el activo total por las utilidades netas después del pago de impuestos. *También llamado RETURN ON ASSETS; RETURN ON INVESTED CAPITAL.*

return on sales: Retorno sobre las ventas, rendimiento de las ventas. Porcentaje de cada unidad monetaria que la firma puede transformar en utilidad. A raíz de la gran competencia, las regulaciones y otros factores, algunas firmas o sectores económicos poseen muy bajo rendimiento sobre las ventas. En algunos casos, esta baja rentabilidad se compensa con un aumento en la cantidad de las ventas. *Ver* PROFITABILITY RATIO.

revaluation: Revaluación. Incremento del valor de una moneda frente a otra, establecido por el banco central, y no por las fluctuaciones del mercado. *Ver* DEVALUATION; FLOATING EXCHANGE RATE.

revaluation deficit: Pérdida por revalúo de un activo.

revaluation surplus: Beneficio por revalúo de un activo.

revenue: Ingresos. Flujo de activos que ingresan a la compañía por la venta de mercaderías y servicios, y por las utilidades provenientes de dividendos, intereses y alquileres. *GOVERNMENT REVENUES*: Rentas públicas, ingresos públicos. *INLAND REVENUE*: Administración fiscal británica. *INTERNAL REVENUE SERVICE (IRS)*: Administración fiscal estadounidense. *OPERATING REVENUES*: Ingresos operativos.

revenue anticipation note (RAN): Obligación municipal a corto plazo cuyo pago proviene de cualquier fuente de ingresos excepto impuestos.

revenue bond: Deuda municipal cuyos pagos de intereses y capital dependen de los ingresos que genere el activo financiado por medio de la emisión del bono. Este tipo de bonos se emiten para la financiación de proyectos tales como la construcción de autopistas, puentes, ampliación de aeropuertos, etc. En general, se considera que esta clase de bonos es de menor calidad con respecto a otros. Su riesgo varía según el bien financiado. *Ver* AUTHORITY BOND.

revenue enhancement: Aumento de las rentas públicas. Incremento de las rentas públicas, en especial cuando se aumentan los impuestos. Incluye la reducción en los descuentos a contribuyentes y la eliminación de créditos fiscales.

revenue ruling: Pautas fiscales. Guía escrita que la autoridad de ingresos públicos entrega a los contribuyentes. *También llamado LETTER RULING; RULING.*

reversal: Reversión. Cambio de dirección —de alcista a bajista o viceversa— que registra el mercado de futuros sobre acciones o "commodities".
(Ver gráfico en p. 465).

reversal pattern: En análisis técnico, gráfico que indica el punto máximo o mínimo al que llegó el mercado. En general, se utiliza cuando se produce un importante movimiento en los precios de las acciones de alguna sociedad en particular o del mercado en general.

reverse: *Ver* REVERSE REPURCHASE AGREEMENT.

reverse annuity mortgage (RAM): Renta vitalicia por hipoteca revertida. Hipoteca por la cual el propietario (por lo general una persona de edad avanzada) de un inmueble vende gradualmente su propiedad por medio de pagos que recibe a modo de renta vitalicia.

reverse a swap: Revertir un "swap". Modificar una cartera de bonos para volver a la posición anterior —a través del intercambio de un bono por otro— con el fin de aprovechar la diferencia de rendimiento entre las dos emisiones de bonos. *Ver* BOND SWAP.

reverse crush: Operación combinada con "commodities" mediante la cual se compran futuros de aceite de soja y se venden futuros de semillas de soja. *Ver* CRUSH.

reverse mortgage: Hipoteca revertida. Acuerdo mediante el cual el propietario de un inmueble solicita un préstamo dando como garantía su propiedad, y el prestamista efectúa pagos periódicos hasta completar el límite de crédito garantizado por el bien raíz. Una vez que el prestatario recibe el préstamo máximo que puede obtener, tiene dos opciones: devolver al prestamista la suma total recibida o entregar el inmueble dado en garantía.

reverse repurchase agreement: "Repo" revertido. Compra de títulos valores mediante la cual se acuerda simultáneamente la venta de dichos activos en una determinada fecha y a un precio establecido. El resultado es simplemente un préstamo a una tasa fija por un período de tiempo preestablecido, a la vez que se otorga dicho activo en garantía. *Ver* REPURCHASE AGREEMENT.

reverse stock split: Reestructuración accionaria revertida. Procedimiento mediante el cual una sociedad reduce la cantidad de acciones en circulación. Si bien esta técnica es bastante inusual, muchas compañías la utilizan para aumentar el valor de mercado de sus acciones. *También llamado SPLIT DOWN.*

revocable stock exchange order: Orden revocable. Orden de compra o venta de títulos valores que es ilimitada e incondicional, y considerada válida hasta su explícita revocación.

revolving credit: Crédito de renovación automática. 1. Acuerdo contractual entre un banco y su cliente, mediante el cual el banco se compromete a otorgar préstamos hasta llegar a una cifra fija durante un período determinado, normalmente un año o más. A medida que el prestatario cancela parte del crédito, puede solicitar un préstamo por una suma igual a la pagada y bajo las mismas condiciones del acuerdo. 2. Cuenta de préstamos que requiere pagos mensuales inferiores al total de la suma adeudada y, sobre el saldo que resta cancelar, el banco cobra una suma en carácter de gastos financieros. *También llamado REVOLVING LINE OF CREDIT*.

revolving line of credit: *Ver* REVOLVING CREDIT.

rial: Rial. Moneda nacional de Irán y de Omán.

rich: 1. En materia de títulos valores, precio que, a criterio de los inversores, es demasiado elevado. En el caso de los bonos, este término también puede implicar que el rendimiento es demasiado bajo. 2. En materia de tasas de interés, porcentaje demasiado elevado en relación con el riesgo que asume el prestatario.

riel: Riel. Moneda nacional de Camboya.

ride the yield curve: Aprovechar la curva de rendimiento. Comprar un título valor con un plazo de vencimiento mayor al que, en última instancia, el poseedor pretende venderlo, a fin de generar mayores utilidades en momentos en que las tasas de interés a largo plazo son más altas que las tasas a corto plazo.

rigged market: Mercado manipulado. Situación en que los precios de determinados títulos valores son manipulados para atraer a los compradores y vendedores.

right: Derecho de preferencia, derecho preferente de suscripción, opción de suscripción. Privilegio que poseen determinados accionistas de una sociedad que les da derecho a suscribir acciones de una emisión nueva de acciones ordinarias antes de que comiencen a cotizar en bolsa. Por lo general, adquieren los valores a un precio inferior al precio de corte. En las tablas de operaciones bursátiles que aparecen en los diarios estadounidenses, el derecho de preferencia se indica con el símbolo "rt" después del nombre de la firma. *También llamado STOCK RIGHT; SUBSCRIPTION RIGHT. Ver* EX-RIGHTS; PREEMPTIVE RIGHT; MINORITY RIGHTS: Derechos de los socios minoritarios. *OPTION RIGHTS*: Derechos de opción de compra o venta de acciones.

right of accumulation: Derecho de acumulación. Privilegio que algunos fondos comunes de inversión otorgan a sus cuotapartistas para que paguen menos comisiones. Por medio de esta prerrogativa, cuando el inversor adquiere cuotapartes, la comisión de compra se calcula teniendo en cuenta las posiciones anteriores y actuales en el fondo, lo cual reduce el monto de la misma. Esto se debe a que normalmente el porcentaje de comisión disminuye a medida que aumenta la cantidad de cuotapartes que se compran. *Ver* BREAKPOINT; LETTER OF INTENT; LOAD.

right of redemption: Derecho de recuperar el bien ejecutado. Derecho que posee el deudor hipotecario a recuperar su inmueble que ha sido ejecutado siempre que cancele la deuda, los intereses y las costas judiciales correspondientes. *También llamado EQUITY OF REDEMPTION*.

right of survivorship: *Ver* JOINT TENANCY WITH RIGHT OF SURVIVORSHIP.

rights issue: Emisión con derechos preferentes de subscripción. *Ver* RIGHT.

rights off: *Ver* EX-RIGHTS.

rights offering: Oferta de acciones a poseedores de derechos preferentes de suscripción. Oferta de acciones ordinarias a los actuales accionistas que ya poseen derechos de preferencia y que, por lo tanto, están facultados a adquirir títulos valores de una emisión nueva a un precio menor al que posteriormente se venderán al público. *Ver* OVERSUBSCRIPTION; PRIVILEGE; PREEMPTIVE RIGHT; SUBSCRIPTION PRICE.

rights on: Con derechos de suscripción. Expresión que indica que el comprador de las acciones será quien reciba los derechos de suscripción aún no distribuidos. *También llamados CUM RIGHTS*. *Ver* EX-RIGHTS.

ring: *Ver* PIT.

rising-coupon security: *Ver* STEPPED COUPON BOND.

risk: Riesgo. Posibilidad calculable de que se reduzca o incremente el valor de una inversión. *Ver* COVARIANCE; STANDARD DEVIATION. *SPREADING OF RISKS*: Diversificación de riesgos, atomización de riesgos.

risk aversion: Aversión al riesgo. Tendencia de los inversores a evitar inversiones riesgosas. Dada la misma rentabilidad pero diferentes alternativas de riesgo, cualquier inversor racional elegirá la inversión que ofrezca menor riesgo. Las inversiones más riesgosas deben ofrecer un mayor rendimiento para poder competir con las de menor riesgo.

risk capital: *Ver* VENTURE CAPITAL.

risk-free return: Rendimiento libre de riesgo. Tasa de rendimiento anualizada sobre una inversión sin riesgo. *Ver* EXCESS RETURN.

risk hedge: Cobertura de riesgo. Toma de una posición compensadora sobre "commodities" relacionados entre sí, para generar una ganancia como consecuencia de los movimientos de precios. Por ejemplo, un inversor puede comprar contratos de futuros sobre oro y vender contratos de futuros sobre plata creyendo que el oro va a ser más rentable que la plata durante el término de los contratos. *Ver* PERFECT HEDGE.

risk management: Gestión de riesgos. Servicio que los bancos comerciales prestan a las compañías y que tiene por objetivo, a través de técnicas de cobertura, futuros financieros y topes sobre las tasas de interés, controlar los costos de financiación y limitar el riesgo que implican las fluctuaciones de las tasas de interés.

riskless investment: Inversión libre de riesgos. Inversión sin riesgos. Inversión cuya tasa de rendimiento no está expuesta a fluctuaciones.

riskless transaction: Operación sin riesgo, operación simultánea. Operación bursátil mediante la cual el agente de bolsa realiza una compra o venta para cancelar una orden de un cliente. De este modo, si su cliente desea adquirir 500 acciones de una compañía a $ 80 cada una, el agente puede comprar de otra fuente los 500 papeles a $ 79,25 y revenderlos a su cliente con un margen de ganancia de $ 0,75. El agente participa en una operación sin riesgo porque él ya sabe que la compra va a ser cancelada por una orden ya existente. *También llamado SIMULTANEOUS TRANSACTION. Ver* FIVE-PERCENT RULE.

risk premium: Ganancia adicional sobre la tasa de rendimiento libre de riesgo. Por ejemplo, cualquier compañía emisora de obligaciones negociables por lo general paga a los inversores un interés más alto que el que ofrecen los bonos gubernamentales debido a que el riesgo de incumplimento por parte de ella es superior al riesgo de incumplimiento por parte del gobierno. *También llamado* BOND PREMIUM RISK.

riyal: Riyal. Moneda nacional de Arabia Saudita y Qatal.

road show: "Road show". Acto en el que los bancos organizadores de la oferta pública inicial de las acciones de una sociedad presentan información sobre la misma.

rocket scientist: *Ver* QUANT.

roll: *Ver* ROLL OVER.

roll down: *Ver* ROLLING DOWN.

roll forward: *Ver* ROLLING FORWARD.

rolling credit: Crédito renovable indefinidamente, dentro de ciertos límites y condiciones.

rolling down: Liquidar una opción y al mismo tiempo tomar otra igual pero con un precio de ejercicio más bajo.

rolling forward: Liquidar una opción y al mismo tiempo tomar otra igual pero con fecha de vencimiento posterior. Un ejemplo es recomprar de una opción que vence en mayo y vender otra sobre el mismo activo con un precio de ejercicio idéntico pero con fecha de vencimiento en noviembre.

rolling stock: Rodados. Bienes que pueden transportarse sobre ruedas o vías como automóviles, locomotoras y vagones. Los rodados constituyen una buena garantía para préstamos porque están estandarizados y se transportan con facilidad de un lugar a otro. *Ver* EQUIPMENT TRUST CERTIFICATE.

rolling up: Liquidar una opción y al mismo tiempo tomar otra igual pero con un precio de ejercicio más alto.

roll over: Reinvertir los fondos obtenidos por el vencimiento de un bono en un título valor similar. *También llamado ROLL.*

rollover: 1. Reinversión de los fondos obtenidos por el vencimiento de un bono en un título valor similar. Por lo general, se aplica a inversiones a corto plazo como certificados de depósito y letras del Tesoro. *Ver* PENSION ROLLOVER 2. Refinanciación de la deuda. Autorización que el banco otorga a un prestatario para prorrogar el pago del capital inicial del crédito. 3. Refinanciación de la deuda. Renegociación o prórroga que el país acreedor otorga al país deudor cuando este último no puede cumplir con los pagos fijados originalmente.

rollover credit: Crédito a mediano plazo y a tasa flotante, la cual se fija cada tres meses. La base para el cálculo es la tasa LIBOR.

roll-up: Sociedad en comandita simple que resulta de la unión de otras sociedades en comandita simple.

roll up: *Ver* ROLLING UP.

rounded bottom: *Ver* SAUCER.

rounded top: *Ver* DOME.

round lot: Lote par, lote redondo. Unidad estándar para negociar un determinado tipo de título valor. En el caso de las acciones, un lote par está formado por 100 acciones o múltiplo de 100. Por lo general, los clientes que participan en operaciones con lotes no pares deben pagar algún tipo de arancel punitorio porque en ese caso se necesita un mayor esfuerzo por parte de los agentes de bolsa. *También llamado EVEN LOT; NORMAL TRADING UNIT. Ver* ODD LOT.

round trip: Operación de ida y vuelta. Compra y venta del mismo título valor o "commodity" durante un período reducido. Algunas sociedades de bolsa otorgan un descuento sobre las comisiones si este tipo de operación se completa dentro de un determinado período de tiempo.

round turn: En mercados a término, ida y vuelta. Procedimiento mediante el cual una posición larga o corta se cancela mediante una operación opuesta o la entrega del "commodity" o instrumento financiero.

royalty: Regalía, "royalty", canon. Compensación que recibe la persona que posee el derecho al uso de un bien (por ejemplo, el titular de una patente, un derecho intelectual o derechos mineros) por otorgar el permiso para la explotación del invento —en el caso de la patente—, libro —en el caso de los derechos intelectuales—, o de los recursos naturales, en el caso de los derechos mineros.

royalty interest: Proporción de la propiedad que tiene el poseedor de derechos petroleros y de gas en relación con los ingresos que producen dichos bienes. *Ver* OVERRIDING ROYALTY INTEREST.

rt: Letras que se emplean en los sistemas electrónicos de información bursátil para indicar que en esa operación se compró o vendió un derecho preferente de suscripción. *Ver* CONSOLIDATED TAPE; RIGHT.

rt: En los diarios estadounidenses, abreviatura de derecho preferente de suscripción que se emplea en las tablas de operaciones bursátiles. Aparece después del nombre de la compañía. *Ver* RIGHT.

ruble: Rublo. Moneda nacional de la Comunidad de Estados Independientes.

Rule 3b-3: Norma de la Securities and Exchange Commission (SEC) de Estados Unidos que define el concepto de venta corta o en descubierto.

Rule 5: Norma de la American Stock Exchange de Estados Unidos que prohíbe a las sociedades de bolsa negociar acciones cotizantes fuera del recinto. *Ver* RULE 19C3; RULE 390.

Rule 10a-1: Norma de la Securities and Exchange Commission de Estados Unidos que prohíbe la venta corta de títulos valores a un precio inferior al que se negociaron durante la última rueda. La norma 10a-1 tiene por objetivo evitar que las ventas cortas provoquen una caída en el precio de las acciones. *Ver* SHORT SALE.

Rule 10b-2: Norma de la Securities and Exchange Commission de Estados Unidos que prohíbe que las compañías involucradas en la distribución primaria o secundaria de títulos valores adquieran los títulos valores en distribución sin hacerlo a través del prospecto.

Rule 10b-4: Norma de la Securities and Exchange Commission de Estados Unidos que prohíbe ofrecer acciones de una sociedad por medio de una venta corta o en descubierto. *Ver* SHORT TENDER.

Rule 10b-6: Norma de la Securites and Exchange Commission de Estados Unidos que prohíbe que los agentes bursátiles, emisores y colocadores que participan de una distribución de títulos valores compren los mismos antes de la oferta pública.

Rule 10b-7: Norma de la Securities and Exchange Commission de Estados Unidos que limita el uso, por parte de los colocadores de títulos valores nuevos, de ofertas destinadas a estabilizar el precio de los mismos. *Ver* PEG 1.

Rule 10b-10: Norma de la Securities and Exchange Commission de Estados Unidos que detalla la información que las sociedades de bolsa deben incluir en las confirmaciones dirigidas a los clientes.

Rule 10b-13: Norma de la Securities and Exchange Commission de Estados Unidos que prohíbe que las personas que efectúan una oferta de compra o intercambio adquieran el título valor de otra fuente antes de la fecha de vencimiento de la oferta.

Rule 10b-16: Norma de la Securities and Exchange Commission de Estados Unidos que detalla la información mínima que deben obtener las sociedades de bolsa para abrir una cuenta de margen. *Ver* MARGIN ACCOUNT.

Rule 11A: Norma de la Securities and Exchange Commission de Estados Unidos que establece los requisitos que deben cumplir las sociedades de la bolsa para operar dentro del recinto.

Rule 13d: Norma de la Securities and Exchange Commission de Estados Unidos que detalla la información que deben presentar los inversores que adquieren 5% o más de una emisión de acciones registrada en la SEC.

Rule 13e: Norma de la Securities and Exchange Commission de Estados Unidos que regula el rescate de títulos valores por parte de una sociedad.

Rule 14a: Norma de la Securities and Exchange Commission de Estados Unidos que detalla la información mínima que deben contener los poderes mediante los cuales los accionistas pueden delegar su derecho a voto en la asamblea ordinaria anual de la sociedad. *Ver* PROXY.

Rule 15c2-1: Norma de la Securities and Exchange Commission de Estados Unidos que regula la custodia de títulos valores por parte de las sociedades de bolsa.

Rule 15c3-1: Norma de la Securities and Exchange Commission de Estados Unidos que fija el capital neto mínimo que deben tener las casas de bolsa. Las sociedades bursátiles deben tener activos líquidos equivalentes o superiores a un determinado porcentaje del pasivo total. Si la proporción entre ambos elementos se encuentra por debajo del nivel mínimo, es probable que la casa de bolsa se vea limitada en el momento de solicitar operaciones nuevas o mantener las existentes.

Rule 15c3-2: Norma de la Securities and Exchange Commission de Estados Unidos que exige a las sociedades de bolsa informar a sus clientes cuando éstos poseen saldos acreedores, y hacerles saber que pueden retirarlos.

Rule 15c3-3: Norma de la Securities and Exchange Commission de Estados Unidos que establece cómo las sociedades de bolsa deben manejar los títulos valores totalmente pagos por sus clientes y aquellos títulos valores que exceden la garantía mínima requerida.

Rule 17f-1: Norma de la Securities and Exchange Commission de Estados Unidos que exige que las instituciones financieras que procesan certificados de títulos valores informen inmediatamente a las autoridades competentes en caso de observar falsificaciones, pérdidas o robos de los mismos.

Rule 19b-3: Norma de la Securities and Exchange Commission de Estados Unidos que prohíbe que se fije el monto de las comisiones.

Rule 19c3: Norma de la Securities and Exchange Commission de Estados Unidos que permite a las sociedades bursátiles que poseen asiento en la bolsa operar con acciones que, después del 26 de abril de 1979, comenzaron a comercializarse en el mercado extrabursátil.

Rule 104: Norma de la New York Stock Exchange que prohíbe a los agentes especialistas negociar para sus propias carteras excepto cuando esas operaciones son necesarias para mantener un mercado justo y ordenado.

Rule 105: Norma de la New York Stock Exchange que prohíbe que los agentes especialistas participen en fondos privados de inversión compuestos por acciones que ellos mismos comercializan en la bolsa.

Rule 140: Norma de la Securities and Exchange Commission en la cual se define el concepto de distribución. Según la misma, toda persona cuya principal actividad consiste en la compra de títulos valores de un emisor o de dos o más emisores asociados se considera participante en la distribución de los títulos de dicho emisor o grupo de emisores.

Rule 144: Norma de la Securities and Exchange Commission de Estados Unidos que establece que todo ejecutivo de una empresa que sea propietario de gran parte del paquete accionario de la misma y no lo haya comprado en el mercado abierto, tiene permitido vender una parte de ese capital cada seis meses después de un período de tenencia de dos años, sin necesidad de asentar formalmente dichas ventas ante la SEC.

Rule 145: Norma de la Securities and Exchange Commission de Estados Unidos que permite a los inversores que adquieren determinados títulos valores a partir de fusiones, escisiones o reestructuraciones, transferirlos sin necesidad de registrar la operación.

Rule 209: Norma de la New York Stock Exchange que exige que todas las firmas que aparecen en los certificados de títulos valores sean certificadas por un banco, una sociedad fiduciaria o una casa de bolsa.

Rule 254: Norma de la Securities and Exchange Commision de Estados Unidos que detalla los requisitos que deben cumplir los emisores cuando venden cantidades relativamente pequeñas de un mismo título valor.

Rule 390: Norma de la New York Stock Exchang que establece que las sociedades de bolsa que operan en ella deben recibir autorización antes de negociar fuera del recinto un título valor que cotiza en la bolsa. *Ver* RULE 5.

Rule 396: *Ver* NINE BOND RULE.

Rule 405: Norma de la New York Stock Exchange que exige a las sociedades de bolsa obtener determinados datos sobre sus clientes antes de abrir cuentas nuevas. Esta información debería ofrecer al agente bursátil y a la compañía ciertos antecedentes sobre los clientes.

Rule 415: Norma de la Securities and Exchange Commission de Estados Unidos que permite a las compañías registrar una emisión y comenzar a vender los títulos valores durante el transcurso de dos años. *Ver* SHELF REGISTRATION.

Rule of 72: Regla del 72. Regla matemática mediante la cual se hace una aproximación de la cantidad de años que lleva duplicar el valor de una determinada inversión. Esta cifra se calcula dividiendo 72 por la tasa anual de rendimiento. De este modo, una inversión por la que se espera ganar un 10% anual duplicará los fondos del inversor en 72/10, o sea 7,2 años.

Rules of Fair Practice: Normas éticas. Normas de conducta que deben cumplir los agentes de bolsa y que, entre otras cosas, exigen precios justos, tarifas razonables y cotizaciones firmes.

ruling: *Ver* REVENUE RULING.

run: 1. Lista de títulos valores que ofrece un agente bursátil, con los respectivos precios de compra y venta. *Ver* OFF-THE-RUN ISSUE. 2. Tendencia, curso, rumbo, dirección. Dirección del movimiento de precios de un determinado título valor o del mercado en general. Por ejemplo, cuando durante cinco días seguidos el precio de una acción cierra en alza. 3. Corrida. En materia de bancos, situación en la que gran cantidad de depositantes retira los fondos de sus cuentas. Por lo general, estos retiros masivos se deben a la falta de confianza en la entidad bancaria.

runaway gap: Brecha, "gap". En análisis técnico, brecha en un gráfico causada por la rápida fluctuación en el precio de un título valor, que incluye una banda de precios en donde no se registraron operaciones. Las brechas se producen durante fuertes movimientos de alza o baja sobre grandes volúmenes de operaciones. Por lo general, el precio del título valor vuelve a la banda en que se produjo la brecha para cubrir esa falta. *Ver* BREAKAWAY GAP; EXHAUSTION GAP.
(Ver gráfico en p. 466).

rundown: Resumen de la cantidad de bonos municipales que fueron emitidos en serie y todavía no fueron vendidos al público.

running ahead: Compra o venta de un título valor que realiza un agente para su propia cartera, antes de ejecutar las órdenes de sus clientes. Por ejemplo, cuando una sociedad de bolsa emite un informe negativo sobre una empresa y el comisionista utiliza esa información para sus operaciones personales antes de asesorar a los clientes. Esta práctica es ilegal. *Ver* FRONT RUNNING.

running yield: *Ver* CURRENT YIELD.

runoff: Lista impresa que contiene los precios de cierre registrados en los sistemas electrónicos de información bursátil. *Ver* CONSOLIDATED TAPE.

runup: Aumento marcado y a corto plazo, ya sea en el precio de las acciones de una determinada sociedad o del mercado en general.

rupee: Rupia. Moneda nacional de India, Maldivas, Mauricio, Nepal, Seychelles y Sri Lanka.

rupiah: Rupia. Moneda nacional de Indonesia.

S

s: 1. En las tablas de operaciones bursátiles de los diarios estadounidenses, letra que se utiliza inmediatamente después del nombre de una compañía para indicar que las acciones de la misma fueron reestructuradas o que la empresa pagó un dividendo de por lo menos 25% en el transcurso de las últimas 52 semanas. 2. En los diarios estadounidenses, letra que se utiliza en los cuadros de operaciones con opciones para indicar que no se ofrecen opciones con determinado precio de ejercicio y determinada fecha de vencimiento. 3. Letra que se utiliza en los sistemas electrónicos de información bursátil para indicar que el volumen de una operación es múltiplo de 100 acciones. 4. En los diarios estadounidenses, letra que se utiliza en los cuadros de operaciones bursátiles para separar el cupón del año de vencimiento de un bono. 5. En los diarios británicos, letra que se utiliza en los cuadros de operaciones bursátiles para indicar que el rendimiento por dividendos excluye un pago especial.

safe harbor: 1. Regulación que protege a individuos o corporaciones de determinadas consecuencias legales. 2. Táctica que aplica la compañía que es objeto de una oferta de compra hostil para volverse deliberadamente menos atractiva.

safekeeping: Custodia. Guarda y protección de los activos financieros, certificados y documentos de un cliente por parte de una institución financiera.

salary reduction plan: Plan de jubilación por el cual los empleados pueden depositar parte de su salario en una cuenta de inversión que paga impuestos diferidos, elegida por el empleador.

sale and leaseback: Venta y recompra en régimen de arrendamiento financiero. Forma de contrato de alquiler por el cual una empresa vende un activo fijo y luego lo alquila al nuevo propietario. *También llamado LEASEBACK.*

sales: Ventas. Ingreso recibido a cambio de mercaderías o servicios. Excluye otros tipos de ingresos como dividendos, interés y alquileres. *AFTER-SALES SERVICE*: Servicio postventa. *CASH SALES*: Ventas al contado. *CONSOLIDATED SALES*: Ventas consolidadas. *CREDIT SALES*: Ventas a crédito, ventas a plazo. *EXTERNAL SALES*: Ventas externas, ventas a terceros. *GROSS SALES*: Ventas brutas. *GROUP SALES*: Ventas del grupo. *INSTALLMENT SALES*: Ventas en cuotas. *INVOICED SALES*: Ventas facturadas, facturación. *NET SALES*: Ventas netas. *RETAIL SALES*: Ventas al por menor.

sales load: *Ver* LOAD.

sales mix: *Ver* PRODUCT MIX.

Sallie Mae: Empresa privada autorizada por el gobierno de Estados Unidos, que instituye un mercado secundario de préstamos estudiantiles garantizados por el gobierno. Sallie Mae vende bonos garantizados por el gobierno para recaudar fondos y comprar préstamos otorgados a estudiantes por las instituciones financieras. *También llamado STUDENT LOAN MARKETING ASSOCIATION*.

salvage value: *Ver* RESIDUAL VALUE.

same-day substitution: Compra y venta de títulos valores del mismo precio en la misma jornada.

Samurai bond: Bono samurai. Bono nominado en yenes emitido por una compañía no japonesa.

Santa Claus rally: Alza de precios bursátiles que se produce durante la última semana del año calendario y los primeros días del año nuevo. *También llamado YEAR-END RALLY*.

Saturday night special: Oferta repentina de una compañía de comprar un porcentaje controlante de las acciones de otra compañía. Este tipo de maniobras fueron muy comunes en la década del '60, y solían anunciarse en el transcurso del fin de semana.

saucer: En el análisis técnico, gráfico con forma de U por el cual se indica que el precio de un título valor o "commodity" llegó a su piso y que ahora se está recuperando. *También llamado ROUNDED BOTTOM. Ver* REVERSAL PATTERN.
    (Ver gráfico en p. 466).

savings account: Caja de ahorro. Cuenta de depósito que devenga intereses y no posee vencimiento. Los fondos pueden depositarse y retirarse en cualquier momento. La mayoría de las cajas de ahorro pagan interés desde el día en que se realizó el depósito hasta el día del retiro de fondos.

savings and loan association (S&L): Sociedad de ahorro y préstamo. Institución financiera que se dedica a otorgar préstamos hipotecarios. *También llamado* THRIFT.

savings bank: *Ver* MUTUAL SAVINGS BANK.

savings bond: Bono emitido por el Tesoro de Estados Unidos en nominaciones relativamente pequeñas y destinado a los inversores particulares. *También llamado* UNITED STATES SAVINGS BOND.

savings-related share option scheme: Programa por el cual se retiene parte del salario de los empleados para la adquisición de acciones de la compañía.

scale: Programa de rendimientos (o precios) al cual un "underwriter" ofrece al público una emisión de bonos con fechas de vencimiento sucesivas; este programa refleja los rendimientos en las distintas fechas de vencimiento que se ofrecen. *También llamado* OFFERING SCALE. *Ver* INVERTED SCALE.

scale order: Orden por una cantidad específica de acciones que se ejecuta en etapas y a varios precios.

scalper: 1. Agente bursátil que fija comisiones o márgenes excesivos sobre las operaciones que realiza. *Ver* FIVE-PERCENT RULE. 2. Asesor de inversiones que toma una posición en un título valor antes de recomendarlo públicamente para la compra; cuando su recomendación fomenta la compra de dicho título y su aumento de precio, lo vende con ganancia. 3. Operador de "commodities" que negocia por pequeñas ganancias y por lo general establece y liquida las posiciones dentro del mismo día.

schilling: Schilling. Moneda nacional de Austria.

scorched earth: Estrategia para evitar la adquisición del control de una compañía por la cual esta última se desprende de los activos que considera particularmente atractivos para la compañía interesada. *Ver* CROWN JEWEL.

scrap value: *Ver* RESIDUAL VALUE.

scrip: 1. Certificado intercambiable por una fracción de acción, que se distribuye como consecuencia de una escisión, o de una reestructuración accionaria. 2. Vale, recibo, certificado. Representación de valor reconocida por pagador y acreedor, que puede convertirse en efectivo.

scrip dividend: Dividendo pagado mediante pagarés a cobrar en una fecha futura. *Ver* LIABILITY DIVIDEND.

scripophily: Práctica que consiste en coleccionar certificados de títulos valores por su antigüedad o escasez, más que por su valor.

sealed safe custody account: Cuenta en la que se depositan títulos valores o documentos exclusivamente para su custodia.

seasonal variation: Variación estacional. Cambio que se produce con regularidad en el valor de una variable.

seasoned: Relativo a una emisión de títulos valores que se negoció en el mercado secundario durante un período suficiente como para poder establecer un cuadro de variabilidad de precios y volumen de negociación.

seasoned loan: Préstamo que se anotó en los libros durante por lo menos un año y que cuenta con un registro de pagos satisfactorio.

seasoning: Antigüedad de una hipoteca, de un préstamo o de títulos valores, que se expresa como tiempo transcurrido desde la emisión.

seat: Asiento. Participación como miembro de una bolsa de valores o "commodities". La cantidad de asientos suele ser fija; los asientos se compran y venden a precios que estipula la oferta y la demanda.

secondary distribution: Distribución secundaria. Venta pública de títulos valores por quienes los han adquirido luego de su emisión, es decir no por el emisor original. Al igual que la distribución primaria, suele estar en manos de bancos de inversión, que actúan en forma independiente o como consorcio colocador, los cuales compran las acciones a un precio acordado, y luego las venden, a veces con la participación de un grupo vendedor, a un precio de oferta pública superior. *También llamado SECONDARY OFFERING. Ver* PRIMARY DISTRIBUTION; REGISTERED SECONDARY DISTRIBUTION; SPECIAL OFFERING; SPOT SECONDARY DISTRIBUTION.

secondary market: Mercado secundario. Mercado en el cual se negocian títulos valores con posterioridad a su emisión original, mediante la intervención de agentes bursátiles. *También llamado AFTERMARKET.* *Ver* FOURTH MARKET; PRIMARY MARKET; THIRD MARKET.

secondary offering: *Ver* SECONDARY DISTRIBUTION.

secondary stock: Acciones que tienen menor capitalización de mercado y en general ofrecen mayor riesgo que las acciones de primera línea. *También llamado SECOND-TIER STOCK.*

secondary trend: Movimiento de un título valor o un mercado, contrario a la tendencia principal.

second mortgage: Hipoteca de segundo grado, segunda hipoteca. Hipoteca de un inmueble que está subordinada a otra hipoteca sobre el mismo inmueble.

second-preferred stock: Acciones preferidas de segundo grado. Acciones preferidas que se ubican por debajo de otras acciones preferidas en términos de prioridad de derecho sobre dividendos y activos. *Ver* PREFERRED STOCK; PRIOR PREFERRED.

second-tier stock: *Ver* SECONDARY STOCK.

sector: Sector. Grupo de títulos valores que comparten determinadas características comunes, por lo general pertenecientes a la misma industria.

sector fund: Fondo común de inversión que concentra sus inversiones en un determinado sector de la industria, país o región geográfica. *También llamado SPECIAL-PURPOSE FUND; SPECIALTY FUND.*

sector swap: Estrategia de negociación de bonos que se usa para obtener ganancias intercambiando distintos tipos de bonos según sus diferencias de rendimiento.

secular trend: Movimiento relativamente estable de una variable durante un período prolongado (10-50 años o más).

secured bond: Bono garantizado por una prenda o una hipoteca.

secured creditor: Acreedor privilegiado. 1. Acreedor hipotecario. Acreedor cuyo crédito se encuentra garantizado con un inmueble del deudor. 2. Acreedor prendario. Acreedor cuyo crédito se encuentra garantizado con uno o varios bienes muebles del deudor. Tanto el acreedor hipotecario como el acreedor prendario tienen a su favor un derecho real de garantía y prelación en el pago frente a otros acreedores, respecto de las cosas sobre las cuales se constituyó el derecho. *Ver* UNSECURED CREDITOR.

secured liability: Deuda respecto de la cual existe una garantía o privilegio que garantiza su cumplimiento.

secured loan: Préstamo prendario, crédito garantizado. Préstamo que está garantizado con los bienes del prestatario.

secured note: Pagaré respecto del cual se ha otorgado una garantía o privilegio.

securities acts: Leyes que regulan la emisión y oferta pública de acciones y otros títulos valores.

Securities and Exchange Commission (SEC): Agencia federal de Estados Unidos que tiene a su cargo el control de la emisión, oferta pública y negociación de acciones y otros títulos valores. Está integrado por cinco miembros, designados por el presidente de Estados Unidos por el término de cinco años.

securities clearing: Compensación de títulos valores, "clearing" de títulos valores. Procesamiento de operaciones con títulos valores a través de una unidad bancaria central.

securities exchange: *Ver* STOCK EXCHANGE.

securities loan: 1. Préstamo que se otorga a un inversor para que compre títulos valores y que está asegurado por dichos títulos. 2. Préstamo de un banco a un agente bursátil. *También llamado BROKER LOAN; BROKER CALL LOAN.* 3. Préstamo de títulos valores de un agente bursátil a otro.

securities trading statement: Documento que prepara el agente de bolsa que actuó en representación de un cliente, en donde enumera los hechos y datos relacionados con una determinada operación (precios de compra y venta, cantidad y clase de acciones adquiridas, impuestos y comisiones, etc.).

securitization: Securitización, titulización de activos. Técnica de obtención de fondos en la que se agrupan activos crediticios (por ejemplo hipotecas) o flujos de fondos futuros que poseen características similares (tasa de interés, plazo de vencimiento, etc.), de forma tal que permitan la emisión de títulos valores respaldados por dichos activos. *Ver* ASSET-BACKED SECURITIES.

security: 1. Título valor. Instrumento que otorga derecho a poseer participación en el patrimonio de una compañía, que se refiere a una relación crediticia con una compañía o con un gobierno, o que indica otros derechos al patrimonio. Ejemplos de títulos valores son las acciones y los bonos. 2. Garantía, fianza, caución, colateral. Bien dado en garantía que se utiliza para garantizar el pago de una deuda. *FIXED INTEREST SECURITIES*: Títulos valores de renta fija. *LISTED SECURITIES*: Títulos valores que cotizan en bolsa, títulos valores con cotización oficial. *MARKETABLE SECURITIES*: Títulos valores negociables. *NEGOTIABLE SECURITIES*: Títulos valores negociables. *QUOTED SECURITIES*: Títulos valores cotizados. *UNLISTED SECURITIES*: Títulos valores sin cotización oficial.

security depository: Lugar en donde se guardan los certificados de títulos valores hasta ser transferidos. *También llamado DEPOSITORY. Ver* DEPOSITORY TRUST COMPANY.

security interest: Derecho de garantía real. Derecho que tiene el prestamista sobre los activos del prestatario prendados o hipotecados como garantía de pago de una obligación.

security market line: En el análisis técnico, línea que se usa para ilustrar la relación entre el rendimiento de una inversión y su riesgo sistemático determinado por el coeficiente beta. *Ver* BETA, SYSTEMATIC RISK.

security number: *Ver* PERSONAL IDENTIFICATION NUMBER.

security valuation model: Modelo de valuación de títulos valores. Serie de relaciones matemáticas que se emplea para determinar el precio a que debería venderse un título valor.

seek a market: Buscar mercado. Buscar a un tercero para realizar una operación, ya sea un comprador o un vendedor.

segment: Segmento, sector. Parte identificable de una industria u organización comercial determinada.

segment reporting: Informe financiero que contiene información sobre los distintos sectores en que opera una compañía, solicitado por la autoridad del mercado de valores para dar mejor información financiera a los accionistas y al público. *También llamado LINE-OF-BUSINESS REPORTING.*

segregation: Acto de colocar bajo custodia los títulos valores de un cliente cuando los mismos han sido pagados en su totalidad. Dichos títulos no deben mezclarse con los del agente bursátil ni usarse como garantía de préstamos. *Ver* RULE 15C3-3.

seigniorage: Diferencia entre el costo de los materiales utilizados para acuñar monedas y el valor nominal de las mismas.

selected dealer agreement: Acuerdo que firman los miembros de un grupo vendedor de títulos valores en el cual se especifican las reglas que regirán las operaciones del grupo para la venta de dichos títulos.

self-correcting: Relativo o perteneciente a un movimiento excesivo en el precio de un título valor que puede revertirse al menos en forma parcial.

self-directed IRA: Cuenta de ahorro previsional que puede ser activamente administrada por su titular, quien designa a un custodio para ejecutar órdenes de inversión dentro de la cuenta. Por lo general se trata de cuentas abiertas en sociedades de bolsa en donde los clientes pueden comprar y vender títulos valores.

self-supporting debt: Títulos de deuda vendidos para un proyecto que producirá suficientes ingresos como para cancelar la deuda. Este tipo de títulos de deuda suelen ser emitidos por las municipalidades que construyen una obra pública que producirá ingresos mediante el cobro de peajes u otras tarifas. Estos bonos no están respaldados por los impuestos que impone la municipalidad que los emite.

self-tender: Oferta que hace una compañía para recomprar parte de sus propias acciones. *También llamado STOCK REPURCHASE PLAN. Ver* TENDER OFFER.

sell a spread: En operaciones con opciones, establecer una posición en la cual la prima sobre la opción vendida supera la prima sobre la opción adquirida. El margen puede establecerse sobre la base de una diferencia en el vencimiento o una diferencia en el precio de ejercicio.

sellers' market: Mercado favorable a los vendedores. Mercado en donde la demanda de un activo sobrepasa la oferta, al punto en que los precios superan el nivel en que deberían estar en circunstancias normales. *Ver* BUYERS' MARKET.

seller's option contract: Negociación de títulos valores en donde la fecha de liquidación se posterga, es decir, se efectúa después de los tres o cinco días hábiles que normalmente se fijan en los contratos. *Ver* CASH CONTRACT; REGULAR-WAY CONTRACT.

selling climax: Período de marcada caída de precios del mercado bursátil juntamente con un alto volumen de negociaciones, debi-

do a que gran parte de los inversores decide vender sus títulos valores. *Ver* BUYING CLIMAX.
(Ver gráfico en p. 466).

selling concession: *Ver* CONCESSION.

selling group: Grupo vendedor. Grupo de agentes bursátiles y bancos de inversión que asiste al consorcio colocador en la venta de una emisión nueva o secundaria de títulos valores, y que, por lo general, no se hace responsable por los títulos no vendidos. *También llamado SELLING SYNDICATE. Ver* SELECTED DEALER AGREEMENT.

selling panic: Período en que los precios del mercado bursátil caen rápidamente sobre volúmenes muy altos de negociación, con lo cual los inversores, operadores e instituciones afectados intentan liquidar sus posiciones lo antes posible. *Ver* BUYING PANIC.

selling short: *Ver* SHORT SALE.

selling short against the box: *Ver* SHORT AGAINST THE BOX.

sell-off: 1. Disminución general del precio de los títulos valores, por lo general a corto o mediano plazo. 2. Venta de títulos valores bajo presión, para evitar nuevas caídas de los precios.

sell off: (v.) Rematar, liquidar activos o existencias.

sellout: Distribución de la totalidad de los títulos valores de una nueva emisión por parte del grupo vendedor.

sell out: Liquidar la posición de un cliente porque éste no responde a una llamada de margen o no paga títulos valores comprados para su cuenta. *Ver* CLOSE A POSITION; MARGIN CALL.

sell plus: Orden de un cliente para que la venta de un título valor se realice sólo si se obtiene un precio superior al último precio registrado.

sell side: Punta vendedora. Sector de la actividad bursátil en donde se ejecutan las órdenes. Incluye agentes bursátiles minoristas, sociedades bursátiles institucionales y operadores. *Ver* BUY SIDE.

sell signal: Señal de venta. Indicación suministrada por una herramienta técnica (por ej., un gráfico de precios) de que es conveniente vender un título valor determinado. *Ver* BUY SIGNAL.

sell stop order: Orden de venta con precio tope. Orden de venta en la que el cliente indica al agente bursátil que venda un título valor a un precio estipulado o a un precio menor. Este tipo de orden puede emplearse para proteger una utilidad obtenida o para limitar una posible pérdida sobre títulos valores que posee el inversor. *Ver* BUY STOP ORDER; STOP ORDER.

sell the book: Orden de un cliente a un agente bursátil para que venda tantos títulos valores como sea posible al precio de compra de mercado.

senior debt: Deuda prioritaria, deuda "senior". Título de deuda o préstamo que tiene prioridad sobre otros activos del mismo emisor en caso de dificultades financieras o liquidación. *Ver* JUNIOR DEBT.

seniority: Prioridad de un título valor en cuanto al pago de intereses o dividendos y al reembolso del capital inicial con respecto a otros títulos valores del mismo emisor. *Ver* JUNIOR SECURITY.

senior refunding: Reemplazo de títulos valores que vencen dentro de 5 a 12 años por emisiones que vencen dentro de 15 años o más.

sentiment index: Índice que refleja la actitud de los inversores con respecto a los mercados de valores, y que utilizan los analistas técnicos para determinar si ciertos segmentos de la comunidad inversora están en alza o en baja. *Ver* ADVISORS' SENTIMENT.

Separate Trading of Registered Interest and Principal of Securities (STRIPS): Títulos del Tesoro de Estados Unidos cuyo pago de cupones y capital inicial se separaron de manera tal que los títulos se transformaron en bonos de cupón cero.

serial bonds: Bonos con fechas de vencimiento sucesivas. Emisión de bonos con varias fechas de vencimiento fijadas a intervalos regulares hasta cancelar toda la emisión.

serial correlation: Relación de un acontecimiento con una serie de acontecimientos pasados, que se utiliza en el análisis técnico para determinar si un gráfico sirve para proyectar futuros movimientos de precios en los títulos valores.

serial note: Pagaré cancelable en cuotas sucesivas.

series: *Ver* OPTION SERIES.

Series 7: Examen que deben rendir en Estados Unidos quienes deseen desempeñarse como agentes bursátiles, a fin de verificar su conocimiento. El mismo es realizado por la New York Stock Exchange y administrado por la National Association of Securities Dealers. *También llamado* GENERAL SECURITIES REGISTERED REPRESENTATIVE EXAMINATION.

settlement: Liquidación. 1. Entrega de un título valor (al comprador) o de un monto en efectivo (al vendedor) a fin de dar por terminada una operación bursátil. *Ver* DELAYED SETTLEMENT. 2. Proceso contable por el cual se registran las posiciones deudora y acreedora de las dos partes que intervienen en una transferencia de fondos.

settlement date: 1. Fecha de liquidación. Fecha en que el efectivo (para el comprador) o el título valor (para el vendedor) deben estar en manos del agente bursátil a fin de satisfacer las condiciones de una operación bursátil. *Ver* DELAYED SETTLEMENT; TRADE DATE. 2. Fecha de acreditación. Fecha en que los fondos transferidos por un banco a la cuenta de un cliente son depositados y están disponibles para su uso.

settlement month: Mes en que debe tener lugar la entrega en un contrato de futuros.

settlement option: 1. Opción que tiene el vendedor de títulos valores de entregar los mismos en cualquier momento, a partir de tres o cinco días hábiles (según el país), hasta sesenta días después de la fecha de la operación. 2. En el mercado cambiario, contrato en el cual el vendedor tiene la opción de liquidar un contrato a término en cualquier momento dentro de un período determinado.

settlement period: Período entre la fecha en que se realizó una transacción y la fecha de liquidación.

settlement price: Precio de cancelación. En operaciones de futuros, precio oficial que se establece al final de cada jornada usando la banda de precios de cierre de cada contrato. Se utiliza para determinar los límites de precio del día siguiente, así como los precios de facturación de las entregas físicas.

severally and jointly: *Ver* JOINTLY AND SEVERALLY.

severally but not jointly: En forma mancomunada pero no solidaria. Relativo a una oferta de títulos valores en la cual cada colocador es responsable de vender los títulos que se le asignaron inicialmente pero no es responsable de los títulos no vendidos asignados a otros colocadores. *Ver* JOINTLY AND SEVERALLY.

shadow calendar: Emisiones de títulos valores que están en proceso de inscripción ante la autoridad del mercado de valores y que no tienen fecha de oferta en firme.

shakeout: Disminución de la cantidad de compañías que operan en un sector determinado.

share: 1. Acción. Cada una de las partes en que está dividido el capital social de una sociedad por acciones. 2. Cuotaparte. Cada una de las partes en que está dividido el capital de un fondo común de inversión. 3. Cuota de participación. Parte del capital de una sociedad en comandita simple. *Ver* LIMITED PARTNERSHIP. 4. Participación. Parte de un mercado que está controlada por una compañía o un país determinado. *EMPLOYEES' SHARE SCHEME*: Programa de oferta de acciones a los empleados. *CAPITAL SHARES*: Cuotapartes de capital. *INCOME SHARES*: Cuotapartes de interés. *LISTED SHARES*: Acciones que cotizan en el mercado de valores, acciones con cotización oficial. *QUOTED SHARES*: Acciones cotizadas. *REDEEMED SHARES*: Acciones rescatadas. *UNLISTED SHARES*: Acciones que no cotizan en el mercado de valores, acciones sin cotización oficial. *UNQUOTED SHARES*: Acciones no cotizadas.

share broker: Agente bursátil cuyas comisiones con más bajas se basan en la cantidad de títulos negociados. Cuanto mayor es la cantidad de títulos de una operación, menor es el porcentaje de comisión. *Ver* VALUE BROKER.

shareholder: *Ver* STOCKHOLDER.

shareholder derivative suit: Acción legal que inicia un accionista o una cantidad limitada de accionistas en nombre de todos los demás accionistas de una compañía.

shareholder proposal: Propuesta que presenta un accionista para que sea considerada en una asamblea y sometida a votación.

shareholders' equity: *Ver* OWNERS' EQUITY.

shareholding: Participación accionaria. Participación en una sociedad por acciones, evidenciada por la posesión de acciones ordinarias o preferidas de dicha sociedad.

shareowner: *Ver* STOCKHOLDER.

share repurchase plan: Plan por el cual una sociedad por acciones vuelve a comprar una cantidad predeterminada de sus propias acciones en el mercado abierto.

shares authorized: *Ver* AUTHORIZED CAPITAL STOCK.

shares outstanding: *Ver* OUTSTANDING CAPITAL STOCK.

shark: Compañía o inversor que realiza una oferta hostil para adquirir el control de una sociedad.

shark repellent: Estrategia que usan las compañías para evitar "takeovers" no deseados, como por ejemplo realizar una adquisición importante, o emitir nuevas acciones o títulos convertibles en acciones. *También llamado TAKEOVER DEFENSE.* Ver ANTITAKEOVER MEASURE; POISON PILL; SHOW STOPPER.

shelf registration: En Estados Unidos, método simplificado de inscripción de una nueva emisión de títulos valores ante la Securities and Exchange Commission, por el cual las compañías pueden realizar los trámites de inscripción hasta dos años antes de la oferta pública de dichos títulos. Mediante la actualización de los informes anuales y trimestrales presentados, las compañías pueden comenzar a vender las nuevas emisiones en el mercado cuando las condiciones son favorables, con una mínima preparación administrativa. *Ver* RULE 415.

shell branch: División de un banco estadounidense en el exterior, que actúa como oficina de registro de operaciones financieras realizadas fuera de los límites del país.

shell corporation: 1. Compañía que está constituida como persona jurídica pero que realiza una escasa actividad y posee pocos activos, creada en muchos casos para obtener financiación antes de dar comienzo a las actividades. 2. Compañía constituida por propietarios fraudulentos como frente para ocultar una evasión impositiva.

shelter: *Ver* TAX SHELTER.

shelter: (v.) Proteger las ganancias de gravámenes impositivos.

Shogun security: Título emitido en Japón por una empresa no japonesa y no nominado en yenes.

shop: 1. Sector de una compañía en donde se realiza la producción, a diferencia de las oficinas o los depósitos. 2. Lugar donde se negocian títulos valores.

shop: (v.) Establecer contactos con agentes bursátiles que negocian un título valor determinado a fin de obtener el precio de compra o de venta más conveniente.

short: *Ver* SHORT POSITION; SHORT SALE.

short against the box: Vender corto contra la caja. Vender en descubierto un título valor que se posee, pero que se encuentra en custodia o caja de seguridad. El motivo para vender corto contra la caja puede ser que el vendedor simplemente no tiene acceso a la caja o quiere diferir la ganancia sobre los títulos valores vendidos hasta el próximo año fiscal. La entrega puede realizarse usando títulos valores propios o comprando nuevos títulos en el mercado. *También llamado AGAINST THE BOX; SELLING SHORT AGAINST THE BOX.*

short bond: Bono corto. Título de deuda al que le resta un período breve antes del vencimiento, por lo general dos años o menos. *Ver* INTERMEDIATE BOND; LONG BOND.

short coupon: 1. *Ver* SHORT BOND. 2. Primer pago de intereses sobre un bono de reciente emisión, que cubre menos de seis meses. Por ejemplo, un bono emitido el 15 de febrero con fechas de pago de intereses el 15 de junio y el 15 de diciembre, tendría un interés inicial equivalente a cuatro meses.

short cover: Compra de un título valor que se vendió previamente en descubierto a fin de cerrar la posición. *También llamado COVER. Ver* SHORT SQUEEZE.

short form prospectus: Prospecto simplificado. Prospecto autorizado únicamente a empresas con posición financiera muy sólida y con antecedentes probados de pago de utilidades. *Ver* PROSPECTUS.

short hedge: Cobertura corta. Operación cuya finalidad es servir de protección contra una reducción en el valor de un activo. Por ejemplo, un inversor que posee acciones de la compañía X y espera que se produzca una merma en el precio de las mismas, puede realizar una cobertura corta comprando una opción de venta sobre acciones de dicha compañía.

short interest: Cantidad de acciones que se vendieron en descubierto pero que todavía no se volvieron a comprar para cerrar una posición corta. *Ver* CUSHION THEORY; SHORT POSITION.

short-interest ratio: Relación entre el interés corto y el volumen promedio de acciones negociadas.

short position: Déficit neto de "commodities", títulos valores, instrumentos financieros, etc. Una posición corta se crea cuando un operador vende más activos de los que tiene, anticipándose a una caída de precios con la idea de recomprarlos a un valor inferior. *Ver* LONG POSITION 1.

short sale: Venta en descubierto, venta corta. Venta de un título valor que debe solicitarse en préstamo para poder ser entregado. Por lo general, la expresión se refiere a la venta anticipada de títulos valores que aún no se poseen, con la intención de comprarlos más adelante en el mercado a un precio inferior y reintegrar los títulos prestados ganando una diferencia. *También llamado SELLING SHORT.* *Ver* FICTITIOUS CREDIT; GHOST STOCK; LENDING AT A PREMIUM; LENDING AT A RATE; ODD-LOT SHORT SALES; RULE 10A-1; SHORT AGAINST THE BOX; SHORT COVER; SYNTHETIC SHORT SALE.

short squeeze: Falta en corto. Presión que ejercen los operadores que venden en descubierto para cubrir sus posiciones cuando se producen marcados aumentos de precios o ante la dificultad de solicitar en préstamo el título valor que vendieron en descubierto. *También llamado* SQUEEZING THE SHORTS.

short tender: Uso de acciones prestadas, adquiridas mediante una venta corta, para responder a una oferta pública de acciones de una compañía. *Ver* SHORT POSITION; RULE 10b4.

short-term: A corto plazo. 1. Relativo al aumento o disminución del valor de un activo, registrado durante un período de tiempo corto. *Ver* HOLDING PERIOD; LONG TERM 1. 2. Relativo a un título de deuda cuyo vencimiento no es superior a dos años. *Ver* LONG POSITION 2; SHORT BOND.

short-term discount notes: Pagarés emitidos por municipalidades con un descuento sobre el valor nominal.

short-term municipal bond fund: *Ver* TAX-EXEMPT MONEY MARKET FUND.

short-term trading index: Índice que se utiliza en el análisis técnico y que se calcula dividiendo la cantidad de acciones en alza en relación con la cantidad de acciones en baja por el volumen de acciones en alza en relación con el volumen de acciones en baja. Cuando este índice es superior a 1,30 se lo considera un indicador de compra; si es inferior a 0,70 se considera un indicador de venta.

show stopper: Barrera legal por la cual resulta imposible adquirir el control de una compañía. *Ver* ANTITAKEOVER MEASURE; SHARK REPELLENT.

shrinkage: Merma, pérdida. Pérdida de inventario que se produce en el curso normal de una actividad comercial.

shrinking asset: *Ver* WASTING ASSET.

side-by-side trading: Creación de un mercado para un título valor y para las opciones relacionadas con dicho título en la misma bolsa de valores. *También llamado INTEGRATED MARKET MAKING.*

side collateral: Derecho real de garantía que recae sobre activos o depósitos pero que no cubre la totalidad del préstamo.

sideline: *Ver* ON THE SIDELINES.

sideways market: *Ver* FLAT MARKET.

signature guarantee: Garantía escrita de una institución financiera por la cual se confirma la validez de una determinada firma.

signature loan: Préstamo no garantizado y respaldado solamente por la firma del prestatario incluida en un pagaré.

silent partner: Socio oculto, socio tácito. Miembro de una sociedad que no toma parte activa en la administración de la misma ni es reconocido públicamente como socio. *También llamado SLEEPING PARTNER.*

simple guarantee: Garantía ordinaria. Garantía en la cual el acreedor puede ejecutar al garante sólo si el deudor principal se ha declarado en quiebra. *También llamado ORDINARY GUARANTEE.*

simple interest: Interés simple. Interés que se paga solamente sobre el capital inicial de un préstamo. Se calcula multiplicando el capital inicial por la tasa de interés anual por la cantidad de años. *Ver* COMPOUND INTEREST.

simplified employee pension plan (SEP): En Estados Unidos, plan de jubilación en el cual tanto el empleado como el empleador hacen aportes a una cuenta de ahorro previsional.

simultaneous transaction: *Ver* RISKLESS TRANSACTION.

single premium deferred annuity: Anualidad con impuestos diferidos similar a una cuenta de ahorro previsional, en la cual el inversor efectúa un pago único a la compañía de seguros o el fondo común de inversión que vende la anualidad. Dicho pago puede invertirse en un instrumento de renta fija o en una cartera de renta variable. Las utilidades son imponibles a partir de que tiene lugar la distribución. *Ver* PERIODIC PURCHASE DEFERRED CONTRACT.

single state municipal bond fund: *Ver* DOUBLE-EXEMPT FUND.

sinker: *Ver* SINKING FUND BOND.

sinking fund: Fondo de amortización. Activos acumulados en una cuenta independiente que se destinan a la recompra de acciones, el rescate de títulos de deuda o el reemplazo de bienes de uso.

sinking fund bond: Bono respaldado por un fondo de amortización. Emisión de bonos para la cual el emisor debe establecer un fondo de amortización, por medio del cual se hará el rescate de dichos bonos. *También llamado SINKER.*

sinking fund call: Rescate de una parte de una emisión de bonos para cumplir con los requisitos del fondo de amortización de la emisión. *Ver* CALL 3; CALL PRICE; EXTRAORDINARY CALL; OPTIONAL CALL.

sinking fund provision: Disposición de muchos documentos en base a los cuales se emiten bonos, por la cual se establece que el prestatario debe cancelar anualmente una determinada proporción de la deuda. *También llamado BOND SINKING FUND. Ver* DOUBLING OPTION; FUNNEL SINKING FUND.

sinking fund tax: Impuesto sobre fondos de amortización.

sister corporations: Sociedades por acciones controladas por los mismos accionistas.

sixteenth: Dieciseisava parte de un punto. Se usa principalmente en cotizaciones de acciones de bajo precio o bonos que se encuentran cerca de la fecha de vencimiento. *También llamado STEENTH; TEENIE.*

size: 1. Mercado de un título valor en el cual se ofrece a la venta un volumen relativamente grande o en el que puede absorberse un gran volumen. 2. Volumen. Cantidad de unidades negociadas en un determinado período.

sizing: Determinación de la cantidad de acciones o bonos que se van a incluir en una nueva emisión.

skip-day settlement: Liquidación de una operación bursátil un día hábil posterior a la fecha de liquidación normal.

SLD: 1. Sigla que se utiliza en los sistemas electrónicos de información bursátil para indicar que una operación se informa fuera de secuencia. 2. Sigla que se utiliza en la minuta de una operación bursátil para indicar la punta vendedora. Proviene de "sold" (vendido). *Ver* BOT.

SLD LAST SALE: Expresión que se utiliza en los sistemas electrónicos de información bursátil para indicar que se produjo un cambio de precio importante en el título valor indicado desde el momento en que dicho título se negoció por última vez.

sleeper: Compañía por la cual los inversores se muestran poco interesados pero que, una vez que se conozcan sus cualidades, pasará a tener un potencial importante para que sus acciones aumenten de precio.

sleeping beauty: Firma con un activo importante del cual no se obtiene el máximo rendimiento, por lo cual se la considera de alto valor potencial.

slip: Minuta. Formulario que utilizan los agentes de bolsa en el recinto para asentar las operaciones realizadas y derivarlas a los puestos de información correspondientes.

small-capitalization stock: Acciones de compañías relativamente pequeñas con pocas acciones ordinarias en circulación.

small-firm effect: Teoría que afirma que las acciones de compañías pequeñas tienden a rendir más que las acciones de compañías grandes, ya que poseen mayor potencial de crecimiento.

small investor: Pequeño inversor. Persona de recursos financieros modestos que ocasionalmente compra y vende títulos valores, por lo general en montos pequeños. *Ver* ODD-LOTTER.

small-issue bond: Bono que forma parte de una emisión municipal de poco volumen con fines privados y cuyos intereses están exentos de impuestos federales. *Ver* PRIVATE ACTIVITY BOND.

Small Order Execution System (SOES): Conexión computarizada que ofrece la National Association of Securities Dealers de Estados Unidos, por la cual los inversores pueden realizar operaciones con títulos valores prescindiendo de los servicios de un agente bursátil. Los operadores anotan los precios a los que están dispuestos a comprar o vender, los cuales quedan registrados para los suscriptores interesados en concretar operaciones.

small stockholder: Accionista minoritario. Accionista o grupo de accionistas que no posee una participación controlante en las acciones con derecho a voto de una sociedad por acciones. *Ver* MAJORITY STOCKHOLDER.

smart card: Tarjeta inteligente. Tarjeta bancaria que contiene un "chip" de computación para identificación, procesamientos especiales y almacenamiento de datos. Este "chip" le permite realizar distintas operaciones, como validar el código de identificación personal del usuario, autorizar compras minoristas, verificar saldos de cuenta y almacenar información como si fuera una base de datos personal que se actualiza cada vez que se utiliza la tarjeta. *También llamado CHIP CARD o MEMORY CARD.*

smart money: Fondos controlados por inversores que tienen un conocimiento especial de las inversiones correctas que deben realizarse en un momento determinado. Básicamente, la expresión se refiere a los fondos controlados por inversores que conocen información confidencial relevante sobre una determinada inversión.

smokestack industry: Industria básica (como la automotriz, del caucho y del acero) que tiene un potencial de crecimiento limitado y cuyos ingresos y utilidades varían cíclicamente con la actividad económica general.

social investing: Inversión social. Inversión que se encuentra limitada a títulos valores de empresas cuyos productos o políticas se consideran socialmente aceptables. *También llamado ETHICAL INVESTING.*

Society for Worldwide Interbank Financial Telecommunications (SWIFT): Organización sin fines de lucro que facilita el envío de instrucciones de pago entre instituciones financieras de todo el mundo. Fue creada en 1973 por un grupo de bancos europeos. Entre sus más de 2.000 miembros se encuentran los principales bancos de EE.UU., Europa, América Latina, Asia, África y Australia.

soft dollars: Pago por los servicios de una sociedad bursátil que se realiza abonando comisiones generadas a partir de operaciones efectuadas por la misma. *Ver HARD DOLLARS.*

soft goods: Bienes de consumo no durables.

soft loan: Préstamo en condiciones concesionales. Préstamo otorgado a tasas de interés inferiores al precio de mercado y con períodos de gracia extendidos. En general se trata de créditos que conceden los bancos multinacionales a países en desarrollo.

soft market: Mercado bursátil con precios en baja y escaso volumen de negociaciones.

sol, new sol: Sol, nuevo sol. Moneda nacional de Perú.

sold-out market: Mercado vendido. En mercados de "commodities", expresión que se emplea para indicar que no hay disponibilidad de contratos de futuros para un "commodity" o una fecha de vencimiento determinados.

solvent: Solvente. Capaz de cumplir con el pago de obligaciones en la fecha de vencimiento. *Ver* INSOLVENT.

solvent debt: Deuda o crédito cobrable.

sources and uses of funds statement: *Ver* STATEMENT OF CHANGES IN FINANCIAL POSITION.

sovereign risk: Riesgo de poseer títulos valores emitidos por un país que no es el país de residencia del inversor. Por ejemplo, residir en Estados Unidos y comprar bonos emitidos por el gobierno de Perú. El riesgo consiste en que el país extranjero puede nacionalizar sus empresas privadas o no cumplir con sus obligaciones debido a un cambio en su política nacional.

special arbitrage account: Cuenta de arbitraje especial. Cuenta de corretaje en la cual el cliente se encuentra limitado a realizar operaciones de cobertura que exigen un depósito de garantía significativamente inferior al que requieren de las posiciones habituales no cubiertas.

special assessment bond: Bono municipal que se paga con los impuestos que se cobran a quienes se benefician directamente con las obras públicas financiadas por dicho bono. *También llamado SPECIAL ASSESSMENT LIMITED LIABILITY BOND, SPECIAL DISTRICT BOND, SPECIAL PURPOSE BOND, SPECIAL TAX BOND.*

special bid: Compra de un gran bloque de títulos valores por parte de una sociedad de bolsa, que actúa como agente al reunir la orden de compra de un cliente con las órdenes de venta solicitadas por otros clientes. La sociedad de bolsa ofrece un precio fijo, que no puede ser inferior a la última venta realizada o al precio de compra ofrecido en el mercado. El comprador asume los costos de la operación.

special bond account: Cuenta especial en bonos. Cuenta de corretaje en la cual el cliente sólo realiza operaciones con bonos. En la misma se aplican bajos requisitos de depósito de garantía dado que los precios de los bonos son por lo general menos volátiles que los de otros títulos valores.

special call: *Ver* EXTRAORDINARY CALL.

special cash account: *Ver* CASH ACCOUNT.

special dividend: *Ver* EXTRA DIVIDEND.

specialist: Especialista. Miembro de la bolsa que ha optado por restringir sus operaciones a uno o varios títulos valores, los cuales se negocian en un solo puesto del recinto. Se trata de la persona a quien acuden los otros miembros cuando desean realizar o cancelar una orden. El especialista está obligado a mantener un mercado justo y ordenado, operando para su propia cuenta además de ejecutar las órdenes de otros operadores. *Ver* BOOK 1; RULE 104.

specialist block purchase and sale: Operación por la cual un especialista compra una gran cantidad de títulos valores ya sea para su propia cuenta o para un tercero. Las reglamentaciones exigen que este tipo de operaciones se realicen sólo cuando los títulos no pueden ser absorbidos en el mercado habitual.

specialist's book: *Ver* BOOK 1.

specialist's sentiment: Opinión de los especialistas con respecto al rumbo que va a tomar una acción o el mercado accionario en general.

specialist's short-sale ratio: Proporción de las ventas en descubierto que realizan los especialistas en el recinto de una bolsa de valores con respecto a la totalidad de las ventas en descubierto realizadas.

specialist unit: Grupo de personas o sociedades que actúan en forma conjunta para mantener un mercado estable de los títulos valores que les fueron asignados por la bolsa de valores.

special miscellaneous account (SMA): Cuenta en donde se depositan los fondos que superan el requisito de margen de garantía, los cuales pueden utilizarse para comprar más títulos valores a margen o retirarse en efectivo. *Ver* ADJUSTED DEBIT BALANCE; EXCESS MARGIN.

special offering: Distribución secundaria de títulos valores por parte de una sociedad bursátil en el recinto de operaciones. Por lo general, se realiza al precio de mercado y el vendedor asume todos los costos.

special-purpose fund: *Ver* SECTOR FUND.

special situation: 1. Capital accionario que se encuentra momentáneamente subvaluado y que puede aumentar de precio en forma repentina debido a circunstancias favorables. 2. Capital accionario que registra marcadas fluctuaciones en el transcurso de la jornada, debido a noticias determinadas, como el anuncio de un oferta de "takeover".

special subscription account: Cuenta de corretaje que se abre para comprar acciones emitidas mediante el uso de derechos preferentes de suscripción.

special tax bond: Bono municipal cuyo servicio de la deuda está limitado a los ingresos generados a partir de un impuesto específico.

specialty fund: *Ver* SECTOR FUND.

spectail: Agente bursátil que realiza operaciones especulativas para su propia cuenta y al mismo tiempo maneja cuentas minoristas.

speculation: Especulación. Operación comercial en la cual se asumen altos riesgos para obtener altas ganancias, por lo general durante un período breve. La especulación implica la compra de un activo sobre la base de su precio de venta potencial más que de su valor actual.

speculative securities: Títulos valores de especulación. Títulos calificados por las sociedades calificadoras como inversión no aconsejable. Corresponden a la clasificación BB o inferior de Standard & Poor's y a la clasificación Ba o inferior de Moody's Investor Service.

spike: Cambio repentino del precio de un título valor que con la misma rapidez vuelve a su nivel anterior.

spinoff: Escisión por la cual las acciones de una subsidiaria se distribuyen a los accionistas de la compañía controlante. *Ver* PARTIAL SPINOFF; SPLITOFF.

spiralling interest rates: Tasas de interés en alza continua.

split: Reestructuración accionaria. Aumento proporcional de la cantidad de acciones en circulación sin un incremento proporcional del capital. Por lo general se realiza cuando el precio de mercado de las acciones es muy alto y las mismas no pueden negociarse con facilidad. El valor del patrimonio neto se mantiene inalterado. *También llamado STOCK SPLIT. Ver* REVERSE STOCK SPLIT.

split commission: Comisión de ventas que se divide entre dos o más personas.

split down: *Ver* REVERSE STOCK SPLIT.

split funding: Compra de más de un producto financiero con el mismo pago. Por ejemplo, algunos programas financieros ofrecen la cobertura de un seguro de vida y la participación en un fondo común de inversión en el mismo paquete, y el pago que realiza cada cliente se divide entre ambos productos.

splitoff: Escisión por la cual las acciones de una subsidiaria se distribuyen a los accionistas a cambio de sus propias acciones en la compañía controlante en base a un sistema de prorrateo. *Ver* SPINOFF.

split offering: 1. Venta de una nueva emisión de títulos de deuda compuesta por bonos con fechas de vencimiento sucesivas y bonos que vencen en la misma fecha. 2. Oferta que incluye títulos valores nuevos y títulos emitidos previamente por el mismo emisor.

split order: Transacción por un gran volumen de títulos valores, la cual se fracciona en partes menores que se ejecutan durante un determinado período de tiempo, a fin de no desestabilizar el mercado ni causar fluctuaciones en el precio.

split rating: Situación que se produce cuando las sociedades calificadoras de riesgo otorgan distintas calificaciones al mismo título valor.

split up: *Ver* SPLIT.

split-up value: Valor monetario de las distintas partes de una compañía si las mismas se vendieran por separado.

sponsor: 1. Inversor institucional o sociedad bursátil importante que toma una posición en un título valor e influye sobre otros inversores que también establecen una posición en dicho título. 2. *Ver* UNDERWRITER.

spot commodity: "Commodity" disponible para su entrega inmediata.

spot market: *Ver* CASH MARKET.

spot month: Mes más cercano en el cual debe realizarse la entrega correspondiente a un contrato de futuros.

spot price: *Ver* CASH PRICE.

spread: 1. Posición en dos o más opciones o contratos de futuros con el fin de obtener una ganancia a partir de un cambio en las relaciones de los precios. Por ejemplo, comprar una opción que vence en octubre y vender una opción sobre el mismo bien pero que vence tres meses antes. 2. Margen, diferencia, "spread". Diferencia entre los precios de compra y venta de un título valor determinado. *También llamado MARKUP. Ver* GROSS SPREAD; NARROW THE SPREAD. 3. Diferencia entre el precio más alto y el precio más bajo que alcanzó un título valor en un período determinado. 4. Diferencia en la rentabilidad de dos títulos valores de renta fija. *Ver* BASIS POINT. 5. Diferencia entre la ganancia que percibe el emisor de un nuevo título valor y el precio que paga el público por la emisión.

spreading: Toma de una posición larga en una opción y una posición corta en otra opción de la misma clase pero con precio de ejercicio y/o fecha de vencimiento diferentes.

spread-load contractual plan: Plan para adquirir cuotapartes de un fondo común de inversión en el cual las comisiones de venta no se concentran en el primer pago o los primeros pagos que realiza el inversor.

spread option: Posición que incluye la compra de una opción a un precio de ejercicio y la venta simultánea de otra opción sobre el mismo bien subyacente a un precio de ejercicio y/o fecha de vencimiento diferentes.

spread order: Orden de compra y venta de opciones de la misma clase pero con precios de ejercicio y/o fechas de vencimiento diferentes, en el cual el cliente especifica la diferencia que desea obtener entre la opción vendida y la opción comprada.

spreadsheet: Planilla en donde las compañías colocan información contable (como por ejemplo balances, declaraciones de ingresos e informes de ventas) en columnas para los fines comparativos.

spread taking: *Ver* UNWIND.

springing convertible: Título valor convertible que incluye "warrants" para comprar más acciones ordinarias del emisor.

square position: Posición de equilibrio. En operaciones con divisas, expresión que indica que los compromisos de compra de un operador están compensados por sus compromisos de venta.

squeeze-out: Situación en la cual se intenta obligar a los accionistas a vender sus acciones, lo cual suele ocurrir cuando los accionistas mayoritarios intentan adquirir el control total de la sociedad. *Ver* FAIRNESS OPINION.

squeezing the shorts: *Ver* SHORT SQUEEZE.

ss: Símbolo que se utiliza en los sistemas electrónicos de información bursátil para indicar una operación inferior a un lote par.

stabilization: Estabilización. 1. Medida que adoptan los especialistas por la cual deben comprar títulos valores para su propia cuenta si el volumen de órdenes de venta empuja el precio hacia abajo de manera rápida y acentuada, y deben vender si ocurre lo contrario, aun si no poseen los títulos en su cartera en ese momento.

stabilization period: Período de estabilización. Tiempo que transcurre entre la oferta de un título para la venta y su distribución final, durante el cual el colocador de la emisión ingresa en el mercado secundario a fin de estabilizar el precio del título e impedir que caiga por debajo del precio de oferta.

stabilize: *Ver* PEG 1.

stagflation: Estanflación. Término empleado para describir una situación económica caracterizada por crecimiento lento, precios minoristas en aumento y nivel de desempleo relativamente alto.

staggered maturities: Bonos con distinta fecha de vencimiento dentro de una misma cartera.

staggered terms: Mandatos de los directivos de una compañía que vencen en años distintos.

stand-alone company: Compañía independiente, es decir, que no depende de una compañía controlante.

Standard & Poor's (S & P): Marca registrada de un servicio de asesoría en inversiones que publica información financiera, califica títulos de deuda y prepara varios índices accionarios.

Standard & Poor's 500 Stock Index (S&P 500): Índice que mide los cambios en las acciones y que se basa en el desempeño promedio de las acciones de las 500 principales compañías que operan en distintos sectores como transporte, industria, finanzas y servicios públicos.

standard deviation: Forma de establecer con cálculos estadísticos la variabilidad de los retornos que históricamente registraron las acciones de una compañía o una determinada cartera de inversiones. Es una manera de calcular el riesgo de la inversión. Cuanto mayor es la desviación estándar del rendimiento de una inversión, mayor es el riesgo relativo debido a la falta de certeza respecto de los retornos futuros. *Ver* RISK; VARIANCE.

standard opinion: *Ver* CLEAN OPINION.

standby commitment: 1. Acuerdo entre una compañía y un banco o grupo de inversiones, por el cual el segundo se compromete a comprar las acciones que no fueron suscriptas por los poseedores de derechos de suscripción antes de la oferta pública. *Ver* RIGHTS OFFERING. 2. Acuerdo financiero en el que un prestamista se compromete a mantener cierta disponibilidad de crédito a favor del prestatario durante un período determinado.

standby credit: Crédito "standby". 1. Línea crediticia otorgada contra el pago de una compensación por un tiempo determinado. 2. Crédito extendido a un país o una autoridad monetaria en caso de dificultades en la balanza de dicho país.

standby underwriting: Acuerdo por el cual los "underwriters" se comprometen a comprar la parte de una nueva emisión de títulos valores que no se haya vendido después de la oferta pública.

standing order: Orden permanente. Instrucciones escritas de un cliente a su banco para que este último encargue el pago regular de ciertas obligaciones.

standstill agreement: Acuerdo entre dos compañías por el cual se establece que una de ambas debe abstenerse de adquirir acciones de la otra hasta una fecha determinada. Por ejemplo, la compañía A vende una gran cantidad de sus acciones a la compañía B con la condición de que la compañía B no adquiera más acciones de la compañía A durante dos años.

stapled stock: *Ver* PAIRED SHARES.

stated capital: *Ver* LEGAL CAPITAL.

stated value: Valor contable. Valor que la administración de una sociedad asigna a las acciones ordinarias a los efectos contables. Se calcula sobre una base unitaria dividiendo el capital declarado proveniente de una nueva emisión de acciones ordinarias por la cantidad de acciones emitidas. No tiene relación con el precio de mercado.

statement: Declaración; estado, cuenta. Presentación de información financiera por escrito. *BANK STATEMENT*: Extracto bancario. *COMPARATIVE STATEMENT*: Estado comparativo. *CONDENSED STATEMENT*: Estado condensado. *CONSOLIDATED STATEMENTS*: Estados consolidados. *CURRENT COST ACCOUNTING STATEMENTS*: Estados contables a costos actuales. *FUNDS STATEMENT*: Estado de origen y aplicación de fondos. *INTERIM STATEMENTS*: Estados contables interinos. *POLICY STATEMENT*: Declaración de política. *Ver* ACCOUNT STATEMENT; FINANCIAL STATEMENT.

statement analysis: Análisis de la situación financiera y operativa de una organización mediante el uso de estados contables.

statement of changes in financial position: Estado contable en el cual se declara cómo una compañía obtuvo sus fondos y cómo dispuso de ellos en un período determinado. *También llamado APPLICATION OF FUNDS STATEMENT; FLOW OF FUNDS STATEMENT; FUNDS STATEMENT; SOURCES AND USES OF FUNDS STATEMENT.*

statement of financial condition: *Ver* BALANCE SHEET.

statement of financial position: *Ver* BALANCE SHEET.

statement of retained earnings: Declaración de utilidades no asignadas. Estado contable en donde se declaran las utilidades no asignadas de una compañía y la ganancia neta pagada en concepto de dividendos a los accionistas en un determinado período. *También llamado RETAINED EARNINGS STATEMENT.*

statutory investment: *Ver* LEGAL INVESTMENT.

statutory merger: Fusión de dos o más compañías en la que sólo una de ellas subsiste como entidad legal.

statutory voting: *Ver* MAJORITY VOTING.

steenth: *Ver* SIXTEENTH.

stepped coupon bond: Bono cuyo interés cambia a niveles predeterminados en fechas específicas. *También llamado RISING-COUPON SECURITY; STEP-UP COUPON SECURITY.*

step-up: Aumento programado del precio de ejercicio al que un "warrant", una opción o un título valor convertible pueden usarse para adquirir acciones ordinarias. Por ejemplo, un "warrant" puede permitir la compra de 10 acciones a $ 20 cada una hasta una fecha determinada, y a $ 22 cada una con posterioridad a esa fecha, hasta el vencimiento del "warrant".

step-up coupon security: *Ver* STEPPED COUPON BOND.

sticky deal: Nueva emisión de títulos valores que resulta difícil de vender.

stock: 1. Capital accionario, capital social, capital representado por acciones. *Ver* BEARER STOCK; COMMON STOCK; PREFERRED STOCK; STOCK CLASS. 2. *Ver* SHARE. 3. Existencias, inventario, reservas, "stock". Mercadería acumulada en los sectores minorista y de fabricación. *BASE STOCK*: Existencia base. Existencias permanentes en determinadas actividades industriales. *BEARER STOCK*: Acciones al portador. *CAPITAL STOCK*: Capital social. *CLOSING STOCK*: Existencias finales. *COMMON STOCK*: Acciones ordinarias. *CUMULATIVE PREFERENCE STOCK*: Acciones privilegiadas con derecho a dividendo acumulativo. *NO-PAR-VALUE STOCK*: Acciones sin valor nominal. *OPENING STOCK*: Existencias iniciales. *ORDINARY STOCK*: Acciones ordinarias. *OUTSTANDING STOCK*: Acciones en circulación. *PHYSICAL STOCKS*: Existencias físicas. *PREFERRED STOCK*: Acciones preferidas. *REPLACEMENT STOCK*: Existencias de reposición.

stock ahead: Expresión que se utiliza para describir las órdenes de compra de títulos valores que tienen prioridad sobre órdenes subsiguientes al mismo precio.

stock appreciation relief: Desgravación fiscal por aumento del valor de las existencias. *También llamado STOCK RELIEF*.

stock appreciation right: Plan de remuneraciones en el cual los empleados reciben efectivo o acciones equivalentes al monto por el cual el precio de las acciones de la compañía supera un precio base determinado.

stock average: *Ver* AVERAGES.

stock certificate: *Ver* CERTIFICATE.

stock class: Clase de acciones. Categoría de acciones con derechos o características específicos. La mayoría de las sociedades poseen sólo una clase de acciones en circulación, pero algunas poseen dos o más clases de acciones. *También llamado CLASS*. *Ver* COMMON STOCK.

stock company: Sociedad por acciones. Compañía que es propiedad de los accionistas, lo cual se evidencia por la posesión de certificados transferibles representativos de acciones.

stock dividend: Dividendo en acciones. Dividendo que se paga con acciones del capital de la compañía pagadora. *Ver* SCRIP DIVIDEND.

stock exchange: Bolsa de valores. Lugar en donde se negocian títulos valores en forma organizada. *También llamado EXCHANGE; ORGANIZED SECURITIES EXCHANGE; SECURITIES EXCHANGE.*

stockholder: Accionista. Tenedor legítimo de una parte del capital de una sociedad por acciones y partícipe en el patrimonio de la misma. *También llamado SHAREHOLDER o SHAREOWNER.*

stockholder derivative suit: Juicio que inician uno o más accionistas de una sociedad en nombre de esta última. Esto se produce cuando la dirección de la sociedad no está dispuesta o no puede demandar en nombre de la compañía. *También llamado DERIVATIVE SUIT.*

stockholder of record: *Ver* HOLDER OF RECORD.

stockholders' equity: *Ver* OWNERS' EQUITY.

stock index: *Ver* INDEX.

stock index future: Contrato de futuros sobre índices bursátiles. Contrato para la entrega futura de un monto de dinero basado en el valor de un índice bursátil. A diferencia de otros contratos de futuros en los cuales se entrega un "commodity" determinado, los futuros de índices bursátiles exigen liquidaciones en efectivo. Se utilizan para especular sobre la dirección futura del mercado bursátil o para proteger una cartera de títulos contra una baja de precios.

stock list: Departamento de una bolsa de valores que se encarga de hacer cumplir los requisitos necesarios para la cotización de títulos valores en dicha bolsa. *También llamado LISTING DEPARTMENT.*

stock market: Mercado bursátil, mercado de valores. Negociación organizada de títulos valores mediante las bolsas de valores y el mercado extrabursátil.

stock option: 1. Opción de compra o venta de una cantidad determinada de acciones a un precio fijo hasta una fecha específica. *Ver* CALL 1; INCENTIVE STOCK OPTION; PUT 1. 2. Opción de compra de acciones. Plan de incentivo a los empleados, en especial altos ejecutivos, por la cual éstos reciben opciones para comprar acciones de la compañía a un precio estipulado (por lo general, igual o inferior al de mercado) durante una determinada cantidad de años.

stock outstanding: *Ver* OUTSTANDING CAPITAL STOCK.

stock power: Formulario separado del certificado de la acción propiamente dicho, que puede usarse para transferir dicha acción a un tercero. *Ver* BOND POWER.

stock rating: Calificación de acciones, por lo general en base a su rendimiento y nivel de riesgo. *Ver* BOND RATING.

stock record: Registro de los títulos valores que administra una sociedad bursátil.

stock register: Libro registro de acciones. Registro en donde se asientan las emisiones, las transferencias y las recompras de acciones de una sociedad.

stock repurchase plan: 1. *Ver* BUYBACK. 2. *Ver* SELF-TENDER.

stock right: *Ver* RIGHT.

stock split: *Ver* SPLIT.

stock symbol: Letra o secuencia de letras que se utilizan para identificar una compañía cotizante en los sistemas computarizados de información bursátil.

Stock Watch: Sistema computarizado que utiliza la NYSE para controlar todas las operaciones realizadas en el recinto e identificar aquellas que son inusuales u objeto de rumores de manipulación u otras prácticas ilegales.

stop-and-go tactic: Técnica de reducción o postergación de pago de impuestos por la cual se adelantan las deducciones y se postergan las ganancias de un año a otro.

stop-limit order: Orden limitada con precio tope. Orden en la cual se combinan una orden limitada y una orden con precio tope. Una vez alcanzado o superado el precio tope, pasa a ser una orden limitada. Difiere de la orden con precio tope porque esta última se convierte en una orden a precio de mercado cuando alcanza o supera el precio tope. Las órdenes de compra limitada con precio tope deben tener un precio tope superior al precio de mercado; las órdenes de venta limitada con precio tope deben tener un precio tope inferior al precio de mercado del título correspondiente. *Ver* LIMIT ORDER; STOP ORDER.

stop-limit price: Precio especificado en una orden limitada con precio tope, en el cual dicha orden se convierte en una orden limitada. Las órdenes de compra limitadas con precio tope deben tener un precio tope superior al precio de mercado; las órdenes de venta limitadas con precio tope deben tener un precio tope inferior al precio de mercado del título correspondiente. *Ver* STOP PRICE.

stop loss: 1. Promesa de una compañía reaseguradora de cubrir las pérdidas en las que incurrió la compañía reasegurada a pesar de que superen un monto acordado. 2. *Ver* STOP-LOSS ORDER.

stop-loss order: Orden de un cliente a un agente bursátil en la cual el precio de venta de un título valor determinado se fija por debajo del precio de mercado.

stop order: Orden con precio tope. 1. Orden para comprar o vender un título valor cuando el precio de dicho título alcance o supere un nivel determinado. La orden de compra con precio tope debe tener un precio superior al precio de mercado y la orden de venta con precio tope debe tener un precio inferior al precio de mercado del título correspondiente. *Ver* BUY STOP ORDER; ELECTING SALE; SELL STOP ORDER.

stop-out price: Precio más bajo al cual se venden las letras del Tesoro de Estados Unidos en una determinada subasta.

stop payment order: Orden de suspensión de pago. Orden por parte del emisor de un cheque de suspender el pago del mismo.

stopped out: Expresión que se emplea cuando se ejecuta una orden con precio tope al precio especificado. *Ver* STOP ORDER.

stopped stock: Orden de un operador a un especialista en la cual el especialista garantiza un precio determinado o mejor.

stop price: Precio tope. Precio especificado en una orden con precio tope, a partir del cual dicha orden pasa a ser una orden a precio de mercado. El precio tope para la compra es superior al precio de mercado y el precio tope para la venta es inferior al precio de mercado.

stop transfer: Orden de cancelar la transferencia de propiedad del certificado de un título valor o bono determinado; suele tener lugar cuando un inversor denuncia la pérdida o robo de dicho certificado ante un agente de transferencias.

story bond: Bono cuyas características son tan atípicas que la mayoría de los inversores deben pedir asesoramiento para conocer su forma de operar.

straddle: "Straddle". Estrategia que consiste en combinar una cantidad igual de opciones de compra y opciones de venta sobre el mismo bien subyacente, índice accionario o futuro de "commodities" al mismo precio de ejercicio y con la misma fecha de vencimiento.

straight debt: Título de deuda no convertible. Título de deuda que no puede intercambiarse por otro activo. *Ver* CONVERTIBLE SECURITY.

straight credit: 1. Letra de crédito que debe presentarse en el banco pagador antes de la fecha de vencimiento o en la fecha de vencimiento. 2. Préstamo que sólo está respaldado o asegurado por la promesa de pago del prestatario. *También llamado GOOD FAITH LOAN.*

straight life annuity: Anualidad cuyos pagos se realizan al beneficiario sólo durante el transcurso de su vida.

straight-line depreciation: Amortización lineal. Método de amortización por el cual el costo original menos el valor residual estimado de un bien se amortizan en montos iguales durante cada período de la vida útil de dicho bien. Por ejemplo, una máquina que cuesta $20.000 y tiene una vida útil de 10 años y ningún valor residual se amortizaría $2.000 ($20.000/10 años) por año. *Ver* ACCELERATED COST RECOVERY SYSTEM; ACCELERATED DEPRECIATION.

straight mortgage: Hipoteca en la que se abonan intereses durante el plazo del préstamo hipotecario, y el capital inicial se devuelve al finalizar dicho plazo.

strangle strategy: Estrategia por la cual se vende una opción de compra de cotización inferior al precio de ejercicio y una opción de venta de cotización superior al precio de ejercicio. En este caso, las ganancias son mayores cuando se producen movimientos de precios relativamente pequeños en el bien subyacente y no se ejerce ninguna de las dos opciones.

strap: "Strap". Opción combinada que incluye dos "calls" y un "put", y que puede adquirirse por una prima total inferior a la prima de las tres opciones adquiridas por separado. Las tres opciones se lanzan sobre el mismo bien subyacente, el mismo precio de ejercicio y la misma fecha de vencimiento. *También llamado* TRIPLE OPTION. *Ver* CALL 1; PUT 1.

(the) Street: *Ver* WALL STREET.

street loan: Préstamo bancario para operaciones bursátiles.

street name: Expresión que se utiliza cuando el cliente delega la custodia de sus acciones a un agente bursátil. *Ver* DELIVERY INSTRUCTIONS.

street-side trade: Operación bursátil que tiene lugar entre operadores del mercado de valores.

strenght: *Ver* RELATIVE STRENGHT.

strike price: Precio de ejercicio. Precio al cual el poseedor de una opción de compra puede adquirir el bien subyacente o el poseedor de una opción de venta puede vender el bien subyacente. *Ver* EXERCISE PRICE.

strike spread: *Ver* MONEY SPREAD.

strip: 1. "Strip". Combinación de dos opciones de venta y una opción de compra sobre el mismo bien subyacente o índice accionario, con precio de ejercicio y fecha de entrega idénticos. 2. (v.) Comprar acciones con la intención principal de cobrar los dividendos. *También llamado* DIVIDEND STRIPPING.

stripping: *Ver* COUPON STRIPPING.

strong money: *Ver* HARD MONEY.

stub stock: Acciones ordinarias o instrumentos convertibles en acciones de una compañía muy endeudada.

Student Loan Marketing Association: *Ver* SALLY MAE.

subject: Relativo a una oferta de compra o venta que debe ser confirmada por el agente bursátil antes de ejecutar una orden.

subject-quote: *Ver* NOMINAL QUOTE.

subject to opinion: Dictamen de auditoría certificado por contador público por la cual se afirma que los estados contables de una compañía están sujetos al resultado de un acontecimiento futuro incierto, como por ejemplo el fallo de un juicio que podría afectar significativamente a la compañía.

subordinated debenture: Debenture subordinado. Debenture cuyo pago está subordinado a todas las obligaciones presentes y futuras con mayor prioridad de pago. En caso de que el emisor se encuentre en dificultades financieras y deba ser liquidado, deben saldarse todas las demás deudas antes de que puedan cobrar los poseedores de debentures subordinados. *Ver* CONVERTIBLE SECURITY; DEBENTURE.

subscription: Suscripción. 1. Uso de derechos de preferencia para ordenar la compra de títulos valores de una nueva emisión. 2. Acuerdo mediante el cual se expresa la intención de adquirir títulos valores de una nueva emisión. *Ver* RIGHT.

subscription period: Período de suscripción. Período de tiempo en que los inversores puede hacer uso de derechos de preferencia para comprar títulos pertenecientes a una nueva emisión. Suele durar una semana o dos.

subscription price: Precio de suscripción. Precio al que los poseedores de derechos pueden adquirir acciones de una nueva emisión. El precio de suscripción suele ser inferior al precio de mercado.

subscription privilege: *Ver* PREEMPTIVE RIGHT.

subscription ratio: Cantidad de derechos de preferencia necesarios para comprar una sola acción.

subscription right: *Ver* RIGHT.

subscription warrant: *Ver* WARRANT.

subsidiary: Subsidiaria. Compañía controlada por otra compañía o propiedad de esta última. *Ver* HOLDING COMPANY; PARENT COMPANY.

substitute: *Ver* SWAP.

substitution bond swap: Venta de un bono a la vez que se compra otro bono prácticamente idéntico pero que ofrece un rendimiento mayor.

sucre: Sucre. Moneda nacional de Ecuador.

suitor: Compañía que ofrece adquirir otra compañía.

sum-of-the-years' digits depreciation (SYD): Método de amortización por el cual se registran grandes deducciones en los primeros años de vida útil de un bien y pequeñas deducciones en los años posteriores. La tasa anual de amortización se calcula dividiendo la suma de todos los años de vida útil del bien por la cantidad de años de vida restantes. *Ver* DOUBLE-DECLINING-BALANCE DEPRECIATION.

sunk cost: Costo irrecuperable. Pérdida o desembolso que no puede modificarse mediante la aplicación de medidas actuales o futuras.

supermajority provision: Cláusula del estatuto de una compañía que exige un porcentaje inusualmente elevado de votos de los accionistas para introducir determinados cambios.

super sinker: Bono para la compra de vivienda cuyos cupones son a largo plazo pero cuya deuda suele cancelarse en el corto plazo. Si los propietarios de la vivienda saldan la hipoteca, los poseedores de los bonos reciben la totalidad del capital inicial invertido.

supervisory merger: Fusión de dos o más instituciones financieras, supervisada por un ente regulatorio bancario, en la que una institución débil es adquirida por otra más fuerte. El ente supervisor puede asistir a la institución compradora adquiriendo parte de las deudas incobrables de la institución más débil u otorgándole garantías contra pérdidas por un período determinado.

supervoting stock: Clase de acciones que otorga a sus poseedores una proporción de derechos a voto superior a la de otras acciones emitidas por la misma compañía. *También llamado* CONTROL STOCK. *Ver* LIMITED-VOTING STOCK.

suppliers: Proveedores. En contabilidad, cuenta que comprende todas aquellas deudas por adquisición de bienes o servicios que hacen al giro habitual de la empresa.

supply-side economics: Economía de la oferta. Teoría económica que sostiene que la reducción de los impuestos progresivos estimula la inversión productiva, y por lo tanto promueve el crecimiento a largo plazo. *Ver* PROGRESSIVE TAX.

support level: Piso. Precio al que un título valor tiende a dejar de caer porque aumenta la demanda. Los analistas lo identifican como el precio mínimo alcanzado por un título valor o mercado determinado. *Ver* RESISTANCE LEVEL.
(Ver gráfico en p. 467).

surety: Fianza. Garantía de pago de deudas o cumplimiento de obligaciones contractuales.

surety bond: Suma que se cobra en concepto de seguro y cuyo pago se solicita antes de emitir el duplicado de un título valor que reemplaza otro extraviado.

surplus: Superávit, excedente. 1. Capital de una compañía, incluyendo las acciones emitidas a un precio mayor que el valor nominal, que representa un exceso del activo sobre el pasivo. 2. *Ver* RETAINED EARNINGS.

surrender value: *Ver* CASH-SURRENDER VALUE.

surtax: Impuesto adicional o suplementario. Impuesto que deben pagar los contribuyentes que superan un determinado nivel de ganancias o ingresos.

surviving company: Compañía que asume el control después de la formación de una nueva sociedad o fusión. Suele ser una de las compañías integrantes de la fusión pero también puede ser una nueva compañía formada a partir de la fusión.

suspended trading: Operaciones suspendidas. Suspensión temporaria de las negociaciones con un determinado título valor. *También llamado TRADING HALT.*

swap: Operación de pase, intercambio, canje, "swap". 1. Operación en la que se intercambian activos o flujos financieros derivados de distintos títulos valores. 2. Operación combinada en moneda extranjera, que consiste en vender divisas al contado y recomprarlas simultáneamente a término, o viceversa. Este procedimiento es muy utilizado por compañías que reciben préstamos del exterior a corto plazo, ya que les permite obtener recursos en moneda local (al vender las divisas) y asimismo asegurar el tipo de cambio para cuando tengan que reembolsar el préstamo. *También llamado EXCHANGE; SUBSTITUTE; SWITCH.*

swap network: Acuerdo de crédito recíproco a corto plazo entre bancos centrales a fin de estabilizar los precios de la moneda mediante la intervención en el mercado de divisas.

swap order: Orden en la cual el cliente especifica a su agente bursátil que ejecute un "swap" sólo si puede obtenerse una determinada diferencia de precio entre dos operaciones. Por ejemplo, una orden para comprar 100 acciones de una compañía y vender 100 acciones de otra compañía sólo si la primera operación puede realizarse a un determinado precio por acción, inferior al de la segunda operación. *También llamado SWITCH ORDER.*

swaption: Contrato de opción sobre un "swap" de tasas de interés. Contrato que otorga al comprador la opción de ejecutar un "swap" de tasas de interés en una fecha futura. El comprador, por lo general un banco comercial o de inversiones, asume el riesgo de que se modifique la tasa de interés, a cambio del pago de una prima.

sweetener: Característica que se agrega a un título valor determinado para que éste resulte más atractivo a los inversores.

sweetheart deal: Acuerdo antiético entre dos o más partes.

swing loan: *Ver* BRIDGE LOAN.

switch: 1. *Ver* SWAP. 2. Retirar fondos de un fondo común de inversión y colocarlos en otro fondo común de inversión. *Ver* TELEPHONE SWITCHING.

switch order: *Ver* SWAP ORDER.

syndicate: Consorcio colocador, consorcio financiero. Grupo de bancos de inversión que acuerda comprar una nueva emisión de títulos valores al emisor para venderlos al público. *También llamado PURCHASE GROUP; UNDERWRITING SYNDICATE. Ver* AGREEMENT AMONG UNDERWRITERS; BREAKING THE SYNDICATE; SELLING GROUP.

syndicated loan: Préstamo sindicado. Préstamo cuyos fondos son suministrados por un grupo de bancos.

syndicate manager: Líder de la emisión. Principal banco de inversión integrante de un consorcio colocador. Suele ser el responsable de la mayor parte de la emisión y es el banco que se encarga de la distribución de los títulos valores entre los demás miembros del grupo colocador. *Ver* SYNDICATE.

synergy: Sinergia. Incremento del valor de los activos como consecuencia de una combinación de activos. La sinergia es por lo general el objetivo de la mayoría de las fusiones de empresas. *Ver* MERGER.

synthetic asset: Combinación de títulos valores y/o activos de tal manera que los mismos producen el mismo efecto financiero que la posesión de otro activo totalmente diferente. Por ejemplo, la compra de una opción de compra y la venta de una opción de venta sobre el mismo "commodity" crea un activo que tiene el mismo efecto financiero que posee el "commodity" subyacente.

synthetic call: Combinación de un "commodity" y una opción de venta sobre dicho "commodity" cuyo efecto financiero es idéntico a poseer una opción de compra.

synthetic put: Venta corta de un "commodity" y compra de una opción de compra sobre el mismo "commodity" cuyo efecto financiero es idéntico a comprar una opción de venta.

synthetic short sale: Compra de una opción de venta y venta simultánea de una opción de compra sobre el mismo título valor. Esta combinación produce resultados idénticos a los de una venta corta del título valor subyacente.

synthetic stock: Compra de una opción de compra y venta simultánea de una opción de venta sobre la misma acción.

systematic risk: Riesgo sistemático. Riesgo causado por factores que afectan los precios de prácticamente todos los títulos valores de una misma categoría, y que por lo tanto no puede eliminarse mediante la diversificación. *También llamado MARKET RISK; NONDIVERSIFIABLE RISK. Ver* BETA; UNSYSTEMATIC RISK.

T

t: 1. En los diarios estadounidenses, letra que se utiliza en la columna de dividendos de las tablas de operaciones bursátiles para indicar el valor de mercado a partir de la fecha de distribución de los dividendos pagados durante los últimos 12 meses. Las acciones acompañadas por la letra *t* no pagaron dividendos en efectivo. 2. En los diarios estadounidenses, letra que se usa en los cuadros de operaciones con títulos de deuda para indicar un bono o una nota a tasa flotante. 3. En los diarios británicos, letra que se utiliza en los cuadros de operaciones bursátiles para indicar que los dividendos y la relación precio-ganancia se basan en la última cifra de ganancias anuales.

T: En los diarios estadounidenses, letra que se usa en los informes de ganancias para identificar a la Bolsa de Toronto como mercado primario de las acciones ordinarias de una compañía.

tag ends: Títulos valores restantes de una nueva emisión cuya mayor parte ya fue vendida.

tail: 1. Fracción decimal del precio que ofrece un potencial "underwriter" para la compra de una nueva emisión de títulos valores. 2. Diferencia entre el precio de compra promedio y el precio de compra más bajo en una subasta de títulos del Tesoro.

tailgating: Práctica por la cual un agente bursátil, después de que un cliente coloca una orden de compra o venta de un determinado título valor, coloca una orden sobre el mismo título para su propia cuenta. El agente espera beneficiarse ya sea a partir de información que posee el cliente o porque la orden del este último es lo suficientemente grande como para ejercer presión sobre el precio del título.

taka: Taka. Moneda nacional de Bangladesh.

take: 1. Acción de aceptar el precio al que un operador ofrece un título valor. 2. Ganancia realizada a partir de una transacción.

take a bath: Perder gran parte del dinero invertido en un determinado bien.

take a flier: Comprar títulos valores con el conocimiento de que la inversión es altamente riesgosa.

take a position: *Ver* POSITION.

take delivery: 1. Aceptar que un "commodity" sea entregado en base a lo convenido en un contrato de futuros. 2. Tomar posesión, recibir. Aceptar los certificados de títulos valores adquiridos.

takedown: 1. Participación proporcional correspondiente a cada uno de los bancos de inversiones que intervienen en una nueva oferta de títulos valores. 2. Precio que pagan los agentes colocadores por una nueva emisión de títulos valores.

take off a leg: *Ver* LEG LIFTING.

take-or-pay contract: Acuerdo entre un comprador y un vendedor por el cual el primero está obligado a pagar un monto mínimo por un producto o servicio, incluso si dicho producto o servicio no es entregado. Este tipo de contrato suele ser utilizado por compañías de servicios públicos como garantía de títulos valores emitidos para financiar nuevas plantas.

take out: Fondos adicionales generados en una cuenta de corretaje cuando un inversor vende un bloque de títulos valores y compra otro bloque a un precio total inferior. 2. Retiro de dinero de una cuenta de corretaje, por lo general después de que una operación produjo un saldo acreedor.

takeover: Adquisición del control de una compañía, "takeover". Adquisición del control de una compañía mediante la compra de una cantidad suficiente de acciones. *Ver* FRIENDLY TAKEOVER; RAIDER; UNFRIENDLY TAKEOVER.

takeover bid: Oferta pública de compra de las acciones necesarias para adquirir el control de una compañía.

takeover defense: *Ver* SHARK REPELLENT.

takeover stock: Capital accionario que, por distintos motivos, tiene buen potencial para ser objeto de un "takeover" por parte de otra compañía. *Ver* IN PLAY; SPLIT-UP VALUE.

takeover target: *Ver* TARGET COMPANY.

takeover value: *Ver* PRIVATE MARKET VALUE.

tala: Tala. Moneda nacional de Samoa.

tangible assets: Bienes tangibles, activos tangibles. Activos que tienen propiedades físicas, como el dinero, los bienes raíces o las maquinarias. *También llamado HARD ASSET.* Ver INTANGIBLE ASSETS.

tangible net worth: Patrimonio neto tangible. Activos totales menos los bienes intangibles y las deudas totales. *También llamado NET TANGIBLE ASSETS.*

tape: *Ver* TICKER TAPE.

tape racing: Práctica ilegal por la cual un agente bursátil aprovecha la orden de un cliente para realizar operaciones para su propia cuenta antes de ejecutar la orden del cliente.

tape reader: Operador que observa los precios de las acciones y los volúmenes negociados en un sistema computarizado de información bursátil y usa esta información para decidir sus operaciones. *Ver* READ THE TAPE.

target company: Compañía cuyo control desea adquirir otra compañía, en particular mediante la oferta pública de compra de sus acciones. *También llamado TAKEOVER TARGET.* Ver DEFENSIVE ACQUISITION; IN PLAY; RAIDER; TAKEOVER; TOEHOLD PURCHASE.

target price: 1. Precio al que se espera que llegue un título. 2. Precio al que un inversor espera comprar un activo.

tariff: Arancel, arancel aduanero. Impuesto federal gravado sobre las importaciones, que por lo general se impone para proteger a las compañías nacionales de la competencia de los productos extranjeros. *También llamado DUTY; CUSTOMS DUTY; IMPORT DUTY.* Ver DRAWBACK; GENERAL AGREEMENT ON TARIFFS AND TRADE; TRIGGER PRICE.

taxable income: Ganancia imponible, ganancia gravable, rentas sujetas a gravámenes. Ganancias sobre las que se aplican gravámenes impositivos.

tax anticipation bill (TAB): Título de deuda a corto plazo emitido por el Tesoro de EE.UU., que se emite con descuento y que puede convertirse a valor nominal, al vencimiento o unos días antes, para pagar una deuda impositiva federal.

tax anticipation note (TAN): Título de deuda municipal a corto plazo que se vende para recaudar fondos para actividades del gobierno hasta percibir el pago de impuestos. En ese momento, la recaudación se usa para pagar la deuda.

tax avoidance: Reducción de obligaciones impositivas por medios legales. *Ver* TAX EVASION.

tax base: Base imponible. Recursos disponibles a los fines impositivos. El análisis de la base imponible es importante para la emisión de bonos municipales asegurados con ingresos fiscales.

tax basis: *Ver* BASIS 2.

tax credit: Crédito fiscal. Reducción que se aplica al monto que debe pagarse en concepto de impuestos. El crédito fiscal es más valioso que una deducción sobre el mismo monto porque el crédito implica una disminución del impuesto a pagar y no una reducción de la ganancia imponible, como en el caso de la deducción. *Ver* FOREIGN TAX CREDIT.

tax deduction: *Ver* DEDUCTION.

tax deferral: Postergación del pago de una deuda fiscal hasta una fecha determinada. Por lo general, se refiere a una inversión cuyas ganancias acumuladas están libres de impuestos hasta que el inversor tome posesión de las mismas como ocurre, por ejemplo, con las cuentas de ahorro previsional.

tax-deferred income: Ganancia que no se recibe ni se grava con impuestos hasta una fecha futura. Por ejemplo, el interés ganado sobre algunos títulos públicos no se percibe ni se grava con impuestos hasta la fecha de vencimiento. *Ver* TAX-FREE INCOME; TAX-SHELTERED INCOME.

tax evasion: Evasión impositiva. Omisión intencional del pago de impuestos. *Ver* TAX AVOIDANCE.

tax-exempt bond: *Ver* MUNICIPAL BOND.

tax-exempt money market fund: Fondo común de inversión abierta que invierte en títulos valores a corto plazo exentos de impuestos. *También llamado SHORT-TERM MUNICIPAL BOND FUND*. *Ver* DOUBLE-EXEMPT FUND; MUNICIPAL BOND FUND.

tax-free income: Ganancia libre de impuestos. Por ejemplo, el interés de la mayoría de los bonos municipales está exento de impuestos federales a las ganancias. *Ver* TAX-DEFERRED INCOME; TAX-SHELTERED INCOME.

tax haven: Paraíso fiscal. País o entidad política que aplica impuestos reducidos o no cobra ningún tipo de impuestos a las compañías extranjeras.

tax indexing: *Ver* INDEX.

tax loss carryback: *Ver* CARRYBACK.

tax loss carryforward: *Ver* CARRYFORWARD 1.

tax-loss selling: Venta de títulos valores cuyo precio cayó a fin de realizar pérdidas que puedan utilizarse para reducir las ganancias imponibles. *Ver* TAX SELLING.

tax rate: Tasa impositiva. Monto proporcional que se paga en carácter de impuesto sobre una determinada ganancia o sobre el valor monetario de un bien.

tax selling: Venta de títulos valores, por lo general a fines del año financiero, para establecer ganancias o pérdidas a los fines impositivos. *Ver* TAX-LOSS SELLING.

tax shelter: Refugio fiscal. Inversión que produce deducciones impositivas considerables, que pueden usarse para compensar otras ganancias imponibles. *También llamado SHELTER.*

tax-sheltered income: Ganancia que normalmente sería imponible, pero que debido a determinadas deducciones está exenta de gravámenes impositivos. *Ver* TAX-DEFERRED INCOME; TAX-FREE INCOME.

tax straddle: Combinación de dos contratos similares de futuros (uno de compra y otro de venta) que tienden a moverse en direcciones opuestas, de tal manera que la pérdida en uno de ellos se compensa con la ganancia en el otro. El contrato que registró pérdida se vende a fines del año financiero en curso, mientras que el contrato que registró ganancia se vende al año siguiente.

tax swap: Venta de un título valor cuyo precio cayó desde la fecha de adquisición y la compra simultánea de un título similar. El fin de este canje es adquirir una pérdida para los fines impositivos y al mismo tiempo mantener posición en el mercado. *Ver* WASH SALE.

tax umbrella: Pérdidas impositivas trasladables a ejercicios posteriores que pueden utilizarse para evitar que se graven impuestos sobre las ganancias percibidas en el período actual o en el futuro.

tax year: Año fiscal, ejercicio impositivo. Período de 12 meses sobre el cual se calculan impuestos. El año fiscal no siempre coincide con el año calendario.

T-bill: *Ver* TREASURY BILL.

tear sheet: Página extraída de una de las publicaciones de Standard & Poor's sobre el mercado bursátil. *Ver* STANDARD & POOR'S.

technical analysis: Estudio de las relaciones entre las distintas variables del mercado bursátil como nivel de precios, volumen negociado y movimiento de precios, a fin de determinar la oferta y la demanda de títulos valores y "commodities". Los analistas técnicos utilizan cuadros y sistemas de computación para identificar y proyectar las tendencias de los distintos mercados. *Ver* FUNDAMENTAL ANALYSIS 2.

technical correction: Corrección técnica. Caída temporaria del precio de un título valor o del mercado en general luego de un período de aumento de precios. La corrección técnica se produce por lo general en mercados con tendencia alcista cuando no existe un motivo particular para que esta tendencia se detenga, a excepción de que los inversores mermaran su actividad en forma temporaria.

technical rally: Aumento temporario del precio de un título valor o "commodity" durante una tendencia general en baja.

technician: Analista técnico. Profesional que utiliza el análisis técnico para determinar cuándo invertir y qué títulos valores elegir. *También llamado TECHNICAL ANALYST. Ver* TECHNICAL ANALYSIS.

teenie: *Ver* SIXTEENTH.

telephone booth: Uno de una serie de compartimientos que rodean el recinto de la New Work Stock Exchange, y que las sociedades bursátiles usan para recibir órdenes que se ejecutarán en el recinto, y para transmitir la información a las oficinas correspondientes una vez ejecutadas dichas órdenes.

telephone switching: Movimiento de fondos de un fondo común de inversión a otro a partir de una orden recibida por teléfono.

tender: 1. Ofrecer en venta acciones de una compañía en respuesta a una oferta de compra de las mismas, por lo general por parte de la misma compañía emisora que decidió recomprar parte de sus acciones. *Ver* HEDGED TENDER. 2. Presentar una oferta de compra formal de títulos valores, como por ejemplo en una subasta de letras del Tesoro de Estados Unidos. 3. Aviso del vendedor de un contrato de futuros de su intención de entregar el "commodity" o instrumento financiero indicado en el contrato. 4. Ofrecimiento de pago a un acreedor.

tender offer: Oferta pública para comprar las acciones de una sociedad, ya sea por parte de esta última a sus accionistas para reducir la cantidad de acciones en circulación, o por un tercero que desea adquirir el control de la compañía. *Ver* CREEPING TENDER OFFER; EXCLUSIONARY TENDER OFFER; HOSTILE TENDER OFFER; SELF-TENDER; TWO-TIER TENDER OFFER; WILLIAMS ACT.

tentative order: Orden de un cliente a un agente bursátil para comprar parte de una nueva emisión de títulos valores antes de que se hayan fijado los términos de dicha emisión.

term bonds: Bonos con fecha de vencimiento única. Las obligaciones negociables suelen ubicarse en esta categoría ya que todos los bonos de una determinada emisión están programados para llegar al vencimiento en la misma fecha. *Ver* SERIAL BONDS.

term certificate: Certificado de depósito con vencimiento de un año o más.

terminal value: Valor monetario que tendrá un activo en una fecha futura determinada.

term insurance: *Ver* TERM LIFE INSURANCE.

term life insurance: Seguro de vida emitido durante un plazo determinado, en el que el asegurado paga solamente por protección en caso de fallecimiento. Cada vez que se renueva la póliza, la prima es mayor, porque el asegurado tiene más probabilidades de fallecer. *También llamado TERM INSURANCE. Ver* CASH VALUE LIFE INSURANCE.

term loan: Crédito a mediano o largo plazo otorgado a una empresa por un banco comercial, una compañía de seguros o una compañía financiera, para financiar bienes de capital o proporcionar capital de trabajo.

term repurchase agreement: Acuerdo de recompra cuyo plazo de vencimiento es superior a un día, en el cual los bancos e instituciones de ahorro que tienen exceso de efectivo compran títulos valores con el compromiso de venderlos posteriormente a un precio predeterminado. *También llamado TERM REPO.*

term structure of interest rates: *Ver* YIELD CURVE.

term to maturity: Cantidad de años en los que un emisor de títulos de deuda se compromete a cumplir con las disposiciones del documento en base al cual se emitieron dichos títulos. *Ver* YIELD CURVE.

theoretical value: Valor teórico. Precio calculado matemáticamente al que debería venderse un título valor determinado.

thinly traded security: Título valor cuyo volumen de negociación es reducido.

thin capitalization: Relación insuficiente o inadecuada entre el patrimonio neto de una compañía y sus obligaciones.

thin corporation: Sociedad por acciones cuyo patrimonio neto es insuficiente o inadecuado frente al volumen de sus deudas.

thin market: Mercado de un título valor en el que se producen relativamente pocas ofertas de compra y venta. *Ver* DEEP MARKET; TIGHT MARKET.

third market: Mercado extrabursátil de acciones que cotizan en una bolsa en el que intervienen operadores no integrantes de dicha bolsa. *Ver* FOURTH MARKET.

thrift: Institución financiera cuyos fondos provienen principalmente de los depósitos de ahorristas.

throwaway: *Ver* FOR YOUR INFORMATION.

tick: Movimiento de precio ascendente o descendente de un título valor. *Ver* DOWNTICK; MINIMUM TICK; UPTICK.

ticker: Sistema electrónico por el cual se informan las operaciones realizadas en el recinto de una bolsa de valores.

ticker symbol: Abreviatura con la cual se expresa el nombre de una compañía en los sistemas computarizados de información bursátil.

ticker tape: Sistema computarizado que transmite en forma constante la abreviatura del nombre de la compañía y el último precio y volumen negociado de un título valor. *También llamado TAPE.*

ticket: *Ver* ORDER TICKET.

tick test: Prueba por la cual se mide el nivel en que un agente bursátil estabilizó los precios operando en sentido contrario a la tendencia del mercado. Es decir, la proporción de compras realizadas sobre precios en baja y las ventas realizadas sobre precios en alza.

tier: Agrupación de títulos valores, generalmente por tamaño de la compañía o calidad de los mismos. *Ver* SECONDARY STOCK.

tiered market: Mercado en donde los inversores favorecen un determinado grupo de títulos valores, por lo que dichos títulos tienen una relación precio-beneficio superior a la de otros títulos con características similares.

tight market: Mercado en donde la competencia es intensa y los márgenes de ganancia reducidos.

tight money: Restricción del crédito por la cual se crea un período de tasas de interés relativamente altas. *Ver* EASY MONEY.

time deposit: Depósito a plazo. Cuenta de ahorro que devenga intereses o certificado de depósito que un cliente posee en una institución financiera. Se refiere no sólo a los depósitos a plazo fijo, sino también a los depósitos que devengan interés y permiten una determinada cantidad de extracciones durante un período estipulado. *Ver* DEMAND DEPOSIT.

time draft: Letra de cambio a término. Letra de cambio pagadera una determinada cantidad de días después de ser presentada. *Ver* DRAFT.

time horizon: Período de tiempo dentro del cual debe concretarse un programa de inversión. *También llamado HORIZON.*

time fixed charges: *Ver* FIXED-CHARGE COVERAGE.

time loan: Préstamo a plazo. Préstamo a corto plazo que debe pagarse en su totalidad en una fecha determinada, por ejemplo a los 30, 60, 90 ó 120 días.

time order: Solicitud del cliente al agente de bolsa para ejecutar una orden bursátil en un momento futuro determinado.

times interest earned: *Ver* INTEREST COVERAGE.

time spread: *Ver* CALENDAR SPREAD.

time value: Diferencia entre el precio al que se adquiere el control de una compañía y el precio de las acciones de dicha compañía antes de que se produzca la toma de control.

time value of money: Concepto de que una determinada suma de dinero posee mayor valor cuanto antes se la reciba.

timing: Conocimiento del momento exacto en que es conveniente comprar o vender determinados títulos valores para obtener el máximo de ganancias.

tip: Información aún no disponible al público en general, que se transmite de persona a persona como base para comprar o vender títulos valores y que, si es correcta, podría generar operaciones altamente rentables. Por ejemplo, que una compañía será objeto de un "takeover", o que el último informe contable de una compañía diferirá notablemente del anterior.

tippee: Persona que recibe información confidencial de una compañía, a fin de utilizarla para realizar operaciones bursátiles. *Ver* TIP.

tipster: Persona que proporciona información confidencial sobre una compañía. *Ver* TIP.

toehold purchase: Compra inferior a 5% de las acciones ordinarias en circulación de una compañía cuyo control se desea adquirir.

Tokyo Stock Exchange: Bolsa de Valores de la ciudad de Tokio. Segunda bolsa más grande del mundo, después de la New York Stock Exchange. Está ubicada en la ciudad de Tokio, Japón.

toll revenue bond: *Ver* REVENUE BOND.

tombstone: Publicidad de una nueva emisión de títulos valores. Contiene información básica sobre la emisión y ofrece una lista de los miembros del consorcio colocador en orden de prioridad según el grado de participación de los mismos. *Ver* BRACKETING.

top: Nivel más alto que registra un título valor, un índice de mercado u otro activo. *Ver* BOTTOM.

topping out: Referente a un mercado o título valor que se encuentra en el final de un período de precios en alza y que por lo tanto debería permanecer estable o incluso bajar.

total asset turnover: Relación financiera que indica la efectividad con que la dirección de una compañía usa los activos de la misma para generar ventas. Se calcula dividiendo los activos totales de la compañía por las ventas anuales. *También llamado* ASSET TURNOVER.

total capitalization: *Ver* CAPITALIZATION 3.

total cost: Costo total. Monto de dinero total colocado en una inversión. Incluye capital inicial, comisiones, intereses e impuestos.

total return: Rentabilidad total. Retorno total. Rentabilidad anual de una inversión incluyendo intereses sobre pago de dividendos y ganancias de capital.

total volume: Cantidad total de acciones o contratos negociados en una jornada bursátil.

tout: Crear interés en una compañía o un título valor.

trade: (sust.) 1. Operación, transacción, negociación. Compra o venta de un activo. *También llamado TRANSACTION.* 2. Compra o venta de mercaderías y servicios entre compañías, estados o países. *También llamado COMMERCE.*

trade: (v.) Comprar o vender un activo, por lo general a fin de obtener una ganancia en el corto plazo.

trade balance: Balanza comercial. Diferencia neta entre el valor de las exportaciones y el valor de las importaciones de un país.

trade date: Día en que se ejecuta una orden de compra o venta de títulos valores. *También llamado TRANSACTION DATE.* Ver SETTLEMENT DATE.

trade deficit: Déficit comercial. Exceso de mercaderías y servicios que un país importa con respecto a las mercaderías y los servicios que exporta. *Ver* TRADE SURPLUS.

trademark: Marca comercial. Nombre, símbolo o emblema que identifica a un determinado producto o servicio, o a una compañía.

trade payables: Proveedores, cuentas y efectos comerciales a pagar.

trade receivables: Clientes, cuentas y efectos comerciales a cobrar, deudores por ventas. Representa todos aquellos deudores en cuenta corriente que posee una compañía por la venta de mercaderías o contratación de servicios.

trader: Operador. 1. Persona que compra o vende títulos valores, instrumentos financieros o "commodities" en nombre de sus clientes o para su propia cuenta.

trade surplus: Superávit comercial. Exceso de mercaderías y servicios que un país exporta con respecto a las mercaderías y servicios que importa. *Ver* TRADE DEFICIT.

trading authorization: Documento escrito que otorga a un tercero autorización para ingresar órdenes en la cuenta de un inversor.

trading gap: Período en que un título valor no se negocia debido a una brecha marcada entre los precios de compra y venta o a una suspensión oficial de las negociaciones producida por un factor técnico.

trading halt: *Ver* SUSPENDED TRADING.

trading limit: Cantidad de contratos de "commodities" que un individuo puede negociar durante una sola jornada. *Ver* POSITION LIMIT.

trading pattern: Gráfico en donde se reproduce la tendencia sistemática del precio de un título valor o contrato de futuros de "commodities" durante un período determinado. Se forma trazando una línea que une los precios más altos y otra línea que une los precios más bajos registrados por determinado título durante el período abarcado. Ambas líneas se dirigen hacia arriba o hacia abajo, y de este modo indican el patrón de operaciones a largo plazo.
(Ver gráfico en p. 467).

trading post: *Ver* POST.

trading price: Precio de negociación. Cotización por la cual se rige una operación bursátil.

trading profit: Ganancia obtenida a partir de la compra y venta de un título valor en el transcurso de un período relativamente corto.

trading range: 1. Precios máximo y mínimo entre los cuales se negoció o se espera que se negocie un título valor o un promedio bursátil determinado. *Ver* HISTORICAL TRADING RANGE.

trading unit: *Ver* UNIT OF TRADING.

trading variation: *Ver* MINIMUM TICK.

traditional governmental purpose bond: *Ver* ESSENTIAL FUNCTION BOND.

trailing stop: Orden de compra (o venta) con precio tope en la cual se colocan órdenes subsiguientes con precio tope a niveles progresivamente inferiores (o superiores) a medida que cae (o aumenta) el precio de la acción.

tranche: Tramo. 1. Una de las clases de títulos de deuda que se incluyen en una emisión. Cada uno de los tramos tiene un cupón y una fecha de vencimiento diferente. *También llamado* CREDIT TRANCHE. *Ver* STOCK CLASS. 2. Certificado de depósito con vencimiento único, que se divide en nominaciones menores antes de ser vendido a los inversores. *También llamado* TRANCH CD. 3. En Gran Bretaña, una de las rondas sucesivas en que los gobiernos, las autoridades locales o las corporaciones emiten títulos valores de renta fija. *Ver* TRANCHETTE.

tranch CD: *Ver* TRANCHE 2.

tranchette: Tramo pequeño de títulos públicos que el gobierno de Gran Bretaña vende al banco central, y que luego éste coloca en el mercado.

transaction: *Ver* TRADE.

transaction costs: Gastos producidos por la compra o venta de un título valor. Incluyen comisiones, aranceles e impuestos directos. *Ver* DISCOUNT BROKERAGE FIRM.

transaction date: *Ver* TRADE DATE.

transfer: Transferencia. 1. Registro del cambio de propiedad de un título valor en los libros del emisor. 2. Entrega de un título valor por parte del agente bursátil del vendedor al agente bursátil del comprador de dicho título. 3. Movimiento de fondos de una cuenta a otra.

transfer agent: Entidad financiera que una compañía designa para realizar la transferencia de sus títulos valores, así como también para mantener un registro de los propietarios de acciones y resolver problemas relacionados con la pérdida o el robo de certificados.

transfer cost: *Ver* TRANSFER PRICE.

transfer notice: *Ver* DELIVERY NOTICE.

transfer of account: Autorización de un cliente para que los activos de su cuenta en una sociedad bursátil se transfieran a una cuenta en otra sociedad bursátil.

transfer price: Precio al que un producto se transfiere internamente entre distintas divisiones de una misma compañía. Por ejemplo, las compañías petroleras deben determinar el precio de los productos a medida que van desde el yacimiento hasta la estación de servicio a fin de determinar la rentabilidad de cada etapa. *También llamado TRANSFER COST.*

transfer tax: Impuesto a las transferencias. 1. Impuesto que debe pagar el vendedor de títulos valores sobre la transferencia de los mismos. 2. Impuesto sobre transmisiones patrimoniales. Impuesto sobre la transferencia de bienes por donación o fallecimiento.

translation: Conversión de divisas. Uso del tipo de cambio al que cotiza una moneda para expresar montos nominados en otra moneda. *También llamado FOREIGN CURRENCY TRANSLATION.*

translation differences: Diferencias de cambio. *Ver* TRANSLATION GAIN/LOSS.

translation gain/loss: Ganancia/pérdida generada a partir de la conversión de una moneda por otra. *Ver* TRANSLATION.

treasurer: Tesorero. Ejecutivo financiero de una compañía, responsable del recibo, la custodia y el desembolso de fondos, la solicitud de préstamos y, en el caso de una compañía que cotiza en bolsa, del mantenimiento de un mercado para los títulos de la empresa. *Ver* CHIEF FINANCIAL OFFICER.

Treasuries: Títulos de deuda respaldados por el gobierno de un país y emitidos por el Departamento del Tesoro.

Treasury bill: Letra del Tesoro. Título de deuda a corto plazo emitido por el gobierno de un país. Por lo general, las letras del Tesoro tienen vencimiento a un año o inferior. *También llamado T-BILL. Ver* BANK DISCOUNT BASIS; CERTIFICATE OF INDEBTEDNESS; COUPON-EQUIVALENT YIELD.

Treasury bill auction: Subasta de letras del Tesoro que realiza el banco central de un país en base a las ofertas de inversores institucionales.

Treasury bond: Bono del Tesoro. Título de deuda a largo plazo emitido por el gobierno de un país. Por lo general, los bonos del Tesoro tienen vencimiento a 10 años o más.

Treasury Bond Receipts: *Ver* COUPON STRIPPING.

Treasury note: Nota del Tesoro. Título de deuda a mediano plazo emitido por el gobierno de un país. Por lo general, las notas del Tesoro tienen vencimiento de 1 a 10 años.

treasury stock: Acciones en tesorería. Acciones que fueron readquiridas por la compañía emisora, y que en el futuro pueden ser emitidas nuevamente. Estas acciones no se colocan en circulación, no tienen derecho a voto y no generan dividendos. *También llamado REACQUIRED STOCK; TREASURY SHARES.*

trend: Tendencia. Movimiento relativamente constante de una variable durante un período determinado.

trend analysis: Análisis de tendencia. Análisis de los cambios de una variable para determinar si existe una tendencia y qué indica.

trendline: Línea de tendencia. En el análisis técnico, línea que marca la dirección que registró un título valor a fin de predecir futuros movimientos de precio. Se traza uniendo los precios máximos o mínimos a que llegó el título analizado durante un período determinado. La inclinación ascendente o descendente de la línea resultante indica el sentido de la tendencia.
(Ver gráfico en p. 468).

triangle: En el análisis técnico, gráfico que tiene dos puntos de base y un punto superior, y que se forma conectando los movimientos del precio de un título valor con una línea. En un triángulo típico, hay una serie de dos o más aumentos y bajas de precio en donde cada pico máximo es inferior al anterior, y cada pico mínimo es superior al anterior. Los analistas consideran que cuando un título sale de la formación triangular, ya sea en sentido ascendente o descendente, es un indicador de que el precio de dicho título continuará en esa dirección. *También llamado COIL; FLAG; PENNANT; WEDGE. Ver* ASCENDING TRIANGLE; DESCENDING TRIANGLE.
(Ver gráfico en p. 468).

trigger price: Precio mínimo fijado para un artículo importado, debajo del cual se impone un cupo o arancel, con el fin de impedir que los rivales extranjeros ofrezcan mejores precios que los que ofrecen las compañías nacionales en el mercado local. *Ver* DUMPING 2.

triple A: *Ver* AAA.

triple bottom: En el análisis técnico, gráfico que se forma cuando un título valor o índice bursátil intentó caer por debajo de su nivel de precio mínimo en tres oportunidades. *Ver* TRIPLE TOP.

triple tax exempt: Relativo a un título de deuda municipal que paga intereses libres de impuestos federales, provinciales (o estaduales) y municipales a quienes residen en los estados o localidades emisores.

triple top: En el análisis técnico, gráfico que se forma cuando un título valor o índice bursátil intentó superar su nivel de precio máximo en tres oportunidades. *Ver* TRIPLE BOTTOM.
(Ver gráfico en p. 468).

triple witching hour: En Estados Unidos, última hora antes del cierre de la jornada del tercer viernes de marzo, junio, septiembre y diciembre, en que vencen conjuntamente las opciones y los futuros de índices bursátiles. *Ver* EXPIRATION EFFECT; PROGRAM TRADING.

troubled bank: Banco cuyo porcentaje de créditos morosos es superior al de los bancos de tamaño similar. *También llamado PROBLEM BANK.*

troubled debt restructuring: *Ver* DEBT RESTRUCTURING.

truncation: Servicio en el cual se acortan las etapas de un proceso, a fin de reducir los costos operativos, por ejemplo cuando los cheques cancelados se retienen en el banco y no se devuelven al cliente junto con el estado de cuenta. 2. Eliminación de uno o más dígitos al calcular el interés acumulado en una cuenta de ahorro.

trust: 1. Fideicomiso. Acuerdo legal por el cual se transfiere el control de determinados bienes a una persona u organización (el fideicomisario), que debe administrarlos en beneficio de un tercero (el beneficiario). 2. Grupo de empresas que se asocian para lograr distintos objetivos, como por ejemplo reducir la competencia, mantener los precios, etc. *Ver* ANTITRUST LAWS.

trust account: Cuenta fiduciaria. Cuenta administrada por una compañía fiduciaria o el departamento fiduciario de un banco.

trust company: Compañía fiduciaria. Compañía organizada para realizar operaciones en carácter de fideicomisaria. Algunas compañías fiduciarias ofrecen servicios bancarios, como tomar depósitos y otorgar préstamos. También actúan como agentes de empresas, realizando el pago de dividendos accionarios y de intereses sobre títulos de deuda, y como agentes pagadores de gobiernos locales y provinciales o estaduales que solicitaron préstamos en el mercado de bonos.

trust deed: *Ver* INDENTURE.

trustee: 1. Fideicomisario. Persona o institución asignada para administrar activos en beneficio de un tercero. 2. Síndico de la quiebra. En materia de concursos preventivos y quiebras, persona designada por el juez que tiene por función administrar el patrimonio del deudor y, llegado el caso, liquidar sus bienes y distribuir lo obtenido entre sus acreedores. *Ver* BANKRUPTCY.

trustor: Persona o institución que crea un fideicomiso. *Ver* TRUST 1.

tugrik: Tughrik. Moneda nacional de Mongolia.

turnaround: 1. Proceso por el cual finaliza un período de pérdidas o baja rentabilidad y se ingresa en una etapa más rentable. 2. Título valor que se encuentra en proceso de revertir una tendencia de precios descendente. 3. Compra y venta de un título valor en el transcurso del mismo día.

turnover: 1. Volumen negociado en un mercado o título valor determinado. 2. Rotación, renovación. Cantidad de veces que se renueva un activo durante un período contable determinado. 3. Facturación, volumen de ventas, ingresos brutos. 4. En relaciones industriales, cantidad total de empleados dividido por la cantidad de empleados renovados durante un período determinado.

turnover rate: 1. Volumen negociado de las acciones de una sociedad, expresado como porcentaje del total de sus acciones en circulación. 2. En fondos comunes de inversión, volumen de las cuotapartes negociadas, expresado como porcentaje del total de las cuotapartes en circulación.

twenty-five percent rule: Pauta que usan los analistas para la compra de bonos municipales por la cual, si la deuda total a largo plazo de una municipalidad supera el 25% de su presupuesto anual, dicha deuda es excesiva.

twin shares: Acciones de dos sociedades independientes, pero cuyos accionistas son exactamente los mismos.

twisting: Práctica antiética por la cual se intenta convencer a un inversor de que realice una operación determinada con el solo objetivo de que el agente o el vendedor obtenga una comisión a partir de dicha operación. *También llamado CHURNING.*

two-dollar broker: Agente bursátil que ejecuta órdenes para otros agentes que se encuentran demasiado ocupados. Realiza la misma tarea que un comisionista de recinto excepto que no representa a una sociedad determinada sino que es independiente. *También llamado INDEPENDENT BROKER.*

200-day moving average: Serie estadística de los precios de cierre de un título valor durante 200 jornadas consecutivas. Se utiliza como indicador técnico para determinar cambios de tendencia.

200 percent declining balance method: *Ver* DOUBLE-DECLINING-BALANCE DEPRECIATION.

two-sided market: Mercado en el que existen cotizaciones tanto para la compra como para la venta. *También llamado TWO-WAY MARKET*.

two-tier bid: Oferta para adquirir el control de una compañía en la cual el comprador ofrece pagar un precio mayor por las acciones necesarias para adquirir el control que por el resto de las acciones. *También llamado TWO-TIER TENDER OFFER. Ver* FAIR PRICE AMENDMENT.

two-tier bank: *Ver* INVESTMENT BANK.

two-tier tender offer: *Ver* TWO-TIER BID.

two-way market: *Ver* TWO-SIDED MARKET.

U

u: 1. En los diarios estadounidenses, letra que se coloca en las tablas de operaciones bursátiles para indicar que el precio de un título valor alcanzó un nuevo pico máximo. 2. En los diarios británicos, letra que se coloca en los cuadros de operaciones bursátiles para indicar que las cifras anuales estimadas para los dividendos y la relación precio-ganancia se basan en las ganancias del año anterior.

un o ut: En los diarios estadounidenses, sigla que se utiliza en las tablas de operaciones bursátiles para indicar una combinación de títulos valores negociados en un solo paquete.

unamortized bond discount: Para bonos que se venden con descuento sobre el valor nominal, diferencia entre el valor nominal del bono y los ingresos por la venta del mismo para la compañía emisora, menos cualquier porcentaje amortizado.

uncollected funds: Fondos a cobrar. Depósito o parte de un depósito que todavía no fue cobrado por una institución financiera. *También llamado UNCOLLECTED ITEMS.*

uncovered option: *Ver* NAKED OPTION.

underbanked: Relativo a una nueva emisión de títulos valores en la cual el colocador principal tiene dificultades para incluir nuevos miembros en el consorcio colocador de la emisión.

underbooked: Relativo a una nueva emisión de títulos valores en la que se detecta una falta de interés general por parte de los inversores antes de la fecha de emisión.

undercapitalization: Situación en la que una compañía no cuenta con suficiente capital para llevar a cabo sus actividades comerciales normales.

underdepreciation: 1. Amortización que resulta insuficiente para permitir el reemplazo del bien amortizado. *Ver* OVERDEPRECIATION 1. 2. Amortización por la que un bien se registra en los libros a un valor superior al que tendría si fuera vendido. *Ver* OVERDEPRECIATION 2.

underlying asset: Bien subyacente. Activo sobre el que se basa un instrumento financiero. Por ejemplo, el bien subyacente de una opción de compra de acciones son las acciones que pueden adquirirse ejerciendo dicha opción. *Ver* DERIVATIVE INSTRUMENT.

underlying debt: Deuda subyacente. Título de deuda de una organización municipal por el cual una organización gubernamental superior es parcialmente responsable. *También llamado OVERLAPPING DEBT.*

undermargined account: Cuenta a margen que no cumple con los requisitos de depósito de garantía.

underperforming asset: Activo que genera una rentabilidad inferior a la que podría generar si se lo usara correctamente. *Ver* NON-PERFORMING ASSET.

underpricing: Fijación del precio de una nueva emisión de títulos valores a menos del precio prevaleciente para los mismos títulos en el mercado secundario.

undervalued: Subvaluado. Relativo a un título valor que se negocia a un precio inferior al que le correspondería. *Ver* OVERVALUED.

undervalued company: Compañía subvaluada. Compañía cuyos activos y rentabilidad potencial no se reflejan adecuadamente en el precio de sus acciones. *Ver* ASSET VALUE.

underwater loan: Préstamo cuyo valor de mercado es inferior a su valor nominal.

underwrite: 1. Suscribir en firme una emisión de títulos valores, garantizar una colocación de títulos valores. Asumir el riesgo de la venta de una nueva emisión de títulos valores comprando los títulos al emisor para su posterior reventa al público, ya sea en forma directa o mediante operadores. 2. Asegurar. Asumir un riesgo a cambio del pago de una prima.

underwriter: 1. Colocador de una emisión de títulos valores, "underwriter". Banco de inversiones que garantiza la venta de una nueva emisión de títulos valores comprando los títulos al emisor para su posterior reventa al público. *También llamado*

SPONSOR. Ver AGREEMENT AMONG UNDERWRITERS; INVESTMENT BANKER; LEAD UNDERWRITER. 2. Asegurador. Compañía que asume el riesgo de muerte, incendio, robo, enfermedad, etc., a cambio del pago de una prima.

underwriter agreement: *Ver* AGREEMENT AMONG UNDERWRITERS.

underwriting spread: *Ver* GROSS SPREAD.

underwriting syndicate: *Ver* SYNDICATE.

undistributed profits: *Ver* RETAINED EARNINGS.

undivided profit: Ganancia neta no distribuida, aún no incluida como parte de los beneficios acumulados.

unearned income: Ingresos que no derivan del trabajo personal sino de inversiones. Ejemplos de este tipo de ingresos son los dividendos, intereses y rentas. *Ver* EARNED INCOME.

unearned interest: Interés cobrado sin devengar, interés cobrado y no vencido. Interés que ya fue cobrado pero que no puede incluirse en las ganancias porque, desde el punto de vista contable, no transcurrió suficiente tiempo para acreditarlo como ganancia. *También llamado UNEARNED DISCOUNT.*

unencumbered: Libre de gravámenes. Propiedad que se encuentra libre de todo tipo de reclamo por parte de acreedores. *Ver* ENCUMBRANCE 1.

unfriendly takeover: Toma de control hostil, "takeover" hostil. Adquisición de una compañía a pesar de la resistencia por parte de su dirección. *También llamado HOSTILE TAKEOVER. Ver* FRIENDLY TAKEOVER; HOSTILE TENDER OFFER; KILLER BEE; RAIDER.

unissued capital stock: Acciones no emitidas. Acciones cuya emisión fue autorizada por los accionistas pero que aún no se emitieron.

unit: *Ver* SPECIALIST UNIT; UNIT OF TRADING; UNIT SHARE.

unitary tax: Impuesto aplicado sobre las ganancias de un particular o una compañía que actúa en cierta jurisdicción, aunque dichas ganancias hayan sido registradas en otras jurisdicciones.

unit banking: Sistema bancario que prohíbe a los bancos establecer sucursales, o el funcionamiento de más de una sucursal que ofrezca una gama completa de servicios dentro de una determinada zona.

unit convertible: Título valor convertible en un paquete de títulos valores o activos en vez de ser convertible en una cantidad determinada de acciones ordinarias de la misma compañía.

unit growth: Crecimiento de las ventas en términos de la cantidad de unidades vendidas y no del valor monetario.

unit of trading: Cantidad mínima de títulos valores necesaria para negociar en un mercado. En el caso de las acciones, se trata por lo general de 100 unidades. *También llamado TRADING UNIT.*

unit sales: Ventas medidas en términos de unidades físicas y no en términos del valor monetario.

unit share: Combinación de títulos valores negociados en un solo paquete.

universal banking: Sistema bancario integral en el que los bancos comerciales otorgan préstamos, aceptan depósitos, actúan como agentes colocadores de títulos valores y asesores de inversión para empresas, y toman posiciones en obligaciones negociables de compañías prestatarias.

unlimited liability: Responsabilidad ilimitada. Responsabilidad del propietario de una compañía sobre todas las obligaciones de la misma. En este caso, los bienes personales del propietario pueden ser ejecutados si los bienes de la compañía no son suficientes para cumplir con los acreedores. *Ver LIMITED LIABILITY.*

unlisted securities: Títulos valores que no cotizan en bolsa. Títulos valores que se negocian solamente en el mercado extrabursátil. *Ver LISTED SECURITY.*

unlisted trading: Negociación de un título valor en el recinto de una bolsa cuando dicho título valor no cotiza en esa bolsa. Esta operatoria requiere la aprobación de las autoridades bursátiles.

unload: Descargar 1. Vender títulos valores o "commodities" cuando los precios están en baja para evitar una mayor pérdida. 2. Vender gran cantidad de existencias por debajo del precio de mercado.

unpaid dividend: 1. Dividendo declarado cuyo pago aún no se hizo efectivo. 2. *Ver PASSED DIVIDEND.*

unqualified opinion: *Ver CLEAN OPINION.*

unquoted corporation: Sociedad por acciones cuyas acciones no cotizan en bolsa.

unrealized gain: Ganancia no realizada. Aumento del valor de mercado de un activo aún en cartera, comparado con el costo de adquisición de dicho activo. *También llamado* PAPER GAIN; PAPER PROFIT. *Ver* REALIZED GAIN.

unrealized loss: Pérdida no realizada. Reducción del valor de mercado de un activo comparado con el precio original del mismo. *También llamado* PAPER LOSS. *Ver* REALIZED LOSS; WASH SALE 1.

unregistered exchange: Bolsa no inscripta. Bolsa que fue eximida del proceso de inscripción ante las autoridades del mercado de valores. Por lo general se trata de bolsas pequeñas que negocian emisiones locales en volumen moderado. *Ver* REGISTERED EXCHANGE.

unregistered security: *Ver* RESTRICTED SECURITY.

unsecured creditor: Acreedor quirografario. Acreedor que tiene como garantía de su crédito todo el patrimonio del deudor y no un bien en particular. *Ver* SECURED CREDITOR.

unsecured liabilities: Obligaciones no garantizadas, deudas sin garantía. Obligación que no está respaldada por ninguna garantía específica, sino por la promesa de pago del prestatario.

unsystematic risk: Riesgo no sistemático. Riesgo específico de una determinada industria o compañía. Por ejemplo, las pérdidas causadas por problemas de mano de obra, la nacionalización de activos o las condiciones climáticas. *También llamado* DIVERSIFIABLE RISK. *Ver* SYSTEMATIC RISK.

unwelcome assignment: Acto de ejercer una opción contra el lanzador cuando éste aún no desea cumplir con los términos del contrato. Puede ocurrir con las opciones de compra cuando el bien subyacente se vende al precio de ejercicio o un precio superior, y con las opciones de venta cuando el bien subyacente se vende al precio de ejercicio o un precio inferior. Puede evitarse comprando un contrato de compensación y cerrando la posición.

unwind: 1. Cerrar un posición de inversión ejecutando una orden que la compensa. 2. En el mercado de futuros, liquidar en forma simultánea posiciones cortas y largas cuando desaparece la diferencia de precio entre los mercados de contado y de futuros. *También llamado* SPREAD TRADING. 3. Rectificar una transacción en la cual se cometió un error.

upgrading: 1. Aumento de la calificación asignada a una emisión de títulos valores, que puede deberse a varias razones, como una mayor rentabilidad de la compañía, la disminución de las obligaciones pendientes de pago, etc. *Ver* DOWNGRADING. 2. Aumento de la calidad de los títulos valores de una cartera.

upset price: Base o precio mínimo de una subasta.

upside potential: Precio o ganancia potencial que puede esperarse de un título valor o "commodity". *Ver* DOWNSIDE RISK.

upstairs market: Negociación de títulos valores dentro de una sociedad bursátil, sin recurrir a una bolsa de valores ni negociar con otros agentes en el mercado extrabursátil. En este caso, la sociedad bursátil actúa como agente para ambas partes incluidas en la negociación.

upstream: 1. Relativo a la etapa inicial de la producción de bienes o servicios. *Ver* DOWNSTREAM. 2. Préstamo o transferencia de fondos de una subsidiaria a su compañía controlante.

uptick: Operación ejecutada a un precio superior a la operación anterior con el mismo título valor. *También llamado PLUS TICK. Ver* DOWNTICK.

uptrend: Tendencia ascendente. Incremento del precio de un título valor o del mercado en general. *Ver* DOWNTREND.

usable bond: Bono que puede usarse a valor nominal en combinación con un "warrant" para comprar acciones ordinarias.

utility bond: Título de deuda a largo plazo emitido por una compañía de servicios públicos.

V

value: Valor. *APPRAISED VALUE*: Valor tasado. *BASE VALUE*: Valor base. *BOOK VALUE*: Valor contable, valor libros. *BREAK-UP VALUE*: Valor de liquidación, valor de realización. *CARRYING VALUE*: Valor neto contable. *CURRENT VALUE*: Valor actual. *EXISTING USE VALUE*: Valor de uso corriente. *FACE VALUE*: Valor nominal. *FAIR VALUE*: Valor razonable. *INVOICED VALUE*: Valor facturado, importe en factura. *MARKET VALUE*: Valor de mercado. *NET PRESENT VALUE*: Valor neto actual. *NOMINAL VALUE*: Valor nominal. *PAR VALUE*: Valor nominal. *PRESENT VALUE*: Valor actual. *RATEABLE VALUE*: Valor catastral (valor de base para impuestos municipales). *REDEMPTION VALUE*: Valor de rescate. *REPLACEMENT VALUE*: Valor de reposición. *SCRAP VALUE*: Valor residual.

value-added tax (VAT): Impuesto al valor agregado (IVA). Impuesto que se grava sobre los aumentos de precio de un producto en cada etapa de la producción y distribución.

value broker: Agente bursátil cuyas comisiones se basan en un porcentaje del valor monetario de cada transacción. *Ver* SHARE BROKER.

value change: Cambio en el precio de una acción, ajustado según la cantidad de acciones en circulación.

value date: Fecha efectiva. Fecha oficial en que un cliente puede hacer uso de los fondos depositados en una cuenta. En operaciones con divisas, es equivalente a la fecha de liquidación o fecha de entrega.

value investing: Selección de títulos valores sobre la base del valor del activo de la compañía más que de proyecciones de rentabilidad. Por ejemplo, invertir en una compañía en la que, para cada acción, el activo corriente supera el pasivo en una proporción mayor que el precio de mercado de la acción.

Value Line Composite Index: Índice general de movimientos de precios de acciones que se calcula usando 1700 acciones que cotizan en la NYSE, la American Stock Exchange, las bolsas regionales estadounidenses, las bolsas canadienses y el mercado extrabursátil. A diferencia de otros índices, éste confiere igual importancia a todas las acciones.

variable: Variable. Situación determinada que no tiene valor cuantitativo fijo, como por ejemplo el precio de las acciones, las utilidades, el pago de dividendos, etc. *Ver* DEPENDENT VARIABLE; INDEPENDENT VARIABLE.

variable annuity: Anualidad variable. Anualidad cuyo valor fluctúa en función de una cartera subyacente de títulos valores. *Ver* FIXED ANNUITY; HYBRID ANNUITY.

variable cost: Costo variable. Costo de producción que varía en forma directamente proporcional a la cantidad de unidades producidas. *Ver* AVERAGE COST; FIXED COST; MARGINAL COST.

variable life insurance: Seguro de vida variable. Seguro de vida cuyos beneficios están relacionados con el retorno de una cuenta de inversión. El valor en efectivo de la póliza puede invertirse en acciones, bonos o carteras del mercado monetario.

variable-rate certificate of deposit: Certificado de depósito de tasa variable. Certificado de depósito que paga una tasa de interés que varía a intervalos predeterminados según una fórmula o una tasa de interés específica.

variable rate mortgage (VRM): Hipoteca de tasa variable. Préstamo hipotecario cuyo interés varía según las tasas del mercado monetario.

variable-rate note: *Ver* FLOATING-RATE NOTE.

variable ratio option writing: Lanzamiento de opciones cuando sólo algunos de los bienes subyacentes que pueden ser solicitados para la entrega son propiedad del lanzador. *También llamado RATIO WRITING.*

variance: 1. Medida usada en análisis financiero para determinar la variabilidad de los datos medidos con respecto al valor promedio de los mismos. *Ver* COVARIANCE; RISK. 2. Diferencia entre los valores reales y los proyectados. 3. Diferencia entre partidas correspondientes en un balance comparativo.

velocity of money: Velocidad del dinero; rotación del dinero. Se refiere a la cantidad de veces que se gasta una unidad monetaria en un determinado período de tiempo.

venture arbitrage: *Ver* RAIDING.

venture capital: Capital de riesgo. Capital en común que aportan grandes inversores para otorgar préstamos a compañías pequeñas con buenas perspectivas de crecimiento pero escasez de fondos. *También llamado RISK CAPITAL.*

venture-capital fund: Fondo común de inversión que invierte el dinero de los cuotapartistas en nuevas compañías muy riesgosas pero potencialmente muy rentables. *Ver* NONDIVERSIFIED MANAGEMENT COMPANY.

vertical analysis: Análisis vertical. Comparación de un ítem de un estado contable con otro ítem diferente del mismo estado contable. *Ver* HORIZONTAL ANALYSIS; RATIO ANALYSIS.

vertical line chart: *Ver* BAR CHART.

vertical merger: Fusión vertical. Fusión entre dos compañías del mismo rubro pero que se desempeñan en distintos niveles. *Ver* HORIZONTAL MERGER.

vertical security exchange: Cambio de un título valor por otro título valor diferente, es decir, una acción por un título de deuda o un título de deuda por una acción.

vertical spread: *Ver* MONEY SPREAD.

vested benefits: Beneficios adquiridos. Derecho que adquiere gradualmente un empleado a recibir determinados beneficios, de los que se hace cargo su empleador, como por ejemplo el aporte periódico a un fondo de pensiones. *Ver* PENSION PLAN.

V-formation: En el análisis técnico, gráfico en donde se observa un marcado y prolongado descenso seguido de un agudo movimiento ascendente.
(Ver gráfico en p. 469).

vi: En los diarios estadounidenses, sigla que se utiliza en los cuadros de operaciones bursátiles para indicar que la compañía emisora está en proceso de quiebra o liquidación judicial.

visible supply: Nuevas emisiones de títulos valores, principalmente de bonos, que se proyectan para la venta durante los próximos treinta días. *También llamado* THIRTY-DAY VISIBLE SUPPLY.

volatile: Volátil. Sujeto a grandes fluctuaciones de precio. *Ver* BETA.

volatility: Volatilidad. Característica de un título valor, un "commodity" o un mercado que sufre marcados aumentos y caídas de precio en períodos breves. *Ver* BETA.

volume: Volumen. Monto negociado en un título valor o en la totalidad de un mercado durante un período determinado.

volume deleted: Volumen omitido. Expresión que se emplea en los servicios computarizados de información bursátil para indicar que los datos sobre el volumen correspondiente a operaciones de 10.000 acciones o menos serán omitidos hasta nuevo aviso. Tiene como finalidad acelerar el proceso de información durante períodos de muy alto volumen de negociación. *Ver* DIGITS DELETED; LATE TAPE.

voluntary accumulation plan: Plan de acumulación voluntaria. Plan por el cual los cuotapartistas de fondos comunes de inversión pueden optar por adquirir nuevas cuotapartes en forma regular.

voluntary bankruptcy: Quiebra voluntaria, quiebra a pedido del deudor. Quiebra solicitada por el deudor y no por los acreedores de la misma. Cualquier comerciante o sociedad comercial puede solicitar su propia quiebra y debe hacerlo después de haber entrado en cesación de pagos. *Ver* CHAPTER 7; CHAPTER 11; INVOLUNTARY BANKRUPTCY.

voting rights: Derechos a voto. Tipo de voto y porcentaje de control que corresponde a los propietarios de determinado tipo de acciones. *Ver* CUMULATIVE VOTING; MAJORITY VOTING; NONVOTING STOCK; PROXY.

voting stock: Acciones con derecho a voto. Acciones que otorgan a su poseedor el derecho a votar en la elección de directores, la asignación de auditores y otras cuestiones tratadas en la asamblea anual. La mayoría de las acciones ordinarias son acciones con derecho a voto. *Ver* NONVOTING STOCK.

vulture fund: "Pool" de inversión que compra bienes inmuebles vendidos en ejecución judicial a precios inferiores al valor de mercado.

W

W: En los diarios británicos, letra que se utiliza en las tablas de operaciones bursátiles para indicar cifras pro forma.

waiting period: *Ver* COOLING-OFF PERIOD.

wallflower: Título valor, compañía o sector que no atrae inversión.

Wall Street: Calle principal del distrito financiero de la ciudad de Nueva York. El nombre suele usarse para hacer referencia a todo el distrito financiero neoyorkino o a la comunidad financiera estadounidense en general. *También llamado THE STREET.*

wanted for cash: Anuncio que se presenta en los sistemas computarizados de información bursátil para indicar que un ofertante está dispuesto a pagar un determinado bloque de acciones en efectivo ese mismo día a cambio de que la entrega sea inmediata.

war babies: Expresión que se utiliza en la jerga bursátil para hacer referencia a los títulos valores de compañías contratistas del sector defensa. *También llamado WAR BRIDES.*

warehouse receipt: Certificado de depósito. Documento en el cual se detallan los bienes o "commodities" que se mantienen bajo custodia, por lo general metales preciosos.

warrant: 1. "Warrant". Título valor que permite a su poseedor adquirir una cantidad específica de acciones o "commodities" a un precio predeterminado y hasta una fecha estipulada. *También llamado SUBSCRIPTION WARRANT. Ver* PERPETUAL WARRANT; USABLE BOND. 2. Comprobante que acredita haberse dado en garantía mercaderías depositadas en un depósito general.

warrant agreement: Declaración escrita de los términos de una emisión de "warrants". *Ver* WARRANT 1.

wash sale: Venta lavada. Compra o recompra de un título valor dentro de los 30 días de realizada la venta de un título valor básicamente idéntico, que fue registrada como pérdida a fin de reducir obligaciones impositivas.

wasting asset: Activo agotable, activo amortizable. Bienes que tienden a perder valor mediante su utilización. *También llamado SHRINKING ASSET.*

watch list: Lista de títulos valores que se encuentran en observación a fin de detectar irregularidades en los mismos. Por lo general se trata de acciones que registran un volumen de negociación inusual o títulos de deuda que redujeron sus calificaciones crediticias.

water and sewer bond: Bono emitido por una municipalidad para financiar la construcción o extensión de sistemas de desagüe y cloacas. Los pagos de capital e intereses sobre el bono provienen de los ingresos recibidos por tarifas cobradas a los usuarios de dichos sistemas.

watered stock: Acciones de una compañía cuyos activos se encuentran sobrevaluados, ya sea porque la misma asentó valores contables inflados, realizó donaciones, registró pérdidas operativas, o pagó dividendos excesivos. Entre los aspectos negativos de este tipo de acciones se encuentra la imposibilidad de que los inversores recuperen el valor total de su inversión en caso de liquidación de la compañía.

wd: En los diarios estadounidenses, sigla que se usa en los cuadros de operaciones bursátiles para indicar que las acciones o los bonos de una compañía se están negociando después de la fecha de emisión pero antes de que se entreguen los certificados.

WD: Sigla que se usa en los sistemas electrónicos de información bursátil para indicar que las acciones de una compañía se están negociando después de la fecha de emisión pero antes de que se entreguen los certificados.

wedge: *Ver* TRIANGLE.

W formation: En el análisis técnico, gráfico formado por una caída pronunciada del precio de un título valor o "commodity", un marcado movimiento ascendente, y luego una repetición de estos dos movimientos. El trazo obtenido es similar a una letra W.

when-distributed: Expresión que se utiliza para hacer referencia a un título valor que negocia después de la fecha de emisión pero antes de que se entreguen los certificados.

when-issued: Expresión que se utiliza para hacer referencia a un título valor cuya emisión se realizará en el futuro.

whipsaw: Movimiento rápido de precio seguido por un marcado cambio en la dirección opuesta.

white knight: Persona o compañía que rescata a otra compañía de un intento de "takeover" hostil mediante la adquisición de dicha compañía. *Ver* HOSTILE TENDER OFFER; RAIDER; SHARK REPELLENT; WHITE SQUIRE.

white squire: Inversor que posee una gran cantidad de acciones de una compañía que es o podría ser objeto de un "takeover" hostil. *Ver* WHITE KNIGHT.

white squire defense: Estrategia para evitar un "takeover" hostil por la cual la compañía que un tercero pretende adquirir vende gran cantidad de sus propias acciones a un inversor considerado amigable. De esta manera se intenta desalentar a posibles interesados en adquirir la compañía, que deberían adquirir una participación mayor para tener acceso al control.

whole life insurance: *Ver* CASH-VALUE LIFE INSURANCE.

wholesale: Venta mayorista, venta al por mayor, mayoreo. Venta de títulos valores a agentes bursátiles y grandes inversores institucionales, a un precio inferior que el ofrecido a los inversores particulares. *Ver* INSIDE MARKET; RETAIL.

wholesale banking: Servicios bancarios ofrecidos a compañías con estados contables sólidos, y a clientes institucionales, como por ejemplo fondos de pensión y organismos gubernamentales.

wholesale price index: *Ver* PRODUCER PRICE INDEX.

wholesaler: Mayorista. 1. Banco de inversión que actúa como agente colocador de una nueva emisión de títulos valores o como distribuidor en una oferta secundaria de títulos valores. *Ver* SECONDARY DISTRIBUTION. 2. Agente bursátil que opera con otros agentes bursátiles y no con el inversor propiamente dicho.

wholly-owned subsidiary: Subsidiaria que es 100% propiedad de la compañía controlante.

w.i.: Símbolo que se usa en los sistemas electrónicos de información bursátil para indicar la negociación de un título valor que todavía no fue emitido.

wi: En los diarios estadounidenses, sigla que se usa en las tablas de operaciones bursátiles para indicar la negociación de títulos valores que todavía no fueron emitidos.

wide basis: Diferencia considerable entre el precio de contado y los precios a término para el mismo tipo de contrato. *Ver* NARROW BASIS.

wide opening: Diferencia muy marcada entre los precios de compra y venta de un título valor en la apertura de una jornada bursátil.

widow-and-orphan stock: Acciones de compañías que se caracterizan por registrar movimientos de precios menores a los habituales, pagar dividendos relativamente altos, y tener poca probabilidad de problemas financieros graves.

Williams Act: Adición realizada en 1968 a la Ley de 1934 de la Securities and Exchange Commission (SEC) de Estados Unidos, por la cual se exige que los inversores que posean más de 5% del capital de una compañía, o realicen una oferta para comprar más de 5% del capital de una compañía, presenten determinada información ante la SEC y ante dicha compañía, que debe incluir el motivo de la adquisición, el origen de los fondos usados para la compra y los planes para la compañía si se trata de un "takeover". *Ver* CREEPING TENDER OFFER.

windfall profits: Ganancias inesperadas o imprevistas. Ganancia que se produce repentinamente como consecuencia de un acontecimiento que no estaba contemplado por el inversor.

window: 1. Oportunidad que presenta el mercado (por ejemplo, para emitir bonos) y que debe aprovecharse en el momento en que surge. *También llamado WINDOW OF OPPORTUNITY.* 2. *Ver* DISCOUNT WINDOW.

window dressing: Ajustes realizados a una cartera de inversiones o a los resultados de una compañía, a fin de hacerlos más atractivos a los inversores.

window of opportunity: *Ver* WINDOW 1.

wire house: Sociedad bursátil de gran envergadura, que hace uso de comunicaciones electrónicas para transmitir las órdenes de los clientes.

wire room: Área de una sociedad de bolsa en la que se reciben las órdenes de los clientes de las oficinas minoristas y se transmiten a una bolsa para su ejecución.

wire transfer: *Ver* ELECTRONIC FUNDS TRANSFER.

withdrawal plan: Programa que ofrecen la mayoría de los fondos comunes de inversión abiertos por el cual los inversores pueden recibir pagos a intervalos regulares.

withholding: 1. Retención de una parte de los salarios, dividendos, intereses, pagos de jubilación, u otra fuente de ingreso, a fin de pagar impuestos. 2. Retención ilegal de un bloque de títulos valores por parte de un miembro de un consorcio colocador de una nueva emisión.

with or without (WOW): Expresión que se usa para designar una orden de lote impar en la que el cliente solicita ejecución inmediata.

with warrants: Con "warrants". Expresión que se usa para designar acciones que cotizan con derecho a distribución de "warrants" ya declarados. *Ver* EX-WARRANTS.

won: Won, moneda nacional de Corea del Norte y Corea del Sur.

working capital: Capital circulante; capital de trabajo. Exceso del activo corriente sobre el pasivo corriente. El capital de trabajo se usa para determinar la capacidad de pago de una compañía. *También llamado NET CURRENT ASSETS; NET WORKING CAPITAL. Ver* CURRENT RATIO; LIQUIDITY RATIO 1; QUICK RATIO.

working control: Control efectivo. Posesión de una cantidad suficiente de acciones con derecho a voto de una compañía como para determinar la política de la misma. *Ver* MAJORITY STOCKHOLDER.

work in progress: Productos en curso, productos en elaboración, productos en proceso, trabajo en curso. Bienes parcialmente finalizados que se incluyen en el inventario para su venta posterior. *También llamado GOODS IN PROCESS.*

workout: 1. Proceso por el cual un prestamista y un prestatario vuelven a programar el pago de una deuda, mediante la modificación de los términos o los plazos de pago originales. 2. Banda de precios por encima de la cual es probable que tenga lugar una operación o una serie de operaciones.

wraparound annuity: Anualidad en la cual el inversor puede elegir las inversiones incluidas en su plan, y los impuestos sobre las ganancias que reportan dichas inversiones se difiere hasta la fecha en que se realicen extracciones.

wraparound mortgage: Segunda hipoteca que incrementa la deuda del prestatario al tiempo que el contrato de hipoteca original se mantiene vigente.

wrinkles: *Ver* BELLS AND WHISTLES.

write down: Reducir el valor contable de un activo. Disminuir el valor de un activo incluido en los estados contables. No implica la eliminación de dicho bien del balance general.

write off: 1. Pasar a pérdida. Reducir a cero el valor contable de un activo, registrándolo como pérdida. Por ejemplo, una compañía elimina del balance una maquinaria obsoleta que estaba registrada como de valor. 2. Eliminar del balance un préstamo en mora. *También llamado CHARGE OFF.*

writer: Lanzador. Persona que vende una opción de compra o venta, a cambio del pago de una prima. Si se ejerce la opción, el lanzador tiene la obligación de comprar el bien subyacente (en el caso de la opción de venta) o de vender el bien subyacente (en el caso de la opción de compra) a un precio determinado en una fecha estipulada. *Ver* NAKED WRITER.

writeup: Incremento del valor contable de un activo que no implica un desembolso de fondos. Por ejemplo, si el inventario se valúa en base al precio de mercado, es necesario actualizar el valor de los activos en períodos de inflación de precios.

WS: Sigla que se usa en los sistemas electrónicos de información bursátil para indicar un "warrant". *Ver* WARRANT 1.

wt: En los diarios estadounidenses, sigla que se usa en los cuadros de operaciones bursátiles para indicar que un título valor es un "warrant" para comprar acciones ordinarias. *Ver* WARRANT 1.

ww: En los diarios estadounidenses, sigla que se utiliza en los cuadros de operaciones con bonos para indicar que un título valor se negocia con "warrants". *Ver* WARRANT 1.

X

x: En los diarios estadounidenses, letra que se utiliza en los cuadros de operaciones bursátiles para indicar acciones que se negocian sin dividendos o sin derechos preferentes de suscripción.

XD: Sigla que se usa en los sistemas electrónicos de información bursátil para indicar acciones que se negocian sin derecho a percibir el próximo pago de dividendos. *Ver* EX-DIVIDEND.

XRT: Sigla que se utiliza en los sistemas electrónicos de información bursátil para indicar acciones que se negocian sin derechos preferentes de suscripción.

xw: En los diarios estadounidenses, sigla que se utiliza en los cuadros de operaciones bursátiles para indicar títulos valores que se negocian sin "warrants". *Ver* WARRANT 1.

Y

yankee bond: Bono nominado en dólares que un emisor domiciliado en el extranjero vende en Estados Unidos.

year bill: Letra del Tesoro con vencimiento a 12 meses.

year-end dividend: *Ver* FINAL DIVIDEND 2.

year-end rally: *Ver* SANTA CLAUS RALLY.

yellow sheets: Páginas amarillas. Páginas que publica diariamente el National Quotation Bureau, una organización privada estadounidense, en las cuales se detallan los precios mayoristas de compra y venta de obligaciones negociables en el mercado extrabursátil. *Ver* PINK SHEETS.

yen: Yen, moneda nacional de Japón.

yen bond: Bono emitido en yenes.

yield: Rentabilidad, rendimiento. Retorno que produce una inversión, expresado en porcentaje. *También llamado RETURN. Ver* CURRENT YIELD; DIVIDEND YIELD; YIELD TO AVERAGE LIFE; YIELD TO CALL; YIELD TO MATURITY; YIELD TO PUT.

yield advantage: Rendimiento adicional que implica poseer un título convertible en comparación con poseer la acción por la que puede cambiarse dicho título.

yield basis: Método de cotización de bonos según su rendimiento, y no conforme a su valor monetario.

yield curve: Curva de rendimiento. Relación entre el rendimiento de los bonos de una misma categoría y sus distintos plazos de vencimiento. La curva resultante indica si los bonos a corto plazo generan un retorno superior o inferior que los bonos a largo plazo. *También llamado TERM STRUCTURE OF INTEREST RATES.*

Ver FLAT YIELD CURVE; NEGATIVE YIELD CURVE; POSITIVE YIELD CURVE; RIDING THE YIELD CURVE.

yield curve note: Pagaré de tasa flotante cuyo rendimiento aumenta cuando caen las tasas de interés y disminuye cuando éstas aumentan.

yield equivalence: Rendimientos iguales sobre inversiones diferentes.

yield spread: Diferencia de rendimiento entre dos bonos o entre diferentes segmentos del mercado de bonos.

yield to average life: Rendimiento promedio que produce un título valor de renta fija si se tiene en cuenta la duración promedio de dicho título.

yield to call: Rendimiento anual de un bono, suponiendo que el mismo sea rescatado por el emisor en la primera fecha permitida. Incluye pago de intereses y depreciación, dado que se aplica a bonos que se venden a un precio superior al precio de rescate. *También llamado* YIELD TO FIRST CALL.

yield to maturity (YTM): Rendimiento anual de un bono hasta la fecha de vencimiento si se consideran los pagos de intereses y el incremento o pérdida de valor del mismo (es decir, si el precio es inferior o superior al valor nominal, respectivamente). *También llamado EFFECTIVE RATE OF RETURN.*

yield to put: Rendimiento anual de un bono suponiendo que el mismo se revenda al emisor en la primera fecha permitida después de la adquisición. Incluye intereses y aumento de precio, dado que se aplica a bonos que se venden a un precio inferior al precio de rescate. *Ver* PREMIUM PUT; PUT 3.

yo-yo stock: Acciones cuyo precio fluctúa en forma volátil.

yuan: Yuan. Moneda nacional de la República de China.

Z

z: 1. En los diarios estadounidenses, letra que se utiliza en los cuadros de operaciones bursátiles para indicar que el volumen señalado es la cantidad real de acciones negociadas y no la cantidad de lotes pares. 2. Letra que se utiliza en los cuadros de operaciones del mercado extrabursátil para indicar que no existe cotización. 3. En los diarios británicos, letra que se utiliza en los cuadros de operaciones bursátiles para indicar que los dividendos incluyen un pago especial.

Z: En los diarios británicos, letra que se utiliza en los cuadros de operaciones bursátiles para indicar el dividendo hasta la fecha.

zaire: Zaire. Moneda nacional de Zaire.

zero: *Ver* ZERO-COUPON BOND.

zero-base budget (ZBB): Presupuesto base cero. Método de determinación de presupuestos para empresas y departamentos del gobierno que exige la justificación de todos los gastos además de los que superen las asignaciones del ejercicio anterior.

zero-coupon bond: Bono de cupón cero. Bono que no paga intereses periódicos. Se emite a una fracción del valor nominal e incrementa gradualmente su valor a medida que se acerca el vencimiento, fecha en que el comprador recibe el valor nominal más los intereses correspondientes. *También llamado CAPITAL APPRECIATION BOND; ZERO. Ver* ORIGINAL-ISSUE DISCOUNT BOND.

zero-coupon certificate of deposit: Certificado de depósito de cupón cero. Certificado de depósito que no paga intereses periódicos y que se vende con descuento sobre su valor nominal.

zero-coupon convertible security: 1. Bono de cupón cero que puede convertirse en acciones ordinarias de la compañía emisora cuando las mismas alcancen un precio predeterminado. 2. Bono de cupón cero, por lo general un bono municipal, que puede convertirse en un bono que devengue interés en algún momento antes del vencimiento.

zero-coupon mortgage: Hipoteca a largo plazo que difiere la totalidad de los pagos de capital e intereses hasta la fecha de vencimiento, en cuyo momento el prestatario debe cancelar la hipoteca o refinanciarla a las tasas de interés vigentes.

zero gap: Situación en la cual el activo y el pasivo se encuentran en equilibrio durante un período de tiempo determinado.

zero-minus tick: Venta de un título valor que se realiza al mismo precio que la venta anterior, pero a un precio inferior que el último precio de venta diferente. *También llamado ZERO DOWNTICK.*

zero-plus tick: Venta de un título valor que se realiza al mismo precio que la venta anterior, pero a un precio superior al último precio de venta diferente. *También llamado ZERO UPTICK.*

zero-sum game: Situación en la cual la ganancia de una persona debe ser equiparada por la pérdida de otra persona, como sucede, por ejemplo, al invertir en opciones y futuros.

zero tick: Negociación de un título valor cuando el precio de venta es idéntico al precio de la transacción inmediatamente anterior con el mismo título valor.

zloty: Zloty. Moneda nacional de Polonia.

zr: En los diarios estadounidenses, sigla que se usa en los cuadros de operaciones bursátiles para indicar un bono de cupón cero.

LISTA DE SIGLAS

LISTA DE SIGLAS

a.a.r: *against all risks*
    contra todo riesgo
ABA: *American Bankers Association*
    Asociación de Bancos Estadounidenses
ABS: Ver *asset-backed securities*
ACRS: Ver *accelerated cost recovery system*
ACT: Ver *advance corporation tax*
ADB: Ver *adjusted debit balance*
ADR: Ver *American depositary receipt*
AGM: Ver *annual general meeting*
AIB: *American Institute of Banking*
    Instituto Estadounidense de Bancos
AICPA: *American Institute of Certified Public Accountants*
    Instituto Estadounidense de Contadores Públicos
AMA: *American Management Association*
    Asociación Estadounidense de Administración
AMEX: Ver *American Stock Exchange*
APB: *Accounting Principles Board*
    Consejo de Principios Contables
APC: *Auditing Practices Committee*
    Comité de Normas de Auditoría
APR: *annual percentage rate*
    tipo porcentual anual / porcentaje anual
APY: Ver *annual percentage yield*
ARM: Ver *adjusted rate mortgage*
ASC: *Accounting Standard Committee*
    Comité de Normas de Auditoría
ASE: Ver *American Stock Exchange*
a\c: *(for) account of*
    por cuenta de

A\C: *account*
cuenta

a\o: *(for) account of*
por cuenta de

A\P: *additional premium*
prima adicional

A\W: *actual weight*
peso real

BE: Ver *bill of exchange*

BIS: *Bank for International Settlements*
Banco Internacional de Pagos

BSE: *Boston Stock Exchange*
Bolsa de Valores de Boston

BW: Ver *bid wanted*

b/l: Ver *bill of landing*

b/d: Ver *broker-dealer*

B/S: Ver *balance sheet*

CABEI: *Central-American Bank for Economic Integration*
Banco Centroamericano de Integración Económica (BCIE)

CAES: Ver *Computer Assisted Execution System*

CAPM: Ver *Capital Asset Pricing Model*

CCA: Ver *current cost accounting*

CD: Ver *certificate of deposit*

CEO: Ver *chief executive officer*

CFA: Ver *chartered financial analyst*

CFP: Ver *certified financial planner*

CGT: Ver *capital gain tax*

ChFC: Ver *chartered financial consultant*

C.I.F.: Ver *cost, insurance, freight*

C.I.F.C.I.: Ver *cost, insurance, freight, commission, interest*

CLOB: Ver *central limit order book*

CMO: Ver *collateralized mortgage obligation*

CNS: Ver *continuous net settlement*

Co: *Company*
Compañía

C.O.D.: Ver *cash on delivery*

COO: Ver *chief operating officer*

CPA: Ver *Certified Public Accountant*

CPI: Ver *Consumer Price Index*

CPP: *current purchasing power*
    Poder adquisitivo actual

CQS: Ver *consolidated quotation system*

CSVLI: Ver *cash surrender value of life insurance*

CUSIP: Ver *Committee on Uniform Securities Identification Procedures*

C&F: Ver *cost and freight*

DDB: Ver *double-declining balance depreciation method*

DES: Ver *Data Encryption Standard*

DJA: Ver *Dow Jones Averages*

DJIA: Ver *Dow Jones Industrial Average*

DNR: Ver *do not reduce*
    No reducir

DOT: Ver *Designated Order Turnaround*

DRIP: Ver *dividend reinvestment plan*

DTC: Ver *Depository Trust Company*

DVP: Ver *deliver versus payment*

D/P: *deliver against payment*
    envío contra entrega

D/A: *deliver against acceptance*
    entrega contra aceptación

EBIT: Ver *earnings before interest and taxes*

EC: *European Community*
    Comunidad Europea (CE)

ECU: Ver *European Currency Unit*

EDP: *electronic data processing*
    procesamiento electrónico de datos (PED)

EEC: *European Economic Community*
    Comunidad Económica Europea (CEE)

EFT: Ver *electronic funds transfer*

EFTA: *European Free Trade Association*
    Asociación Europea de Libre Comercio

EPS: Ver *earnings per share*

ERM: *European Monetary System*
    Sistema Monetario Europeo (SME)

ESOP: Ver *employee stock ownership plan*

E/P: Ver *earnings-price ratio*

FAS: Ver *free alongside ship*

FASB: Ver *Financial Accounting Standards Board*

FCM: Ver *futures commission merchant*

FDI: *foreign direct investment*
Inversión extranjera directa (IED)

FIFO: Ver *first in, first out*

FNMA: Ver *Federal National Mortgage Association*

FOB: Ver *free on board*

FOK: Ver *fill or kill*

FRA: Ver *forward rate agreement*

FVO: Ver *for valuation only*

FX: Ver *foreign exchange*

FY: Ver *fiscal year*

FYI: Ver *for your information only*

F/C: Ver *first coupon*

GAAP: Ver *generally accepted accounting principles*

GAAS: *generally accepted accounting standards*
Normas contables generalmente aceptadas

GAB: Ver *general agreements to borrow*

GATT: *General Agrement of Tariffs and Trade*
Acuerdo General de Aranceles Aduaneros y Comercio

GDP: *Gross Domestic Product*
Producto Bruto Interno (PBI)

GNMA: Ver *Government National Mortgage Association*

GNP: *Gross National Product*
Produto Bruto Nacional (PBN)

GO: Ver *general obligation bond*

GP: Ver *gross profit*

GPM: Ver *graduated payment mortgage*

GTC: Ver *good-till-cancelled order*

GTM: Ver *good-this-month order*

HC: Ver *historical cost*

HPB: Ver *holding period return*

IADB: *Inter-American Development Bank*
Banco Interamericano de Desarrollo (BID)

IBRS: *International Bank for Reconstruction and Development*
Banco Internacional para la Reconstrucción y el Desarrollo (BIRD)

ICC: *International Chamber of Commerce*
Cámara Internacional de Comercio

IDA: *International Development Association*
Asociación Internacional para el Desarrollo

IDB: Ver *industrial development bond*
IMF: Ver *International Monetary Fund*
IMM: *International Monetary Market*
        Mercado Monetario Internacional
IOU: *I owe you*
        Pagaré
IPO: Ver *inicial public offering*
IRA: Ver *Individual Retirement Account*
IRR: Ver *internal rate of return*
IRS: Ver *Internal Revenue Service*
ITS: Ver *intermarket trading system*
JTWRS: Ver *joint tenancy with right of survivorship*
LBO: Ver *leveraged buyout*
LDC: Ver *less developed country*
LIBID: Ver *London Interbank Bid Rate*
LIBOR: Ver *London Interbank Offered Rate*
LIFO: Ver *last in, last out*
LINEAN: Ver *London Interbank Median Average Rate*
LOC: Ver *letter of credit*
Ltd: Ver *limited company*
L/C: Ver *letter of credit*
MAC: Ver *Municipal Assitance Corporation for the City of New York*
MIT: Ver *market if touched*
MLT: Ver *master limited partnership*
MMF: Ver *money market fund*
MSB: Ver *mutual savings bank*
NAFTA: *North American Free Trade Agreement*
          Acuerdo Norteamericano de Libre Comercio
NASD: Ver *National Association of Securities Dealers*
NASDAQ: Ver *National Association of Securities Dealers Automated Quotation System*
NAV: Ver *net asset value per share*
NC: Ver *noncallable*
NH: Ver *not held*
NPV: Ver *net present value*
NR: Ver *nonrefundable; not rated*
NRO: Ver *not reoffered*
NSF: Ver *not sufficient funds*
NYSE: Ver *New York Stock Exchange*

N/F: *no funds*
   sin fondos
OAS: *Organization of American States*
   Organización de Estados Americanos (OEA)
OB: Ver *or better*
OECD: Ver *Organization for Economic Cooperation and Development*
OID: Ver *original-issue discount*
OPEC: *Organization of Petroleum Exporting Countries*
   Organización de Países Exportadores de Petróleo (OPEP)
OPM: *other people's money*
   dinero no propio
OTC: Ver *over the counter*
OW: Ver *offer wanted*
PC: Ver *participation certificate*
P/E: Ver *price-earnings ratio*
PERL: Ver *principal exchange rate linked security*
PIN: Ver *personal identification number*
PLC: Ver *public limited company*
PN: Ver *project note*
PNV: Ver *private market value*
PPP: *Purchasing Power Parity*
   Capacidad de compra interna
PSE: Ver *Pacific Stock Exchange*
PSR: Ver *price-sales ratio*
PV: Ver *present value*
P&L: Ver *profit and loss statement*
P/E: Ver *price-earnings ratio*
QT: Ver *questioned trade*
R4: *Registered Representative Rapid Response Service*
RAM: Ver *reverse annuity mortgage*
R&D: Ver *Research and Development*
REIT: Ver *Real Estate Investment Trust*
ROA: Ver *return on assets*
ROCE: *return on capital employed*
   retorno sobre el capital empleado
ROE: Ver *return on equity*
ROI: Ver *return on investment*
RP: Ver *repurchase agreement*

RPI: Ver *Retail Price Index*

RVP: *receive versus payment*
          pago contra recibo

SEC: Ver *Securities and Exchange Commission*

SEP: Ver *simplificated employee pension plan*

SMA: Ver *special miscellaneous account*

SOES: Ver *Small Order Execution System*

STRIPS: Ver *Separte Trading of Registered Interest and Principal
                of Securities*

SWIFT: Ver *Society for Worldwide Interbank Financial Telecom-
                munications*

SYD: Ver *sum-of-the-years' digit depreciation*

S&L: Ver *savings and loan association*

S&P: Ver *Standard and Poor's*

S&P 500: Ver *Standard and Poor's 500 Stock Index*

TAB: Ver *tax anticipation bill*

TAN: Ver *tax anticipation note*

VAT: Ver *value-added tax*

VRN: Ver *variable rate mortgage*

WOW: Ver *with or without*

YTM: Ver *yield to maturity*

ZBB: Ver *zero-base budget*

GRÁFICOS

Advance-decline line (A/D)

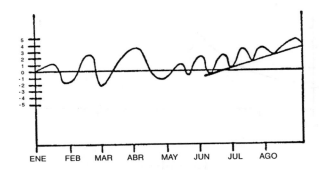

Ascending tops

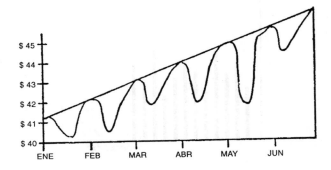

Ascending triangle

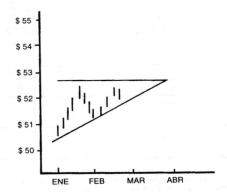

Back up

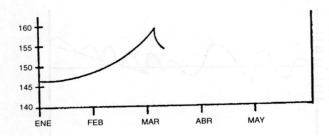

Bar chart

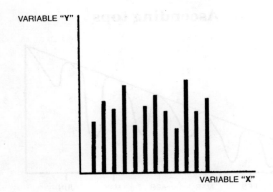

Bond rating

PRINCIPALES SERVICIOS DE CALIFICACIÓN DE BONOS	SERVICIO DE CALIFICACIONES		
Explicación de las calificaciones de bonos municipales y obligaciones negociables	Fitch	Moody's	Standard & Poor's
Máxima calidad	AAA	Aaa	AAA
Alta calidad	AA	Aa	AA
Calidad media alta	A	A	A
Calidad media	BBB	Baa	BBB
Predominantemente especulativo	BB	Ba	BB
Especulativo, baja calidad	B	B	B
Pocas posibilidades de cumplimiento de pago	CCC	Caa	CCC
Máxima especulación	CC	Ca	CC
Mínima calidad	C	C	C
Incumplimiento de pago, pagos atrasados, valor cuestionable	DDD DD D		DDD DD D

Fitch y Standard & Poor's suelen usar los signos + o - para modificar algunas calificaciones. Moody's utiliza los modificadores numéricos 1 (más alto), 2 y 3, desde Aa1 hasta Ca3.

Breakaway gap

Breakout

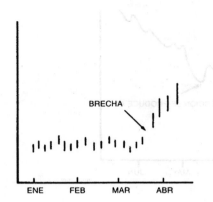

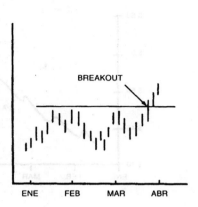

Accumulation area

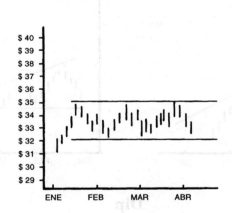

Correction

LA CORRECCIÓN SE PRODUCE ACÁ

Descending tops

Descending triangle

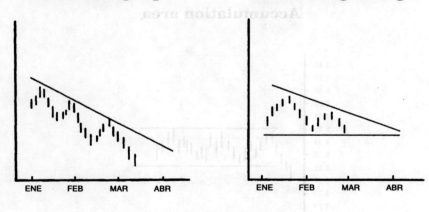

Dip

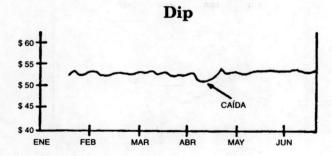

CAÍDA

Dome

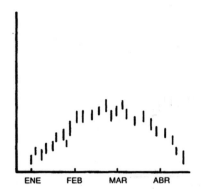

Double bottom

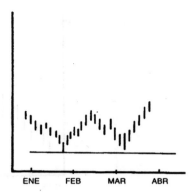

Double top

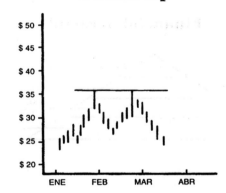

Equilibrium price

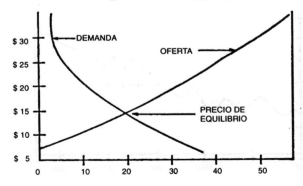

Exhaustion gap

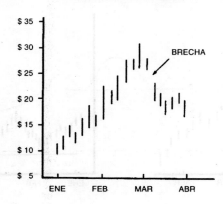

Financial pyramid

- ALTO RIESGO
- ESPECULACIÓN
- GANANCIA; CRECIMIENTO A LARGO PLAZO
- LIQUIDEZ Y SEGURIDAD

Gap

Head-and-shoulders

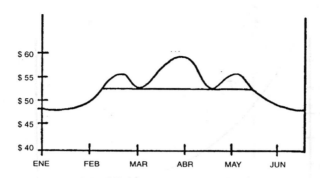

Line chart

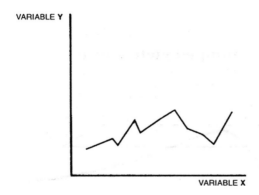

Horizontal price movement

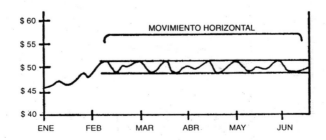

Negative yield curve

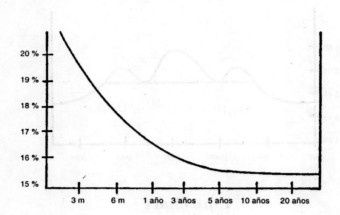

Humped yield curve

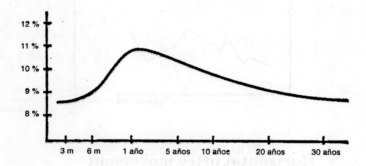

Making a line

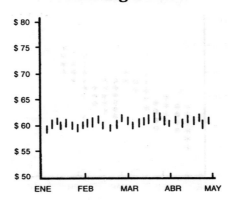

Marginal cost

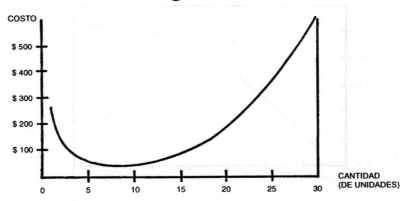

Moving average

Point-and-figure chart

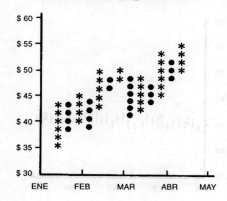

Positive yield curve

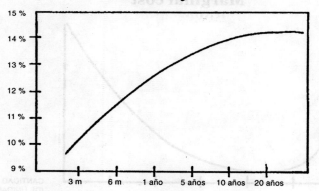

Rectangle

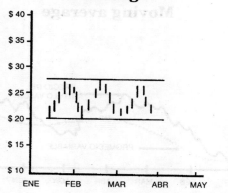

Resistance level

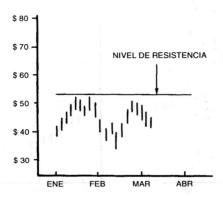

Reversal

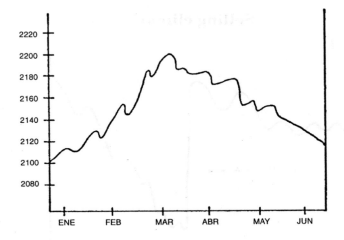

Runaway gap

Saucer

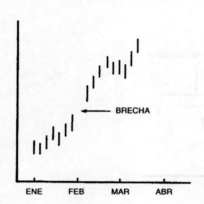

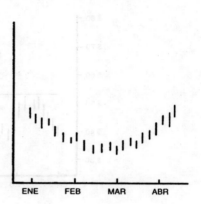

Selling climax

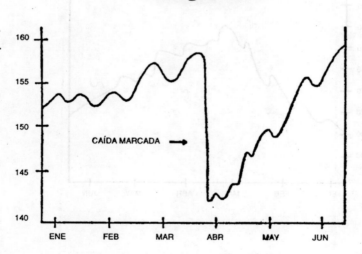

Support level

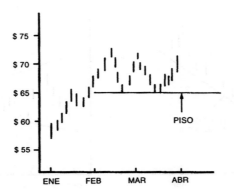

Trading pattern

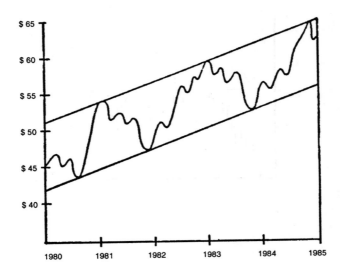

Trendline

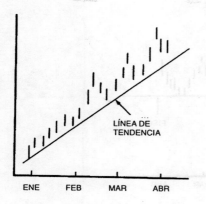

LÍNEA DE TENDENCIA

ENE   FEB   MAR   ABR

Triangle

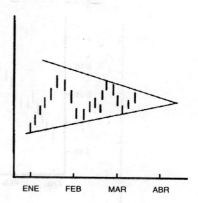

ENE   FEB   MAR   ABR

Triple top

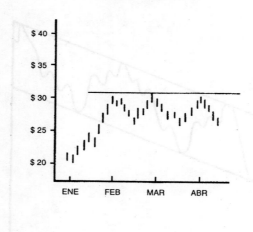

$ 40
$ 35
$ 30
$ 25
$ 20

ENE   FEB   MAR   ABR